비판, 비판, 그리고 또 비판2

국립중앙도서관 출판시도서목록(CIP)

비판 비판 그리고 또 비판. 2 / 반경환. -- 대전 : 지혜 : 애지, 2012
  p. ;   cm. -- (반경환 문학전집 ; 06)

ISBN 978-89-97386-29-1 04810 : ₩13000
ISBN 978-89-97386-27-7(세트)

평론[評論]
한국 현대 문학[韓國現代文學]

810.906-KDC5
895.709-DDC21   CIP2012004014

비판, 비판, 그리고 또 비판 2

반 경 환

비판, 비판, 그리고 또 비판 2

　나는 서울대학교는 제주도로, 고려대학교는 충청도로, 연세대학교는 강원도로 그 본교를 완전하게 옮겨갈 것을 명한다. 왜냐하면 학문 연구의 성과는 장소의 문제가 아니라, 그 구성원들의 능력의 문제이기 때문이다. 언제, 어느 때 마르크스가, 프로이트가 대한민국 국민이었던 적이 있었으며, 또한, 언제, 어느 때 뉴턴이, 아인시타인이 대한민국 국민이었던 적이 있었던가? 학문 연구의 성과는 가능하면 외출을 삼가고, 집과 연구실만을 오고 가는 데 있는 것이며, 좋은 생활의 태도와 좋은 학습의 태도에서만이 그 성과를 기대할 수가 있는 것이다.
　우리 학자들은 대한민국을 삼류 국가로 인도하고, 모든 학생들을 수십 년 동안이나 입시지옥으로 몰아넣은 대역죄인들에 지나지 않는다. 과연 어느 선진국에서 아침 7시에 등교해서 밤 12시까지, 오직, 달달달, 외우는 주입식 교육만을 가르치고 있단 말인가? 대한민국의 모든 학생들이 이처럼 비참한 입시지옥에서 신음하고 있는 동안, 우리 학자들은 죽자사자 '교육시장개방'만을 반대로 일관하면서 그대들의 배만을 살찌워 왔던 것이다.
　나는 우리 학자들에게 오직 학문 연구에만 전념하라는 형벌을 선고한다. 또한, 세계적인 대사상가, 또는 대석학이 될 수 있는 능력이 없으면 곧바로 '할복자살'을 할 것을 명령한다.
— 본문 중에서

　나는 우리 정치인들, 우리 학자들, 우리 한국인들에게 지금 이 순간부터 모든 재-보궐선거를 실시하지 않을 것을 선포한다. 국회의원, 지방자치단체장, 시-도의원, 대학총장, 시-도교육감 등의 선거는 단 한 번만 실시하되, 그 임기 중 결격사유가 발생하면, 최초의 득표 순위에 따라서 그 차점자가 자연스럽게 그 직위를 승계하게 될 것이다. 중앙당 차원에서 사생결단식으로 개입하는 모든 재-보궐선거는 그 엄청난 선거비용에 반하여 국론만을 분열시켜왔다고 할 수가 있다. '돈 안 드는 선거-깨끗한 선거'를 실시하되, 선거법 위반자나 정치자금법 위반자는 단 한 번의 사면복권도 없는 영구추방의 죄로 다스리지 않으면 안 된다.
— 본문 중에서

　이상도, 이성복도 상징주의와 초현실주의에 값하는 새로운 사상을 창출해 내지 못했고, 황지우도, 박남철도 상징주의와 초현실주의에 값하는 새로운 사상을 창출해 내지 못했다. 고은도, 신경림도, 김수영도, 황동규도, 정현종도 마찬가지이다. 우리 한국인들은 모두가 다같이 사상과 이론, 혹은 전위주의 앞에서는 말 못하는 벙어리, 눈 뜬 봉사, 두 발로 설 수 없는 앉은뱅이들에 지나지 않았던 것이다.
— 본문 중에서

　전위주의자란 삶과 죽음을 넘어서서, 그 어느 누구도 걸어가지 않은 길을 걸어가는 사람이며, 그 결과, 자기 자신만의 사상과 이론을 정립한 사람이라고 할 수가 있다. 개념이란 최초의 대상에 대한 이해를 뜻하고, 이론이란 그 개념들을 더 큰 사회 역사적인 문맥 속에서 체계적으로 설명할 수 있는 진리를 말하고, 사상이란 그 개념들과 이론들을 다 끌어안고 종합하여, 그것이 공산주의이든지, 염세주의이든지, 구조주의이든지, 실존주의이든지, 낙천주의이든지 간에 최고급의 인식의 제전으로 꽃 피어난 어떤 것을 말한다. 이 세상의 전위주의자들(지식인들)에게 사상이란 최고의 목적이며, 그 모든 것이다. 사상은 돈이고, 명예이고, 권력이다. 사상의 신전만이 고귀하고 아름답고, 사상가만이 마치, 보들레르와 앙드레 브르통처럼, 또는 마르크스와 쇼펜하우어처럼, 모든 인간들을 자기 자신의 사상의 신전으로 인도하고, 그들과 함께, 인류의 역사가 종식되지 않는 한, 영원불멸의 삶을 살아가게 된다.
— 본문 중에서

　미국은 미국의 이익을 세계화로 포장하고, 영국은 영국의 이익을 세계화로 포장한다. 독일은 독일의 이익을 세계화로 포장하고, 일본은 일본의 이익을 세계화로 포장한다. 세계화란 '탈규제와 민영화와 자율화'라는 용어에서 알 수가 있듯이, 모든 세계 시장의 문을 다 열어 제치고, 저마다 자유롭게 상품을 사고 팔아야 한다는 것을 뜻하게 된다. 따라서 문화선진국의 뜻대로, 아니, 이 세계화를 가장 열광적으로 주창하고 받아들인 다국적 자본가의 뜻대로, 오늘날은 디지털 공간에서 자본과 상품이 실시간대로 넘나들게 되었다고 하지 않을 수가 없다. 문화선진국은 세계화로 인한 이익이 그 손실보다 크지만, 문화후진국은 세계화로 인한 손실이 그 이익보다 크게 된다.
— 본문 중에서

　이문열은 역사와 민족 앞에, 이 글을 읽는 즉시 사죄하고, 그의 대부분의 재산을 사회에 환원하고, 이제는 한국문단에서 은퇴를 해야만 한다. 이제 모든 대학생들과 시민단체와 민족문학작가회의를 비롯한 지식인들은 이러한 한국문단의 국제적 망신을 전화위복의 계기로 삼기 위해서라도, '이문열의 은퇴와 절필 선언'을 유도해야만 하고, '글도둑질 추방운동본부'를 상설하여 하루바삐 표절의 문제를 근절시켜나가지 않으면 안 된다.
— 본문 중에서

  그러나 정현종의 부정 정신은 그 구체적인 대상이 없다는 점에서 리얼리티를 상실한 익명비판이며, 또한 그가 소속된 사회와 한국문단에 대한 자기 비판이 없다는 점에서 뜬구름 잡는 식의 曲學阿世의 비판이다. 정현종은 대한민국 제일의 사립명문대학교의 교수이며, 그의 연봉 수준도 대한민국 교수집단의 최상급의 수준이다. 그런데도 그는 '고비용 저효율 구조의 대학교수의 직업'에 대한 자기 반성이 없는 것이며, 주입식 암기교육의 폐해가 얼마나 우리 한국인들의 백만 두뇌를 무력화시키고 타락시키고 있는 것인가를 알지 못한다. 개혁과 개방이 최우선의 과제인 이 시점에서 세계적인 기술과 그 브랜드가 없는 기업은 그 존재의 기반을 상실한 것처럼, 국제경쟁력이 없는 교수, 즉 천재생산의 교수법을 지니지 못한 대학교수는 도태되어야 마땅하다.
— 본문 중에서

  백낙청은 하버드대학교의 영문학 박사이며, 『창작과비평』의 편집인이며, 서울대학교 영문학과 교수이다. 또한 백낙청은 민족문학작가회의의 실질적인 교주이며, 고은의 영원한 동지이며, 형이상학과 형이하학이 무엇인지도 모르고, '창작과 비평'이 무엇인지도 모르는 얼치기 삼류비평가에 불과하다.
— 본문 중에서

이 얼치기 삼류비평가마저도 고은을 한국문학사 속에서 미당보다도, 김수영보다도 더 뛰어난 시인이라고 말하고 있지만, 그러나 고은을 호머보다도, 셰익스피어보다도 더 뛰어난 시인이라고는 말하지 못하고 있다. 백낙청마저도 자기 자신이 삼류비평가이고, 고은도 삼류시인이고, 대한민국의 문학수준도 삼류라는 것을 알고 있는 것이다. 그런데도 고은에 대한 전면적인 비판은 거의 없고, 온갖 찬양일색의 글들만이 있는 실정이다. 마르크스와 프로이트도 비판을 받고, 예수와 부처마저도 비판을 받고 있는데, 세계적인 삼류 시인 앞에서 비판의식을 무장해제당하다니, 오오, 이 대한민국의 지식인들은 그 얼마나 더럽고, 추하고, 지지리도 못난 인간망나니들이란 말인가?
— 본문 중에서

　유종호, 김우창, 고은, 신경림, 백낙청, 김병익, 김치수, 김주연, 김현, 이 세계적인 석학들은 하나의 사상이나 이론의 유효성―사상과 이론의 무대에서의 지배적인 유효성―이 기껏해야 30년을 넘지 못한다는 사실을 안중에도 없다는 듯이, 20~30대에 모든 문화적 권력을 움켜쥐고, 이제는 산 송장이 다 되어가고 있는데도 좀처럼, 그 권력의 끈을 놓을 줄을 모른다. 아아, 너무나도 비겁하고 용기가 없는 우리 젊은 학자들이여, 그대들은 그대들의 좆대가리를 잘라버리고 자살을 하든지, 그렇지 않으면, 어떻게 해서든지, 이 산 송장들을 산 채로 생매장을 해야 되지 않겠는가? 아아, 얼치기 앎과 근친상간의 화신인 이 대한민국의 노학자들이여, 그대들은 과연, 우리 젊은 학자들이 그들의 좆대가리를 잘라버리고 자살하는 꼴을 꼭 보아야만 하겠는가? 그리고 또한, 그대들은 그대들의 얼치기 앎과 근친상간의 짐을 짊어지고서라도, 반드시 만수무강하고, 또 만수무강을 해야만 되겠단 말인가?
— 본문 중에서

엉덩이에 뿔난 소는 도축을 하고, 또 불량식품은 소각해 버리면 그만이지만, 엉덩이에 뿔난 인간 망나니는 그 수명이 다할 때까지 이럴 수도 없고 저럴 수도 없다. 박사 학위를 돈 주고 산 인간 망나니가 대학총장이 되고, 타인의 글을 통째로 베껴먹은 인간 망나니가 교육부 장관이 되고 있는 대한민국, 바로 이 대한민국 사회가 우리 인간들의 '휴머니즘'을 더럽게 오염시키고 있는 사회인 것이다. 내가 만일 신경림의 스승이라면, "이봐, 신경림군! 이제부터는 독자적인 목소리와 독자적인 판단 능력으로, 제일급의 사상과 문학 이론에 도전하고, 그리고, 또 이 세상에서 가장 찬란하고 화려한 독창적인 기법을 창출해 보게나"라고, 그의 두 엉덩이를 걷어차고 말았을 것이다. 그는 영원히 회복될 수 없는 저능아이고 염세주의라는 암적인 종양을 지니고 있는 중환자인 것이다.

― 본문 중에서

　미당문학상 심사위원들 자체가 세계적인 삼류들이고, 제3세계의 문화적 풍토병과 비평의 만장일치제도, 즉 근친상간의 추태 속에서 시들어 버린 판단력의 어릿광대들이다. 이어령도 서울대 출신이며 황동규의 대학선배이다. 유종호도 서울대 출신이며 황동규의 영문학과 선배이다. 김주연도 서울대 출신이며 황동규의 대학후배이다. 정현종 역시도 황동규의 절친한 친구이며 황동규와 함께 문학과지성사의 구성원이다. 이어령과 유종호도 글도둑질의 대가이며, 정현종과 김주연도 글도둑질의 대가이다. 제1회 미당문학상의 심사위원은 황동규이었고, 그 수상자는 정현종이었다. 제2회 미당문학상의 심사위원은 정현종이었고, 그 수상자는 황동규이었다. 이어령, 유종호, 정현종, 김주연, 황동규는 과연 세계적인 인물들이며, 그들의 업적은 또한 세계적인 대사건이 될 수가 있단 말인가? 셰익스피어나 괴테, 그리고 사르트르와 보들레르 같은 인사들은 그들이 제 아무리 그들과 가까운 인사들에게 상을 수여했다고 하더라도 그들 자체가 세계적인 인물인 만큼 그것을 제3세계의 문화적 풍토병과 비평의 만장일치제도의 나쁜 선례라고 말할 수는 없을 것이다. 서울대학교의 선후배들과 문학과지성사의 구성원들이 모든 심사위원과 그 수상자의 영예를 움켜쥐고서 해마다 연례행사로써 근친상간의 추태를 되풀이 벌이고 있는 것을 우리는 이 땅의 어린 학생들과 문화선진국민의 지식인들에게 어떻게 설명할 수가 있단 말인가?

― 본문 중에서

  나는 초등학교밖에 나오지 못했지만, '愛知'라는 화두를 통해서 낙천주의의 사상가가 될 수가 있었다. 나는 대한민국의 모든 개혁을 연출해낼 수가 있지만, 황동규에게는 절대로 그럴 만한 두뇌가 없다. 따라서 한국사회의 모든 부정부패의 원인은 대한민국의 제일급의 시인이자 영문학자인 황동규에게 있는 것이지, 이 땅의 삼류 정치인들에게 있는 것이 아니다. 삼십 여년 동안 서울대학교 교수로 재직해 왔으면서도 단 한 명의 세계적인 석학도 배출해 내지 못한 황동규, 기껏해야 근친상간주의자로서 자기 자신보다도 열 배나 스무 배쯤 못난 제자들만을 양산해온 황동규, 날이면 날마다 술 마시고 여행을 다니며 축제의 날만을 즐겨 온 황동규―, 따라서 한국사회의 모든 부정부패의 책임은 그 어떤 비판철학도 지니고 있지 못한 황동규 그대 자신에게 있다는 사실을 명심하여 주기를 바란다.
  황동규여, 너 자신을 알라!
  황동규여, 늙으려면 곱게 늙을 것이고, 그렇지 못하면 곧바로 죽어 버려야 될 것이다.
  나는 배우면서 더욱더 젊어져 가고 있지만, 그대는 더없이 무식해져 가면서 더욱더 추악하게 늙어가고 있을 뿐이다.

― 본문 중에서

만일, 이 세상에서 오직, 착하고 선량한 사람들만이 있다면, 그들은 모두가 다같이 팔푼이 같거나, 이미 진작부터 사회적 부적응자들로서 이 세상에서의 그 짧은 생애를 마감하게 되었을 것이다. 또한 김용택의 진메마을이라는 공동체 사회가 옛날 그대로 복원된다면, 그 사회는 어떠한 변화도 거부하게 되고, 모든 인간들은 그들의 자유와 평화마저도 빼앗겨 버리게 될는지도 모른다. 왜냐하면 그 세계는 아주 작고 소박한 세계―모든 살림밑천이 다 드러난 채 열려 있는 세계―이며, 외부사람들에게는 너무나도 지나치게 배타적이기 때문이다. 그리고 그곳은 도덕과 풍습의 강력한 규제와 어떠한 도덕적 질서도 뛰어넘는 강자들(고을사또, 양반집 대감, 그 지역의 토호들)의 초법적인 린치가 판을 치고, 다양성보다는 획일화를 지향하게 될 것이다. 또, 그리고, 개인성보다는 사회성이, 개인의 자유보다는 도덕적 억압이, 만인의 평등보다는 공동체 사회의 위계질서가 판을 치게 될 것이다. 도덕이 도덕인 것은 그것이 강자의 힘으로 무장되어 있기 때문이며, 언제, 어느 때나 그 도덕의 힘으로 반윤리적인 폭력을 행사할 수가 있기 때문이다. 선악을 넘어 서 있고, 그 선과 악을 자유 자재롭게 행사할 수 있는 인간이 우리 인간들의 미래의 이상형이지, 그 섬진강변의 어리석고 무식한 바보들이 우리 인간들의 이상형은 아닌 것이다. 그 무식하고 또 무식한 바보들을 우리 인간들의 이상형으로 신비화시킨 사람이 누구이며, 사사건건 공연한 시비와 트집만을 일삼는 인간 망나니를 '진메마을의 예술가'라고 신비화시킨 사람이 누구이란 말인가? 대한민국의 제일급의 시인이자 천사의 가면을 쓰고 익명비판과 '악마의 시'를 되풀이 읊어대고 있는 김용택이 아니던가? 만일 그렇다면, 그 섬진강 사람들을 우리 인간들의 미래의 이상형으로 신비화시킴으로써 돈과 명예와 권력 등, 그 최대한의 이익을 창출해 내고 있는 자는 누구이란 말인가? 인간 박한수인가? 진메마을의 예술가 문계선 씨인가? 그것도 아니라면 섬진강 사람들 모두이란 말인가? 그것은 두말할 필요도 없이 천사의 가면을 쓴 악마, 즉 김용택이라고 해도 과언이 아니다. 그 섬진강 사람들은 김용택의 입맛과 식성에 따라 조종되는 꼭두각시들에 지나지 않으며, 그들의 착함과 선량함은 김용택에게 최대한의 이익을 창출해 주는 보증수표라고 하지 않을 수가 없다. 따라서 섬진강 사람들의 그 어리석은 무식함까지도, 그리고 그들이 살아가고 있는 자연환경까지도, 이처럼 지식을 가진 자의 착취의 대상이 되고, 그들의 자연환경과 인간성까지도 김용택의 배를 살찌우게 하고 있다고 해도 과언이 아니다. 김용택이 진정한 천사(시인)가 되려면 자기 자신의 도덕적 정결성을 통해서 시인의 사명을 완수해야 되는 것이지만, 루소식의 '모방의 천재성'은 그 시인의 사명과는 정반대로 '익명비판'으로 이어지고, 그는 그 익명비판이라는 천사의 가면을 쓰고 '악마의 시'를 그냥, 제멋대로 무차별적으로 읊조리게 된다. 그 '악마의 시'의 최종적인 단계가 섬진강변의 자연예찬과 그 고장 사람들에 대한 신비화이며, 그는 그 소외되고 버림받은 고장에서 '자기 자신의 최고의 행운과 축복'을 노래할 수가 있는 행복한 시인이 되어갔던 것이다.

― 본문 중에서

　이 세상의 모든 것이 변하고 세계의 종말이 온다고 하더라도 자기 자신과 자기 자신의 사상만은 영원하기를 바라는 것은 모든 지식인들의 한결같은 꿈이다. 사상이란 고귀한 명예이며, 삶의 완성이며, 보다 완전한 인간의 표지이다. '논쟁의 문화'가 활성화되면 '비평하기보다는 기꺼이 찬양을 하세요, 출세의 월계관은 우리의 손 안에 있습니다'라는 우리 중진 비평가들의 전근대적인 사고방식을, '좀 더 과감하고 야심만만하게, 도전적인 주제비평으로 우리들을 공격해 보세요! 마르크스, 프로이트, 니체, 쇼펜하우어, 데리다, 푸코 등, 세계적인 대사상가들이 언제, 어느 때 논쟁을 사양해본 적이 있었던가요?'라고 바꾸어 놓게 될 것이다. 우리 한국인들은 이제부터라도 좀 더 강렬하고 파란 불꽃이 튀어오르는 논쟁의 무대에서, 제일급의 비평의 정신을 연마하고, 더욱더 크고 넓은 세계로 나아가, 세계적인 사상의 무대를 석권해 나가지 않으면 안 된다. 비평의 대상이 된 분들은 이 점을 진심으로 이해를 하여 주시고, 언제든지 '반론'을 보내주시기를 바랍니다.

— 본문 중에서

    사석에서는 입에 침이 마르도록 비평이 아닌 험담을 일삼아도 되지만, 비평가의 본연의 임무인 공개된 논쟁의 무대에서는 덕담을 해야된다는 사실을 나는 유종호에게서 배웠고, 이러한 기만적인 스승들의 태도에 환멸을 느끼지 않을 수가 없었다. 나는 어쨌든 유종호를 통해서 김현 문학비평의 저열함과 천박함을 깨달을 수가 있었고, 김현이 아닌 한국문학비평을 정복하기 위해서 엄청나게 많은 공부를 하지 않을 수가 없었다. 하루에 열 시간씩, 열 두 시간씩, 밥 먹는 시간과 화장실 가는 시간까지도 아까워 하면서, 그리스 신화와 그리스 문학, 셰익스피어, 괴테, 소크라테스, 플라톤, 쇼펜하우어, 니체 등에 이르기까지, 이 지상에서 가장 위대했던 스승들의 가르침을 받고자 최선의 노력을 다했던 것이다.

    나는 대한민국 최고의 비평가였던 김현에게 『행복의 깊이』에서 "세계는 나의 범죄의 표상이다, 고로 행복하다"와 "나는 신성모독을 범한다, 고로 존재한다"라는 두 개의 명제를 통하여 선전포고를 한 바가 있었고, 『한국문학비평의 혁명』에서는 한국인 최초로 사상과 이념의 차원에서 낙천주의를 양식화시키면서, 김현에게 진정으로 문학비평가의 사명이 무엇인가를 가르쳐 줄 수가 있었다. 김현은 열 번, 백 번, 다시 태어난다고 하더라도 문학과 철학이 동전의 양면이라는 사실을 깨닫지 못할 것이다. 이제 나는 승자의 미소와 그 여유를 지닐 수가 있게 되었다. 가짜 대형비평가여, 가짜 불세출의 비평가여, 이제 제발 손바닥으로 하늘을 가리려고 하다가 정신의 IMF 현상만을 초래한 그대의 죄를 뉘우치고 진심으로 참회하기를 바란다. 그대가 세운 '문지학교'가 학문 연구와 진리 탐구의 자장이기는커녕, 이인성이나 홍정선이 같은 모리배들의 사색당쟁의 무대가 되고 있다는 사실을 두 눈을 똑바로 뜨고 직시해 주기를 바란다. 나는 김현, 유종호, 백낙청, 김윤식 등, 이 땅의 중진 비평가들에게 최소한도의 경의를 표하지도 않고 있고, 어떠한 예의도 지킬 의사가 없다.

— 본문 중에서

  인생 90의 고령화 사회는 인류의 역사상 가장 기만적이며, 너무나도 뻔뻔스럽고 파렴치한 반자연적인 사회라고 할 수가 있다. 기껏해야 3~40년을 일하고 5~60년을 공짜로 살아간다는 것, 생식의 권리와 먹고 살 권리를 다 잃어버린 산 송장들이 지구상의 모든 자원들(복지비용)을 다 낭비한다는 것은 도저히 있을 수가 없는 일들이다. 빨리 죽는 것은 愛國하는 일이며, 모든 자식들을 다 孝子로 만드는 일이고, 단 하나뿐인 지구를 더욱더 아름답고 푸르게 가꾸는 일이다.
  아아, 너무나도 부도덕하고 너무나도 대재앙적인 고령화 사회를 우리 인간들은 어떻게 극복해야 된다는 것일까?
  아아, 육십이 가까운 나이로 자기가 자기 자신의 발등을 찍고 고발해야만 하는 이 참담한 심정을 우리 한국인들은 어떻게 이해해야만 하는 것일까?

|개정증보판 저자 서문|

 반경환, 당신은 왜 우리 한국인들이 그토록 싫어하고 혐오하는 이단자의 길을 걸어가야만 했었고, 반경환, 당신은 왜 우리 한국인들이 그토록 싫어하고 혐오하는 금기의 인물, 즉, 천하에 그토록 어리석고 우매한 바보-얼간이의 길을 걸어가야만 했었던 것일까? 비판이란 모든 학문의 예비학이며, 어느 누구도 이 비판철학의 장을 떠나서는 세계적인 대사상가와 대작가의 길을 걸어갈 수가 없다. 그러나 지극히 애석하게도 우리 한국인들은 비판의 기능과 본질은 물론, 비판철학자의 사명과 그 임무를 이해하지 못하고, 그토록 어리석고 우매하기 짝이 없는 판단력의 어릿광대의 삶을 살아왔던 것이다. 김현과 유종호와 백낙청과 김윤식을 비판해서도 안 되고, 정과리와 이문열과 황석영과 신경숙을 비판해서도 안 된다. 고은과 신경림과 김용택과 박노해를 비판해서도 안 되고, 황동규와 정현종과 이성복과 황지우를 비판해서도 안 된다. 스승을 비판해서도 안 되고, 선배를 비판해서도 안 된다. 아버지를 비판해서도 안 되고, 동료 교수들을 비판해서도 안 된다.

내가 명명한 용어이기는 하지만, 제3세계의 문화적 풍토병은 아무런 명명의 힘도 없이 서양의 사상과 이론을 받아들이는 것을 말하고, 비평의 만장일치제도는 비판하기보다는 기꺼이 찬양하는 것을 말한다. 과연 대한민국은 세계적인 대사상가와 세계적인 대작가들을 배출해낸 적이 있었고, 또한 대한민국은 세계적인 교육제도를 연출해낸 적이 있었던가? 제3세계의 문화적 풍토병과 비평의 만장일치제도는 대한민국을 표절의 왕국으로 연출해 내고, 그토록 저질적이고도 야만적인 부정부패의 공화국으로 연출해 냈던 것이다. 당나라의 노예, 원나라의 노예, 명나라의 노예, 청나라의 노예, 일본의 노예, 미국의 노예에 불과한 우리 한국인들이 언제, 어느 때, 그 노예의 신분을 벗어나서 문화선진국민이 될 수가 있을 것이란 말인가? 그것은 두말할 것도 없이 '지혜사랑'이며, 하루바삐 이 '지혜사랑'을 통하여 세계적인 대사상가와 세계적인 대작가들을 배출해 내지 않으면 안 되는 것이다. 세계적인 대사상가와 세계적인 대작가들은 자기 자신의 사상과 이론으로 모든 인류의 스승이 되어간 사람들을 말한다. 호머, 괴테, 셰익스피어, 소크라테스, 데카르트, 칸트, 마르크스, 니체, 베토벤, 모차르트, 반고흐, 보들레르, 랭보와도 같은 사람들이 바로 그러한 인류의 스승들인 것이다.

세계적인 대사상가와 세계적인 대작가들을 배출해 낸다는 것은 국민소득 4만 달러 이상의 문화선진국민(사상가와 예술가의 민족)이 된다는 것이고, 해마다, 연간 1조원씩이나 국제원조를 할 수가 있다는 것을 뜻하게 된다. 만일, 국민소득 4만달러와 연간 1조원씩 국제원조를 할 수 있는 국가라면, 미국도, 중국도, 러시아도, 일본도 우리 대한민국을 진정으로 존경하고, 우리 한국인들은 그들과 어깨를 나란히 할 수 있는 문화선진국민이 될 수도 있는 것이다.

나는 지난 20여년 동안 '대한독립만세'를 부르는 심정으로 글을 썼고, 또 써왔다. 나의 꿈은 히말라야의 고산영봉들을 이루고 있었고, 나의 고통의 깊이는 수천 길의 지옥의 깊이에 가 닿아 있었다. 나의 붉디 붉은 피와 땀과 눈물은 이과수 폭포가 되었고, 이름도, 얼굴도, 성도 없는 자의 신음소리는 일본열도를 초토화시킨 쓰나미와도 같았다. 이제 더 이상의 꿈도 없고, 더 잃어야 할 것도 없다.

나의 고통의 깊이는 나의 행복의 깊이이다.

나는 나의 목숨을 사형장의 형틀에 매달아 놓고, 이 『비판, 비판, 그리고 또 비판』을 출간하게 되었다.

자, 마지막으로, 최후의 진술을 해본다면, '대한독립만세의 길'이 여기에 있는 것이다.

불쌍하고, 또 불쌍한 우리 한국인들이여!

2012년 8월,
'애지의 숲'을 거닐면서……

---

* 이 책은 2004년 『이문열의 우리들의 일그러진 영웅을 고발한다』로 출간되었던 것이지만, 몇 편의 글을 더 추가하여 『비판, 비판, 그리고 또 비판 2』로 다시 출간하게 된 것이다.

| 저자 서문 |

 나는 오늘도 '愛知의 숲'을 거닐면서, '오오 지혜의 신이여, 우리 한국인들을 구원해낼 수 있도록 나에게 힘을 주세요'라고, 빌고 또 빌어본다. 나는 '愛知의 이름'으로 지혜를 사랑했고, 그 어느 누구보다도 가장 날카롭고 예리한 비판의 정신을 길러왔다고 해도 과언이 아니다. 그 결과, 우리 한국인들 최초로 '낙천주의 사상'을 정립했고, 우리 한국인들을 '사상가와 예술가의 민족'으로 인도해낼 수 있을 만큼의 지혜를 축적할 수가 있었다고 생각한다. 사상가는 우리 인간들의 미래의 이상형이며, 전지전능한 인신人神이다. 그의 한마디의 말에 의해서 천재의 새싹이 움트고, 그 천재의 새싹을 통해서 언젠가, 어느 때는 사상(진리)의 열매를 수확할 수가 있게 된다.
 하지만 우리 한국인들은 학문 이전의 야만의 민족이며, 학문이 무엇인지, 그 학문을 어떻게 탐구해야 되는 것인지를 제대로 이해하지 못하고 있는 실정인 것이다. 학문이란 이 세상의 지상낙원을 연출해낼 수 있는 유일한 수단이며, 그 주체자가 도덕적 정결성을 얻지 못하면 결코 터득할 수 없는 어떤 것이다. 도덕은 학문의 존

재 근거이며, 학문은 도덕의 인식 근거이다. 자기 자신의 몸과 마음을 정결하게 하지 못한 인간의 학문이란 존재할 수도 없으며, 또한 이 세상의 삶의 진리를 터득하지 못한 인간의 도덕이란 존재할 수도 없다. 어떻게 정직하지 못한 자가 그토록 어렵고 힘든 학문 연구에 정진할 수가 있겠으며, 또한 어떻게 그토록 정직하지 못한 자가 좀 더 강렬하고 파란 불꽃이 튀어오르는 '논쟁의 무대'에서 최고급의 인식의 제전을 연출해 내고 최종적인 승리자가 되어갈 수가 있겠는가? 데카르트, 스피노자, 라이프니츠, 칸트, 헤겔, 쇼펜하우어, 니체, 마르크스 등은 돈과 명예를 염두에 두지 않고, 최고급의 인식의 제전을 연출해 냈던 대사상가들이다. 우리 한국인들은 이러한 대사상가들을 배출해 내지 못한 야만의 민족이며, 수많은 이민족들에게 개같이 학대를 받고 있는 노예의 민족에 지나지 않는다. 대한민국의 대학사회는 단군 이래 단 한 명의 독창적인 사상가도 배출해 내지 못했고, 대한민국의 역사 역시도 단군 이래 단 한 명의 세계적인 지도자를 배출해 내지 못했다. 그 결과, 수많은 글도둑질들이 문전성시를 이루고, '나는 배우면서 늙어간다'는 어느 현자의 말씀이 그 힘을 잃어가게 되었던 것이다.

나는 우리 한국인들이 고급문화인이 되려면 그 무엇보다도 타인의 말과 사유로부터 독립해야 된다고 생각하고 있다. 따라서 타인의 말과 사유로부터 벗어나는 길은 첫 번째는 지혜를 사랑하는 것이며, 두 번째는 그 지혜 사랑을 통해서, 자기 자신의 말과 목소리로 최초의 진리를 명명할 수 있어야만 한다. 이 세상에서 가장 불쌍한 정치인은 법을 지키지 않는 자이며, 이 세상에서 가장 불쌍한 제조업자는 타인의 상표를 도용하는 자이다. 또한 이 세상에서 가장 불쌍한 금융업자는 고객의 예탁금을 가로채 가는 자이며, 이 세상에서 가장 불쌍한 학자는 타인의 말과 사유를 글도둑질(표절)하는 자이다. 우리 한국인들은 데카르트와 칸트가 그토록 역설한 도덕왕국의 입법적 신민이기는커녕, 온갖 부정부패로 얼룩진 불쌍한 민족이며, 나는 그 지지리도 못나고 불쌍한 우리 한국인들을 구원해 내지 않으면 안 된다.

나는 '愛知의 이름'으로 지혜를 사랑했고, 우리 한국인들을 '사상가와 예술가의 민족'으로 육성해 내지 않으면 안 된다. '오오 지혜의 신이여, 나의 육체는 늙어가지만, 언제나 늘 푸른 소나무처럼 지혜롭게 살아갈 수 있게 해주세요!' 나의 비판철학은 도덕철학이며, 그 도덕철학은 백전백승의 비판철학이다. 도덕이 도덕인 것은 그것이 강자의 힘으로 무장되어 있기 때문이며, 또한 그 도덕의 주체자가 언제, 어느 때나 백전백승의 최종적인 승리자가 되고 있기 때문이다. 나는 그 비판철학의 힘으로 '우리들의 일그러진 영웅'을 다음과 같이 처형하고자 한다.

이미 대부분의 독자들은 눈치를 챘겠지만, 황석영의 「아우를 위하여」와 이문열의 『우리들의 일그러진 영웅』은 단편소설과 중편소설이라는 차이만 있을 뿐, 똑같은 주제, 똑같은 구조, 똑같은 이야기, 그리고 똑같은 등장인물들의 성격에 의해서 지배를 받고 있고, 그것은 아마도 이문열이 황석영의 소설을 하나 하나 모조리 베껴갔기 때문일는지도 모른다. 아니, 어쩌면 그것은—황석영의 소설이 1970년대 초의 작품이고, 이문열의 소설이 1987년도 작품인 만큼— 황석영이 외국 작가의 작품을 하나 하나 모조리 베낀 것을 보고 이문열 역시도 공범자의 미소를 띠고 그 모방범죄를 저질렀는지도 모른다. 따라서 황석영이 그의 작품, 「아우를 위하여」가 표절된 것을 알고 묵인해 왔다면, 그는 이문열과의 떳떳치 못한 검은 거래를 했을 것이고, 적어도 그렇지 않다면, 그것은 공범자의 침묵일 수밖에 없는 것이다. 이 후자의 가능성이 매우 큰데, 왜냐하면, 자기 자신의 작품의 주제, 구조, 이야기, 그리고 등장인물의 성격까지도 하나 하나 모조리 베껴 간 대사기꾼의 범죄행위를 용서할 수 있는 작가는 아마도 이 지구상에서는 없을 것이기 때문이다. 하지만 어쨌거나 그 사소한(?) 범죄행위의 산물인 『우리들의 일그러진 영웅』이 '이상문학상'을 수상하게 되고, TV와 연극과 영화의 텍스트가 되고, 상당히 오랜 기간 동안 베스트 셀러—아직도 『우리들의 일그러진 영웅』은 가장 많이 팔리는 스테디 셀러 중의 하나일 것이다—가 되어준 것은 우리 한국문학사의 비극이 아닐 수가 없는 것이다. 또한 어디 그뿐이던가? 이미 앞에서 소개했던 대로, 대한민국의 가장 대표적인 문학작품으로 일본, 스페인, 콜롬비아, 이탈리아 등의 언어로도 번역되었고, 이제는 어느덧 초등학교의 교과서에까지도 실리게 되었다. 이문열의 더럽고 추악한 글도둑질—절도행각—이 단군 이래의 최대의 대형 사기사건으로 이어지고, 그에게는 수십억 원대의 돈과 명예와 명성을 안겨다가 주었다고 하지 않을 수가 없다. 아아, 우리는 이것을 '지적소유권'을 지상최대의 명제처럼 받들어 모시는 문화선진국민들에게, 또 그리고 너무나도 티없이 맑고 순진한 이 대한민국의 어린 학생들에게 어떻게 사죄하고 설명을 할 수가 있단 말인가?

— 본문, 「이문열을 고발한다」에서

이문열의 『우리들의 일그러진 영웅』이 대한민국의 초등학교 교과서에 소개되고, 또 이 땅의 어린 아이들이 이문열의 도덕적 정결성에 찬양을 보내고 있다는 사실을 생각해 본다면, 이문열의 개인의 영광과 그를 배출해낸 민음사의 상업적 이익을 위해서 천하의 대사기꾼적인 그의 글도둑질을 언제까지나 쉬쉬하고 덮어두고만 있을 것이란 말인가? 이문열은 대한민국의 대작가도 아니며, 『우리들의 일그러진 영웅』의 '엄석대'보다도 더 도덕적 정결성을 갖춘 인간도 아니다. 자기 자신의 역사 철학적인 무지와 그것의 한계를 극복하고, 호머나 셰익스피어나 괴테처럼 가장 화려하고 웅장하게 세계정복운동을 펼쳐나가야 되는 것이 그의 사명이건만, 기껏해야 무협소설에 불과한 『삼국지』와 『수호지』와 『초한지』를 평역하고 있는 추태를 생각해 본다면, 그의 작가 의식은 머리에서 발끝까지 상업성으로 물들어 있고, 돈과 명예는 같은 무대에 들어가지 못한다는 사실을 새삼 떠올려 보지 않을 수가 없다. 이문열은 역사와 민족 앞에, 이 글을 읽는 즉시 사죄하고, 그의 대부분의 재산을 사회에 환원하고, 이제는 한국문단에서 은퇴를 해야만 한다. 이제 모든 대학생들과 시민단체와 민족문학 작가회의를 비롯한 지식인들은 이러한 한국문단의 국제적 망신을 전화위복의 계기로 삼기 위해서라도, '이문열의 은퇴와 절필 선언'을 유도해야만 하고, '글도둑질 추방운동본부'를 상설하여 하루바삐 표절의 문제를 근절시켜나가지 않으면 안 된다.

— 본문, 「이문열을 고발한다」에서

아아, 우리 한국인들의 백만 두뇌의 양성이여, 아아, 이 세상에서 가장 고귀하고 위대한 '사상가와 예술가의 민족'이여!
나는 오늘도 '愛知의 이름'으로 '우리들의 일그러진 영웅'을 처형하면서, 그 백만 분의 일의 가능성을 꿈꾼다.

2004년, 새해 아름에, '愛知의 숲'을 거닐면서……

|차례|

서문 15

나는 '국민총동원령'을 선포한다 25

전위주의: 삶과 죽음을 넘어선 선구자들 44

세계화의 덫 64

서문, 서문, 그리고 서문들 82

대한민국예술원은 유종호와 김윤식을 제명시켜라! 93

요코미츠 리이치의 소설의 세계 108

이문열을 고발한다 126

이문열의 표절에 대하여 152

고은 비판: '똥 묻은 개'가 '재 묻은 개'를 나무라고 165

신경림 비판: '근친상간의 미덕' 속에서 187

황동규 비판   213

정현종 비판: 백치같은 그대   231

김용택 비판: 시인의 사명이란 무엇인가?   263

한국문예지에 대한 비판적 성찰   295

교육에 대하여   309

독서에 대하여   324

서사시의 주인공의 길   339

帝王의 모습으로   356

고령화 사회   375

나는 '국민총동원령'을 선포한다

 국가란 무엇인가? 국가란 동일한 민족, 동일한 영토, 동일한 언어, 동일한 전통과 풍습—다인종 국가나 다민족 국가의 경우는 예외로 치고—을 지닌 사람들이 그들의 사상과 이념에 따라서 세운 공동체 사회를 말한다고 해도 지나친 말이 아니다. 국가는 그 민족들, 또는 그 구성원들의 오랜 소망과 그 소망을 이룩해 내기 위한 최선의 집단이며, 따라서 국가를 형성하지 못한 민족은 야만의 민족에 지나지 않게 된다. 국가는 전투체제로 편성되어 있으며, 다른 한편, 치안을 담당할 수 있는 경찰체제와 함께, 그 구성원들의 민원을 처리하고 그들의 복지를 담당할 수 있는 관료체제로 편성되어 있다고 할 수가 있다. 국가의 주된 임무는 외적의 침략을 방어하는 것과 도둑, 사기, 살인, 폭력, 방화 등의 내부의 치안을 담당하는 것과, 또, 그리고, 그 국가의 구성원들의 재산과 그들의 행복한 삶을 지켜주는 것이라고 할 수가 있다. 소크라테스도 국가를 숭배했고, 헤겔도 국가를 숭배했다. 우리 인간들은 무리를 짓는 동물들이고, 그 무리를 짓는 동물로서의 국가의 형태는 최선의 삶의 수단이었던 것이다. 국가가 없으면 토마스 홉스가 말한 바가 있듯이 '만인에 의한 만인의 투쟁'이 일어나게 되고, 따라서 이 세상은 무차별적인 혼란의 상태에 빠져 버리게 되는지도 모른다. 국가에 의해서 저마다의 직업의 자유가 있게 되고, 그 직업의 자유를 향유하면서도 다양한 협업과 분업이 가능해지고, 따라서 '저비용―고효율 구조' 속의 최고의 생산성을 자랑하게 된다. 또한 개인의 자유와 사유재산을 최대한으로 보장해주되, 다양한 조세제도―그것이 영업세이든, 소득세이든, 상속세이든, 양도소득세이든, 교육세이든지 간에―를 통하여, 그 국가를 좀 더 효과적으로 운영하면서도, 모든 구성원들이 다 함께 잘 살 수 있는 복지국가를 이룩하게 되었던 것이다.

국가는 그 구성원들에게 지상낙원이며, 그 구성원들의 생명, 그 자체라고도 할 수가 있는 것이다. 개인과 국가, 국가와 개인, 그러나 이 싸움은 거의 성립될 수가 없는데, 왜냐하면 어느 누구도 국가를 떠나서는 그 어느 것도 실현할 수가 없기 때문이다. 개인의 자유를 허용해 주고 있는 것도 국가이고, 사유재산을 보장해 주고 있는 것도 국가이다. 언어를 부여해 주고 있는 것도 국가이고, 공부를 시켜 주고 있는 것도 국가이다. 외부의 적으로부터의 침략을 막아주고 있는 것도 국가이고, 어떤 위해, 폭력, 착취를 막아주고 있는 것도 국가이다. 한 국가는 그 구성원들의 공동체 사회이면서도, 그러나 그 국가는 이 지구상에서 유일무이한 전제군주처럼 그 구성원들 위에 군림할 수 있는 권리를 가지고 있는 것이다. 납세의무를 명령하는 것도 국가이고, 병역의무를 명령하는 것도 국가이다. 교육의무를 명령하는 것도 국가이고, 법률준수의무를 강제하는 것도 국가이다. 주권은 모든 국민들에게 있지만, 그러나 국가는 전지전능한 신이면서도 우리 인간들의 지상낙원이기도 한 것이다.

하지만, 그러나, 우리 대한민국은 지금 국가로서의 그 기능을 다하지 못하고 있고, 매우 크나큰 위기에 처해 있다. 첫 번째는 '대한민국이라는 국가의 사상과 이념'을 안출해 내고, 우리 대한민국을 인도해 나갈 수 있는 천재(민족영웅)들을 생산해 내지 못했기 때문이고, 두 번째는 도시와 농촌, 서울과 지방을 균형 있게 발전시키지 못했기 때문이다. 세 번째는 인적 자원을 효과적으로 활용하거나 배분하지 못했기 때문이고, 네 번째는 공동체 사회의 '규칙 중의 규칙'인 기초생활질서를 확립하지 못했기 때문이다. 우리 대한민국은 '당나라의 노예, 원나라의 노예, 명나라의 노예, 청나라의 노예, 대일본제국의 노예, 아메리카합중국의 노예'라는 역사적 사실이 말해주고 있듯이, 우리 대한민국을 독립국가로서 창출해 내는데 실패를 해왔던 것이며, 따라서 그토록 저질적이고 야만적인 사대주의事大主義가 국시國是처럼 되어 있었던 것인지도 모른다. 사대주의가 판을 치게 되면 외국의 힘과 외국의 문화(사상)에 의존하게 되고, 모든 지배계급은 자기 자신의 조국에 대한 애국심을 망각한 채, 온갖 부정부패로 일관하게 된다. 부국강병, 혹은 문화대국의 꿈을 상실한 채, 온갖 사색당파로 일관하면서, '대당절의, 대원절의, 대명절의, 대청절의, 대일절의, 대미절의'만을 외쳐왔던 우리 대한민국의 수천 년의 역사가 바로 그것을 증명해 준다. 우리 대한민국은 알렉산더, 나폴레옹, 뉴턴, 아인시타인, 마르크스, 프로이트, 조지 와싱턴, 에이브라함 링컨 등과도 같은 세계적인 대석학들을 배출해 내지 못한 채, '우물 안의 개구리식'으로 온갖 사색당파만을 연출해 왔던 것이다.

만일, 그렇다면, 오늘날의 우리 대한민국은 어떠한 국가이란 말인가? 우리 대한민국은 또다시 단군 이래 최악의 위기 상황을 맞이하고 있는데, 왜냐하면 우리 한국인들은 근검절약을 모르는 사치와 허영의 아이들이기 때문이다. 노동집약적인 산업과 저임금으로 일구어냈던 한강의 기적은 그러나 단 한 순간의 방심 끝에, 즉, 졸부근성의 사치와 허영 끝에, 너무나도 허무하게 사상누각의 기적으로 끝나고 말았던 것이다. 생산보다도 소비를 더 좋아한 죄, 수입의 규모보다도 지출을 더 좋아한 죄, 근검절약하기보다는 사치와 허영을 더 좋아한 죄는 대한민국의 총체적 부실을 낳았던 것이고, 그 죄들은 이제는 제1의 IMF 환란에 이어서 제2의 IMF 환란으로 이어져 가고 있는 것인지도 모른다. 수많은 우량기업과 수많은 은행들을 팔아서 IMF의 빚을 갚고 명실공히 채권국가가 되었다고 호들갑을 떨어댄 지, 불과 몇 년 만에, 또다시, 순식간에 채권국가에서 채무국가로의 역전된 사태의 이면에는 이처럼 사치와 허영의 죄가 자리를 잡고 있었던 것이다. 산해진미의 음식들과 최고급의 술과 최고급의 가구와 옷과 보석들, 최고급의 외제승용차와 해외여행과 해외유학, 100평에서 150평이나 하는 최고급의 아파트와 부동산 투기의 열풍들이 바로 그것을 증명해준다. 우리 대한민국은 긴축예산을 짤 때에도 팽창예산을 짜왔던 것이며, 저축을 해야 할 때에도 소비를 해왔던 것이다. 또한, 우리 대한민국은 진정으로 세계적인 대석학들을 배출해내야 되었을 때에도 황우석이나 이문열과도 같은 표절의 대가들, 즉, '짝퉁학자들'만을 대량 생산해왔던 것이고, 기초생활질서를 확립해야 되었을 때에도 음주운전만을 해왔던 것이다.

  나는 낙천주의 사상의 창시자로서, 단군 이래 최대의 민족 위기를 맞이하여, 오랜 숙고 끝에 '국민총동원령'을 선포하고자 한다.

  대한민국의 건국이념은 '홍익인간弘益人間'이며, 홍익인간이란 우리 인간들의 미래의 이상적인 인간을 말한다. 홍익인간은 고귀하고 위대한 인간이며, 이 홍익인간만이 우리 인간들을 이 세상에서 가장 아름답고 풍요로운 지상낙원으로 인도해갈 수가 있는 것이다. 대한민국의 삼천리 금수강산은 세계의 중심지이며, 우리 한국인들은 일찍이 이 세상에서 존재한 적이 없었던 가장 고귀하고 훌륭한 문화시민이라고 할 수가 있다. 본래 자기 자신의 사상에만 진리와 생명이 깃들 수가 있는 것이라면, '홍익인간'이라는 사상이 바로 그것이라고 할 수가 있다. 홍익인간의 사상은 낙천주의 사상이며, 우리 인간들의 삶은 반드시 아름답고 풍요롭게 향유되지 않으면 안 된다. 나는 일찍이 우리 한국인들의 백만 두뇌의 양성을 역설해 왔고, 우리 한국인들을 '사상가와 예술가의 민족', 즉, '고급문화인'으로 인도해 가고자 최선의 노력을 다해 왔다고 자부하고 있다.

나는 우리 한국인들에게 우리 한국인들을 '사상가와 예술가의 민족', 즉, '홍익인간'으로 인도해 가기 위하여 '국민총동원령'을 선포한다.

지금은 제1, 제2의 외환위기를 맞이하여 우리 한국인들은, 또다시, 남부여대男負女戴와 유리걸식遊離乞食과도 같은 떠돌이— 나그네의 운명을 맞이하게 되어 있는 것인지도 모른다. 남북은 분단되어 있고, 더욱더 많은 통일비용을 마련해 두어도 모자라겠지만, 우리 한국인들은 단군 이래 최고의 민족부흥기를 너무나도 크나큰 호화사치와 그 허영으로 실기失機를 하고 말았던 것이다. 지금은 단군 이래 최고의 민족부흥기이기는커녕, 최고의 난세亂世라고 하지 않을 수가 없다. 독도를 팔아도 외환위기를 벗어날 길이 없고, 제주도를 팔아도, 아니, 대한민국을 팔아도 외환위기를 벗어날 길이 없다. 따라서, 오직, 이 위기를 벗어날 수 있는 최선의 방법은 우리 한국인들의 백만 두뇌를 양성하는 길밖에 없다고 하지 않을 수가 없다.

국민총동원령 제1조:

나는 우리 한국인들을 '홍익인간'으로 인도해 가기 위하여 국민총동원령을 선포한다. 서울대학교와 연세대학교와 고려대학교, 아니, 대한민국의 모든 학자들 중에서 표절의 대가들은 오늘 날짜로 그 직위를 해임하고, 전국 각지의 오지 중의 오지의 농부가 될 것을 명한다. 서울대학교와 연세대학교와 고려대학교는 지방으로 이전하고, 세계적인 대석학들을 모셔오게 될 것이다. 앞으로 해마다 '세계한인학자대회'를 개최하여, '대학교수자격논문'을 취득하고 세계 제일의 명문대학교에 재직 중인 학자들을 초빙하여, 이 지구상에서 가장 우수한 교육제도를 연출해 내게 될 것이다.

홍익인간, 즉, 천재생산의 근본조건은

1, 세계적인 대스승이 있어야 하고,
2, 최고급의 교육제도와 그 교과과정이 있어야 하고,
3, 오직, 지혜와 용기와 성실함으로 무장한 수많은 젊은이들이 있지 않으면 안 된다.

세계적인 대스승만이 모든 학문의 목표를 설정하고, 그 목표를 달성할 수 있는 최고급의 교육제도를 연출해낼 수가 있는 것이다. 훌륭한 스승 밑에서 훌륭한 제자가 나오듯이, 이 훌륭한 제자에게는 '아버지 살해의 비법'을 전수해 주지 않으면 안 된다. 칸트, 헤겔, 마르크스, 쇼펜하우어, 니체, 하이데거 등으로 이어지는 독일의 철학사와 데카르트, 사르트르, 미셸 푸코, 데리다 등으로 이어지는 프랑스의 철학사가 바로 그것을 증명해 준다. 제자는 미래의 스승이며, 모든 인류의 스승으로 자라나지 않으면 안 된다. '아버지 살해'는 최고급의 문화를 생산해낼 수 있는 근본적인 힘이며, 따라서, 이러한 '아버지 살해의 역사'에 반하여, 우리 대한민국의 교육제도는 '아들 살해의 역사'만을 기록하고 있는 실정이기도 한 것이다. 늙은 스승이 그토록 낡고 케케묵은 저질적인 교육제도 위에 군림하면서, 자기 자신의 모든 제자들을 입시지옥의 희생양으로만 몰아넣고 있는 실정이기도 한 것이다. 자본 중의 자본은 문화자본(지적 자본)이며, 그 문화자본의 크기에 따라서 문화제국의 폭력적인 서열제도가 생겨나게 된다.

 이제부터 초, 중, 고등학교의 모든 교과 과정은 '독서중심의 글쓰기 교육'으로 바뀌게 될 것이다.
 이제부터 초, 중, 고등학교의 모든 교사는 '독서지도교사의 자격증'을 취득하지 않으면 안 된다.
 이제부터 모든 초, 중, 고등학교의 학교 수업은 오후 3시 이내로 반드시 끝내지 않으면 안 된다.
 이제부터 모든 초, 중, 고등학교에서 철학과목을 새로운 교과 과목으로 채택하고, 철학논문(작문)의 점수를 전체 과목의 30% 정도로 그 비중을 높이지 않으면 안 된다.
 이제부터 국어, 영어, 수학, 과학, 자연, 사회, 역사, 철학 등의 교과 과목에서 사지선다형의 시험은 없고, 모든 과목은 그 과목과 관련된 독서중심의 글쓰기로 그 시험을 대신 보게 될 것이다. 가령, 예컨대, '미적분의 근본원리와 그 구체적인 예를 연습문제로 출제하여 풀어보라', '나폴레옹의 위대성과 그 삶의 의미를 논하라', '셰익스피어의 「햄릿」을 읽고 그 독후감을 40매 이내로 써보라' 등의 시험 문제를 내게 되면 그 학생들의 개성과 창의성은 저절로 형성되게 될 것이다. 이 학과 시험은 방과 후 집에서 풀어오도록 하면 될 것이고, 모든 학생들마다 그의 개성과 취향대로, 또는 그 학생들의 이념과 관점에 따라서 그 해답이 다르게 나타나게 될 것이다. 어차피 우리 인간들의 인생은 정답이 없는 것이며, 오직 자기 스스로 자기 자신의 문제와 씨름하며, 그 정답을 완성해 나가는 것 자체가 우리 인간들의 인생이기도 한 것이다. 모든 학생들은 누구나 다같이 자기 자신의 행복한 삶의 연주자가 되지 않으면 안 된다. 문장이 다소 서툴고 거칠더라도 독창적이고 새로운 대목이 있으면 그 학생의 점수는 최고의 점수를 주어야 하고, 그 학생의 문장에 힘(흠)은 없지만, 너무나도 지나치게 모범적이고 독창성이 없으면 그 학생의 점수는 낙제점을 주지 않으면 안 된다. 이 채점은 담당교사가 절대적인 권한을 가지고 하되, 어느 누구도 간섭을 해서는 아니 된다.

이제부터 모든 초, 중, 고등학교의 학생들은 그 지긋지긋한 암기위주, 혹은 출세위주의 입시지옥에서 해방될 것이다.

모든 학생들은 학교에서나, 집에서나, 산책길에서나, 독서 중이거나 간에, '개성이란 무엇인가', '독창성이란 무엇인가', '홍익인간이란 무엇인가', '지상낙원이란 무엇인가', '행복이란 무엇인가', '종교란 무엇인가', '신이란 무엇인가', '사상이란 무엇인가', '이론이란 무엇인가', '자유란 무엇인가', '평화란 무엇인가', '사랑이란 무엇인가', '연애란 무엇인가', '모성애란 무엇인가', '교육이란 무엇인가', '전쟁이란 무엇인가', '평화란 무엇인가', '국가란 무엇인가', '민주주의란 무엇인가' 등과도 같은 가장 근본적이고 중요한 화두話頭들과 싸워나가지 않으면 안 된다.

모든 초, 중, 고등학교 학생들의 방과 후의 학습 과정은 그 학생의 수준에 걸맞게 선정된 책들—세계적인 고전들—을 읽고 그 독후감(논문, 작문)을 쓰지 않으면 안 되고, 그리고 나머지 시간들은 자기 자신의 취향과 적성에 맞게 미술과외, 음악과외, 수학과외 등의 수업을 받거나, 운동과 산책, 또는 취미생활과 봉사활동을 할 수 있도록 도와주지 않으면 안 된다.

이제부터 국어의 교과서를 폐지하되, 그 대신 세계적인 고전들과 한국문학 등을 그 교재로 채택하지 않으면 안 된다. 교과서의 저자, 인종, 직업, 국적 등은 불문에 부치고, 세계적인 고전들을 모든 학교의 교재로 채택하지 않으면 안 된다. 셰익스피어를 읽는 것과 이청준을 읽는 것, 김소월의 시를 읽는 것과 보들레르의 시를 읽는 것 중에서 어느 누구를 공부하는 것이 우리 학생들에게 유익할 것인가를 생각해 보면 나의 이 교수법의 의도는 너무나도 분명하게 드러나게 될 것이다. 과연 세계적인 대사상가와 대작가들의 작품을 읽을 것인가? 만일, 그것이 아니라면, 다소, 애국심이라는 편향된 시각을 갖고서 우리 대한민국의 군소작가들의 작품을 읽을 것인가? 학문의 세계에서 애국심을 떠들어 대는 자는 가차없이 추방해버려야 한다는 쇼펜하우어의 말도 있지만, 여기에는 더 이상의 선택의 여지가 있을 수가 없는 것이다.

모든 초, 중, 고등학교의 교과 과정은 대학교에 진학을 해서 최고급의 논문을 쓰기 위한 예비교육과정이지 않으면 안 된다. 교육의 성과는 출신성분과 혈통에 있는 것도 아니고, 또한, 교육의 성과는 외면적인 얼굴과 출신학교에 있는 것도 아니다. 오직 교육의 성과는 전 세계인들이 모두가 다같이 기립박수를 보낼 수 있을 정도로 뛰어난 논문(작품) 수준에만 있을 수밖에 없는 것이다. 앞으로 대한민국의 모든 대학교의 교과 과정은 하버드대학교와 옥스퍼드대학교, 그리고 꼴레즈 드 프랑스와도 같은 교과 과정으로 진행될 것이며, 모든 대학교수들은 매학기마다 새로운 논문으로 강의를 시작하지 않으면 안 된다. 대학교수의 채용은 도덕적으로나 육체적인 결격 사유가 없는 한, 오직 논문(저서)의 심사로만 임명해야 되고, '대학교수 채용논문공모'로 그 광고를 내보내지 않으면 안 된다. 대학교수는 우리 한국인들의 상징인 만큼 3년 이내에 새로운 저서를 내놓지 못하면 자동으로 해임되고, 표절이나 논문의 중복 게재 등은 무조건 해임 사유에 해당된다.

모든 대학생들의 논문에 '따옴표 없는 인용'과 '특수한 용어의 도용'은 신입생에 한하여 단 한 번의 경고로 그치고, 그 두 번째는 무조건 퇴학처분을 하지 않으면 안 된다.

표절과 출판물의 불법 복제는 두 번 다시 일어날 수 없도록 발본색원하지 않으면 안 되고, 우리 한국인들의 백만 두뇌의 양성을 위하여 저작권법을 더욱더 공고하게 확립해나가지 않으면 안 된다. 저작권법을 위반하면 일반 절도나 상표권 위반자보다도 더욱더 '징벌적 처벌'을 가하여, 오직, '벌금 없는 징역형'만을 선고하지 않으면 안 된다.

자본 중의 자본은 문화자본(지적 자본)이며, 우리 대한민국은 문화자본의 왕국이 되지 않으면 안 된다.

나는 서울대학교는 제주도로, 고려대학교는 충청도로, 연세대학교는 강원도로 그 본교를 완전하게 옮겨갈 것을 명한다. 왜냐하면 학문 연구의 성과는 장소의 문제가 아니라, 그 구성원들의 능력의 문제이기 때문이다. 언제, 어느 때 마르크스가, 프로이트가 대한민국 국민이었던 적이 있었으며, 또한, 언제, 어느 때 뉴턴이, 아인시타인이 대한민국 국민이었던 적이 있었던가? 학문 연구의 성과는 가능하면 외출을 삼가고, 집과 연구실만을 오고 가는 데 있는 것이며, 좋은 생활의 태도와 좋은 학습의 태도에서만이 그 성과를 기대할 수가 있는 것이다.

우리 학자들은 대한민국을 삼류 국가로 인도하고, 모든 학생들을 수십 년 동안이나 입시지옥으로 몰아넣은 대역죄인들에 지나지 않는다. 과연 어느 선진국에서 아침 7시에 등교해서 밤 12시까지, 오직, 달달달, 외우는 주입식 교육만을 가르치고 있단 말인가? 대한민국의 모든 학생들이 이처럼 비참한 입시지옥에서 신음하고 있는 동안, 우리 학자들은 죽자사자 '교육시장개방'만은 반대로 일관하면서 그대들의 배만을 살찌워왔던 것이다.

나는 우리 학자들에게 오직 학문 연구에만 전념하라는 형벌을 선고한다. 또한, 세계적인 대사상가, 또는 대석학이 될 수 있는 능력이 없으면 곧바로 '할복자살'을 할 것을 명령한다.

국민총동원령 제2조:

나는 우리 한국인들 중, 퇴직자와 실업자와 산업전사로서의 여성들에게 다음과 같은 일을 명한다.

50세와 60세 이상의 정년퇴직자와 명예퇴직자로서 신체에 이상이 없고 할 일 없이 놀고 있는 사람은 전국의 농촌으로 내려가 미래의 자원전쟁에 대비를 하여 농사 짓기를 명한다. 폐교廢校와 폐가廢家를 보수하여 공동숙소로 사용하고, 공동으로 생산하고 공동으로 분배하는 정책을 실현한다.

20세 이상의 실업자와 30세에서 50세 이하의 실업자들 중, 농촌생활의 희망자 역시도 전국의 농촌으로 내려가 농업에 종사하기를 명한다.

　전국의 시·군 단위의 학교에서 그 학생들의 교육비는 영농단체들의 수익금과 지방자치단체와 중앙정부의 보조금으로 충당하고, 중학교는 100%, 고등학교는 전교 성적의 50% 이내로 진학시키고, 그 나머지는 실업계 및 직업학교로, 그리고 대학교의 진학은 전체 성적의 35% 이내로 한정시킨다. 대학진학률이 35% 이상이 되면 직업의 귀천만을 따지는 백수건달들이 늘어나는 등, 사회적 부작용이 더욱더 많이 생겨나게 된다. 초, 중, 고등학교 및 대학교의 진학은 내 아들, 내 딸, 내 손자를 구분하지 않고, 그 공동체 사회에서 가장 우수한 자에게 우선적으로 그 자격을 부여하고, 장차 그 지역, 그리고 우리 한국인들의 미래의 지도자를 길러내는 데 그 초점을 맞추지 않으면 안 된다. 모든 교육 과정은 마르크스, 칸트, 뉴턴, 아인시타인, 스티븐 호킹, 셰익스피어, 괴테, 모차르트, 베토벤 등과도 같은 세계적인 천재들을 생산할 수 있는 최선의 과정으로 짜여지지 않으면 안 된다.

　농촌은 도시와는 달리, 어린 아이들의 양육과 통학이 어렵게 되어 있으므로, 탁아소와 기숙사를 반드시 설치하여야만 하고, 그 비용은 학부모와 영농단체, 또는 지방자치단체와 중앙정부 등에서 공동으로 부담하지 않으면 안 된다. 만일, 이렇게 된다면 농촌의 유휴경작지가 줄어들고, 농촌인구가 늘어나며, 서울과 지방, 도시와 농촌이 균형 있게 발전하게 될 것이다. 학부모들은 자녀들의 양육과 교육에 아무런 문제점도 없기 때문에, 너무나도 안심하고 생업에 종사를 할 수가 있을 것이고, 또한, 학생들은 그들의 가정 형편의 문제를 떠나서 훌륭한 선생님 밑에서 어떠한 근심과 걱정도 없이 마음 놓고 자기가 하고 싶은 공부를 하게 될 것이다.

나는 우리 한국인들 중, 20세 이상의 여성들은 군복무를 대신하여 산업전사로서 무조건 중소기업체에 복무할 것을 명한다. 그 복무기간은 남성들의 군복무기간과도 같으며, 모든 중소기업체는 그 여성들에게 일자리와 숙소를 마련해 주고 그 봉급은 남성들의 군복무와는 달리, 월 30만원에서 50만원 이내로 한정한다. 장애인, 정신이상자 등은 국가가 정하는 산업체의 복무를 면제해 주어야만 하고, 20세 이상의 여성들의 산업체 복무 의무는 군복무 가산점 등을 둘러싼 논쟁을 종식시키게 될 것이다. 또, 그리고, 모든 여성들의 중소기업체의 복무는 노동의 어려움과 그 즐거움을 알게 하고, 중소기업체의 기술 향상과 국가경쟁력을 강화시켜 부국강병, 또는 문화선진국의 초석을 다지게 될 것이다. 중소기업체의 사장들은 그 산업전사들에 의한 이익금 중 50% 이상을 연구개발비에 쓰지 않으면 안 되고, 그 우수한 산업전사들의 두뇌를 잘 활용하여 첨단부품 등의 소재산업에서 세계적인 브랜드를 창출해 내지 않으면 안 된다. 앞으로 모든 중소기업체에 대한 국가 지원의 비중은 이 '브랜드'의 여하에 따라서 차등 지급하게 될 것이다.

20세에서 50세 이내의 군필자로서 신체가 건강하고 5년 이상의 실업자의 생활을 하고 있는 자는 무조건 그 실업자의 생활을 청산하고 국가가 지원하는 중소기업체에서 일을 할 것을 명령한다. 그들의 봉급은 국가가 정하는 최저임금으로 한정한다.

나는 또한, 모든 프로선수들에게 병역의무와 산업체 복무의 면제혜택을 주고자 한다. 프로선수들은 그들의 인생에서 두 번 다시 올 수 없는 최고의 황금기에서 운동을 쉬게 됨으로써 그 병역의무로 인한 손실은 도저히 어떠한 방법으로도 보상해줄 수가 없는 것이다. 따라서 그들이 마음 놓고 운동에 전념할 수 있도록 해주되,

단, 그들의 전체 수입의 70%를 국가에 납부하지 않으면 안 된다. 그들의 병역면제 혜택기간은 국가가 그 계약자가 되고, 모든 구단은 국가에게 그 연봉과 광고 수입의 70%를 납부하지 않으면 안 된다.

나는 또한, 모든 연예인들, 즉, 탤런트, 배우, 가수들 중, 연 수입이 5,000만원 이상인 자들에게 병역의무와 산업체 복무의 면제혜택을 주고자 한다.

이 연예인들도 병역면제혜택자들과 똑같이 그 수입의 70%를 국가에게 납부하지 않으면 안 된다.

국민총동원령 제3조:

나는 우리 정치인들, 우리 공무원들, 우리 회사원들, 그리고 모든 국민들에게 '기초생활질서'를 준수할 것을 엄명한다. 기초생활질서는 규칙 중의 규칙이며, 이 기초생활질서가 무너지면 삼천리 금수강산은 부정부패의 온상으로 자라나게 될 것이다. 교통신호등 위반, 음주운전, 쓰레기 불법투기, 뇌물의 증여와 수뢰는 그 질서가 확립되고 모든 국민이 감시자가 될 때까지, 비록, 한시적으로나마, 벌금 없는 징역형으로 엄벌에 처하게 될 것이다. 어떻게 삼천리 금수강산이 부정부패의 온상이 되고, 또한 어떻게 삼천리 금수강산이 쓰레기 천국이 되어가고 있는 나라가 이 세상에서 가장 훌륭한 '홍익인간'의 지상낙원이 될 수가 있겠는가?

국민총동원령 제4조:

나는 우리 정치인들, 우리 학자들, 우리 한국인들에게 지금 이 순간부터 모든 재―보궐선거를 실시하지 않을 것을 선포한다. 국회의원, 지방자치단체장, 시―도의원, 대학총장, 시―도교육감 등의 선거는 단 한 번만 실시하되, 그 임기 중 결격사유가 발생하면, 최초의 득표 순위에 따라서 그 차점자가 자연스럽게 그 직위를 승계하게 될 것이다. 중앙당 차원에서 사생결단식으로 개입하는 모든 재—보궐선거는 그 엄청난 선거비용에 반하여 국론만을 분열시켜왔다고 할 수가 있다. '돈 안 드는 선거—깨끗한 선거'를 실시하되, 선거법 위반자나 정치자금법 위반자는 단 한 번의 사면복권도 없는 영구추방의 죄로 다스리지 않으면 안 된다.

지금의 정당에 가입해 있는 정치인들은 그 정당을 탈퇴할 수는 있지만, 다른 정당으로 옮겨갈 수는 없다. 또한, 지금 현재 등록되어 있는 정당은 그 정당의 깃발을 내릴 수는 있지만, 그 정당인들은 새로운 정당을 창당할 수가 없다. 한나라당, 민주당, 자유선진당, 민주노동당 등은 그 정당의 간판을 200년, 300년씩 바꾸지 말아야 할 것이고, 따라서 '이념정당—정책정당'으로서 그 모습을 쇄신해 나가지 않으면 안 된다. '이념정당—정책정당'만이 우리 대한민국의 미래의 목표를 설정하고, 그 책임정치의 아름다운 진면목을 보여주게 될 것이다.

나는 대한민국의 장관의 임기는 그 결격 사유가 없는 한, 대통령의 임기와 함께 할 것을 명령한다. 장관의 임기가 1년도 채 안 된다는 것은 전형적인 후진국의 인사정책이며, 따라서 어떠한 장관도 자기 자신의 소신과 책임감을 갖고 일을 할 수가 없다는 것을 뜻한다. 모든 정부 부처의 업무는 전적으로 장관의 소신과 책임 아래 집행되어야만 하며, 따라서 대한민국 정부의 정책이 연속성과 일관성을 띠게 되고, 모든 국민들이 대한민국 정부를 신뢰하게 될 것이다. 장관은 잦은 교체는 논공행상에 따른 매관매직의 대표적인 예에 해당되며, 수많은 철새 정치인들에게는 입신출세의 호기일 수도 있지만, 대한민국 국민들에게는 재앙, 그 자체일 뿐인 것이다. 장관의 잦은 교체에 따른 엄청난 비용도 문제이기는 하지만, 그보다도 더 큰 문제는 대한민국 정부의 신뢰의 상실이라고 할 수가 있는 것이다. 도대체 어느 문화선진국에서 1년도 채 안 되는 장관의 임기가 있으며, 또한, 어느 문화선진국에서 장관의 임기가 1년도 채 안 되는 대한민국을 문화선진국가로 인정할 수가 있겠는가? 이제는, 이처럼, 더럽고 추한 후진적인 작태는 하루바삐 종식되지 않으면 안 된다.

나는 우리 정치인들에게 '정쟁중지법'을 선포하고자 한다. 늘, 항상, 국익을 먼저 생각하고, 분명한 비판과 반대는 하되, '다수결의 원칙'을 무엇보다도 금과옥조로 삼아주기를 바란다.

어떤 정책의 성공과 실패에 대한 심판은 다음 선거에서 국민의 투표로 나타나게 될 것이다.

나는 대한민국의 국회의원들에게 4년의 임기 중, 1년 동안은 안식년을 갖기를 명령한다. 적어도 안식년 동안에는 일체의 외부의 행사에는 참석하지 말아야 하고, 오직 집과 의원회관만을 오고가며, 정치학, 경제학, 철학, 역사, 문학 등을 공부하며, '이념정당—정책정당'의 구성원으로서 자기 자신의 수준부터 문화선진국의 수준으로 갈고 닦지 않으면 안 된다.

한 국가의 정치지도자로서 우리 정치인들이 세계적인 수준이 되지 못한다면 우리 대한민국은 어떠한 미래의 희망도 없게 될 것이다.

자본 중의 자본은 문화자본(지적 자본)이며, 이 문화자본은 국토의 크기와 그 국민의 숫자와는 아무런 상관도 없고, 오직, 그 구성원들의 앎(지식)의 크기에 따라서 생겨나게 된다. 우리 한국인들, 전 세계의 8,000만 명의 우리 한국인들이 일본과 프랑스와 독일과 영국과 이태리의 국민들에게 조금도 뒤질 이유가 없는 것이다.

　우리 대한민국은 독도와 제주도와 또는 대한민국 전체를 팔아야 할 지도 모르는 비상상태를 맞이하고 있으며, 나는 이 땅의 철학예술가로서 우리 대한민국의 장래를 염려하여, 드디어, 마침내, 이 '국민총동원령'을 선포하고자 한다.

　나는 철학과 문학을 출세하기 위하여 선택하지를 않았고, 오직, 내가 좋아하는 공부를 하기 위해서 선택을 한 바가 있었다. 나는 세계적인 철학예술가가 되기로 작정했던 것이고, 기껏해야 노예민족에 불과한 우리 한국인들을 '사상가와 예술가의 민족', 즉, '홍익인간'으로 인도하기 위하여 단 하나뿐인 나의 생명을 바치고자 했었던 것이다. 나는 김현, 정과리, 유종호, 백낙청, 이문열, 고은, 신경림, 김윤식 등, 이처럼 천박하고 '표절의 대가'에 불과한 그들에게 박해를 받고 있지만, 그러나 그들은 이미, 나의 비판의 칼날을 맞고 죽어버린 산송장들에 지나지 않는다. 이 표절의 대가들의 최고의 업적은 입시지옥을 연출해낸 것이고, 그들의 최고의 죄악은 단군 이래의 최악의 국치인 외환위기를 연출해낸 것이다. 왜냐하면 외환위기는 '표절왕국'의 소산이며, 철두철미하게 앎의 투쟁에서 패배를 하여 그 어떠한 독창적인 브랜드도 연출해 내지 못한 우리 학자들의 죄의 대가이기 때문이다.

　쇼펜하우어가 그의 스승인 헤겔을 정면으로 비판했을 때에도 헤겔은 그를 베를린대학교에서 강의를 할 수 있게 해주었고, 알베르 까뮈가 그의 스승이나 다름없는 사르트르를 정면으로 비판했을 때에도 사르트르는 역비판으로 화답을 했으며, 데리다가 그의 스승인 미셸 푸코를 정면으로 비판했을 때에도 미셸 푸코는 역비판으로 화답을 해주었다. 비판은 모든 학문의 예비학이기 때문에, 스승과 제자, 아버지와 아들의 구분이 필요가 없는 것이며, 이 비판은 이 세상의 참된 진리를 탐구하는 방법적인 수단으로서만 그 정당성이 입증된다. 제자에게, 스승에게, 아버지에게, 또는 선배에게, 후배에게, 동료에게, 더없이 날카롭고 예리한 비판을 하지 않으면 안 된다는 것, 바로 이 비판의 칼날은 참다운 의사(철학예술가)의 칼날이기도 한 것이다. 동시대의 환부를 지적할 수 있는 것도 비판이고, 동시대의 환부를 도려낼 수 있는 것도 비판이다. 나의 비판의 칼날은 철학예술가의 칼날이며, 우리 한국인들에 대한 사랑의 칼날이기도 한 것이다. 수많은 청소년들과 취업준비생들과 그리고 실직자인 듯한 중년의 사내들로 꽉 찬 유성구 도서관에서, 나는 두 눈을 꼭 감아도 전혀 새로운 삶에의 의지가 솟아오르지 않는 좌절감과 절망감 속에서, 정치학을, 경제학을, 철학을 공부하지 않을 수가 없었던 것이다. 비판만이 위대하고, 비판만이 또, 위대하다. 내가 만일, 나의 사심없는 진정성으로 돌부처의 마음마저도 감동시킨다면, 우리 한국인들은 나의 말을 알아 듣고, 내가 왜, 이 글을 쓸 수밖에 없었는지 깨닫게 될는지도 모른다.

이 '국민총동원령'을 구상하고 이 글을 쓰면서 나는 내내 너무나도 괴로웠고, 마음이 아팠다. 단기 외채는 급증을 하고 있었고, 외환보유고는 바닥이 드러나고 있었다. 약소국민의 비애―. 그렇다. 우리 한국인들은 또다시 한일합방과도 같은 단군 이래의 최대의 국치國恥를 맞이하고 있는 것처럼만 보였다. 노동이 가능한 인구 중 12%, 즉, 8명 중 1명이 실업자라는 기사를 읽으면서, 퇴직금도 없고 저축도 없는 우리 한국인들의 미래의 앞날이 다만, 더없이 불길하기만 했었다. 이 '국민총동원령'은 그 절망감의 소산이며, 우리 대한민국의 미래를 더없이 진지하고 깊이 있게 모색해본 글이라고 할 수가 있다.

우리 한국인들이 진정으로 '홍익인간'의 이념을 실현하고 문화대국의 지름길이 되는 유일한 길은 언제, 어느 때나 개인의 이기주의를 버리고 민심과 국력을 결집시켜서, 오직, 일(공부)을 하고, 또, 일(공부)을 하는 수밖에 없는 것이다.

나는 지혜를 사랑하는 홍익인간이다. 내가 우리 한국인들을 위해서 할 수 있는 일이라고는 공부를 하고, 또, 공부를 하는 일밖에는 없다.

비판만이 위대하고, 또, 위대하다.

비판은 당신의 존재 증명이다. 당신은 누구를, 무엇을 비판할 수 있는가?

전위주의: 삶과 죽음을 넘어선 선구자들

　니체는 그의 『서광』에서 "사람은 어디에다 집을 세워야 하는가? 만약 그대가 고독할 때 위대하고 결실이 풍부하다고 생각한다면, 사교는 그대를 작게 만들고 황폐하게 할 것이다. 역도 참이다. 부친이 가지고 있는 힘찬 온화감—, 이 기분이 그대를 감동시키는 곳, 거기에다 그대의 집을 건설하라. 혼잡 속이든, 정적 속이든 간에, 내가 아버지인 곳, 거기에 조국을 건설하라!"라고 역설한 적이 있었다. '나'란 누구이며, '아버지'란 누구이란 말인가? 나는 너도 아니고, 수많은 당신들도 아니며, 오직, 단 한 사람뿐인 나 자신일 뿐인 것이다. 다시 말해서, '나는 아버지도, 할아버지도 없고, 할아버지의 할아버지도 없는 오직, 단 한 사람뿐인 나 자신일 뿐인 것이다. 만일, 아버지 살해가 문화를 움직여 가는 근본적인 힘이라면, 나는 아버지를 살해하고 홀로서기를 이룩한 사람이며, 자기 스스로 종족창시자가 된 아버지라고 할 수가 있다. 나는 아버지이며, 전제군주이고, 그 모든 가치의 창조자이다. 그 '나—아버지'가 사상의 신전을 지은 곳은 이상낙원이며, 언제, 어느 때나 젖과 꿀이 넘쳐 흐르고 있는 행복한 세계이다. 모든 학문과 예술은 하나의 양생술에 지나지 않으며, 낙천주의를 양식화시킨 것에 지나지 않는다. 부처는 모든 중생들의 때묻은 욕망을 정화시켜주고 그들을 그의 사상의 신전인 극락의 세계로 인도해간 바가 있고, 예수는 모든 인간들의 죄를 씻어주고 그들을 그의 신전인 천국의 세계로 인도해간 바가 있다. 부처, 예수, 살부와 근친상간을 범하고 테베사회를 구원해냈던 외디프스, 문명과 문화의 원동력인 불을 발명하고 그 대가로 카우카소스의 바위산에 묶여서 제우스의 神鳥인 독수리에게 하염없이 간을 쪼아 먹혀야만 했던 프로메테우스, 칸트의 현상론을 정면으로 비판하고 현상학을 정립했던 헤겔, 헤겔의 유심론을 정면으로 비판하고 유물론을 역설했던 마르크스, 그의 스승인 헤겔의 절대정신을 정면으로 비판하고 염세주의를 정립했던 쇼펜하우어, 이제까지의 모든 가치들의 전복을 기도하고 마침내 신의 사망증명서를 발급해 주었던 니체 등―. 그들은 모두가 다같이 독창적인 명명자이고, 모든 가치의 창조자이며, 자기 자신들 스스로가 모든 인간들의 아버지가 되어갔던 문화적 영웅들(종족창시자)이기도 했던 것이다.

전위주의란 무엇인가? 전위란 본래 군사적 용어로, 최전방에 서서 돌진하는 부대를 말하지만, 이제는 혁명적인 예술운동을 지시하는 용어로 정착되었다고 할 수가 있다. 전위주의자란 시대정신의 선두에 서서 비록, 외롭고 고독하지만, 우매한 대중들을 이끌어 나가는 예술가들을 말하며, 그 예술가들은 궁극적으로 자기 자신의 사상의 신전을 짓고, 자기 자신이 아버지가 되고 싶어하는 문화적 영웅들을 말한다. 제1차 세계대전 중에 일어났던 다다이즘과 초현실주의와 프롤레타리아 예술운동, 그리고 이 밖에도 표현주의,

구성주의, 미래파, 포스트모던 예술운동이 그 시대의 모든 가치관들을 전복시키면서 온갖 도발적이고 충격적인 방법—때로는 너무나도 뻔뻔스럽고 파렴치한 탕자의 모습으로, 또, 때로는 모든 환자들의 질병을 치료해 주고 있는 너무나도 인자하고 자비로운 의사(현자)의 모습으로—으로 새로운 시대 정신을 연출해 냈던 것이다. 전위주의는 두 가지 차원에서 진행된다. 사상의 차원이 그 하나이며, 기법의 차원이 그 둘이다. 사상은 내용이 되고, 기법은 형식이 된다. 사상이 없는 기법은 맹목적이고, 기법—새로운 기법—이 없는 사상은 공허하다. 사상이 없는 기법은 그것이 도로아미타불의 수고에 그칠 공산이 크고, 기법이 없는 사상은 '새 술을 낡은 부대에 담은 것'처럼 시대착오적인 어릿광대의 짓에 그칠 공산이 크다. 프란츠 카프카는 '소설(예술)이란 기법에 지나지 않는다'라고 역설한 바가 있지만, 그러나 그 기법 속에는 새로운 사상이 담겨 있다는 사실을 간과해서는 아니된다. 요컨대, 새 술은 새 부대에 담지 않으면 안 되는 것이다.

상징주의란 19세기 말 프랑스에서 일어났던 문예운동이며, 파르나스파의 고답주의(객관주의)와 에밀 졸라류의 자연주의에 반발하여 일어났던 문예운동이라고 할 수가 있다. 19세기는 자연과학에 대한 믿음이 지나쳐 '실증주의'가 '현대사상의 지주'로 올라섰던 시대이기도 했지만, 그러나 19세기 말에 이르러서는 자연에 대한 기계적인 해석과 객관적이며 보편적인 진리에 대한 믿음이 흔들리고 온갖 인식의 상대성들이 그 싹을 내밀게 되었던 것이다. 따라서 파르나스파의 완고한 형식과 객관주의, 그리고 자연주의자들의 인간 세계의 추악상과 무책임한 잔인성의 폭로 등이 그 자취를 감추게 되고, 싸늘한 이성보다는 인간의 감성과 서정이 그 고개를 들게 되고, 모든 대상들을 상징적이며 함축적으로 표현하려는 상징주의가 태동하게 되었던 것이다(김붕구, 「보들레르와 상징주의」, 『문예사조』, 문학과지성사 참조). 상징주의의 입장에서 바라보면, 비둘기는 평화의 상징이 되고, 백색은 순결의 상징이 된다. 태양은 만물의 창조주인 아버지가 되고, 달은 언제, 어느 때나 인자하고 친절한 어머니가 된다. 상징주의란 실증주의의 정반대방향에서, 꿈과 이상을 중요시하는 사상이며, 그 상징을 통해서 이 세계와 우리 인간들의 삶을 이해하고자 했던 사상이라고 할 수가 있다. 일찍이 보들레르가 그의 「相應」에서,

    '自然'은 하나의 寺院이니 거기서
    산 기둥들이 때로 혼돈한 말을 새어 보내니,
    사람은 친밀한 눈으로 자기를 지켜보는
    상징의 숲을 가로질러 그리로 들어간다

라고 역설했던 것이 바로 그것을 증명해 주고, 또한, 그가 「알바트로스」에서,

    때때로 장난하느라 선원들은
    커다란 바닷새 알바트로스를 잡는다
    게으른 여행 친구처럼 쓰디 쓴 심연으로
    미끄러지는 배를 뒤따르는 알바트로스를

    갑판 위에 놔두자마자
    창천의 왕자는 어색하고 부끄러워

커다란 흰날개를 노 비슷하게
불쌍하게 질질 끌고 다닌다.

날개 달린 여행자여, 그대는 얼마나 우습고 무기력한가!
전에는 그렇게 아름답던 게 이제는 우스꽝스럽고 추하고나
어떤 자는 파이프로 부리를 지지고
어떤 자는 절름거리며 예전에 날아다니던 그 새를 흉내낸다

시인도 이 구름의 왕자같다
태풍을 쫓아다니며 사냥꾼을 비웃는다
그러나 야유 투성이의 땅에 떨어지면
그 거대한 날개 때문에 걷지도 못한다.

라고 역설했던 것이 바로 그것을 증명해 준다. "자연이 하나의 사원"이고, 우리 인간들이 그 "상징의 숲"에 사는 원주민들이라면, 시인이란 다름아닌 '번역자이며, 암호해독자'에 지나지 않게 된다. 하지만, 그러나, 우리 인간들은 그 상징의 숲을 떠나서는 그 거대한 날개 때문에 온갖 조롱과 냉소와 무한한 학대를 받는 알바트로스의 운명에 지나지 않게 된다. 이것이 바로 일군의 저주받은 시인들, 즉, 모든 전위주의자들의 운명이기도 했던 것이다. 상징주의는 그들이 처한 사회 역사적인 현실을 외면했다는 점—그 이상주의적이고 신비주의적인 색채 때문에—에서는 그만큼의 한계를 지닌 사상이기는 하지만, 그러나 그 상징주의자들의 사상과 그 기법은 인류의 역사가 종식되지 않는 한, 영원히 사라지지 않을 불멸의 금자탑에 해당된다고 하지 않을 수가 없다. 자연은 하나의 사원이고, 그

사원의 숲은 상징의 숲이다. 우리 인간들은 지금, 이 순간에도, 그 사원과 상징의 숲에서 자유 자재로운 알바트로스처럼 아름답고 풍요로운 삶을 살아가고 있는 것인지도 모른다. 만일, 상징주의가 파르나스파와 자연주의, 그리고 실증주의와 현실주의의 반대방향에서, 우리 인간들에게 꿈과 이상을 가져다가 주는 사상이라면, 상징주의는 그 기법의 차원에서 상징과 함축, 은유와 암시를 통해서 비인간적인 삶을 살아가는 현실을 전면적으로 부정하고, 아름답고 풍요로운 삶을 가능하게 하는 꿈과 이상의 세계, 즉, '상징의 숲'으로 우리 인간들을 인도해 가고자 한다. '자연―사원―상징의 숲'이라는 상징과 함축과 은유와 암시의 세계가 그렇고, '하늘을 나는 새인 알바트로스―태풍을 쫓아다니며 온갖 사냥꾼들을 비웃는 알바트로스―뱃사람들에게 붙잡혀 온갖 야유와 수모를 당하는 알바트로스―구름의 왕자인 시인―타락한 현실에서 온갖 야유와 수모를 당하는 시인'의 세계가 그렇다. 이밖에도 상징주의자들은 자유연상과 유추 등의 연쇄기법을 매우 잘 활용했고, 보들레르는 전위주의자로서 상징주의와 퇴폐주의와 초현실주의의 시조라고 해도 과언이 아니다. 말라르메, 발레리, 랭보, 베를렌느, 앙드레 브르통은 보들레르가 피워낸 새싹들에 지나지 않는다.

초현실주의란 무엇인가? 초현실주의란 현실을 초월한 세계를 추구하는 사상을 말하며, 1920년대 다다이즘에 이어서 프랑스의 시단에 등장한 문예운동을 말한다. 초현실주의가 탄생한 배경에는 세 가지가 있는데, 첫 번째는 제1차 세계대전 이후, 서구문명의 위기와 몰락을 예감할 수밖에 없었던 사회적인 혼란이며, 두 번째는 자연과학 분야에서 非유클리드 기하학과 상대성 이론의 등장이고, 그리고 마지막으로 세 번째는 프로이트에 의한 정신분석학의 등장이라고 할 수가 있다. 제1차 세계대전 이후, 서구사회는 노동문제, 재정문제, 인권문제, 식민지문제 등—, 정치, 경제, 사회적으로 혼란이 가중되고 있었던 것이며, 非유클리드 기하학과 상대성 이론의 등장은 이제까지의 실증주의에 기반한 인식론들이 하나의 가설에 지나지 않았던 것을 반증해 주고 있었던 것이고, 그리고, 마지막으로, 프로이트의 정신분석학의 등장은 의식이란 무의식에 비하여 빙산의 일각에 지나지 않았다는 사실을 압도적으로 인식시켜주고 있었던 것이다. 모든 사상들은 대부분이 애매모호한 내부모순을 지니고 있는 것이 그 특징적인 것이지만, 초현실주의는 모든 이원론적인 사고방식을 거부하고 극단적인 모순의 융합을 시도했다고 하지 않을 수가 없다(오생근, 「초현실주의 - 꿈과 현실의 종합」, 『문예사조』, 문학과지성사 참조). 꿈과 현실, 개인의 문제와 사회의 문제 등을 분리하지 않고 그 모순들을 융합하려고 했던 것이 그것이며, 따라서 초현실주의자들은 어떤 때는 비관주의자들이었다가 낙관주의자들이 되기도 했던 것이고, 또, 어떤 때는 현실주의자들이었다가 공산주의자들이 되기도 했던 것이다. 가령, 예컨대, 사회적인 혁명이 없이는 진정한 인간해방이 가능하지 않다는 것을 깨닫고 앙드레 브르통, 엘뤼아르, 루이 아라공 등이 모두 공산당에 가입을 했었지만, 그러나 끝끝내는 개인의 자유와 사상의 자유를 인정하지 않는 공산주의자들과는 결별을 하지 않을 수가 없었던 것이다. 왜냐하면 공산주의자들은 정치적(사상적, 내용적)으로는 급진주의자들이었지만, 문학적(형식적)으로는 완강한 보수주의자들이었기 때문이었다. 이에 반하여, 초현실주의자들은 정치적으로는 무관심하고—비록, 그들이 급진적인 공산주의 사상에 일시적으로 동조를 표명하고 있었을지라도—, 문학적으로는 과감한 형식을 파괴하는 급진주의자들이었다고 하지 않을 수가 없다. 아무튼 초현실주의는 꿈과 이상, 개인의 자유와 인간해방을 추구하는 사상이며, 그 기법으로는 자유연상과 자동기술이라는 '낯설게 하기의 기법'을 채택한 전위주의자들이라고 하지 않을 수가 없다. 다시 말해서, 초현실주의자들은 끊임없이 현실에 예속되기를 거부했던 신성모독자들이며, 그들의 전위주의는 그 어떠한 선배와 스승도 인정하지 않는 절대적인 반항과 불복종운동으로 무장되어 있다고 해도 과언이 아니다.

> 매일같이熱風이불드니드디어내허리에큼직한손이와닿는다.恍惚한指紋골작이로내땀내가스며드자마자쏘아라.쏘으리로다.나는내消化器管에묵직한銃身을느끼고내다물은입에매끈매끈한銃口를느낀다.그리드니나는銃쏘으드키눈을감으며한방銃彈대신에나는참나의입으로무엇을내어배앝였드냐.
>
> ―이상, 「烏瞰圖 ‒ 詩第九號 銃口」 전문

주지하다시피 이상은 대한민국 최초의 전위주의자이며, 그는 초현실주의라는 사상과 기법을 통하여 그 전위주의자의 길을 걸어갔다고 하지 않을 수가 없다. 그의 「오감도 ‒ 시제9호 총구」는 자유연상과 자동기술―기지, 반어, 역설, 언어유희 등을 포함하여―의 기법을 가장 잘 활용한 시이며, 그것을 산문적으로 풀이해 보면 이렇게 될 것이다.

1, 매일같이 큼직한 손으로 허리(가슴)를 쥐어짜듯 열이 나고;
2, 그러자 수많은 땀구멍에서 식은땀이 솟아나오듯이 구역질이

치밀어 오름과 동시에;

  3, 이윽고 나는 나의 입(총구)으로 시뻘건 피를 토해내게 되었다;

  이상의 시, 「오감도 - 시제9호 총구」는 상호간에 아무런 관련도 없을 것 같은 이미지들, 예컨대, '열풍, 큼직한 손, 황홀한 지문, 소화기관, 총구' 등의 이미지들이, 그러나 그가 폐결핵 말기의 환자였다는 사실을 생각할 때는 너무나도 명료하게 이해가 되고, 그가 그의 객혈과정을 총기의 발사과정으로 상징적이고 함축적으로 희화화시켜 놓았다는 사실도 알 수가 있을 것이다. 띄어쓰기를 무시한 줄글과 타인의 생각과 그 의사가 개입할 여지가 없는 속도감은 그가 자동기술과 자유연상의 기법을 매우 잘 활용했다고 하지 않을 수가 없는 것이다. 희화화란 어떤 대상이나 인물을 익살스럽게 묘사하는 것을 말하고, 따라서 그가 자기 자신을 희화화시킨 이면에는 건강한 인간으로 살고 싶다는 소망이 담겨 있었다는 것을 뜻한다. 이상의 초현실주의적인 기법은 이 밖에도 거꾸로 된 숫자, 화학방정식, 의학용어, 해괴한 실험도면까지도 가장 적극적으로 활용하게 되었고, 그는 그의 꿈과 이상, 개인의 자유와 인간해방을 위하여 그의 의식과 무의식을 자유 자재롭게 넘나드는 과감한 형태파괴의 시를 낳게 된 것이라고 해도 지나친 말이 아니다. 끊임없이 이의를 제기하는 것, 언제, 어느 때나 냉소적이며 조롱하기를 좋아하는 것은 건강함의 징후이며, 단 하나의 진리와 절대적인 모든 것은 병적인 어떤 것이다. 이상의 병은 건강함의 징후이며, 그는 그 건강함을 통하여 극단적으로 자기 자신을 희생시키고 그 신성모독자(전위주의자)의 삶을 살다가 갔던 것인지도 모른다.

그날 태연한 나무들 위로 날아 오르는 것은 다 새가
아니었다 나는 보았다 잔디밭 잡초 뽑는 여인들이 자기
삶까지도 솎아내는 것을, 집 허무는 사내들이 자기 하늘까지
무너뜨리는 것을 나는 보았다 새占 치는 노인과 便痛의
다정함을 그날 몇 건의 교통사고로 몇 사람이
죽었고 그날 市內 술집과 여관은 여전히 붐볐지만
아무도 그날의 신음 소리를 듣지 못했다
모두 병들었는데 아무도 아프지 않았다
— 이성복,「그날」부분

▲ 일화 15만엔(45 만원) ▲ 5.75 캐럿 물방울다이어 1개(2천만원) ▲ 남자용파텍시계 1개(1천만원) ▲ 황금목걸이 5돈쭝 1개(30만원) ▲ 금장로렉스시계1개(1백만원) ▲ 5캐럿에머럴드반지 1개(5백만원) ▲ 비취나비형브로치 2개(1천만원) ▲ 진주목걸이꼰것 1개(3백만원) ▲ 라이카엠 5 카메라 1대(1백만원) ▲ 청자도자기 3점(싯가미상) ▲ 현금(2백 50만원)
 너무 巨하여 귀퉁이가 안 보이는 灰의 왕궁에서 오늘도 송일환씨는 잘 살고 있다. 생명 하나는 보장되어 있다.
— 황지우,「한국생명보험회사 송일환씨의 어느 날」부분

내 앞발에 박힌
이 깊숙한 가시를

핥다가 나는 이따금
부릅뜬 눈을 들어, 핥
야 이 개애새끼들아아

내 머리, 오 이 구름 같은 불

내 머리 내 이 머리에 온통 뒤덮힌
이 저주받은 이 성난 갈기, 핥

야 이 개애자식들아아아
—박남철, 「獅子 - 모교의 교정에서」 전문

　이성복과 황지우와 박남철은 이상의 후배 시인들로서, 그들은 모더니즘의 세례를 받은 시인들이기도 했지만, 그러나 이상 이후, 그 어느 시인들보다도 초현실주의의 사상과 기법을 받아들인 시인들이라고 할 수가 있다. 자유연상과 자동기술의 기법은 물론, 그들의 풍자와 해학을 통한 기지, 반어, 역설, 언어유희 등은 개인의 자유와 인간해방을 간절하게 꿈꾸었던 1980년대의 시대정신과 맞물려서, 1980년대를 '시의 시대'로 이끌어 나갔던 장본인들이었다고 하지 않을 수가 없다. 나무 위로 날아오르는 것은 다 새가 아니라는 것, 잔디밭 잡초를 뽑아내는 여인들이 자기 자신의 삶까지도 솎아낸다는 것, 집 허무는 사내들이 자기 자신의 하늘까지도 무너뜨린다는 것, 노인과 便痛의 다정함 속에 몇 건의 교통사고와 몇 사람이 죽었지만, 아무도 그날의 신음 소리를 듣지 못했다는 것, 따라서 모두들 병들었는데 아무도 아프지 않았다는 것이 「그날」의 가장 핵심적인 전언이라면, 이성복 시인의 자유연상과 자동기술의 속도감 속에는 한국사회 전체가 속속들이 병들었다는 가장 파격적이고 충격적인 진단이 그의 풍자와 해학을 통한 기지, 반어, 역설, 언어유희 속에 담겨 있다고 할 수가 있는 것이다. 황지우의 「한국

생명보험회사 송일환씨의 어느 날」도 마찬가지이고, 박남철의 「사자 - 모교의 교정에서」도 마찬가지이다. 황지우와 박남철은 신문기사와 텔레비전 보도내용, 유행가의 가사와 시정의 잡배들의 온갖 욕설과 은어와 비어와 사투리까지도 가장 적극적으로 활용했던 시인들이며, 그들 역시도 대한민국을 대표하는 전위주의자들이었다고 할 수가 있는 것이다.

  풍자는 사회적인 죄악상을 가장 날카롭게 비판하는 것을 말하고, 해학은 그 날카롭고 예리한 비판을 너무나도 유머러스하게 희화화시켜 놓는 어떤 것을 말한다. 풍자와 해학은 반드시 기지, 반어, 역설, 언어유희 등으로 나타나게 되고, 따라서 그 주체자들은 인간의 의식과 무의식을 자유 자재롭게 넘나드는 것은 물론, 과감한 형태파괴적인 시들을 낳게 된다. 시적인 것은 아무 것도 없고, 非시적인 것만이 있다. 아니, 非시적인 것은 아무 것도 없고 시적인 것만이 있다. 그들이 모두가 다같이 서투른 공산주의자가 되기보다는 주제와 소재, 또는 의식과 무의식의 측면에서 전적으로 자유로운 초현실주의자가 되었던 까닭이 바로 여기에 있는 것이다. 기지란 그때 그때의 상황에 따라서 재빨리 발휘되는 재치를 뜻하고, 반어란 본뜻과는 반대되는 말을 함으로써 문장의 의미를 강화하는 방법을 말한다. 역설이란 '지는 것이 이기는 것이다'라는 말에서처럼, 표현상이나 상식적으로는 전적으로 모순되는 말이기는 하지만, 실질적인 진리를 나타내는 말을 뜻하고, 언어유희란 그야말로 말놀이와 말잔치를 뜻한다. 황지우의 「한국생명보험회사 송일환씨의 어느 하루」에서의 대도둑의 절도품목들은 거꾸로 그 대도둑보다는 그러한 고가의 사치품들을 소유하고 있는 특수한 부유층들의 그 도덕적인 부패와 타락한 현실을 보여주고 있는 시라고 할 수가 있다. 시적 화자는 일체의 사적인 감정을 숨기고 그 보편적이고 객관적인 시선으로 그 절도품목들을 제시해 놓고 있지만, 그러나 바로 그 순간에, 극적인 반전이 일어나게 된다. 왜냐하면 그 사치품목들은 대부분의 일상인들에게는 접근불가의 대상들이며, 따라서 그 특수한 부유층들의 부도덕성만이 드러나게 되고 있기 때문이다. 대한민국은 너무나도 위대한 '재灰의 왕국'이고, 이 땅의 소시민들은 매우 살아가기가 어렵다는 것이 황지우의 시적 전언이기도 한 것이다. 박남철의 「사자 – 모교의 교정에서」라는 시는 '모교'라는 곳이 사자의 웅대한 기상과 그 화려한 꿈을 심어주기보다는 그 어린 사자의 앞발에 도저히 뽑아낼 수 없는 가시를 박아놓았다는 '분노'를 표현해 보인 시라고 할 수가 있다. 학교는 백만 두뇌를 양성하는 곳도 아니고, 자유와 평등과 사랑을 가르쳐 주는 곳도 아니다. 또한 학교는 진리를 탐구하는 곳도 아니고, 전인교육을 가르쳐 주는 곳도 아니다. 학교는 오직 값비싼 등록금이 자라나는 곳이고, 또한, 스승이라는 밀렵사냥꾼들이 무소불위의 권력을 휘두르고 있는 곳이다. 학교는 선후배들의 一刀必殺의 劍法이 자라나는 곳이고, 또한, 자기가 자기 자신의 양심의 뒤통수를 치는 厚顔無恥의 祕法이 자라나는 곳이다. 오늘날의 학교는 학생들을 위한 학교가 아니라 밀렵사냥꾼들의 사냥의 터전이라는 것이 박남철의 가장 날카롭고 충격적인 전언이라고 하지 않을 수가 없는 것이다. "내 앞발에 박힌/ 이 깊숙한 가시를// 핥다가 나는 이따금/ 부릅뜬 눈을 들어, 핥/ 야 이 개애새끼들아야"라는 시구나, "내 머리, 오 이 구름 같은 불/ 내 머리 내 이 머리에 온통 뒤덮힌/ 이 저주받은 이 성난 갈기, 핥// 야 이 개애자식들아아야"라는 시구에서처럼, 그의 문장은 완성됨을 모르고, 그 완성되지 않은 파열음을 토해내며, 그 분노의 대명사인 그 거친 욕설들이, 마치, 활화산처럼 타오르고 있는 것이다. 이상, 이성복, 황지우, 박남철 시인은 모든 환자들의 질병을 치료해 주는 현자(의사)의 모습으로 등장할 때도 있지만, 대부분의 제일급의 시들은 때로는 너무나도 뻔뻔스럽고 파렴치한 탕자들을 등장시켜 놓고 있다고 하지 않을 수가 없다. 그들의 전위주의는 대한민국의 해체를 겨냥하는 한편, 또한, 자기 자신들의 생명의 해체까지도 겨냥하고 있었던 것이다. 형식의 파괴는 자기 자신의 파괴이며, 자기 자신의 파괴는 형식의 파괴이다. 아니, 형식의 파괴는 새로운 형식의 창조인 것이고, 자기 자신의 파괴는 또다른 '나'의 탄생이기도 한 것이다.

 나는 '모든 전위주의는 사상과 기법의 차원에서 실천된다'는 명제 아래, 그 전위주의자들로서 상징주의자들과 초현실주의자들을 살펴보았지만, 이상과 이성복과 황지우와 박남철 등을 진정한 의미에서의 전위주의자라고는 생각하지 않는다. 이 점은 대단히 안타깝고 불행한 일이기는 하지만, 우리 대한민국은 아직까지도 어떠한 형식과 내용도 제대로 창출해낸 바가 없다. 사상(내용)도 없고, 그 사상을 담을 만한 그릇(형식)도 없다. 다만, 있다면, 서양이라는 타자의 사상과 형식 속에다가, 우리 한국인들의 단편적인 사유와 그 삶의 내용을 담아낸 단순 모조품만이 있을 뿐인 것이다. 이상도, 이성복도 상징주의와 초현실주의에 값하는 새로운 사상을 창출해 내지 못했고, 황지우도, 박남철도 상징주의와 초현실주의에 값하는 새로운 사상을 창출해 내지 못했다. 고은도, 신경림도, 김수영도, 황동규도, 정현종도 마찬가지이다. 우리 한국인들은 모두가 다같이 사상과 이론, 혹은 전위주의 앞에서는 말 못하는 벙어리, 눈 뜬 봉사, 두 발로 설 수 없는 앉은뱅이들에 지나지 않았던 것이다. 이, 나의 말은 사실 그대로의 가치평가의 말이지, 전혀 뜬금없는 욕설이나 비방의 말이 아닌 것이다. 부디, 당부하고, 또, 당부하지만, 독자 여러분들은 이 점에서 절대로 오해하지 않기를 바란다. 왜냐하면 나의 가치평가의 말은 그 어떠한 가짜 권위도 무시한 채, "무사한 세상이 병원이고 꼭 치료를 기다리는 무병이 끝끝내 있었다"라는 이상의 「紙碑」와 "모두들 병들었는데 아무도 아프지 않았다"라는 이성복의 「그날」의 연장선상에서 나온 말이기 때문이다. 대한민국은 삼천리 금수강산 전체가 속속들이 부정부패로 병든 사회이고, 당신도, 당신도, 또, 그리고, 수많은 당신들도 그 병든 사회의 가짜 시인, 가짜 전위주의자들에 지나지 않고 있는 것인지도 모른다.

오늘날 보들레르와 앙드레 브르통은 전위예술가의 대명사처럼 불려지고 있지만, 그러나 아직도 보들레르와 앙드레 브르통이 이끌었던 상징주의와 초현실주의를 인정하지 않는 전위예술가들이 있다. 보들레르 역시도 정치적 충동을 문학의 외피로 은폐하고 문학예술작품을 선전―선동의 수단으로 삼았던 급진주의적인 작가들―, 예컨대, 공산주의의 작가들을 냉소와 조롱의 대상으로 바라본 바가 있지만, 그들은 모두가 다같이 전위주의를 올바르게 이해하지 못했다고 할 수가 있다. 정치적 좌파들은 정치적 급진주의(공산주의 혁명)와 문학적 보수주의(낡디 낡은 서정시와 현실의 세부묘사)를 표방했고, 정치적 우파들은 정치적 무관심(무정부주의, 세계시민주의)과 문학적 급진주의(너무나도 과감한 형태파괴와 내면심리의 묘사, 그리고 새로운 형식의 창조 등)를 표방했다. 공산주의자들은 예술작품이란 언제, 어느 때나 전형적인 현실을 반영해야 한다고 생각했고, 초현실주의자들은 예술작품이란 인간의 내면의식을 묘사하는 것은 물론, 언제, 어느 때나 과감한 형태 파괴를 감행해야 한다고 생각했다. '상징주의 대 공산주의', '초현실주의 대 공산주의'는 이처럼 서로서로 대립 갈등들을 불러일으키며, 상호간의 그 사상적 의의와 존재의 정당성을 인정하지 않았던 것이다. 이 점에 있어서는 오늘날의 리얼리스트들과 모더니스트들, 또는 리얼리스트들과 포스트 모더니스트들도 마찬가지라고 할 수가 있다. 하지만 전위주의란 그런 것이 아니다. 전위주의란 특정한 사상과 이론의 종속물도 아니며, 또한, 특정한 경향과 특정한 유파의 전유물도 아니다. 전위주의란 가치중립적인 용어이며, 마치, 비판이 모든 학문의 예비학인 것처럼, 모든 학문과 예술의 최고급의 천재들이 걸어가지 않으면 안 되는 길인 것이다. 전위주의자란 그가 무엇에 종사하고 있든지 간에, 독창적인 명명자이고, 전제군주이며, 모든 가치의 창조자이다. 모든 학문과 예술의 궁극적인 목표는 사상과 이론의 정립이며, 그 사상과 이론을 정립한 사람들은 모두가 다같이 그 전위주의자의 길을 걸어갔던 것이라고 할 수가 있다. 물론, 전위주의자라고 해서 모두가 다같이 그 성공이 보장되는 것도 아니고, 또한, 전위주의자의 길을 걸어왔고, 어느 분야의 대가가 되었다고 해서 그가 언제, 어느 때나 전위주의자인 것은 아니다. 왜냐하면 레오나르드 다 빈치는 비행기 발명자로서는 실패를 했기 때문이고, 또한, 이와는 정반대 방향에서, 실존주의의 창시자였던 사르트르는 구조주의의 열풍 속에서 이미 시대착오적인 보수주의자가 될 수밖에 없었기 때문이다.

   전위주의자란 삶과 죽음을 넘어서서, 그 어느 누구도 걸어가지 않은 길을 걸어가는 사람이며, 그 결과, 자기 자신만의 사상과 이론을 정립한 사람이라고 할 수가 있다. 개념이란 최초의 대상에 대한 이해를 뜻하고, 이론이란 그 개념들을 더 큰 사회 역사적인 문맥 속에서 체계적으로 설명할 수 있는 진리를 말하고, 사상이란 그 개념들과 이론들을 다 끌어안고 종합하여, 그것이 공산주의이든지, 염세주의이든지, 구조주의이든지, 실존주의이든지, 낙천주의이든지 간에 최고급의 인식의 제전으로 꽃 피어난 어떤 것을 말한다. 이 세상의 전위주의자들(지식인들)에게 사상이란 최고의 목적이며, 그 모든 것이다. 사상은 돈이고, 명예이고, 권력이다. 사상의 신전만이 고귀하고 아름답고, 사상가만이 마치, 보들레르와 앙드레 브르통처럼, 또는 마르크스와 쇼펜하우어처럼, 모든 인간들을 자기 자신의 사상의 신전으로 인도하고, 그들과 함께, 인류의 역사가 종식되지 않는 한, 영원불멸의 삶을 살아가게 된다. 공산주의와 염세주의와 낙천주의와 함께 살아가고 있는 사람들, 상징주의와 실존주의와 구조주의와 함께 살아가고 있는 사람들이 바로 그것을 증명해 준다. 왜냐하면 사상이란 최고급의 지혜의 저장소이며, 행복에의 약속이기 때문이다.

    나는 이제까지 전위주의란 무엇인가를 살펴보았고, 전위주의란 사상과 기법의 차원에서 실천되고 있다는 것을 역설한 바가 있다. 전위주의란 가치중립적인 용어이기는 하지만, 모든 사상가와 예술가들, 또는 모든 창조적 천재들이 반드시 걸어가지 않으면 안 되는 일종의 통과의례과정이라고 하지 않을 수가 없다. 보들레르는 상징주의라는 사상과 기법의 차원에서 전위주의자의 길을 걸어갔고, 앙드레 브르통은 초현실주의라는 사상과 기법의 차원에서 전위주의자의 길을 걸어갔다. 마르크스는 공산주의라는 사상과 기법의 차원에서 전위주의자의 길을 걸어갔고, 사르트르는 실존주의라는 사상과 기법의 차원에서 전위주의자의 길을 걸어갔다. 호머도, 셰익스피어도, 괴테도, 니체도, 쇼펜하우어도, 랭보도, 모차르트도, 베토벤도 마찬가지라고 할 수가 있다. 그들은 모두가 다같이 '아버지 살해'를 감행했던 신성모독자들이며, 그들은 또한, 모두가 다같이 그들의 사상과 이론을 통해서 너무나도 우매하고 어리석기 짝이 없는 우리 인간들을 구원해냈던 문화적 영웅들(가장 고귀하고 위대한 전위주의자들)이기도 했던 것이다.

 만일, 그렇다면, 우리 한국인들은 왜, 그처럼 고귀하고 위대한 전위주의자들, 즉, 진정한 문화적 영웅들을 배출해 내지 못했단 말인가? 우리 한국인들은 오천 년의 역사가 부끄러울 정도로 새로운 사상도 정립하지 못했고, 그 어떠한 이론도 생산해 내지 못했다(과연 그럴까? 독자 여러분들은 내가 15년 만에 완성해낸 나의『행복의 깊이』1, 2, 3권을 정독해 보기를 바란다). 그것은 두말할 것도 없이 '학문의 꽃'인 철학을 가르치지 않았고, 최고급의 교과과정인 '독서중심의 글쓰기 교육'을 연출해 내지 못했기 때문이다. '학문의 꽃'인 철학을 가르치지 않으면 어떠한 역사 철학적인 사유의 진전도 가능하지가 않고, 이 철학공부를 하지 않은 사람들은 마치, 하나님의 저주라도 받은 것처럼, '인간이라는 광우병'에 걸리지 않을 수가 없게 된다. 또한, 초, 중, 고등학교의 교과과정을 '사지선다형의 입시교육'이 아닌 '독서중심의 글쓰기 교육'으로 대체하지 않으면 그 학생들이 '입시지옥이라는 늪'에 빠져서―학문연구의 전당인 대학교에서―최고급의 사상과 이론을 정립할 수 있는 논문을 쓰기는커녕, 남아메리카의 천민들처럼, '표절의 대가들'로 자라나게 된다. 빛나는 개성과 창의성의 결핍, 독창적인 명명의 힘의 부재―, 바로, 이러한 '인간 광우병들'이 우리 한국인들을 진정한 전위주의자가 될 수 없게 했던 것이고, 다른 한편, 서양이라는 타자의 사상과 이론 앞에서 노예적인 복종태도만을 낳게 했던 것이라고 하지 않을 수가 없다.

전위주의자는 언제, 어느 때나 모험을 사랑하는 사람이며, 그 어떠한 싸움도 회피하지 않는 너무나도 호전적이고, 너무나도 전투적인 정신의 소유자라고 해도 과언이 아니다.

철학 예술가로서의 나는 이 세상의 삶을 향유하는 데 그 무엇보다도 관심이 있고, 또, 그것은 낙천주의자로서의 나의 행복론으로 나타난 바가 있다. 따라서 나의 비판은 '비판을 위한 비판'이나 '부정을 위한 부정'이 아니라, 절대 긍정을 위한 비판이다. 나는 가능하면 가장 어렵고 힘들고, 그 어느 누구도 하지 않으려는 것, 그러나 누군가가 꼭 해야만 하는 일에 관심을 보여왔고, 그것으로 인하여 염세주의, 기독교, 불교, 공산주의, 현대 민주주의, 그리고 그 어중이떠중이들과는 상반되는 길을 걸어왔던 셈이다. 현대 민주주의 사회에서 그 어중이떠중이들을 적으로 삼는다는 것은 자기 스스로 '만인 대 일인의 싸움'을 자청하게 된 것이며, 단 한 명의 원군이나 우군도 없이 가장 강력한 적들과의 싸움을 시작하게 되었다는 것을 뜻한다. 나는 '만인 대 일인의 싸움'을 걸만큼 충분히 강하고, 생사의 문제를 헐리우드의 전쟁 영화처럼 가볍게 여길 줄도 알고 있다. 싸움은 인간을 비정하고 잔인하게 만들고, 또한 그것은 인간을 자기 중심적으로 사고하게 만든다. 싸움은 싸움의 목적을 분명하게 만들고, 그 싸움의 결과가 승리일 때는 최고의 희열을, 그렇지 않을 때는 목숨까지도 빼앗기게 되는 비참한 상실감을 미리부터 맛보게 한다. 어떤 싸움이든 그것의 궁극적인 목표는 승리이며, 그 승리의 축배는 돈, 명예, 권력, 그 밖의 모든 것을 의미한다.

나는 천성적으로 호전적이고 전투적이지만, 나는 나의 싸움에 관한 실천 원칙을 갖고 있다. 나의 싸움은 '만인 대 일인의 싸움'이며, 이제까지의 그 싸움이 만인들의 횡포에 견디지 못한 일인의 싸움에 불과했다면, 나는 그 '원한 맺힌 저주 감정' 없이 만인들의 어리석음을 문제삼고, 그들 모두가 자기 자신들도 모르게, 나의 적이 될 수밖에 없도록 몰아 부쳤던 것이 그 특징적이다. 나의 욕망은 상승 욕망이며, 그 상승 욕망은 니체의 권력 욕망이나 프로이트의 성적 욕망을 하위 개념으로, 혹은 종속 개념으로 거느리게 되었다. 보다 나은 인간, 보다 완전한 인간, 그 신적인 인간이 나의 궁극적인 목표이며, 우리 인간들의 궁극적인 목표라고 내가 믿고 있기 때문이다. 이 세상의 어중이떠중이들, 즉, 저 평범하고 보잘것없는 우리 학자들은 신문과 대중매체, 넋 잃은 독자와 그 옹호자들에 둘러싸여 매우 보잘것없고 아주 작은 승리에 도취되어 있기가 십상이지만, 나의 승리는 가장 처절하고 비참한 패배에 둘러싸여 그 승리의 의미도 퇴색해 버리고, 이내 그 몸 둘 곳을 몰라 한다. 그러나 그것은 어디까지나 외면적인 양상일 뿐, 그 깊은 곳에서는 언젠가는 새로운 태양처럼 떠오르게 될 에너지로 충만해 있는 것이다. 높이 높이 날아오른 새가 잘 보이지 않듯이, 깊이 깊이 내면으로 스며든 나의 승리가 이 세상의 어중이떠중이들에게 보일 리가 없는 것이다. 나는 오늘도 '만인 대 일인의 싸움'을 수행하고 있으며, 그 궁극적인 목표는 낙천주의자의 신전의 건축이라고 해도 과언이 아니다. 사상은 그 어떤 것보다 고귀한 명예이며, 삶의 완성이며, 보다 완전한 인간의 표지이다.

— 반경환, 『행복의 깊이』 제1권, 제5장 「포효하는 삶」에서

세계화의 덫

 영국의 경험론의 철학자인 존 로크(1632~1704)는 그의 「시민정부론」에서 인간의 '생명과 자유와 소유에 관한 권리'를 주창한 바가 있는데, 왜냐하면 바로 그러한 이념들이 '시민정부'의 근간이 되고 있었기 때문이다. 인간은 자연의 상태에서는 누구나 다같이 자유롭고 평등하게 태어났지만, 그러나 자연의 상태에서는 '만인 대 만인의 투쟁'이 일어날 수밖에 없게 되어 있고, 따라서, 자연의 상태에서 계약의 상태로 옮겨갈 수밖에 없게 되어 있었던 것이다. 이 자연의 상태에서 계약의 상태로 옮겨간 체제가 시민정부(경찰국가)이며, 따라서 시민정부는 법률을 제정하여 공포하고, 이 법률을 통하여 모든 시민들의 '생명과 자유와 사유재산'을 지켜주게 되었던 것이다. 자연의 상태는 야만의 상태이고, 계약의 상태는 문명의 상태이다.
 시민정부는 개개인의 동의와 찬성에 의하여 탄생한 정부이며, 그 구성원들의 생명과 자유와 재산을 보호하기 위하여, 비록, 절대적인 권력은 아니지만, 크나큰 권력을 갖지 않으면 안 되었던 것이다.

외부의 적이 침입했을 때에도 군대를 동원할 수 있는 권력이 필요했고, 진보주의자나 보수주의자들에 의해서 혁명이나 내란이 일어났을 때에도 경찰력을 동원할 수 있는 권력이 필요했다. 개인과 개인들 간의 싸움이 일어났을 때에도 권력이 필요했고, 살인, 강도, 강간, 절도 등의 사건이 일어났을 때에도 권력이 필요했다. 하지만, 그러나, 이 시민정부의 권력은 인간의 생명과 자유와 재산을 지켜주기 위한 최소한도의 권력이지 않으면 안 되었는데, 왜냐하면 시민의 정부가 인간의 생명과 자유와 재산을 함부로 침해하고 박탈할 수는 없었기 때문이다. 시민정부는 경찰국가의 체제이며, 이 경찰국가는 외부의 적을 물리치고 내부의 적들과 그 구성원들의 분쟁만을 해결해 주는 작은 국가에 지나지 않았던 것이다.

인간의 생명도 하나님이 준 것이고, 인간의 자유도 하나님이 준 것이며, 그리고 인간의 재산도 하나님이 준 것이다. 인간의 생명과 자유와 재산은 더없이 거룩하고 신성한 것이며, 그 어떠한 절대권력도 함부로 침해하고 박탈해서는 아니된다. 그 어떠한 본능보다도 자기보존본능(생명보존)이 최우선적인 본능이고, 그 어느 누구의 자유보다도 자기 자신의 자유가 최우선적인 자유이며, 그리고, 그 어느 누구의 재산보다도 자기 자신의 재산이 최우선적인 재산이다. 이때의 사유재산이란 자기 자신의 생명을 보존할 수 있는 재산을 뜻하고, 또한, 그것은 자기 자신의 행복을 위해서, 자기 자신의 피와 땀과 눈물방울로 이루어진 재산을 뜻한다. 인간의 생명과 자유와 재산은 「시민정부론」의 핵심적인 이념들이고, 그 이념들은 오늘날의 자본주의 사회에서도 가장 핵심적인 이념들이라고 하지 않을 수가 없다.

미국의 「독립선언서」의 작성자인 제퍼슨은 '인간은 창조주로부터 자연의 권리를 부여받았고, 정부는 그 권리를 보호하도록 위임된 사람들에 의하여 만들어졌다'고 역설한 바가 있었다. 그는 최초에 존 로크의 「시민정부론」의 '생명, 자유, 소유에 관한 권리'를 명기하려고 하였지만, 그러나, 그 대신에, '생명, 자유, 행복을 추구하는 권리'를 적어 넣었다고 한다. 왜, 미국의 「독립선언서」의 작성자인 제퍼슨은 그토록 오랜 고심 끝에, '소유에 관한 권리'를 '행복을 추구하는 권리'로 수정하였던 것이며, 만일, 그렇다면, '소유에 관한 권리'와 '행복을 추구하는 권리'에는 그 어떠한 차이가 있게 되었단 말인가? 인간 사회는 공동체 사회이며, 공동체 사회는 그 구성원들의 희생정신에 의해서 탄생된 사회라고 할 수가 있다. 개인은 자기 자신의 눈앞의 이익을 버리고, 공동체 사회의 이익을 위해서 자기 자신을 희생시키지 않으면 안 된다. 개인주의는 최고의 악이고, 사회주의(이타주의)는 최고의 선이다. 경찰국가, 혹은, 시민정부는 공동체 사회의 안녕과 평화를 위해서라면 개인의 생명과 자유에 어느 정도 제약을 가해도 되고, 또한, 시민정부는 공동체 사회의 번영과 그 구성원들의 행복을 위해서라면, 개인의 사유재산을 어느 정도 합법적으로 몰수를 해도 된다. 하지만, 그러나, 우리가 여기서 주목해야 할 것은 시민정부, 혹은, 경찰국가는 하나의 필요악이지, 최고의 선은 아니라는 사실일 것이다. 왜냐하면 모든 인간들은 자기 자신의 생명과 자유와 사유재산을 최고의 선으로 여기면서 살아가고 싶었지만, 그러나, 이러한 자기 자신의 '본마음'에 반하여, 어쩔 수 없이 '만인 대 만인의 투쟁'을 종식시키기 위하여 사회계약을 맺었기 때문이다. 모든 인간들은 시민정부의 구성원들이면서도 개인의 생명과 자유와 사유재산을 최대한도로 향유하고 싶었던 욕망이 '경찰국가'라는 용어에는 내포되어 있었던 것이다. 시민정부도 최고의 선이 아니고, 경찰국가도 최고의 선이 아니다. 개인의 자유와 행복을 위해서는 그가 소속된 국가의 권력은 더욱더 작아지지 않으면 안 되고, 따라서, 가능하면 어떠한 권력도 개인의 자유와 행복을 침해해서는 안 된다. 개인주의(이기주의)는 최고의 선이고, 사회주의(이타주의)는 최고의 악이다. 미국의 「독립선언서」의 작성자인 제퍼슨이 존 로크의 '생명, 자유, 소유에 관한 권리'를 사실 그대로 쓰지 못하고, 또, 그것을 '생명, 자유, 행복을 추구하는 권리'로 수정을 하게 된 것도 다 그럴만한 까닭이 있었던 것이다. 요컨대 제퍼슨의 사상은 '소유에 관한 권리', 즉, 개인의 이기주의에 극단적으로 경도되어 있었던 것이지만, 미국의 '독립선언서'를 작성하는 사회적 공인으로서는 '소유에 관한 권리'를 차마 채택할 수가 없었던 것이다. '소유에 관한 권리'는 사적인 이기심이 극단화되어 있지만, '행복을 추구하는 권리'에는 이 사적인 이기심이 정화되어 있다고 해도 틀림이 없다. 행복이라는 말은 어느 누구를 배제하는 말도 아니고, 또한, 그것은 그만큼 보편적이며 만인들의 심금을 사로잡고 있는 말이라고 하지 않을 수가 없다. 개인은 사적인 욕망을 사실 그대로 표현해도 되지만, 사회적 공인은 그럴 수가 없다. 사회적 공인은 개인의 욕망을 추구해서는 아니되며, 그가 소속된 사회와 인류 전체를 위한 일에 종사하는 이타적인 사람이 되지 않으면 안 된다. 따라서, 모든 국가는 자기 자신의 이익을 희생시키고 전체의 이익을 위해서 일을 하다가 죽어간 사람들을 고귀하고 위대한 성자라고 부르게 된다. 「시민정부론」의 존 로크와 미국의 「독립선언서」의 작성자인 제퍼슨 역시도 낮에는 사회주의자(이타주의자)이었지만, 밤에는 개인주의자(이기주의자)에 지나지 않았던 것이다. 그들은 모두가 다같이 자본주의의 열광적인 광신도들로서 너무나도 마음에도 없는 「시민정부론」과 「독립선언서」를 작성하게 되었던 것인지도 모른다.

  오늘날의 자본주의의 이념은 신자유주의이고, 이 신자유주의는 개인의 자유와 책임, 그리고 작은 정부로 설명을 할 수가 있다. 이 신자유주의는 사유재산제도를 절대적 가치로 신성화하고 있고, 따라서, 모든 개인은 자기 자신의 노력과 꿈을 쫓아서 그 어떠한 재화도 소유할 수가 있게 되어 있다. 국가는 아주 작은 국가, 즉, 개인의 생명과 자유와 재산을 지켜주는 경찰국가―모든 자본주의 국가는 경찰국가에 지나지 않는다―이지 않으면 안 되고, 개인의 책임이라는 것도 더욱더 강력한 사법적인 책임보다는 스스로 자발적인 도덕적인 책임에 지나지 않으면 안 된다. 자본주의 사회는 자본이 '만물의 척도'가 되고 있는 사회이며, 이 돈을 소유하고 있는 자는 '승자독식구조'라는 자본의 법칙 위에 군림하면서, 그 모든 것을 자유자재롭게 평가하는 잣대를 지녔다고 할 수가 있다. 그는 성선설의 주창자이지, 성악설의 주창자는 아니다. 탈규제와 민영화와 자율화라는 '자유시장 경제원리'를 '세계화'라는 전인류애적인 보편적 가치로 포장을 하고, 자유시장 경제원리만을 제대로 지킨다면 그 어떠한 개인과 국가도 그 번영과 행복이 약속되어 있다고 새빨간 거짓말을 하게 된다. 오늘날의 신자유주의의 주창자들은 낮에도 너무나도 뻔뻔스러운 늑대들(이기주의자)이고, 밤에도 너무나도 뻔뻔스러운 늑대들에 지나지 않는다. '빈익빈/ 부익부'라는 양극화의 구조도 인식할 수 없는 사람들이 바로 그들이었고, 천연자원의 고갈과 생태환경의 파괴도 인식할 수 없는 사람들이 바로 그들이었다. 그들은 인간이 아니라, 사나운 늑대들이었던 것이고, 또한, 그들은 사나운 늑대들이 아니라, 욕망의 노예들에 지나지 않았던 것이다.

나는 「'시장에 대한 철학적 성찰'에 대한 경제학적 성찰」(『철학과 현실』, 2009년 가을호)을 쓴 민경국(강원대 경제학과 교수)의 글을 읽으면서, 나는, 왜, 그가 '신자유주의 이념의 노예'인가를 생각해 보지 않을 수가 없었다. 그는 "신자유주의의(위기)는 시장의 자유를 극대화하고 사회적 규제와 국가의 간섭을 무력화시킴으로써 무법천지가 된 금융시장의 독재와 오만에서 비롯"되었다는 이삼열과 "자본주의와 시장은 끊임없이 공황과 위기의 가능성을 내포하고 있다"라는 곽노환 등의 글을 비판하면서, 오늘날의 "경제현상은 인간들의 상호작용을 안내하는 법적 제도의 결과이기 때문이다. (……) 경제위기의 발생도 잘못된 법적 제도의 탓"이라고 아주 극단적인 단언을 하면서, 오늘날의 경제위기를 이렇게 진단해 놓고 있는 것이다.

따라서 미국발 금융위기의 원인을 찾을 경우에도 주택시장의 버블에 이르기까지 인간들의 행동을 오도한 법적 제도에서 찾아야 한다. 그것은 세 가지이다. 하나는 정부의 주택정책이다. 다른 하나는 이익은 자기가 챙기고 손해는 정부(결국 납세자)에게 전가하는 무책임(도덕적 해이)을 야기하는 정책이다. 마지막으로 중요한 것이 미국의 연방준비은행(연준)의 통화정책이다. 그런 정책들이 인간들을 오도하여 생겨난 결과가 금융위기이다.

주택시장에 대한 정부의 개입은 1990년대 중반 이후 추진한 서민을 위한 주택보급 정책에서 비롯된 것이다. 정부와 의회는 금융감독기관이나 또는 정부의 주택관련 기관들을 동원하여 은행들에게 상환능력이 없는 저소득층과 중산층에 대한 대출요건을 완화하라는 압력을 가했다. 그래서 완화된 대출요건으로 저소득층은 물론 고소득층의 대출신청자들, 실수요자는 물론 부동산투기꾼들 모두가 쉬운 대출을 이용할 수가 있었다. 그 결과 주택수효가 폭증하게 되었고 이는 주택가격 상승으로 이어졌다. 이 같은 가격 상승은 더욱더 많은 투기꾼들을 유인하는 결과를 낳았다.

미국정부는 1995년 서브프라임 모기지의 유동화를 허용하는 법을 제정하면서 모기지 전문회사 패니메이Fannie Mae와 프레디맥Freddie Mae에게 손실에 대한 보증을 약속하는 치명적인 실수를 저질렀다. 그리하여 그들은 은행의 위험과 손실은 생각하지 않고 모기지를 구매했고, 그 결과 은행들은 위험을 고려치 않은 모기지 대출을 늘렸다. 도덕적 해이를 제도적으로 보장한 것이다. 이런 과정도 주택가격의 상승과 거품을 야기했다.

그러나 정부의 주택시장 개입만 있었다면 거품의 문제는 심각하지 않았을 것이다. 광범위하고 심각한 위기로까지 몰고 간 것은 연준의 인위적인 저금리 정책이다. 경기부양을 위해서 2001년 이후 금리를 인하했다. 2003년 6월부터 2004년 6월까지 정책금리를 단 1%로 유지하면서 통화공급을 엄청나게 늘렸다. 새롭게 창출된 화폐와 신용의 대부분이 주택시장으로 흘러들어갔다.

그러나 연준은 이런 저금리를 지속시킬 수가 없었다. 인플레이션을 우려한 나머지 돈줄을 잡아 당겼다. 그 결과 주택수효가 감소하여 주택가격이 대출 원금 이하로 하락했다. 그러자 전적으로 주택가격 인상에 의존했던 담보대출이 부도가 일어나기 시작하였다. 대출부도로 모기지 시장에 많은 투자를 하였던 투자은행들의 파산이 속출했다. 이런 파산으로 외국의 여러 나라의 금융회사들도 손해를 입어 국제적인 금융위기로 확대되었다.

우리가 확인해야 할 것은 인간들의 행동을 오도했던 부동산 시장규제와 손실의 보증, 유동성을 과잉공급, 이것은 신자유주의 정책이 아니라 반反 자유주의의 정책이라는 것이다. 따라서 "신자유주의가 시장의 자유를 극대화하고 사회적 규제와 국가의 간섭을 무력화시킴으로써 무법천지가 된 금융시장의 독재와 오만에서 비롯되었다"는 이삼열 교수의 주장은 터무니 없다. 금융위기는 시장실패가 아니라 정부정책의 잘못이다. 그런 반시장정책이 없었다면 지금 같은 위기는 없었을 것이다.

— 민경국, 「'시장에 대한 철학적 성찰'에 대한 경제학적 성찰」, 『철학과 현실』, 2009년 가을호, 153-154면

경제학자로서 민경국의 사고방식은 지나치게 단선적이고, 간단 명료한 것이 그 특징적이라고 하지 않을 수가 없다. 미국발 금융위기의 원인은 "하나는 정부의 주택정책" 탓이고, 다른 하나는 "이익은 자기가 챙기고 손해는 정부(결국 납세자)에게 전가하는 무책임(도덕적 해이)을 야기하는 정책" 탓이며, 그 다음, 마지막으로는 "미국 연방준비은행의 통화정책" 탓이라고 진단을 하고 있는 것이 바로 그것을 증명해 준다. 물론, 중산층과 서민들을 위한다는 명분 아래 주택보급정책을 펼친 것도 금융위기의 원인일 수도 있고, 그 주택정책과 관련하여 금융회사들에게 대출요건을 완화하라고 압력을 가하고, 모기지 전문회사인 패니메이와 프레디맥에게 손실에 대한 보증을 약속했던 것도 금융위기의 원인일 수도 있으며, 또, 그리고, 미국의 연방준비은행의 저금리 정책도 금융위기의 원인일 수도 있다. 경제적 능력이 없는 중산층과 서민들을 위한 주택정책도 반자유주의적인 정책에 불과했고, 중산층과 서민들에 대한 대출요건의 완화와 함께, 모기지 전문회사와 금융회사들의 도덕적 해이를 야기시킨 정부의 지급보증정책도 반자유주의적인 정책에 불과했고, 미국 정부의 주택보급정책에 따라서 유동성을 과잉공급하고 저금리정책을 펼친 연방준비은행의 통화정책도 반자유주의적인 정책에

불과했다. 그 결과, 미국의 주택가격이 폭등하고, 미국의 역사상, 최초로 부동산 투기의 열풍이 일어났지만, 그러나 그것도 잠시, 미국의 연방준비은행이 인플레이션을 우려한 나머지 금리를 인상하고 돈줄을 잡아당기자마자, 미국의 부동산 거품은 순식간에 꺼져버리고 말았던 것이다.

문화선진국인 미국과 유럽은 주택시장이 매우 안정되어 있었고, 부동산 투기라고는 전혀 일어나지 않고 있었던 사회라고 해도 지나친 말이 아니다. 부동산 투기는 그야말로 중산층과 서민들에게 '내 집 마련의 기회'마저도 빼앗아 가는 망국병이며, 모든 제조업자들의 설비투자를 어렵게 하는 것은 물론, 시장의 물가를 상승시키는 주범이라고 하지 않을 수가 없다. 문화선진국인 미국과 유럽에서는 '내 집을 마련한다는 것'과 '전세를 산다는 것'이 별다른 차이가 없을 수밖에 없었는데, 왜냐하면 수십 년 동안이나 부동산 가격이 안정되어 있었고, 따라서, 부동산 투기로 돈을 번다는 것은 그야말로 꿈과도 같은 일에 지나지 않았기 때문이다. 만일, 그렇다면, 왜, 미국정부는 일종의 망국병에 지나지 않는 주택정책을 통하여 부동산 투기를 부추길 수밖에 없었던 것이며, 그것의 진정한 이유는 도대체 무엇 때문이었단 말인가? 세계적인 대석학(대경제학자)들과 대정치인들이 양어장의 미꾸라지들처럼 득시글거리고 있는 미국 사회에서, 만일, 그렇다면, 미국의 수많은 정치인들과 통화정책의 입안자들과, 또, 그리고 수많은 경제학자들이 그러한 부동산 투기의 위험성을 사전에, 전혀, 예상을 할 수가 없었단 말인가? 그것은 두말할 것도 없이 어림 반 푼어치도 없는 소리이며, 지나가는 개도 웃을 일에 지나지 않는다. 미국의 주택정책, 즉, 부동산 투기를 부추길 수밖에 없었던 첫 번째 이유는 '세계화의 덫'이며, 그 두 번째 이유는 그 '세계화의 덫'에 걸려서, 그 '세계화의 덫'을 빠져나가려고 발버둥을 치다가 더욱더 치명적인 상처를 입고 말아버린 현상으로도 설명할 수가 있는 것이다.

민경국은 종합적인 시선을 소유하지 못한 지적 편식주의자에 불과하며, 오늘날의 금융위기의 원인을 미국의 주택정책과 법적 제도의 탓으로 돌리고 있는—'신자유주의'를 옹호하고 있는—그의 오류는 그야말로 손바닥으로 하늘을 가리는 어릿광대의 모습에 지나지 않는다. 미국정부는 유죄이고, 다국적 자본은 무죄이다. 시장의 규제와 국가의 간섭은 유죄이고, 자유시장경제와 신자유주의는 무죄이다. 왜냐하면 "자유시장경제야말로 발견의 절차를 통하여 지식의 문제를 해결해 준다. 지금까지 알지 못했던 지식, 변화된 상황에 적응하기에 필요한 새로운 지식을 발견하고 필요한 모든 사람들에게 전달하는 절차이다. 유능한 금융회사나 기업을 가려내는 것도, 해체될 금융회사들을 가려내는 것도 시장이다. 얼빠진 파생금융상품, 헤지 펀드를 감독 감시하는 것도 자유시장경제다. 자유시장의 역동적인 지식의 창출과 그 확산은 발전의 원동력이다. 역사가 입증한다. 시장경제원리를 확실히 지킨 나라는 번영을 구가했고, 그렇지 못한 나라는 빈곤 속에 헤맸다. 그래서 개인의 자유와 책임 그리고 작은 정부라는 신자유주의의 국정원리가 지속가능한 사회발전원리이다(앞의 글)"라고 그가 믿고 있기 때문이다.

유능한 금융회사와 기업을 가려내는 것도 자유시장경제이고, 해체될 금융회사와 기업을 가려내는 것도 자유시장경제이다. 얼빠진 파생금융상품을 가려내는 것도 자유시장경제이고, 헤지 펀드를 관리하고 감시하는 것도 자유시장경제이다. 시장경제원리를 확실히 지킨 나라는 번영을 구가했고, 그렇지 못한 나라는 빈곤 속을 헤맸다. 자유시장경제는 전지전능하고, 우리 인간들의 지상낙원은 끊임없이 과잉생산과 과잉소비를 부추기는 '신자유주의의 깃발' 속에 들어 있다고 해도 과언이 아니다.

모든 국가는 영원한 제국을 꿈꾸고, 영원한 제국의 꿈만이 그 구성원들의 민심과 국력을 결집시켜주게 된다. 영원한 제국의 꿈이 있는 민족은 국력이 상승하고 있는 민족이지만, 영원한 제국의 꿈을 잃어버린 민족은 그럴 수가 없다. 고귀하고 위대한 민족은 끊임없이 이웃 민족을 정복하고, 그들에게 필요한 천연자원을 약탈하고, 또 그리고 그들의 상품판매시장을 확보해 나가게 된다. 자국 내의 빈약한 자원과 잉여 인구에 따른 내부의 문제를 끊임없는 식민지배의 전략으로 해결하고, 이제는, 한 걸음 더 나아가, 위대한 제국의 문화를 전파해 준다는 역사적 사명감마저도 띠고 있었던 것이 모든 제국의 역사라고 할 수가 있는 것이다. 하나님에 의해서 선택받은 민족, 즉 고귀하고 위대한 민족이 영원한 제국을 건설하고, 인간 이하의 동물적인 생활을 하고 있는 야만인들을 지배(인도)해야 된다는 것이 제국의 역사적 기원이라면, 천연자원의 확보와 상품판매시장의 확보는 그 다음의 부차적인 경제의 문제에 지나지 않는다. 따라서 모든 위대한 민족들은 그들만의 영원한 제국을 위해서 일엽편주와도 같은 배를 타고 아메리카 신대륙과 아프리카 내부까지도 깊숙이 탐험했던 것이며, 다른 한편, 자연과학자와 기술자들은 선박, 기차, 항공기, 소총, 대포, 전차, 항공모함을 개발하고, 그리고 수많은 정치인들과 사상가들과 역사학자들과 종교학자들은 그 식민경영의 전략과 전술, 즉 제국주의의 사상적, 이론적 토대를 구축하기 위해 온갖 심혈을 다 기울여 왔던 것이다. 이 탐험가들과 자연과학자들과 사상가들의 삼원일치의 세계—, 즉, 식민지 쟁탈전은 스포츠와도 같은 전쟁일 수도 있었지만, 영원한 제국의 꿈은 마치, 종합

예술처럼, 가장 찬란하고 화려하게 펼쳐진 것이라고 해도 과언이 아니다.

세계화는 "기술혁명의 전세계적 파급효과"를 나타내는 용어이며, 경제적으로는 가치중립적인 용어이다. 그러나 자본과 상품이 실시간대로 국경선을 넘나들게 되었지만, 그 세계화로 인한 손익계산서는 너무나도 분명하게 드러난다. 문화선진국들에게 있어서의 세계화는 제3세계의 시장 진출과 정치적, 경제적 지배를 뜻하지만, 문화후진국들에게 있어서는 자국의 시장의 잠식과 정치적, 경제적 종속을 뜻한다. 문화선진국은 세계화로 인한 이익이 그 손실보다 크지만, 문화후진국은 세계화로 인한 손실이 그 이익보다 크게 된다. 요컨대 제3세계는 자국의 천연자원과 그 모든 것을 약탈당하고, 문화선진국의 자본에 의하여 전면적으로 종속됨을 뜻하게 된다. 세계화는 "다국적 자본가들이 가장 열광적"으로 받아들인 용어이며, "기술 수준이 높고 자본이 풍부한 국가"(즈비그뉴 브레진스키,『제국의 선택』, 황금가지, 208면)일수록 세계화에 대한 열광적인 신도가 되어 갔다는 사실이 바로 그것을 말해 준다. 그러나 이제 더욱더 가관인 것은 '세계화'라는 용어 자체가 문화선진국내에서도 가치중립적인 용어가 아니라는 점일 것이다. 미국은 미국의 이익을 세계화로 포장하고, 독일과 프랑스와 일본과 영국 등은 그들의 이익을 세계화로 포장한다. 미국은 세계적인 초강대국으로서 일방주의를 그 선진국들에게 강요하고, 문화선진국들은 미국에게 그들만의 상대주의를 강요한다. 이처럼 문화선진국들과 문화선진국들 간의 싸움은 제국주의자들의 '헤게모니 투쟁'이 되고, 그 싸움에서 최종적인 승리를 거둔 것은 이라크 전쟁의 경우에서처럼, 미제국주의라고 해도 틀림이 없다.

— 반경환,「사색인의 십계명 제5장」,(『행복의 깊이 4』)에서

나의「사색인의 십계명」제5장은 제국주의의 기원과 세계화의 의

미를 성찰해본 글이지만, '세계화'를 둘러싼 싸움의 의미는 신新제국주의자들의 '헤게모니 투쟁'에 지나지 않는다고 해도 과언이 아니다. 미국은 미국의 이익을 세계화로 포장하고, 영국은 영국의 이익을 세계화로 포장한다. 독일은 독일의 이익을 세계화로 포장하고, 일본은 일본의 이익을 세계화로 포장한다. 세계화란 '탈규제와 민영화와 자율화'라는 용어에서 알 수가 있듯이, 모든 세계 시장의 문을 다 열어 제치고, 저마다 자유롭게 상품을 사고 팔아야 한다는 것을 뜻하게 된다. 따라서 문화선진국의 뜻대로, 아니, 이 세계화를 가장 열광적으로 주창하고 받아들인 다국적 자본가의 뜻대로, 오늘날은 디지털 공간에서 자본과 상품이 실시간대로 넘나들게 되었다고 하지 않을 수가 없다. 문화선진국은 세계화로 인한 이익이 그 손실보다 크지만, 문화후진국은 세계화로 인한 손실이 그 이익보다 크게 된다. 요컨대 제3세계는 자국의 천연자원과 그 모든 것을 약탈당하고, 문화선진국의 자본에 의하여 전면적으로 종속됨을 뜻하게 된다. 그 결과, 다국적 자본가들은 값싼 땅과 값싼 임금을 찾아서, 중국으로, 베트남으로, 인도로, 아프리카로, 그 공장들을 이전해 가게 되었다고 하지 않을 수가 없다. 다국적 자본가들에게는 최고의 이윤법칙만이 있었지, 그들의 조국에 대한 애국심은 전혀 없었던 것인지도 모른다. 오늘날 다국적 자본의 힘은 전지전능하고, 그 어떠한 국가의 권력도 이 다국적 자본의 힘을 제어할 수가 없게 되어 있다. 전 세계, 아니, 이 지구촌 전체에 산재해 있는 수많은 해외법인들의 영업활동은 어떠한 국가의 권력도 규제할 수가 없게 되어 있고, 또한, 시시때때로 그 경제적 여건에 따라 요동을 쳐대는 환율과 인건비와 원자재값과 노사문제와 금리 등의 문제는 그 어떠한 회계법인도 그 재무제표를 제대로 알 수가 없게 되어 있다. 뉴욕타임지나 워싱턴포스트지, 또는 NBC나 CBS 등, 그 어떠한 언론사도 그들의 광고주인 다국적 자본가들을 향하여, 그들의 너무나도 뻔뻔스럽고 파렴치한 만행(탐욕)들을 파헤칠 수가 없게 되어 있고, 그 어떠한 정치인들도 그들의 후원자인 다국적 자본가들을 향하여 그들의 너무나도 뻔뻔스럽고 파렴치한 만행(탐욕)들을 고발할 수가 없게 되어 있다. 다국적 자본의 힘은 전지전능하고, 그 어떠한 신의 힘도 그 권력에는 미치지 못한다. 미국 대통령의 힘도 그들의 힘에 비하면 새발의 피가 되고, 후진타오의 힘도 그들의 힘에 비하면 새발의 피가 된다. 뉴욕타임지나 워싱턴포스트지의 힘도 그들의 힘에 비하면 새발의 피가 되고, NBC나 CBS의 힘도 그들의 힘에 비하면 새발의 피가 된다. 값비싼 땅과 값비싼 인건비는 최악의 상태가 되고, 값싼 땅과 값싼 인건비는 최고의 선이 되었던 자본의 법칙, 애국심은 다국적 자본가들의 망국병이 되고, 세계화는 다국적 자본가들의 새로운 신천지의 이념이 되었던 자본의 법칙―, 바로 이 자본의 법칙을 쫓아서 모든 제조업체들이 다 떠나가 버리자―세계적인 자동차 산업의 메카였던 디트로이트의 암울하고 텅 빈 폐허가 바로 그것을 말해 준다―, 문화선진국이자 세계 제일의 최강대국인 미국이 더 이상 무엇을 할 수가 있었던 말인가? 그것은 두말할 것도 없이 금융산업과 서비스산업을 통해서 '고용 없는 성장'을 영원히, 무한대로, 계속 이끌어 나가는 것이었다고 하지 않을 수가 없었던 것이다.

하지만, 그러나, 말이 좋아 금융산업과 서비스산업이었지, 언제, 어느 때까지 '고용 없는 성장'을 영원히, 무한대로 이끌어 나갈 수는 없었던 것이었다. 만성적인 재정적자와 무역적자, 만성적인 실업자의 증가와 고령화로 인한 복지비용의 증가, 또, 그리고, 최종적으

세계화의 덫 77

로 불경기로 인한 내수시장의 침체는, 그토록 오랜 기간 동안 제일급의 금기사항이었던 주택정책을 들고 나올 수밖에 없었던 것이다. 미국의 주택정책, 또는 미국의 건설정책은 최고의 경기부양정책이었고, 그 파급효과는 목재산업, 전자산업, 철강산업, 자동차산업, 금융산업, 서비스산업 등은 물론, 수많은 일자리를 창출해 내는 미다스왕의 기적으로 나타나게 되었던 것이다. 과잉생산과 과잉소비가 춤을 추게 되었고, 또한, 사치와 허영이 춤을 추게 되었다. '빈익빈/ 부익부'라는 양극화의 구조가 더욱더 심화되었고, 또한, 천연자원의 고갈과 생태환경의 파괴도 더욱더 심화되었다. 다시 말해서, 미국발 금융위기의 원인은 다국적 자본가들이 떠나가 버린 폐허 속에서, 그 폐허 속의 주민들이 어쩔 수 없이 불러들인 '빚잔치', 또는 '대금융사기극'이라고 하지 않을 수가 없는 것이다. 리먼부러더스, 베어스톤스, 메릴린치, 골드만삭스, 수많은 군소 금융회사들과 해외펀드들이, 언제, 어느 때나, 그 땅, 그대로인 자연(부동산)을 담보로 하여, 모든 세계시민들로 하여금, 또다시 깡통을 차게 만든 '대금융사기극'이었다고, 나는 굳게 믿어 의심하지 않는다. 따라서, 미국발 금융위기의 원인은 미국정부의 주택정책 탓일 뿐이라는 민경국의 진단은 전혀 터무니 없고 허무맹랑한 변명이라고 하지 않을 수가 없는 것이다. 그의 변명은 신자유주의의 대사기극을 호도하는 변명에 불과하며, '나는 신자유주의의 이념의 노예일 뿐이다'라는 어릿광대의 외침에 지나지 않는 것이다. 미국발 금융위기의 원인은 세계화의 덫이며, 미국의 주택정책은 그 세계화의 덫에서 빠져나오려고 극단적인 몸부림을 치다가 더욱더 크나큰 상처만을 입게 된, 재앙, 그 자체라고 해도 과언이 아니다. 세계화는 일종의 다양한 '부메랑 효과'를 갖고 있다. 값싼 땅과 값싼 인건비를 찾아 떠나면 다른 한편에서는 만성적인 실업자들이 쏟아져 나오고, 단지, 일시적인 경기부양책에 불과한 주택정책의 실시—부동산 투기의 허용—는 반드시 그 거품이 꺼지고, 더욱더 크나큰 재앙만을 가져다가 주게 된다.

만일, 그렇다면, 과연, 우리는 이 '세계화의 덫'을 어떻게 빠져나가, 이 자본주의의 탐욕을 극복하고 새로운 이상사회(지상낙원)를 건설할 수가 있단 말인가? 나는 '유전무죄/ 무전유죄'라는 이 자본주의 사회를 극복할 수 있는 최선의 방법은 나의 낙천주의의 길뿐이라고 믿어 의심하지 않는다. 낙천주의 사회는 만인평등을 보장해 주되, 저마다의 개성과 그 능력의 차이를 인정해 주지 않으면 안 되고, 또한, 낙천주의 사회는 그 구성원들의 능력의 차이에 따라 사유재산제도를 허용해 주되, 그 사유재산제도에 대한 한계를 설정해 두지 않으면 안 된다. 모든 인간은 다같은 인간이지만, 그 능력의 차이에 따라서 상하계급의 위계서열을 갖지 않으면 안 되고, 사유재산제도는 '연봉은 수십 억 이하'라는 상한선과 함께, 그가 그의 일생동안 일구어낸 재산은 다양한 조세제도를 통하여 절대적인 부의 세습만은 반드시 근절시키지 않으면 안 된다. 어떤 사람은 태어날 때부터 라면 한 봉지와 햄버거 하나 값을 걱정해야 하고, 어떤 사람은 태어날 때부터 수천 억이나 수조 원대를 상속받게 되어 있다. 이 출신성분에 의한 빈부의 격차는 만인평등과 기회균등의 원칙에 위배되며, 전인류의 수치라고 하지 않을 수가 없다. 낙천주의 사회는 근검절약을 미덕으로 삼는 사회이며, 그 무엇보다도 사치와 허영을 금기로 삼는 사회이다. 사유재산제도를 신성시했던 존 로크와 제퍼슨의 암적인 종양이, 오늘날의 세계화의 덫으로 나타난 것이고, 이 '세계화의 덫'에서 빠져나갈 수 있는 지름길은 하루바삐 신자유주의의 미망에서 벗어나, 그 자본가의 탐욕을 버리고 자연의 품안으로 되돌아 가는 일일 뿐인 것이다. 사유재산제도는 암적인 종양이며, 이 사유재산제도가 신성시 되는 한, 언제, 어느 때나 세계적인 공황과 금융위기의 가능성은 또다시 일어날 수밖에 없는 것이다. 신자유주의가 우량기업과 비우량기업을 가려내 주는 것도 아니고, 신자유주의가 수많은 파생금융상품과 헤지 펀드들을 관리하고 감시해 주는 것도 아니다. 신자유주의가 가난한 자에게 한 조각의 빵을 더 얹어주는 것도 아니고, 신자유주의가 부유한 자들의 무차별적인 탐욕을 억제시켜 주는 것도 아니다. 신자유주의는 "지속가능한 사회발전의 원리"이기는커녕, 절대적 강자가 사회적 약자를 하루 아침에 잡아 먹을 수 있는 약육강식의 법칙에 지나지 않으며, 언제, 어느 때나 또다른 세계적 공황과 금융위기의 가능성을 내포하고 있는 악마의 사상과 그 이념 자체라고 하지 않을 수가 없는 것이다.

전체는 부분들과 관련시켜 이해하지 않으면 안 되고, 또한, 부분은 전체와 관련시켜 이해하지 않으면 안 된다. 따라서 민경국이 경제학자로서, 또는 신자유주의자로서 이러한 근본적인 덕목을 갖추지 못했다는 것은 그가 자기 자신의 학문연구를 얼마나 등한시 했는가를 가장 웅변적으로 증명해 주고 있을 뿐인 것이다. 나침반도 없고, 지도도 없다. 다만, 그가 믿고 있는 것은 '신자유주의에 대한 맹신' 뿐이며, 그는 오늘도 그토록 복잡하고 미묘한 미로—세계화라는 미로—속에서, 헤매고, 또 헤매고 있는 것인지도 모른다. 민경국은 눈앞에 보이는 현상만을 분석하려는 자격미달의 경제학자이며, 그 현상들, 그 유빙遊氷들의 배후에 숨어 있는 '세계화'라는 그토록 거대하고 도도한 흐름을 읽어내지 못한 얼치기 경제학자에 지나지 않는다. 그는 경제학자로서 종합적인 시야를 확보하지 못했기 때문에, '신자유주의'라는 그토록 허망하고 낡디 낡은 돛단배에 의지한 채, '탈규제, 민영화, 자율화'라는 이념과 구호 아래, 제3세계의 시장을 그토록 무자비하게 유린하고 약탈해 가고 있는 자본가들의 탐욕을 읽어낼 수가 없었던 것인지도 모른다. 자본가들의 목표는 돈이며, 그 목표를 달성하는 근본원칙은 '이익은 자기 자신들이 챙겨가고, 그 손실은 모든 세계시민들에게 전가한다'라는 무책임의 그것일 뿐인 것이다. 달면 삼키고 쓰면 뱉어 버린다. 책임은 없고, 무한한 소유에의 욕망만이 있다. 오늘날의 다국적 자본가들은 생태환경파괴의 주범들에 불과하며, 바로, 그들이 우리 인간들의 역사의 종말을 연출해 내고 있는 것인지도 모른다.

서문, 서문, 그리고 서문들
― 세계의 사상가들

　쇼펜하우어의 『의지와 표상으로서의 세계』의 서문에는 "나의 저작은 정직과 공명을 이마에 써붙이고 쓴 것이라 칸트 이후 유명해진 세 사람의 궤변가의 저작과는 크게 다르다. 나의 입장은 언제나 사려, 즉 이성에 따르고 정직한 말로 일관되어 있으며 지적 직관이니 절대사유니 하는, 바른대로 말해서 허풍이나 사기와 같은 잘못된 영감을 주는 입장에는 서 있지 않다"라는 말이 들어 있고, 니체의 『이 사람을 보라』의 서문에는 "나의 작품 중에 『짜라투스트라는 이렇게 말했다』는 나에게 있어서 특별한 의미가 있다. 그것으로 나는 인류에게 역사상 가장 위대한 선물을 안겨다 준 것이다. 앞으로 수백 년 동안 퍼져나갈 목소리를 가진 이 책은 현존하는 최고의 책이며 그것은 바로 저 높은 산의 공기이며 인간에 대한 모든 사실이 고산의 저 아득한 밑바닥에 놓여져 있다"라는 말이 들어 있다. 쇼펜하우어의 『의지와 표상으로서의 세계』는 정직과 공명을 이마에 써붙이고 자기 자신의 사상을 완성한 책이고, 니체의 『이 사람을 보라』는 인류의 역사상 가장 위대한 선물을 가져다가 준 책이다. 왜,

무엇 때문에, 쇼펜하우어와 니체는 이처럼 오만방자하게 소리 높여 자기 자신의 저서들을 선전하고 있는 것이며, 왜, 또한 그들은 다같이 '언제나 겸손'이라는 도덕적인 미덕을 그처럼 사양하게 된 것일까? 아무튼 그들의 목소리에는 그들이 오랫동안 소외되고 박해를 받았다는 '원한 맺힌 분노'가 각인되어 있는 것이기도 하지만, 그러나 그들은 그처럼 어렵고 힘든 시절을 지나서, 쇼펜하우어는 '세계는 나의 의지의 표상이다'라고 역설하고 있는 것이며, 니체는 또한, 언제나 이 땅에 두 발을 튼튼히 내린 짜라투스트라의 사상을 역설하고 있는 것이다. 쇼펜하우어와 니체는 최초의 진리(사상)의 창시자이며, 그들의 사상적 지위가 人神으로까지 올라간 세계적인 대사상가들이라고 하지 않을 수가 없다. 쇼펜하우어는 염세주의의 창시자이고, 니체는 건강한 염세주의(초인 사상)의 창시자이다. 요컨대 그들의 서문에는 최초의 진리의 창시자로서의 하늘을 찌를듯한 환희에의 기쁨이 담겨 있는 것이고, 또한 그들의 목소리에는 모든 인간들을 지상낙원으로 인도하겠다는 구원의 말씀이 담겨 있는 것이다. 모든 사상은 행복에의 약속이며, 낙천주의가 양식화된 것이다.

  만일, 그렇다면 서문이란 무엇이란 말인가? 서문이란 어떤 저서의 머리글이며, 자기 자신의 책을 모든 독자들에게 안내하는 머리글이라고 할 수가 있다. 머리글은 가장 아름답고 예쁘지 않으면 안 되고, 또한, 머리글은 우리 인간들의 미래의 이상형으로서의 저자가, 이 세상에서 가장 아름답고 멋진 신세계로 우리 인간들을 인도하겠다는 약속의 말씀이 담겨 있지 않으면 안 된다. 서문이란 언제, 어느 때나 젖과 꿀이 흐르는 약속의 땅과 맞닿아 있지 않으면 안 되고, 또한 서문이란 언제, 어느 때나 모든 기적이 가능한 지상낙원의 입구라고 하지 않으면 안 된다. 모든 서문에는 저자의 집필의도와 그 목적이 담겨 있고, 그리고 그 목적을 추구하는 방법과 그 목적을 달성하고 난 후의 감격과 기쁨과도 같은 그 소회가 짙게 묻어 있을 수밖에 없는 것이다. 서문을 보면 그가 삼류인지, 제일급인지 알 수가 있는데, 왜냐하면 서문의 가장 정교하고 세련된 문장에는 새로운 사상과 이론의 전모가 가장 함축적으로 각인되어 있기 때문이다. 또한 서문을 보면 그 책이 최고급의 사상과 이론서인지, 아닌지를 알 수가 있는데, 왜냐하면 그 서문에는 전인미답의 세계를 탐험한 선구자의 감격과 그 기쁨이 담겨 있기 때문이다.

자본가들은 돈과 명예와 권력을 다 가지고 있기 때문에, 결코 역사의 무대에서 제 발로 걸어나가지 않으며, 따라서 공업에서 구현된 생산력을 전세계적으로 장악하고 프롤레타리아 계급의 혁명을 일으키지 않으면 안 된다는 것이 마르크스의 사상이라고 할 수가 있는 것이다. 마르크스는 영국의 산업사회―그의 조국인 독일은 아직 산업사회가 미발달되어 있었기 때문이다―를 오랫동안 고찰한 결과, '빈익빈/ 부익부'라는 구조적 문제를 발견하고, 따라서 부의 공정한 분배와 만인평등사회(공산주의)를 꿈꿀 수밖에 없었던 것이다. "정치경제학이 부르조아적인 한 '곧 자본주의적 질서를, 사회적 생산이 역사적으로 지나가는 발전단계가 아니라 그 반대로 사회적 생산의 절대적이고 최종적인 형태라고 이해하는 한', 정치경제학이 과학일 수 있는 것은 오직 계급투쟁이 잠재적인 상태에 있거나 또는 고립적 현상으로 나타나는 동안 뿐이다"라는 마르크스의『자본론』의 서문이 바로 그것을 증명해 주고 있다고 해도 과언이 아니다.

임마누엘 칸트는 계몽주의 사상의 완성자임과 동시에, 독일 관념철학의 선구자라고 할 수가 있다.『순수이성비판』과『실천이성비판』과『판단력 비판』은 그의 삼대 비판철학서이며, "현대는 바로 비판의 시대이며 모든 것이 비판받지 않을 수 없다. 그러나 종교는 그 신성에 의하여, 그리고 입법은 그 존엄에 의하여 비판을 벗어나려고 한다. 그러나 그렇게 되면 종교이든 입법이든 자기 자신에 대한 의혹을 당연히 초래할 것이며, 또한 이성이 그의 공명정대한 비판을 견디어 낸 것에만 허용하는 진정한 존경을 요구할 수가 없게 되는 것이다"라는, 그의 가장 날카롭고 예리한 비판정신이 각인되어 있다고 하지 않을 수가 없다. 피히테, 셸링, 헤겔 등은 칸트의 관념철학의 정신을 이어 받았고, 마르크스, 쇼펜하우어, 니체 등은 그의 비판철학의 정신을 이어 받았다. 칸트의『순수이성비판』에는 '일체의 경험과 상관 없는' '형이상학'과 '순수이성'에 대한 그의 비판정신과 함께, 새로운 형이상학의 체계(순수이성의 체계)를 완성해야겠다는 그의 인식론의 목표가 제시되어 있는 것이다.

  프리드리히 니체는 1844년 프러시아 삭손州 뢰켄 지방에서 태어났으며, 그의 일생 내내 호전적이고 전투적인 정신으로, 모든 가치들의 전복을 기도했다고 해도 과언이 아니다. "나는 너희에게 초인超人을 가르친다. 인간은 초극되어야만 할 그 무엇이다"라고 그가 부르짖었을 때, 바로 그 부르짖음 속에는 '신의 사망선고'가 내려져 있었던 것이며, 따라서 그의 반기독교주의와 반형이상학주의, 그리고 그의 반이상주의를 우리는 어렵지 않게 알아차릴 수가 있는 것이다. 초인은 신을 섬기지 않은 사람이며, 하늘 나라의 이상적인 천국도 믿지 않는 사람이다. 초인은 우리 인간들의 미래의 인간이며, 그는 이 땅에 두 발을 튼튼히 내리고 있는 짜라투스트라이다. 짜라투스트라(니체)는 칸트 이후 비판철학의 완성자이며, 우리 인간들의 삶의 본능의 옹호자라고 하지 않을 수가 없다.

  가스통 바슐라르는 프랑스의 상파뉴 지방의 소읍에서 태어났으며, 우체국 직원으로 근무하면서 독학으로 수학전공의 이학사가 되었다고 한다. 그는 중, 고등학교의 물리―화학교사와 철학교사를 거쳐서 43세 때 소르본느에서 과학철학으로 박사학위를 취득하고, 그리하여, 마침내, 소르본느의 과학철학의 교수가 되었던 인물이기도 했다. 그의 '인식론적 단절', 혹은 '인식론적 장애물'이라는 개념은 프랑스의 철학사에서 엄청난 영향력을 행사한 개념이기도 했지만, 그러나 그는 과학철학의 반대방향에서, 너무나도 반데카르트적이고, 너무나도 반뉴턴적인 '시학 이론'의 선구자가 되기도 했던 것이다. 가스통 바슐라르는 니체와 쇼펜하우어 이후, 가장 아름답고 멋진 서문을 쓴 철학자이며, 아리스토텔레스 이후, 가장 아름답고 멋진 '시학'을 정립한 철학자이다. "이처럼 몽상이 우리의 휴식을 강조하러 올 때는 온 우주가 우리의 행복에 기여하러 오는 것이다. 잘 꿈꾸려는 자에겐 이렇게 말해야 한다. 우선 행복하세요. 그러면 몽상이 자기의 진정한 운명을 답파한다. 그것은 시적 몽상이 된다. 그 시적 몽상을 통해, 그것 속에서 모든 것은 아름답게 된다." 가스통 바슐라르의 『몽상의 시학』은 인간의 이성과는 반대방향에서, '인간의 몽상'을 탐구한 시학이며, 진정한 몽상 속에서만이 우리 인간들은 행복하게 되어 있다고 역설하고 있는 것이다. 시적 몽상은 우주적인 몽상이며, 그것은 아름답고 행복한 세계로의 초대가 된다고 하지 않을 수가 없다.

미셸 푸코는 1948년 소르본느 대학에서 철학박사 학위를 받았고, 1950년에는 심리학 학사 학위를 받았으며, 그리고 1952년 파리 대학에서 정신병리학 박사학위를 취득한 프랑스의 대표적인 탈현대 사상가이기도 하다. 『광기의 역사』, 『임상의학의 탄생』, 『말과 사물』, 『감시와 처벌』, 『성의 역사』 등의 저서들이 그것을 증명해 주며,

그의 반이성적인 사유는 전세계의 모든 지식인들에게 충격적인 전율과 그만큼의 새로운 사고의 진전을 가져다가 주었다고 하지 않을 수가 없다. 앎은 권력을 생산하고 권력은 앎을 생산한다. 이처럼 지식과 권력의 복합체로서의 담론의 질서를 분석하고, '정상과 비정상은 권력의 조작이며', 어느 누가 미쳤다고 하는 것은 '이성이 광기에게 하는 헛소리에 지나지 않는다'는 전언이 바로 그것을 증명해 준다고 하지 않을 수가 없는 것이다.

2011년 3월, 일본의 대지진과 후쿠시마 원전의 폭발은 일찍이 미셸 푸코가 예언한 대로 인간의 사라짐, 혹은 인간의 최후의 종말을 확인해 주고 있는 것인지도 모른다. 100년 전에는 인간의 숫자가 20억에 불과했지만, 지금 현재의 인간의 숫자는 70억에 육박할 정도이다. 기껏해야 60세 전후의 인간수명을 80세 이상으로 늘려놓은 의학의 성과가 에너지의 낭비로 이어지고, 드디어, 마침내는 원자력이라는 극약처방으로 그 에너지 부족을 충당해 나가고 있었던 것이다. 하지만, 그러나, 인간은 사물의 질서에서 일종의 균열에 불과하다는 것, 아니, 인간의 사라짐이 예정되어 있다는 것은 이성중심주의의 횡포, 또는 인간중심주의의 횡포에 대한 사망선고이었는지도 모른다. 이러한 푸코의 반이성적인 사유는 그의 계보학적이고도 고고학적인 방법론을 통해서, 모든 지식과 권력의 관계를 폭로하는 탈현대 사상으로 완성되었으며, 따라서 그의 사상은 문학, 역사, 철학, 사회과학, 정신분석학 등, 그 모든 분야에 전면적인 영향을 끼쳤다고 할 수가 있다.

마르크스, 칸트, 니체, 바슐라르, 미셸 푸코의 서문들에는 그 저서의 분명한 목적이 들어 있고, 그리고 그 서문들을 읽다가 보면, 그들이 제일급의 사상가인지, 아닌지를 단번에 알게 된다. "이 계급투쟁이 과학적 부르조아 경제학의 조종을 울렸다"라는 마르크스가 그렇고, "만일 정부가 학자의 일에 관여하는 것이 타당하다고 한다면" "비판의 자유를 보호"하라는 칸트의 말이 그렇다. "나는 언제나 그러한 정신으로 탐구했으며, 한편으로는 거짓과 사악이 널리 퍼지고 허풍(피히테와 셸링)이나 사기(헤겔)가 크게 존경을 받는 것을 보고 현대인의 갈채를 단념하였다. 현대는 이 20년 동안 그 정신적 괴물 헤겔을 최대의 철학자로 떠들어대어 그 소리는 전 유럽에 울려퍼지고 있다. 아마도 현대에는 사람에게 줄 월계관이 남아 있지 않을 것이다. 찬미를 매음한 시대의 비난은 조금도 두려울 것이 없다"라는 쇼펜하우어가 그렇고, "이 책에서 논하는 이른바 핵심적이고 체계적인 요소라 할 수 있는, '자연에 따르라'는 이 점이 바로 '독자'를 어리둥절하게 할 것이다. 또, 이 때문에 사람들은 틀림없이 나를 공박할 것이다"라는 장 자크 루소가 그렇다. 마르크스는 자본가들의 탐욕 앞에서는 프롤레타리아의 계급투쟁밖에는 없다는 것을 역설하고 있고, 칸트는, "만일 정부가 학자의 일에 관여하는 것이 타당하다고 한다면" "비판의 자유를 보호"하라고 역설하고 있다. 쇼펜하우어는 언제, 어느 때나 철학자의 도덕성을 역설하고 있고, 장 자크 루소는 만인들의 반대방향에서, 자기 자신의 자연주의를 역설하고 있다.

  이처럼 최고급의 사상과 이론을 완성한 세계적인 대철학자들은 그 감격과 기쁨을 이렇게 노래하고 있다.

> 현대는 바로 비판의 시대이며 모든 것이 비판받지 않을 수 없다. 그러나 종교는 그 신성에 의하여, 그리고 입법은 그 존엄에 의하여 비판을 벗어나려고 한다. 그러나 그렇게 되면 종교이든 입법이든 자기 자신에 대한 의혹

을 당연히 초래할 것이며, 또한 이성이 그의 공명정대한 비판을 견디어 낸 것에만 허용하는 진정한 존경을 요구할 수가 없게 되는 것이다.
— 임마뉴엘 칸트

　나의 작품 중에 『짜라투스트라는 이렇게 말했다』는 나에게 있어서 특별한 의미가 있다. 그것으로 나는 인류에게 역사상 가장 위대한 선물을 안겨다 준 것이다. 앞으로 수백 년 동안 퍼져나갈 목소리를 가진 이 책은 현존하는 최고의 책이며 그것은 바로 저 높은 산의 공기이며 인간에 대한 모든 사실이 고산의 저 아득한 밑바닥에 놓여져 있다. 그것은 또한 가장 심오하고 진리의 가장 깊숙한 보고에서 탄생하였고 아무리 퍼내도 마르지 않은 샘이며, 그 샘에 두레박을 내리면 황금과 선善이 가득 담겨져 올라오지 않을 수 없을 것이다. 이 책에는 어떠한 예언자도 없으며, 종교의 창시자라고 불리는 질병과 권력에 대한 욕구, 이 양자가 합쳐진 소름 끼치는 혼혈아도 없다. 이 책에 담긴 지혜의 뜻을 왜곡하지 않으려면 무엇보다 이 입에서 흘러나오는 고요한 가락을 똑똑히 들어 보아야 한다. "폭풍을 일으킬 수 있는 것은 가장 조용한 말이다. 비둘기의 발로 오는 사고思考만이 세계를 이끈다."
— 프리드리히 니체

　우리 시대의 시세계 속에 어떻게 들어갈까? 자유로운 상상력의 시대가 열렸다. 사방에서 이미지들이 대기를 침범하고, 이 세계에서 저 세계로 건너가고 강대한 꿈에 혹은 귀를 혹은 눈을 부른다. 시인들이 넘쳐난다. ─대소시인, 유명한 시인, 잘 알려지지 않은 시인, 사랑받는 시인, 매혹하는 시인, 시를 위해 사는 자는 모든 걸 다 읽어야 한다. 하찮은 팜플렛에서도 나로서는 새로운 이미지의 빛이 얼마나 자주 솟구쳐 나왔던가!

새로운 이미지에 의해 활기를 얻는 걸 받아들인다면, 낡은 책의 이미지에서도 무지개 빛을 발견할 수 있다. 여러 시의 세대는 생생한 기억 속에 통합된다. 새 세대가 옛 세대를 깨운다. 옛 세대가 새 세대 속에 다시 살아난다. 시는 다양화될 때에야만 통합된다.

새 책들은 얼마나 우리에게 은혜를 베푸는가! 정말 매일 새로운 이미지들에 대해 말해 주는 책들이 바구니 가득 하늘에서 떨어졌으면 좋겠다. 이 誓願은 자연스럽다. 이 기적은 쉽다. 저기 하늘에서는, 천당이란 거대한 도서관이 아닐까 싶어서다.

― 가스통 바슐라르

『행복의 깊이』는 나의 눈물, 나의 피와 땀, 그러나 이 『행복의 깊이』는 나의 사상의 신전의 가장 아름답고 풍요로우며, 또한 그만큼 비옥한 텃밭이다.

우리 인간들의 '삶의 양식'과 '삶의 의지'가 자라나고, 우리 인간들의 행복한 '삶의 세목들'이 자라난다.

大철학예술가인 시간이 오늘도 무릎을 꿇고 무한히 예배를 드리고 있는 곳―.

시간은 영원한 시간이고 그 도취의 밀도는 무한히 황홀하고 경건하기만 하다.

나는 死神의 맏형님, 나는 그 死神에게 나의 사상의 신전에는 머리카락 한 올도 드러내지 않도록 명령을 내려둔 바가 있다.

나는 너희들에게 가장 아름답고 멋진 삶과 가장 아름답고 멋진 죽음을 권한다.

아아, 낙천주의 사상이여!

아아, 행복의 깊이여!

― 반경환

　모든 학문의 궁극적인 목표는 사상과 이론의 완성이며, 이 사상과 이론만이 우리 인간들을 구원할 수가 있는 것이다. 인생은 짧고 덧없지만, 사상과 이론은 영원하고, 그 어떤 새로운 시대에도 그 죽음을 모른다. 사상과 이론은 이상적인 인간의 보증수표이며, 그 인간은 최초의 진리의 창시자로서 모든 인간들을 다스리게 된다. 부처와 예수처럼, 마르크스와 칸트처럼, 혹은 니체와 쇼펜하우어처럼, 사상가는 전제군주이며, 이 세상의 모든 도덕과 법률을 강제할 수 있는 입법권을 지녔다고 하지 않을 수가 없다. 과연 어떻게 그 최초의 진리의 창시자가 하늘을 찌를듯한 환희에의 기쁨을 노래하지 않을 수가 있겠으며, 또한 어떻게 그 최초의 진리의 창시자가 모든 인간들의 행복을 약속하지 않을 수가 있겠는가?
　대부분의 서문들은 너무나도 짧아서 그 가치가 없고, 몇몇 대가들의 서문은 그 명성에 비하여 일고의 가치도 없거나 지나치게 난해하여 오히려 자기 자신을 독자들로부터 소외시키는 아주 이상야릇한 현상을 유발시키고 있다. 이 밖에도 대부분의 서문들은 헤겔의 『정신 현상학』의 경우에서처럼, 그 명성에 비하여 지나치게 짧거나 일고의 가치도 없는 것이기는 하지만, 마르크스의 『자본론』, 칸트의 『순수이성비판』, 데카르트의 『성찰』, 쇼펜하우어의 『의지와 표상으로서의 세계』, 몽테뉴의 『수상록』, 니체의 『이 사람을 보라』, 『도덕의 계보』, 『즐거운 지식』, 『선악을 넘어서』, 『짜라투스트라는 이렇게 말했다』, 가스통 바슐라르의 『몽상의 시학』, 『공간의 시학』, 미셸 푸코의 『광기의 역사』, 『말과 사물』, 장 자크 루소의 『에밀』, 찰스 다윈의 『종의 기원』, 반경환의 『행복의 깊이』, 『반경환 명시감상』 등의

20여 편의 서문들은 너무나도 아름답고 뛰어난 서문들이어서, 모든 서문들의 모범적인 사례가 되어주고 있다고 하지 않을수가 없다. 서문은 수많은 좌절과 '지옥 속의 고통의 훈련과정'의 산물일 수밖에 없는데, 왜냐하면 서문은 모든 글쓰기의 최종적인 완성일 수밖에 없기 때문이다. 이 세상에는 본문을 먼저 쓰고 서문을 쓰지, 서문을 쓰고 그 다음에, 본문을 쓰는 바보는 없기 때문이다.

서문은 가장 아름답고 뛰어나지 않으면 안 되고, 또한 서문은 가장 정교하고 세련된 문장이지 않으면 안 된다. 서문은 언제, 어느 때나 젖과 꿀이 넘쳐 흐르는 약속의 땅을 지시하지 않으면 안 되고, 그 아름답고 풍요로운 지혜(사상)의 열매들이 언제, 어느 때나 주렁주렁 열려 있지 않으면 안 된다. 모든 서문에는 저자의 집필의도와 그 목적이 담겨 있고, 또한 그 목적을 추구할 수 있는 방법론이 담겨 있다. 내가 이 글을 쓰게 된 것은 계간시전문지 『애지』에 『서문, 서문, 그리고 서문들 – 세계의 사상가들』의 연재를 기획했기 때문이며, 우리 한국인들(우리 미래의 학자인 독자 여러분들)에게 가장 아름답고 훌륭한 서문의 예를 제시해 주고 싶었기 때문이다.

아마도 언젠가, 어느 때는 이 책을 계기로 '서문학'이 새로운 학문으로 정립될는지도 모른다.

사상과 이론을 정립한 민족은 고급문화인이 되고, 사상과 이론을 정립하지 못한 민족은 이민족의 지배를 받는 노예민족이 될 수밖에 없다.

사상과 이론만이 고귀하고 위대하고, 사상과 이론만이 영원하고 영원불멸의 삶을 향유한다.

하루바삐 우리 한국인들은 마르크스, 칸트, 니체, 쇼펜하우어, 미셸 푸코, 찰스 다윈 같은 세계적인 대상가들로 자라나지 않으면 안 된다.

대한민국예술원은 유종호와 김윤식을 제명시켜라!
— 표절이 종식되는 그날을 위하여

나는 한때 대전시티즌의 열광적인 팬이었고, 지난 몇 년 동안은 대전시티즌의 축구경기를 관전하는 것을 크나큰 낙으로 삼은 바가 있었다. 대전시티즌의 축구 선수들은 대부분이 돈 많은 유명 구단으로부터 버림을 받았거나, 아예 그 구단들로부터 어떠한 입단 제의도 없었던 선수들에 지나지 않았지만, 그 무명 선수들의 투혼에 무척이나 감동을 받은 바가 있었기 때문이었다. 영하 10여 도가 넘는 강추위와 섭씨 34~5도를 오르내리는 한여름의 더위 속은 물론, 사나운 비바람이 몰아치는 날씨 속에서도 나는 특별한 일이 없으면 대전시티즌의 홈경기를 관전할 수밖에 없었다. 나는 처음으로 대전시티즌의 열렬한 팬으로서 대전시티즌의 주식을 청약한 바도 있었고, 나의 대전시티즌에 대한 사랑은 이미 승패를 떠나 있었다. 대부분이 지는 경기를 보면서도, 우리 대전시티즌의 선수들이 더욱더 큰 선수로 자라나기만을 기도하고, 또 기도했었다. 아직도 깡통주나 다름이 없는 대전시티즌의 주식을 갖고는 있지만, 내가 축구에 대한 사랑을 모조리 거두어버리게 된 결정적인 계기는 그 유명한 승부조작의 사건 때문이었다고 하지 않을 수가 없다. 전반전까지는 거의 대등한 경기를 펼치다가도 후반전만 되면 연속적으로 4골이나 5골을 먹는 장면을 보면서, 대전시티즌의 수비수들을 무척이나 욕을 했었지만, 그러나 그것이 승부조작의 결과라는 사실은 전혀 생각해 보지도 못했었다. 하지만, 그러나, TV 뉴스를 통해서 내가 몹시도 분개했던 그 장면들을 다시 보면서, 나는 천지개벽이나 다름없는 듯한 충격을 받았다. 그 결과, 나는 내가 가지고 있던 연간회원권을 모조리 찢어버렸고, 어느덧 축구는 나의 관심 밖의 스포츠가 되고 말았다. 한때는 야구의 관중을 위협했던 축구가 그 승부조작 사건으로 매우 위축된 것을 보면, 그 축구에 대한 실망감과 배신감은 나뿐만이 아니었던 것 같다.

 몇몇의 선수들은 대한민국의 법률에 따라서 구속되었고, 최성국, 김동현 등의 축구 스타들도 형사처벌을 받았거나 영구제명되는 아픔을 겪을 수밖에 없었다. 또한 몇몇의 선수들은 정신병원에 입원을 했고, 어떤 선수는 자살을 선택할 수밖에 없었다. 참으로 안타까운 일이지만, 참으로 다행스러운 일이기도 했다. 왜냐하면 대한민국의 축구 선수들은 대한민국의 법치 아래 있었고, 또한 축구협회의 법률에 따라서 게임의 법칙을 준수할 수가 있게 되었기 때문이다. 사법질서가 문란하고, 게임의 룰이 지켜지지 않으면 어떤 운동도 그 운동으로 존속할 수가 없게 된다.

 하지만, 그러나, 이 축구협회만도 못한 단체가 대한민국의 학계와 대한민국의 문단이라는 사실을 우리 한국인들은 아직도 인식하지 못하고 있는 것 같다. 대한민국의 학계와 대한민국의 문단은 이미 썩을대로 썩어서 어떠한 자정 능력도 상실해 버린 지가 오래되었다. 저작권을 통해서 돈과 명예와 권력을 쌓아나가야 할 장본인들이 타인의 창작품을 너무나도 뻔뻔스럽고 파렴치하게 도둑질을 해가고 있는 것이다. 표절은 친고죄이며, 그 피해자가 신고를 하지 않으면 어떠한 처벌도 받지 않게 되어 있고, 대한민국은 대단히 자랑스럽게도 아직까지 표절을 한 학자나 작가가 형사처벌(법적 구속)을 받은 선례가 없다. 소위 우리 학자들과 우리 문인들은 치외법권지역의 성자이며, 절대적인 강자들이다. 대부분이 영구제명—선수 자격을 박탈당한—을 당한 우리의 축구선수들이 연봉 2000만원 정도의 선수이거나 사병의 봉급을 받는 상무대 소속의 군인들이었다는 사실을 감안하다면, 우리 학자들과 우리 작가들은 영원히 지옥에서 빠져나올 수 없는 사형대의 제물들로 사라진다고 해도 조금도 이상할 것이 하나도 없다. 우리 학자들과 우리 작가들(유명 작가들)은 대부분이 고액 연봉을 받고, 또 거기다가 수천만 원씩의 연구비와 창작지원금의 혜택을 받고 있다. 그런데도 너무나도 뻔뻔스럽고 파렴치하게도 제자들의 논문을 가로채 가거나 타인의 창작품을 표절해 댄다. 이중 삼중으로 연구비를 받고 논문을 중복게재하거나, 황우석 교수의 사건처럼 논문을 조작해대는 것도 너무나도 흔하고 흔한 일에 지나지 않는다. 이처럼 승부조작의 축구선수들보다도 더욱더 파렴치하고 뻔뻔스러운 범죄인들이 대한민국의 예술원 회원이 되고, 동인문학상 종신심사위원이라는 사실을 우리 한국인들은 도대체 어떻게 인식하고 있는 것일까? 차라리, 모든 지구촌의 인사들에게 대한민국은 표절의 왕국이니, 게으르고 또 게으른 모든 학생들은 대한민국으로 유학을 오라고 하는 것이 더 낫지 않을까?

 세상에, 초등학교부터 고등학교까지, 그처럼 소중하고 중요한 세월을, 오직 학교에서 학원으로, 그 주입식 교육으로 몰아넣는—밥 먹고 잠자는 시간만을 빼놓고—나라가 어디 있단 말인가? 우리 한국인들의 미래의 백만 두뇌를 입시지옥으로 몰아넣고, 너무나도 마음에도 없는 독창성과 창의성을 강조하는 우리 학자들의 인면수심은 어떻게 해서 생겨나는 것일까? 일 년 내내 박사학위논문의 표절이 문제가 되고 있는데도, 대한민국의 교육부와 대학교수협회는 전혀 아무런 일도 아니라는 듯이 침묵으로 일관하고 있는 사태를 우리 축구선수들은 어떻게 생각하고 있는 것일까? 표절은 학문과 예술의 승부 조작이며, 대한민국의 영혼과 정신을 갉아먹는 중대한 범죄행위이다. 문화선진국에서는 어떠한 표절도 용납하지 않으며, 만일, 어느 누가 표절을 했다면, 그에게는 영원히 기사회생할 수 있는 기회가 주어지지 않는다. 이것이 법치국가이며, 문화선진국의 근본질서인 것이다.

대한민국의 예술원은 유종호와 김윤식을 하루바삐 예술원회원에서 제명하기를 바란다. 조선일보사는 동인문학상 종신심사위원인 유종호와 이문열—유종호와 이문열은 사제의 관계와도 같다. 참으로 스승과 제자가 대사기꾼으로서 너무나도 자랑스럽고 훌륭하게 성장을 했다. 이것은 분명히 대한민국의 문화적 사건이며, 단군이래의 최대의 경사라고 할 수가 있다—을 하루바삐 제명하기를 바란다. 이것만이 우리 학계와 우리 문단의 범죄인들을 처벌하고, 우리 대한민국을 법치국가로 올바르게 세우는 것이다.

만일, 유종호와 이문열을 처벌하지 않으면 대한민국은 문화선진국은커녕, 영원한 불량국가(문화후진국)에 지나지 않게 될 것이다.

나는 이미 앞에서 인간의 지혜는 사기치는 기술이라고 선언한 바가 있는데, 그러나 그 지혜가 곧바로 '범죄 행위'로 단죄되어야만 한다고 말한 것은 아니다. 가령, 예컨대 알렉산더 대왕의 문화제국의 건설, 부처의 극락세계, 예수의 이상적인 천국, 나폴레옹의 유럽 연방의 건설, 그리고 리쿠르고스의 스파르타의 영원한 제국이 그들의 지혜의 산물이고, 그들은 그 목표를 위해서 수많은 이민족들을 무차별적으로 살해하고 개같이 학대를 하지 않으면 안 되었던 것이다. 그러나 대부분의 인류가 보다 우월한 종을 위하여 자기 자신을 희생하고 역사의 뒤안길로 사라져 가는 것이 자연의 이치라면, 고귀하고 위대한 인간들의 지혜는 이 세상의 문명과 문화의 발전에 기여하고, 궁극적으로는 '인간이라는 종의 건강'에 기여를 하게 된다. 따라서 이때의 지혜는 '고등사기술'이며, 그것은 학교라는 대 교육제도에 의해서 무한히 학습되고, 연구—개발되지 않으면 안 되는 어떤 것이다. 그 지혜는 마르크스, 프로이트, 칸트, 헤겔, 니체, 쇼펜하우어, 뉴턴, 아인시타인의 이론적 성과처럼, 우리가 그 지적 소유권을 주장하지 않더라도 어느 누가 훔쳐갈 수도 없고, 또 근본적으로 복제가 가능하지도 않다. 그러나 우리 한국인들은 스스로 자발적으로 자기 자신의 이론과 사상의 정립을 위하여 최선의 노력을 다 하기는커녕, '근친상간의 추태'를 '우리 한국인들의 미덕'으로 끌어올리고, 서구의 제일급의 지식인들의 이론적—사상적 성과를 베껴먹기에 여념이 없다. 표절 행위란 타인들의 연구 성과를 가로채 가는 더럽고 추악한 범죄 행위이며, 모든 저자들의 창작 의욕을 떨어뜨리는 지식인 사회의 암적인 종양—대 사기꾼들과도 같은 암적인 종양—들이다. '한국 국문학의 대부', '한국 영문학의 선구자', '불세출의 대형비평가', '우리 시대의 현자', '한국 인문학의 거장' 등, 이 세상에서 더 이상의 화려한 수사와 상찬의 말들이 필요 없을 것 같은 김현, 김윤식, 유종호, 백낙청, 김우창 등이 모두가 다같이 글 도둑질의 대가들이라고 한다면, 우리는 그들에게 '글 도둑질의 대가'라는 훈장을 수여하고, 학문의 이름으로 이 땅에서 영원히 추방을 해야 되지 않겠는가? 김현, 김윤식, 유종호, 백낙청, 김우창 중, 나는 그 중에서도 김윤식과 유종호의 대사기꾼적인 면모와 그 파렴치한 범죄 행위의 전모를 아주 간단하고 명료하게 살펴보고자 한다.

김윤식은 그의 『한국 근대 소설사 연구』에서,

첫 단계는 서양의 중세적 사고에서 인간 발견에 이른 방법론. 반 덴 베르크의 견해에 기대면, 서양에서 처음으로 풍경이 풍경으로 그려진 것은 레오나르도 다빈치의 '모나리자'이다. 거기에는 풍경으로부터 소외당한 최초의 인간과, 인간적인 것에서 소외당한 최초의 풍경이 있다. 그 풍경이 인간적인 것에서 독립되어 독자적 세계, 이른바 풍경의 세계를 성취한 것, 그것이 근대성이고, 풍경에서 독립된 인간이 인물화의 세계를 이룩한 것, 그것이 근대성이다. 그러기에 '모나리자'라는 인물의 미소가 무엇을 표현하고 있는가를 물어서는 안 된다. 거기에서 이른바 '내면성'의 표현을 보아서는 안 된다. 사정은 그 정반대이다. '모나리자'에는 개념으로서의 얼굴이 아니고 맨 얼굴이 비로소 나타나 있는 것이다. 따라서 그 맨 얼굴은 '의미하는 것'(시니피에)으로서의 내면적인 무엇을 지시하고 있지 않다. '내면'이 거기에 표현된 것이 아니고 돌연 노출된 맨 얼굴이 '내면'을 의미하기 시작한 것이다. 이러한 뒤집힘은 풍경이 현상에서 해방된 '순수한 풍경'으로서 존재한 것과 동시이자 동일한 것이다. T. S. 엘리어트가 단테의 상상력이 시각적인 성질의 것이라고 주장한 것에서 보듯, 중세적인 세계에 산 단테는 형상 속에서 살고, 형상이라는 안경으로 풍경을 보았던 것이다. '모나리자'에 와서 마침내 형상에서 해방된 순수한 풍경이 가능하였다. 다빈치가 과학자이듯 내면성의 발견은 과학과 동일한 것이었다. 데카르트가 내면을 발견한 것이 근대적임은 이와 같은 뒤집힘에서 말미암는다

— 김윤식, 『한국근대소설사 연구』, 을유문화사, 1986년

라고, 레오나르도 다 빈치의 「모나리자」를 통하여 '근대적 인간'의 '내면의 발견'을 역설하고 있지만, 그것은 가라타니 고진(柄谷行人)의,

> 반 덴 베르크의 생각에 따르면 서구에서 최초로 풍경이 풍경으로 그려진 것은 레오나르도 다빈치의 「모나리자」부터이며 그곳에는 풍경으로부터 소외된 최초의 인간과 인간적인 것으로부터 소외된 최초의 풍경이 존재한다. 그렇지만 모나리자라는 인물의 미소는 무엇을 표현하고 있는가라고 물어서는 안 된다. 거기에 '내면성'의 표현을 보아서는 안 된다. 아마 사태는 그 역일 것이다. 「모나리자」에는 개념으로서의 얼굴이 아니라 맨 얼굴이 처음으로 표현되었다. 그렇기 때문에 그 맨 얼굴은 '의미하는 것'으로서 내면적인 무엇인가를 지시하지 않고는 못 배기는 것이다. '내면'이 거기에 표현된 것이 아니라 갑자기 노출된 맨 얼굴이 '내면'을 의미하기 시작한 것이다. 그리고 그와 같은 전도는 풍경이 형상으로부터 해방되고 '순수한 풍경'으로서 존재하기 시작한 것과 동시에 일어난 일이며 사실상 같은 것이기도 하다.
>
> 다빈치가 과학자였다는 것은 말할 필요도 없다. 그러나 화가이면서 과학자라는 사실은 전혀 모순되지 않는다. 왜냐하면 내면성과 근대 과학은 서로 깊이 연결되어 있기 때문이다. 예를 들면, 데카르트가 말하는 '연장'(사유 대상)이란 '인간적인 것으로부터 소외된 풍경'과 같은 것이다. 그것은 중세의 질적으로 의미 부여된 형상적 공간과는 관계 없는 것이다. 그리고 그가 말하는 '코기토'는 그러한 풍경 안에서만 존재한다
>
> — 가라타니 고진, 『일본 근대문학의 근원』, 민음사, 1997년

라는 「내면의 발견」을 이처럼 통째로 베껴먹은 것에 지나지 않는다. 우리는 여기서 가라타니 고진이 그처럼 대단한 인물인가라고 물어볼 수도

있을 것이다. 그러나 가라타니 고진의 글은 반 덴 베르크와 레비 스트로스, 그리고 데카르트와 엘리어트의 사유 속에 녹아 있는 글에 불과하며, 그들의 사유를 빌어다가 '일본 근대문학의 기원'을 설명하고 있는 글에 지나지 않는다. "서구에서 최초로 풍경이 풍경으로 그려진 것은 레오나르도 다 빈치의 「모나리자」부터이며 그곳에는 풍경으로부터 소외된 최초의 인간과 인간적인 것으로부터 소외된 최초의 풍경이 존재한다"와 모나리자의 맨 얼굴에서, "내면이 거기에 표현된 것이 아니라, 갑자기 노출된 맨 얼굴이 '내면'을 의미하기 시작한 것이다"라는 말이 바로 그것이다. 가라타니 고진도 '일본 근대문학의 기원'을 독자적으로 설명을 할 수가 없어서 서구인들의 사유를 빌어왔고, 김윤식도 '한국 근대문학의 기원'을 독자적으로 설명할 수가 없어서 가라타니 고진의 사유를 빌어왔다. 피상적으로 따지고 보면, 가라타니 고진이나 김윤식이 동일한 인물의 다른 두 모습 같지만, 그러나 거기에는 하늘과 땅 차이만큼이나 엄청나게 큰 학문적 깊이와 그 윤리 의식의 문제가 내포되어 있을 수밖에 없는 것이다. 좀 더 분명하게 말해 본다면, 가라타니 고진이나 김윤식이 다같이 타인들의 말과 사유를 빌어 온 것 같지만, 전자는 그 지적 소유권의 존중과 그것에 대한 정중한 예의를 표시하고 있는 반면에, 후자는 서구의 사상가들도 아닌, 가라타니 고진의 글을 통째로 훔쳐 왔다고 해도 과언이 아니다. 가라타니 고진은 메이저 회사에 고급로열티를 지불하고 있는 중소기업의 사장에 불과하고, 김윤식은 그 중소기업의 단순 조립품들(싸구려 단순 조립품들)을 너무나도 뻔뻔스럽게 훔쳐내온 파렴치한 잡범에 지나지 않는다. 서양인들의 지혜는 고등사기술로서, 그것은 학교라는 '대 교육제도'에 의하여 전수되어야 하지만, 우리 한국인들의 지혜는 '한국이라는 야만의 나라' 이외에는 통용될 리가 없는 파렴치한 잡범들의 한탕주의에 불과하다. 이처럼 글 도둑질—표절 행위가 무차별적으로 난무하고 있는 사회에서는, '세계정복운동'의 기수로서의 문화적 영웅의 탄생은커녕, 우리 한국인들의 백만 두뇌는 가장 확실하게 못 쓰게 된다. 김현, 김윤식, 유종호, 백낙청, 김우창 등이여! 그리고 이 땅의 사이비 학자와 비평가들이여! 나의 이 말이 무엇을 뜻하고 있는가를 그대들은 진심으로 하늘 아래 무릎을 꿇고 되씹어 보고, 또 되씹어 보기를 바란다.

유종호는 김윤식보다는 좀 더 세련되어 있고, 그는 그처럼 뻔뻔스럽고 파렴치한 잡범처럼 보이지는 않는다. 그러나 그의 「시인과 모국어」라는 글을 읽어보면, 지적 소유권자가 가라타니 고진이 아닌, 엘리어트라는 사실만이 다를 뿐, 그 글 도둑질의 수준은 너무나도 똑같다고 하지 않을 수가 없다.

그러나 모국어 없는 시인은 시인일 수 없다. 한 사람이 시인이 되는 것은 모국어 속에서 모국어와 함께이다. 외국어 속에서 시인은 시인이기를 그친다. 엄밀하게 말해서 번역시는 시가 아니다. 서사사니 극시에서처럼 플롯이나 작품인물의 조형에 문학적 성취를 부분적으로 의존하고 있는 경우에 번역을 초월해서 살아남는 국면은 소홀치 않다. 그러나 번역을 초월해서 남아 날 수 없는 언어의 국면에 무겁게 의존하고 있는 서정시나 단시의 경우 변역된 시는 시의 戱畫로 떨어지기가 첩경이다
— 유종호, 『사회 역사적 상상력』, 민음사, 1987년

이 비슷한 기능은 다른 문학 장르나 예술 장르도 수행하게 마련이지만 시가 각별히 민족적 성격을 띄게 된다는 것은 앞에서도 되풀이 확인한 바 있다. 라틴어가 공동언어였던 서양에 있어서도 시가 일찍감치 민족의 방언을 문학적 활용의 매체로 채용했다는 것은 우연히 아니다. 그리고 시가 민족어를 모체로 해서 그 본령을 발휘한 것은 감정과 정서의 표현에서였

다. 따라서 '부족의 방언'의 세련을 지향하는 시는 민족의 감정의 세련에 기여하는 역할을 떠맡게 마련이다. 이야말로 시가 가지고 있는 가장 중요한 사회적 기능의 하나일 것이다(윗책).
— 유종호, 「시인과 모국어」에서

    그러나 우리들은 모두 번역한 소설을 읽는 것이 번역한 시를 읽는 것보다는 상실하는 것이 훨씬 적다고 하는 것을 느끼고 있는 것이다. 그런데 어떤 종류의 과학적인 저술에 있어서는 번역함으로써 질적으로 전연 상실하는 것이 없는 일도 있다. 시가 산문보다 지방적인 특질이 한층 더 많다고 하는 것은 유럽 언어의 역사에서도 찾아볼 수 있는 일이다. 중세기를 통해서 2, 3백년 전에 이르기까지 라틴어는 철학과 신학과 과학의 용어이었다. 각 민족들이 자체의 언어를 문학적으로 사용하려는 충동은 시와 함께 시작되었다. 그런데 우리들이 시가 원래 감정과 정서의 표현이어야 하고, 또 사상이 보편적인 것에 비하여 감정과 정서가 특수한 것이라고 하는 것을 깨달을 때, 이것은 참으로 당연한 일인 것이다. 외국어를 통해서 생각한다고 하는 것은 외국어를 통해서 느낀다고 하는 것보다는 용이한 일인 것이다. 그러므로 시보다 완고한 민족적인 예술은 없는 것이다. 한 민족에게서 그 언어를 강제로 빼앗아버리고 억지로 다른 언어를 가르칠 수는 있을 것이다. 그러나 그 민족에게 새 언어로 느끼기까지 하도록 가르치지 않는 한 본래의 언어를 완전히 근절해 버릴 수는 없는 것이다. 그 언어는 곧 감정의 전달체인 시를 통해서 다시 나타나게 되는 것이다. 나는 방금 '새 언어로 느낀다'고 하는 말을 했는데 그것은 '느낀 것을 새 언어로 표현한다'고 하는 말보다 이상의 무엇을 의미하는 것이다. 상이한 언어로 표현한 사상은 동일한 사상이 될 수 있을는지 모르나 상이한 언어로서 표현한 감정이나 정서는 동일한 감정이나 정서가 될 수 없는 것이다.

— T. S. 엘리어트, 「시의 사회적 기능」(문학과지성사, 1986년)에서

어느 한 사람이 시인이 되는 것은 모국어 속에서 모국어와 함께이다. 왜냐하면 외국어로 사유하기는 쉽지만, 외국어로 느낀다는 것은 그처럼 쉽지가 않기 때문이다. 한 편의 시는 그 시인의 감정과 정서의 특수한 표현이다. 따라서 상이한 언어로 표현한 사상은 동일한 사상이 될 수 있을지 모르나 상이한 언어로 표현한 감정이나 정서는 동일한 감정이나 정서가 될 수는 없는 것이다. 이것이 T. S. 엘리어트의 「시의 사회적 기능」의 핵심적인 주제인데, 유종호는 「시인과 모국어」—그의 가장 뛰어난 글—에서 이처럼 엘리어트의 핵심적인 주제를 어떠한 따옴표도 없이 그야말로 통째로 베껴먹고 있는 것이다. 유종호의 「시인과 모국어」는 '머리도 엘리어트이고 꼬리도 엘리어트'라고 해도 틀린 말이 아니다. 유종호의 글 도둑질은 사상적—이론적 출구가 막혀버린 자의 어쩔 수 없는 표절 행위이며, 타인의 연구 성과를 송두리째 가로채 가는 추악한 범죄 행위일 뿐이다. 그러나 그 글 도둑질—범죄 행위는 더욱더 넓고 넓은 세계를 향하여 울려 퍼져 나가지 못하고, 기껏해야 이 땅의 우리 한국인들—나이 어린 학생들, 그의 제자들, 수많은 문학 독자들, 그리고 또 수많은 학부모들—의 피나 빨아먹는 사악한 범죄 행위에 지나지 않는다. 따라서, 우리 한국문학의 고질적인 병폐 중의 하나는 자기 자신의 목소리로 말하고 자기 자신의 사상과 문학 이론을 전개해야 할 대목에서는 반드시 서양이라는 타자의 목소리로 대체하고 있다는 점일 것이다. 하나의 주제를 깊이 있게 천착하고 그것을 독창적인 사상과 문학 이론으로 전개할 수 있는 힘이 없는 한, 한국문학비평은 그만큼 공허하고 맹목적일 수밖에 없는 것이다.

우리 중진 비평가들, 아니 대한민국의 모든 학자들—, 우리 한국인들은 이 너무나도 뻔뻔스럽고 파렴치한 대 사기꾼들을 도대체 어떻게 일망타진

할 수가 있을 것인가? 문화선진국이라면 그들은 이미 학문의 이름으로 사형이나 중죄―저작권 침해에 따른 법적 책임은 물론, 대학교수직을 비롯한 모든 공직에서의 영구추방―로 다스려졌을 것이지만, 글 도둑질과 대사기꾼들의 공화국인 이 대한민국에서의 그들의 명예와 명성은 마르크스와 프로이트와 니체와 칸트의 얼굴마저도 짓밟아 버리고, 수많은 은하계와 또다른 은하계로까지 울려 퍼져 나가고 있다고 하지 않을 수가 없다. 2001년에, '한국교수 3명 공동집필 논문' '외국표절 국제망신'을 어쩔 수 없이 보도한 《중앙일보》(2001년 11월 19일자)마저도 그 글 도둑놈들―대 사기꾼들의 명예와 명성 앞에서 '박모', '홍모', '백모'로 그 실명을 거론하지 않고 있는데, 김현, 김윤식, 유종호, 백낙청, 김우창 등의 문화권력은 알프스와 로키 산맥과 안데스 산맥, 그리고 궁극적으로는 히말라야 산맥을 뛰어 넘어서 '天帝의 玉座'로까지 뻗쳐 나가고 있다고 하지 않을 수가 없다.

 김현, 김윤식, 유종호, 백낙청, 김우창이여, 그러나 나는 지극히 유감스럽게, 이 대한민국보다도 미국, 영국, 독일, 프랑스, 이탈리아 등에서처럼, 그 교육제도가 발달되어 있는 나라들처럼 부러운 나라도 없다. 따지고 보면 지구가 둥글듯이 자기가 서 있는 곳이 세계의 중심인데, 그 중심이 '서울대학교'와 '서울특별시'라고 믿고 있는 이 땅의 대학교수들처럼 못난 학자도 없다. 마르크스와 프로이트와 니체와 칸트가 언제, 어느 때 서울대학교 교수와 서울특별시민인 적이 있었고, 또 그들은 그들의 조국에서만 세계적인 대 사상가이고, 아시아나 남미나 아프리카에서는 세계적인 삼류로 전락한 적이 있었단 말인가? 김현, 김윤식, 유종호, 백낙청, 김우창 그리고 정과리여, 그대들은 모조리 서울대학교 출신이거나 서울특별시민이기는 하지만, 그대들은 너무나도 유치하고 뻔뻔스럽게 그대들이 그토록 반대하고 있는 마르크스주의자(아아 그 공산주의자)가 될 때도 있다는 사실을 명심하여 주기를 바란다. 왜냐하면 그대들은 모두가 한결같이

'인간의 사회적 지위가 그 의식을 결정한다'고 믿고 있기 때문이다. 좀 더 부연 설명해 본다면, 그대들은 서울대학교를 비롯한 그밖의 명문대학교와 서울특별시민일 때만이 세계적인 대 사상가—아아, 세계적인 글 도둑질의 대 사상가—가 될 수 있는 것이지, 만약 그대들이 강원도나 충청도의 주민들이라면, 너무나도 하찮은 삼류 시민과 삼류 학자들에 지나지 않을 것이기 때문이다.

― 반경환 전집 『행복의 깊이』 제1권(도서출판 지혜, 2012년)에서

조선일보는 동인문학상 심사위원인 이문열을 제명시켜라!

이미 대부분의 독자들은 눈치를 챘겠지만, 황석영의 「아우를 위하여」와 이문열의 『우리들의 일그러진 영웅』은 단편소설과 중편소설이라는 차이만 있을 뿐, 똑같은 주제, 똑같은 구조, 똑같은 이야기, 그리고 똑같은 등장인물들의 성격에 의해서 지배를 받고 있고, 그것은 아마도 이문열이 황석영의 소설을 하나 하나 모조리 베껴갔기 때문일는지도 모른다. 아니, 어쩌면 그것은—황석영의 소설이 1970년대 초의 작품이고, 이문열의 소설이 1987년도 작품인 만큼—황석영이 외국 작가의 작품을 하나 하나 모조리 베낀 것을 보고 이문열 역시도 공범자의 미소를 띠고 그 모방범죄를 저질렀는지도 모른다. 따라서 황석영이 그의 작품, 「아우를 위하여」가 표절된 것을 알고 묵인해 왔다면, 그는 이문열과의 떳떳치 못한 검은 거래를 했을 것이고, 적어도 그렇지 않다면, 그것은 공범자의 침묵일 수밖에 없는 것이다. 이 후자의 가능성이 매우 큰데, 왜냐하면, 자기 자신의 작품의 주제, 구조, 이야기, 그리고 등장인물의 성격까지도 하나 하나 모조리 베

껴간 대사기꾼의 범죄행위를 용서할 수 있는 작가는 아마도 이 지구상에서는 없을 것이기 때문이다. 하지만 어쨌거나 그 사소한(?) 범죄행위의 산물인 『우리들의 일그러진 영웅』이 '이상문학상'을 수상하게 되고, TV와 연극과 영화의 텍스트가 되고, 상당히 오랜 기간 동안 베스트 셀러―아직도 『우리들의 일그러진 영웅』은 가장 많이 팔리는 스테디 셀러 중의 하나일 것이다―가 되어준 것은 우리 한국문학사의 비극이 아닐 수가 없는 것이다. 또한 어디 그뿐이던가? 이미 앞에서 소개했던 대로, 대한민국의 가장 대표적인 문학작품으로 일본, 스페인, 콜롬비아, 이탈리아 등의 언어로도 번역되었고, 이제는 어느덧 초등학교의 교과서에까지도 실리게 되었다. 이문열의 더럽고 추악한 글도둑질―절도행각―이 단군 이래의 최대의 대형 사기사건으로 이어지고, 그에게는 수십억 원대의 돈과 명예와 명성을 안겨다가 주었다고 하지 않을 수가 없다. 아아, 우리는 이것을 '지적소유권'을 지상최대의 명제처럼 받들어 모시는 문화선진국민들에게, 또 그리고 너무나도 티없이 맑고 순진한 이 대한민국의 어린 학생들에게 어떻게 사죄하고 설명을 할 수가 있단 말인가?

― 반경환, 『이문열의 우리들의 일그러진 영웅을 고발한다』에서

이문열의 『우리들의 일그러진 영웅』이 대한민국의 초등학교 교과서에 소개되고, 또 이 땅의 어린 아이들이 이문열의 도덕적 정결성에 찬양을 보내고 있다는 사실을 생각해 본다면, 이문열의 개인의 영광과 그를 배출해낸 민음사의 상업적 이익을 위해서 천하의 대사기꾼적인 그의 글도둑질을 언제까지나 쉬쉬하고 덮어두고만 있을 것이란 말인가? 이문열은 대한민국의 대작가도 아니며, 『우리들의 일그러진 영웅』의 '엄석대'보다도 더 도덕적 정결성을 갖춘 인간도 아니다. 자기 자신의 역사 철학적인 무지와 그것의 한계를 극복하고, 호머나 셰익스피어나 괴테처럼 가장 화려하고

웅장하게 세계정복운동을 펼쳐나가야 되는 것이 그의 사명이건만, 기껏 해야 무협소설에 불과한 『삼국지』와 『수호지』와 『초한지』를 평역하고 있는 추태를 생각해 본다면, 그의 작가 의식은 머리에서 발끝까지 상업성으로 물들어 있고, 돈과 명예는 같은 무대에 들어가지 못한다는 사실을 새삼 떠올려 보지 않을 수가 없다. 이문열은 역사와 민족 앞에, 이 글을 읽는 즉시 사죄하고, 그의 대부분의 재산을 사회에 환원하고, 이제는 한국문단에서 은퇴를 해야만 한다. 이제 모든 대학생들과 시민단체와 민족문학작가회의를 비롯한 지식인들은 이러한 한국문단의 국제적 망신을 전화위복의 계기로 삼기 위해서라도, '이문열의 은퇴와 절필 선언'을 유도해야만 하고, '글도둑질 추방운동본부'를 상설하여 하루바삐 표절의 문제를 근절시켜나가지 않으면 안 된다.

— 반경환, 『이문열의 우리들의 일그러진 영웅을 고발한다』에서

대한민국의 백만 두뇌를 그토록 철두철미하게 입시지옥—문화선진국 그 어느 나라에도 없는 주입식 교육—을 통해서 거세시키고, 그 결과, 대한민국의 모든 학생들이 모조리 '표절의 대가들'로 자라나도록 더욱더 고귀하고 자랑스러운 우리 대한민국의 예술원의 회원님들이여!

오오, 괴테보다도, 마르크스보다도, 셰익스피어보다도 더욱더 고귀하고 훌륭한 '표절의 대가들'인 대한민국의 예술원의 회원님들이여!

요코미츠 리이치의 소설의 세계

요코미츠 리이치橫光利一는 1898년 3월 17일 후쿠시마현福島県에서 태어났고, 와세다대학교 영문과를 중퇴했으며, 1923년 처녀작 「파리蠅」로 등단했다. 또한 그는 키쿠치 칸의 추천으로 일본의 대표적 잡지인 『문예춘추』의 동인으로 활동하기도 했으며, 일본 최초의 노벨문학상 수상작가인 가와바타 야스나리와 함께, 1924년 『문예시대』를 창간하기도 했다. 그의 대표작으로는 「아카이 기모노」, 「봄은 마차를 타고」, 「옥체」, 「머리 또는 배」, 「미소」, 「나폴레옹과 쇠버짐」, 「마르크스의 심판」, 「기계」, 「상하이上海」, 「침원寢園」, 「화원花園」 등이 있으며, 1947년 그의 청년시절의 추억이 담긴 「양등(램프)」을 집필하던 중, 급성복막염으로 그 짧은 생애(49세)를 마감하게 되었다.

요코미츠 리이치는 1921년 가와바타 야스나리를 만났지만, 그는 '신감각파의 거장'이자 '소설의 신'이었고, 가와바타 야스나리는 그를 정신적 멘토로 추종하는 동료에 지나지 않았다. "너의 이름 뒤에 으레 내 이름이 불리운 것도 돌이켜보니 어느덧 이십오 년이 흘렀구나", "너를 보내는 나의 외로움은 네가 알아주겠지. 너와의 마지막 날 생사의 갈림길에서 한없이 흔들리던 너의 그 눈빛은 내가 살아서는 두 번 다시 만날 수 없는 눈빛이었다"라는 가와바타 야스나리의 '조사弔辭'(1948년 1월 3일)가 바로 그것을 증명해 준다. 오늘날까지도 일본의 대표작가는 가와바타 야스나리도 아니고, 하루키도 아니고, 오직 요코미츠 리이치라고 해도 과언이 아니다.

요코미츠 리이치의 소설의 세계는 두 개의 축을 구축하고 있는데, 그 하나는 신감각주의이고, 다른 하나는 심리주의라고 할 수가 있다. 그는 서정적이면서도 감미로운 문체로 어린 아기와 소년, 젊은 청년인 나와 어린 조카, 아내와 나 등의 티없이 맑고 깨끗한 관계를 묘사해냈고, 이때에 그는 '신감각파의 선구자'로서 그 기법을 활용하게 된다. 신감각파란 우리 인간들의 정서를 자극하는 것을 말하고, 그는 너무나도 따뜻하고 투명한 시선으로 우리 인간들의 삶을 찬양하고 옹호하게 되었던 것이다. 휴머니즘이란 인간이 인간을 사랑하고, 이 사랑을 통해서 이 세상의 삶을 찬양하고 옹호하는 것을 말한다. 사랑이란 언제, 어느 때나 새로운 말이며, 영원히 낡지 않는 말이다. 아름다움 역시도 언제, 어느 때나 새로운 말이며, 영원히 낡지 않는 말이다. 하숙집 어린 아이인 큐와 빨강 여자 아이와의 동화적 사랑을 서정적으로 묘사하고 있는 「아카이 기모노」, 외삼촌으로서의 어린 조카에 대한 천사적 사랑을 묘사하고 있는 「옥체」, 젊은 신혼부부로서 아내에 대한 사랑과 그 사별死別의 아픔을 극적으로 미화시킨 「봄은 마차를 타고」가 바로 그것을 증명해 주고 있다고 해도 과언이 아니다.

"에헤헤헤헤헤······"
연신 웃어대는 여자아이의 웃음소리에 큐는 멈출 수가 없었다. 웃음소리에 부채질 당하듯 복도 끝까지 굴러가자 계단이 나타났다. 그러나 큐는 이미 주체할 수가 없었다. 큐는 다시 물구나무를 서서 계단을 내려가기 시작했다. 바짓단이 말려 내려와 작고 하얀 엉덩이가, "멍멍"하고 짖어댈 때마다 조금씩 내려갔다.

"에헤헤헤헤헤헤……"

여자아이는 배를 흔들며 웃었다. 그렇게 두, 세 개의 계단을 내려갔을 때였다. 갑자기 큐의 엉덩이가 총에 맞은 새처럼 계단 아래까지 굴러 떨어졌다.

"에헤헤헤헤헤……"

계단 위에서는 여자아이의 높은 웃음소리가 천장까지 닿고 있었다.

― 「아카이 기모노」에서

"그래? 내가 좋은 이름 생각해 뒀었는데 말이야. 사전 찾아가며 한 거 맞아?"

"칸와漢和 뭐라고 하는 사전 찾아봤어. 너한테 지어 달라 하자고 했는데 매형이 말을 안 듣잖아. 이상하지? 이런 이름."

"상관없어, 얼마나 예쁜 녀석이냐. 날 닮아서 역시 미인인 게야"

"그런가? 목욕탕에서 게이샤들이 있잖아, 이렇게 예쁜 아기는 어떻게 하면 생기는 거냐고 난리였어."

"너무 예뻐. 누나 고생 좀 하겠어."

― 「옥체御身」에서

푸르고 푸른 바다 위에는 차츰 흰 돛이 늘어만 갔다. 바닷가의 하얀 길은 날이 갈수록 시끌벅적해졌다. 어느 날 지인으로부터 스위트피 꽃다발이 곶을 돌아 그에게로 전달되었다.

오랫동안 한풍으로 황폐해진 집 안에 처음으로 이른 봄내음이 찾아온 것이다.

그는 꽃가루가 잔뜩 묻은 손으로 꽃다발을 높이 받쳐 들고서 아내에게로 갔다.

"드디어 봄이 왔어."

"어머나, 예뻐라."

아내는 미소 띤 얼굴로 그 야윈 손을 꽃 앞으로 내밀었다.

"정말 예쁜 꽃이지?"

"어디서 난 거예요?"

"이 꽃은 마차를 타고 바다를 건너 제일 먼저 봄을 뿌리며 찾아온 거야."

아내는 그에게서 꽃다발을 받아 들자 양손으로 가슴 가득히 끌어안았다.

아내는 그렇게 그 화사한 꽃다발 속에 창백해진 얼굴을 파묻은 채 황홀하게 눈을 감았다.

― 「봄은 마차를 타고」에서

요코미츠 리이치는 1923년 와세다 대학 동급생인 코지마 츠토무小島つとむ의 여동생 코지마 기미君子와 결혼했지만, 1926년 코지마 기미의 폐결핵으로 인하여 그의 아내와 사별을 하게 된다. 그의 아내와의 결혼 생활은 처가의 강력한 반대와 어머니와 아내, 즉 고부 간의 갈등 속에서 잠시도 행복할 수가 없었지만, 그러나 그들의 사랑만은 그 어떠한 장애물도 막을 수가 없었던 것이다. 「봄은 마차를 타고」에는 한 집안의 가장으로서의 글쓰기와 아내를 간병을 해야만 하는 생활 속의 고통이 담겨 있고, 하지만, 그러나 그 반대 방향에서, 끝끝내 그의 아내와 사별해야만 하는 아픔이 너무나도 진하게 배어 있다. 그러나 그는 그가 그토록 사랑했던 아내의 죽음 앞

에서도 결코 울지 않으며, 그 아내의 죽음마저도 '스위트피 꽃다발'로 이처럼 환하게 장식해 놓고 있는 것이다. 염세주의자들은 이 세상의 삶을 저주하고 헐뜯어버리지만, 낙천주의자는 이 세상의 삶을 끊임없이 찬양하고 옹호하게 된다. 어차피 누구나 다같이 죽게 되는 것이고, 어차피 누구나 다같이 이러한 사별의 아픔을 겪게 되는 것이다. 죽음의 체험은 일상생활 중의 하나이며, 어느 누구도 거역할 수 없는 자연의 섭리이다. 어린 아이는 죽음 앞에서 눈물을 흘리고 대성통곡을 하게 되지만, 이 세상의 삶의 이치를 깨달은 어른은 그 죽음마저도 아름답게 미화시키고 승화시키게 된다. 봄은 마차를 타고 오지만, 사랑하는 아내는 그 마차를 타고 '스위트피 꽃다발'의 나라, 즉, 아름다운 천국으로 떠나가게 된다. 요컨대 우리 한국인들이 아직도 철부지 어린 아이들에 불과하다면, 이웃나라의 일본인들은 이처럼 성숙한 어른이라고 할 수가 있는 것이다. 「봄은 마차를 타고」는 요코미츠 리이치의 '순애보'이자 그 사랑의 고귀함과 아름다움이 피어난 걸작품이라고 할 수가 있다. 티없이 맑고 순수한 사랑, 천 년, 만 년 그 울림을 간직할 고귀하고 거룩한 사랑—. 만일, 우리 한국인들이 이 『봄은 마차를 타고』를 읽어본다면, 왜, 이 「봄은 마차를 타고」가 그토록 오랫동안 일본인들의 심금을 울리고 있는 소설인지 알 수가 있을 것이다.

 1980년대부터 요코미츠 리이치에 대한 전면적인 검토가 이루어지면서 그의 문학적 업적은 재인정을 받게 되었고, 1987년도에는 가와바타 야스나리의 초기 작품이 요코미츠의 작품이었다는 사실이 새롭게 밝혀지면서 일본문단은 대소동이 일어나기도 했다고 한다. 그의 「마르크스의 심판」, 「기계」 등이 심리소설의 걸작품이라면, 그의 유작遺作인 「미소」는 신감각주의와 심리주의가 결합된 세계적인 걸작품이라고 할 수가 있다. 요코미츠 리이치의 세계는 일본적 사건도 아니도, 동양적 사건도 아니고, 세계적인 사건이라고 하지 않을 수가 없다.

국가란 전투체제로 편성되어 있고, 언제, 어느 때나 이웃 국가를 침략하고 지배하려고 하는 강도집단에 지나지 않는다. 어느 국가도 그 국가의 이익을 자발적으로 양보한 적이 없으며, 그 대표적인 예가 독도와 센카쿠 열도(尖閣列島, 또는 조어도釣魚島), 그리고 이어도를 둘러싼 국가 간의 영유권 분쟁이라고 할 수가 있다. 세계적인 경제대국 중의 하나인 일본이 자그만 바위섬 하나를 더 차지하지 못해서 안달이 나 있는 것이 그렇고, 또한, 그토록 넓고 넓은 영토를 갖고 있는 중국이 자그만 바위섬 하나를 더 차지 못해서 안달이 나 있는 것이 그렇다. 국가와 국가 간의 전쟁은 선악을 넘어서 있고, 모든 국민들을 광란의 도가니로 몰아넣게 된다. 왜냐하면 어떤 사람도 자기 조국의 패배를 기원하지는 않고 있기 때문이다. 제2차 세계대전에서 일본의 패배가 기정사실화되어가고 있을 때, 하이쿠 시인인 카지는 천재 수학자인 세이호라는 청년을 만나게 된다. 세이호는 일본군 장교이자 자칭 '살인광선'이라는 신무기를 개발해낸 천재 수학자이지만, "푸른 등나무 언덕의 이별의 칡꽃"이나 "쓰르라미여, 주객으로 보이는 칡꽃"이라는 하이쿠에 매료되어 있는 문학청년이었다. 카지는 제일급의 하이쿠 시인이었고, 세이호는 그 카지를 흠모하는 문학청년이었다. 카지는 세이호가 미쳐버린 천재 수학자라는 것을 알았지만, 그러나 그는 그 천재 수학자의 살인광선의 무기가 하루바삐 현실화되기를 바라는 마음을 버릴 수가 없었던 것이다. 세이호의 미소는 티없이 맑고 순진한 미소이며, 그 미소는 하나의 환상, 아니 하나의 광기 속에서만이 존재하게 된다. 그 미소를 그릴 때에는 인간의 감각으로 그려야 하지만, 다른 한편, 심리학적인 측면에서 그 광기마저도 그 미소 속에 용해시켜 놓지 않으면 안 된다. 「미소」는 요코미츠 리이치의 감각주의의 소산이면서도 그의 심리주의의 소산이라고 하지 않을 수가 없다.

"그것보다 자네의 그 광선은 무슨 색인가?"라고 카지는 화제를 바꾸며 물었다.

"저의 광선은 낮에는 보이지 않지만 어두워지면, 주위는 환한 푸른색이고 안쪽은 노란빛을 띠는 보통 빛의 색깔입니다. 언젠가 하늘로 쏘아 올리게 되면 꼭 지켜봐 주세요."

"저기서 하는 오늘 밤의 회의도 어쩌면 자네의 그 빛에 관한 건지도 모르겠군. 아무래도 그것 외에는 방법이 없겠지."

땅거미가 드리워져 오자 두 사람은 돌아갈 채비를 했다. 세이호는 휴대품 보관소에서 돌려받은 단검을 허리에 차며 "어쩌면 1급 공적을 받을지도 모르겠어요"라며 기운차게 소매를 걷어 올렸다.

수교사를 빠져나와 어둑해진 길을 걸으며 롯뽄기 쪽으로 향하고 있을 때였다. 돌연 세이호는 카지 곁으로 바싹 다가와 지금껏 참고 있던 것을 토해내듯, 나직이 말했다.

"순양함 네 척과 구축함 네 척을 침몰시켰습니다. 광선을 쏴서요. 저는 시간을 재고 있었는데, 4분 걸렸습니다. 순식간이었습니다."

주위엔 아무도 없었고 어둠 속에서 칼집의 단도를 찾다가 훅하고 옆구리를 찌르듯, 세이호는 허리춤에 찬 시계를 재빠르게 재는 시늉을 해보이며 카지에게 말했다.

"그 정도였다면 발표되었을 게 아닌가?"

"아뇨, 하지 않습니다. 적이 바로 알아차릴 테니."

"아무리 그렇더라도……"

두 사람은 다시 아무 말 없이 걸었다. 돌담의 차가운 기운이 짓누르듯 밀려왔다 스쳐갔다. 어두운 마미아나의 거리는 고요한 비탈길이었고 메아리로 울리는 구두소리를 들으며 지금까지의 놀라움의 연속이었던 정점은 바로 오늘밤이었다고 카지는 생각했다. 그리고 세이호가 하는 말을 거짓이라고 외면하기에는 너무도 무력한 자신을 깨닫고 씁쓸해졌다. 아니 그것보다 세이호 스스로가 벗겨내려고 하는 환상을 오히려 자신이 지지하려 했던 호의의 원인은, 오로지 그의 미소에 견인되어 왔었기 때문이라 생각했다. 카지는 그것이 분하여 단칼에 그를 미친놈이라고 내쳐버리고 싶었다. 카지는 냉정해져가는 자신에게 이상하게도 불안한 전율을 느끼며 침묵에 몸을 맡겨놓은 듯 묵묵히 걸었다.

"저는 선생님."

얼마 후 다시 세이호는 카지에게 바싹 다가와 말을 꺼냈다.

"지금 저는 고민이 하나 있습니다."

"뭔가?"

"저는 지금까지 죽는다는 것을 한 번도 두렵게 생각한 적이 없었습니다만 왜 그런지 며칠 전부터 죽는다는 게 무서워졌습니다."

세이호의 본심이 고개를 들기 시작했다. 카지는 그렇게 느끼며 "흐음"이라고 말했다.

"왜 그럴까요? 저는 조금만 더 살고 싶습니다. 저는 요즘 이런 생각 때문에 잠을 이룰 수가 없습니다."

인간내면의 깊은 곳이 흔들리기 시작한 목소리였다. 알아챘구나, 라고 카지는 생각했다. 그리고 세이호의 다음 말에 귀를 기울이며 기다렸다. 다시 두 사람은 말없이 얼마동안 걸었다.

"전 이제 누군가에게 의지하고 싶어서 견딜 수가 없습니다. 제겐 아무도 없습니다."
— 「미소」에서

 살인광선으로 순양함 네 척과 구축함 네 척을 순식간에 침몰시켰던 청년, 대영제국을 정복하고 미국마저도 정복할 수 있는 살인광선을 개발해 냈던 청년, 아인시타인의 상대성 이론의 모순을 너무나도 일찌감치 깨달았던 청년, 더없이 아름답고 황홀한 시(하이쿠)에 매료되어 있었던 청년—. 이 세이호의 미소란 무엇인가? 서로가 서로를 그토록 무자비하게 적대시 하고 대량살상을 마다하지 않던 전쟁의 국면에서는 이 세이호의 미소는 다만 하나의 환상이며 광기에 지나지 않게 된다. 세이호의 미소는 환상이며, 광기 자체가 된다. 또한 그의 미소는 조국의 승리의 염원이며, 궁극적으로는 전쟁이 없는 평화의 세계를 지시하게 된다. 그의 미소는 시이다. 하지만, 그러나, 시는 없고 시적인 것만이 존재한다. 시는 이데아의 세계이며, 시적인 것은 현실의 세계이다. 우리는 이 시적인 것을 통하여 그 이데아의 세계로 올라가고자 한다. 천재 수학자인 세이호는 조국의 승리를 기원하면서도 시를 쓰는 문학청년이었던 것이다. 그는 조국의 승리를 기원하면서도 전쟁을 혐오한다. 제일급의 하이쿠 시인인 카지도 마찬가지이다. 무사는 전쟁을 사랑하지만, 시인은 전쟁을 혐오한다. 이 모순된 존재가 드디어 정신분열을 일으키게 된 것이고, 그리고 그는 끝끝내 그 정신분열증의 희생양이 되고만 것이다.

 소카이사키疎開先에서 동경으로 돌아온 카지는 돌연 몸져눕고 말았다. 가끔씩 병문안 오는 다카다에게 세이호의 이야기를 꺼내보기도 했지만 다카다는 죽은 자식의 나이를 세어서 무엇하냐는 듯, 그저 애매한 웃음을 흘릴 뿐이었다.

"그렇지만 자네, 세이호의 그 미소만큼은 눈이 부셨어. 그것을 본 사람은 누구든 당하고 말지. 그것만큼은……"

미소라는 것은 사람의 마음을 죽일 수도 있는 광선이라는 의미도, 카지는 함축해서 말한 것이었다. 그렇다 하더라도 무엇보다 아름다웠던 세이호의 미소를 생각하면 그가 금방이라도 하늘에서 떨어져 내려올 것도 같았다. 카지는 마치 초봄과도 같았던 세이호의 미소를 생각하면서, 어느덧 그를 그토록 간절하게 기다리고 있는 자기 자신을 자각하지 않을 수가 없었다. 그것은 지금 이 세상 사람들 모두가 원망願望하고 있는, 하나의 명석한 판단과도 닮은 희망이었다. 그럼에도 불구하고 냉소라도 하듯이 세계는 점점 두 개로 갈라져 서로 밀어내는 배중률의 한 가운데에서 떠돌고 있을 뿐이었다. 카지는 회전하는 선풍기의 날개를 가리키며 환하게 웃던 세이호가 지금도 사람들 사이에서 회자되고 있으리라 생각되었다.

"보세요, 날개에서 시선을 뗀 순간, 돌고 있는 걸 알 수 있잖아요. 저도 지금 막 날기 시작했어요. 이렇게요."
— 「미소」에서

요코미츠 리이치는 인간의 광기를 극사실주의로, 아니, 광기 자체로 묘사해낸 심리소설의 대가이다. 광기의 언어는 존재하지 않지만, 그러나 그는 그의 언어를 통해서, 그 부재의 언어를 이 세상에다가 구축해 놓게 된다. 진리는 이 세상의 삶의 이치이고, 그 진리는 무모순적이며, 영원불멸의 생명력을 갖고 있다. 하지만 진리의 세계는 도달할 수 없는 이데아의 세계이고, 우리는 그 진리의 세계에 다가가기 위해서, 미치광이가 되어가지 않을 수가 없다. 미친다는 것은 세계정복욕에 불타는 나폴레옹(「나폴레옹과 쇠버짐」)이 된다는 것이고, 미친다는 것은 극단적인 이기주의로 무장한 판사(「마르크스의 심판」)가 된다는 것이고, 그리고 끝끝내 미친다는 것은 「기계」의 주인공인 '내'가 된다는 것이다.

이제까지의 모든 역사는 승자의 역사이고, 승자의 입장에서 그 역사를 미화하고 성화시켜온 역사에 지나지 않는다. 승자의 역사가 보편적인 역사라면, 패자의 역사는 특수한 역사에 지나지 않는다. 대부분의 작가들은 사회적 약자의 편인데, 왜냐하면 모든 지배계급의 특권과 특전이 사회적 약자들을 억압하고 착취한 범죄의 산물에 지나지 않기 때문이다. 대부분의 작가들은 마치 발자크처럼, 진리(정의)의 사도가 될 수밖에 없는데, 왜냐하면 이 세상의 불의를 단죄하지 않는다면 이 세상의 약자는 그 존재의 기반을 상실할 수밖에 없기 때문이다. 나폴레옹은 머리에서 발끝까지 사회적 천민(코르시카의 천민)이라는 열등의식이 뼛속 깊이 각인되어 있었던 자이고, 그 열등의식 때문에, 세계정복운동을 펼쳐나갔다가 그 비극적인 생애를 마감한 인물이라고 할 수가 있다. 요코미츠 리이치는 대부분의 역사가들이 나폴레옹을 미화하고 성화시킬 때, 나폴레옹의 세계정복욕망이 그의 열등의식과 광기의 산물임을 파헤치고, 마치 나폴레옹을 이 세상의 얼간이들처럼, 팔푼이처럼 희화화시켜 놓는다. 따라서 일본 제국주의가 더욱더 노골적으로 그 야수와도 같은 발톱을 드러내고 있을 때,

"나는 평민의 아들이다. 나는 프랑스를 정복했다. 나는 이탈리아를 정복했다. 나는 에스파냐와 프러시아와 오스트리아를 정복했다. 나는 러시

아를 유린할 것이다. 나는 영국과 아시아를 유린할 것이다. 보라, 합스부르크의 딸이여!"

나폴레옹은 뜯어내듯 잠옷의 옷깃을 풀어헤쳤다. 루이자의 시선은 나폴레옹의 복부로 떨어졌다. 나폴레옹의 배는 맹조의 자수 속에서 털이 뽑힌 개처럼 고름을 흘리며 짓물러져 있었다.

"루이자, 오늘밤은 함께할 것이다."

하지만 루이자는 나폴레옹의 권위에 압박당함과 동시에 그의 복부에 자수처럼 퍼져있는 독을 품은 완선에도 압박당했다. 오스트리아의 황녀, 합스부르크가의 딸은 지금 처음으로 평민의 추악함을 눈앞에서 경험했다.

나폴레옹은 그녀의 곁으로 다가갔다. 루이자는 휘장의 끝단을 밟으며 공포에 질린 눈썹을 찡그리며 뒷걸음질 쳤다. 나폴레옹은 아내의 표정에서 적의를 느꼈다. 그는 그녀의 손목을 낚아채 끌어당겼다.

"곁으로 오라, 루이자."

"폐하, 시의를 부르겠습니다. 잠시만 기다려 주세요."

"오라니깐!"

그녀는 휘장주름 뒤로 얼굴을 숨기며 젖혀질 듯 몸을 날려 뛰어나갔다. 나폴레옹은 귀족의 딸로부터 자명하게 모욕을 당했다. 그녀는 그 누구보다도 드높던 그의 자존심을 짓밟아 버렸다. 그는 벌떡 일어나 미끄러지듯 도망가는 합스부르크의 딸의 뒷모습을 회랑의 경면을 통해 노려보았다.

"루이자!"

라고, 「나폴레옹과 쇠버짐」을 썼다는 것은, 그가 일본의 제국주의를 얼마나 혐오하고 얼마나 세계평화와 인류의 행복을 기원했던가를 아주 극단적으로 말해주고 있는 것이다. 나폴레옹은 전쟁광이며, 미치광이다. 그의 피부병은 광기의 상징이고, 그는 그 광기 때문에 모든 인류를 대재앙 속으로 몰아넣은 파렴치한이다. 양심은 참다운 인간의 마음이고, 이 양심이 있는 한 인류의 역사는 그 소멸을 모르게 된다.

　　모든 생활의 즐거움을 운명적으로 빼앗긴 남자, 그 운명에서 헤어나지 못하는 남자, 그러면서도 언제나 쾌락의 초점이었던 거리의 입구에서 끊임없이 그러한 환락을 바라보며 위험을 알리지 않으면 안 되었던 남자—, 이것이 얼마나 그를 괴로워하게 했을 것인가는 아주 단순한 상상만으로도 십분 이해가 되었다.
　　판사는 단지 자기 자신의 단순한 적대감과 그 불순한 공포감 때문에, 아무런 죄도 없는 한 남자를 지금도 중죄로 몰고 가려고 하고 있는 자기 자신을 문득문득 깨닫지 않을 수가 없었다. 판사는 자기 자신의 죄의식을 느끼며 섬뜩해졌다.
　　"무죄로 하자, 무죄다."
　　갑자기 손바닥을 뒤집듯이 마음이 가벼워졌다.
　　"이것은 내 죄가 아니고, 마르크스의 죄다!"
　　—「마르크스의 심판」에서

「마르크스의 심판」의 판사는 요코미츠 리이치의 작가 정신(양심)이 창조해낸 인물이며, 따라서 그는 자기가 속한 법복귀족의 특권 의식을 반성하고—자기 자신의 광기를 버리고—, "모든 생활의 즐거움을 운명적으로 빼앗긴 남자", 언제, 어느 때나 최하층의 천민의 생활을 벗어날 수 없는 '철도국 건널목지기'에게 '무죄판결'을 내리게 된다.

우리 인간들은 때로는 정상인일 수도 있고, 또, 때로는 미치광이일 수도 있다. 자기 자신보다는 인류 전체와 세계 전체를 매우 공정하고 객관적으로 바라볼 때는 정상인일 수도 있고, 인류 전체와 세계 전체보다는 자기가 속한 가족과 집단과 국가 자체만을 바라볼 때는 미치광이일 수도 있다. 이기주의는 미치광이의 세계관이며, 이타주의는 정상인의 세계관이다. 하지만, 그러나, 정상인의 이면은 미치광이고, 미치광이의 이면은 정상인이기 때문에, 이 정상과 비정상 사이에서 아슬아슬하게 줄타기를 해야만 하는 것이 우리 인간들의 숙명이라고 하지 않을 수가 없다. 양심이 있는 자는 용기가 있는 자이며, 줄타기의 비법은 그의 양심에 의해서 저절로 터득하게 된다. 양심은 자기 자신을 비롯하여 모든 사건과 현상들을 뒤돌아 보게 하는 원동력이며, 이 양심이 있기 때문에, 우리 인간들은 다같이 정상인으로서 살아가고 있는 것이다. 양심은 존재의 윤리적 척도이며, 이 윤리에 의해서 그가 속한 사회와 국가는 건강한 문화를 싹 틔워나가게 된다.

요코미츠 리이치는 자기 자신의 양심의 주체자이자 일본인의 양심의 대표자가 되고, 그리고, 한 걸음 더 나아가서, 모든 세계인들의 양심의 대표자가 된다. 그의 「기계」는 그의 양심의 산물이며, 자기 자신의 존재의 정당성을 확보하려는 처절한 노력의 결정체라고 하지 않을 수가 없다.

　　하지만 술에 취해 있었던 건 나와 야시키뿐만이 아니라 카루베 또한 함께 취해 있었기에 그가 그 극약을 고의로 야시키에게 마시게 했다고는 생각할 수 없다. 좋다, 가령 평소에 생각하던 것이 술기운 속에 무의식으로 작용하여 카루베가 야시키에게 중크롬산 암모니아를 마시게 했다면, 그렇다면 야시키에게 그것을 마시게 한 건 같은 이유에서 어쩌면 나였는지도 모른다. 아니, 그야말로 내가 야시키를 죽이지 않았다고 어떻게 단언할 수가 있단 말인가? 카루베보다, 어느 누구보다도 항상 야시키를 두려워했던 건 바로 나였지 않은가? 그가 있는 동안 늘 그가 암실에 숨어드는 것을 가장 주시하던 것도 나였지 않은가? 아니, 그것보다 내가 발견 중이던 비스무트와 규산 지르코늄 화학물에 관한 방정식을 그가 훔쳤을 거라 확신하고 언제나, 누구보다, 가장 심하게 그를 원망하고 있던 것도 나였지 않았던가? 그렇다. 어쩌면 야시키를 살해한 것은 나인지도 모른다. 나는 중크롬산 암모니아가 놓여있는 곳을 가장 잘 알고 있었다. 취기가 돌기 전까지 나는 자유로워진 야시키가 내일부터 어디에 가서 무슨 일을 할지, 온통 그의 향방에 신경을 곤두세우고 있었다. 게다가 그를 살려 두면 손해를 보는 것은 카루베보다도 내가 아니던가? 아니, 어쩌면 내 머리도 이미 주인의 머리처럼 염화철에 침식되어버린 것은 아닐까.

나는 이제 내 자신을 알 수가 없게 되었다. 그저 나를 향해 다가오는 기계의 날카로운 선단이 서서히 나를 노리고 있음을 느낄 뿐이다. 누군가 이젠 나를 대신해 나를 심판해 달라.

내가 무슨 짓을 해 왔는지, 그런 것을 내게 물어 본들 나는 알 수가 없기 때문에……

— 「기계」에서

요코미츠 리히치의 「기계」는 우리 인간들의 정체성에 대하여 끊임없이 회의하고 있는 심리소설이며, 일본문학을 세계적인 수준으로 끌어올린 걸작품이라고 할 수가 있다. 카루베와 주인공인 '나'와 야시키는 '네임 플레이트(명찰)제조소'의 직공들이며, 이 세 명의 직공들은 서로가 서로를 의심하는 가운데, 이 '삼각관계'를 그토록 긴장감 있고, 흥미진진하게 그 비극적인 국면으로 몰아가고 있는 것이다. 감시하는 자가 감시당하는 자가 되고, 감시당하는 자가 감시하는 자가 된다. 정상인이 광인이 되고 광인이 정상인이 된다. 이 모든 것이 다 우연이기도 한 것이다. 나는 영리한 인간이기도 하고, 바보이기도 하다. 나는 야시키를 살해한 자이기도 하고, 살해하지 않은 자이기도 하다. 우연이란 인과관계가 성립될 수 없는 무질서의 세계를 말하고, 무질서의 세계란 그 어떠한 진리도 통용될 수 없는 세계를 말한다.

하지만, 그러나 이 우연의 세계에서 그 우연의 쳇바퀴는 마치, 저 싸늘한 기계처럼 필연의 법칙으로 돌아가고 있다는 것이 요코미츠 리이츠의 전언이라고 할 수가 있다. 나는 누구인가? 나를 누구인가라고 회의하는 나는 누구인가? 과연 나를 누구인가라고 회의하고 또 회의하고 있는 나란 누구인가? 우리는 모두가 필연의 법칙으로 돌아가고 있는 전지전능한 신(기계)에게 너무나도 잔인하고 끔찍하게 사로잡혀 있는 어릿광대들에 지나지 않고 있는 것인지도 모른다.

의학적으로 광기는 질병이며 퇴치의 대상이다. 사회적으로도 광기는 질병이며, 배척의 대상이다. 하지만, 그러나 광기는 욕망의 대상이며, 우리 인간들이 이 세상을 살아가게 하는 원동력이라고 하지 않을 수가 없다. 이제 광기는 퇴치의 대상도 아니고, 배척의 대상도 아니다. 요컨대 광기는 마치 물이나 불처럼, 잘 다스리고 잘 가꾸어 나가지 않으면 안 되는 것이다. 요코미츠 리이치는 자기 자신의 광기를 반성하고 성찰하면서, 이 우연의 법칙을 필연의 법칙으로 바꾸고 싶었던 것인지도 모른다. 「아카이 기모노」, 「옥체」, 「봄은 마차를 타고」, 「미소」는 낙원의 세계를 지시하고, 「나폴레옹과 쇠버짐」, 「마르크스의 심판」, 「기계」는 실낙원의 세계를 지시한다. 낙원의 세계에는 어린 아이와도 같은 천사들이 살고 있고, 지옥의 세계에는 나폴레옹과도 같은 광인들이 살고 있다. 요코미츠 리이치의 소설의 세계는 고귀하고 우아하고 아름답다. 또한, 요코미츠 리이치의 세계는 처절하고 끔찍하고 소름이 돋아난다. 왜냐하면 천사의 세계와 악마의 세계가 둘로 나뉘어져 있기 때문이다. 천사의 세계는 동화적인 환상의 세계이고, 악마의 세계는 정신분열증적인 악몽의 세계이다. 신감각주의는 천사의 세계에 맞닿아 있고, 심리주의는 악마의 세계에 맞닿아 있다. 신감각주의와 심리주의는 그의 양날의 칼이며, 그는 그 양날의 칼을 가장 아름답고 뛰어나게 사용할 줄 아는 '소설의 신'이자, '일본문학의 거장'이라고 하지 않을 수가 없는 것이다.

요코미츠 리이치의 대표소설작품선집인 『봄은 마차를 타고』는 우리 한국인들에게는 매우 생소한 책이기는 하지만, 일찍이 일본문단에 이처럼 뛰어나고 훌륭한 작가가 있었다는 사실이 더없이 충격적으로 다가온다고 하지 않을 수가 없다. 이 충격은 그 동안 한없이 깔보고 얕잡아보았던 일본문학에 대한 나의 '무지함'을 떨쳐버리고, 더없이 신선한 감동으로 다가오게 된다. 진리에도 국경이 없고, 아름다움에도 국경이 없다. 예술에도 국경이 없고, 감동에도 국경이 없다. 아름답다는 것은 완전하다는 것이고, 완전하다는 것은 영원불멸한다는 것이다. 만일, 우리 한국의 작가들이 언제, 어느 때나 성년을 모르는 작가들에 지나지 않는다면, 내가 아는 한 요코미츠 리이치는 동양의 문학을 세계적인 사건으로 끌어올린 대작가라고 해도 과언이 아니다. 그는 가와바타 야스나리의 정신적 멘토이었고, 일본문학의 거장이었다. 만일, 요코미츠 리이치가 좀 더 오래

살았더라면, 가와바타 야스나리를 제치고, 그가 일본의 역사상 최초로 노벨문학상을 수상하게 되었을 것이다.

　봄은 마차를 타고 온다.

　우리 한국문단에도 이처럼 세계적인 대작가가 하루바삐 출현하기를 손꼽아 기다릴 수밖에 없다.

이문열을 고발한다
―『우리들의 일그러진 영웅』에 대하여

    아마도 우리 한국인들은 이문열을 대한민국의 대표적인 작가로 생각하고 있을는지도 모른다. 이문열은 1948년 경북 영양에서 태어나 서울대학교 사범대학을 중퇴하고, 1978년 《동아일보》 신춘문예에 「塞下曲」이 당선되어 한국문단에 데뷔했다. 주요 작품으로는 『사람의 아들』, 『젊은 날의 초상』, 『영웅시대』, 『오디세이아 서울』, 『황제를 위하여』, 『시인』, 『선택』, 『변경』 등의 장편소설과 『이문열 중단편 전집』(전5권)이 있고, 그의 산문집 『사색』, 『시대와의 불화』, 평역소설 『삼국지』와 『수호지』 등이 있다. 따라서 그의 『사람의 아들』(일본, 네덜란드), 『우리들의 일그러진 영웅』(일본, 스페인, 콜롬비아, 이탈리아), 『금시조』(일본, 독일, 콜롬비아, 이탈리아, 프랑스), 『황제를 위하여』(프랑스), 『시인』(이탈리아, 프랑스, 네덜란드, 영국, 콜롬비아) 등이 외국어로 번역되었고, 또한 그는 '오늘의 작가상', '동인문학상', '현대문학상', '이상문학상', '21세기문학상' 등, 우리 한국의 주요 문학상을 수상한 바가 있다. 1,000만부 이상이 팔려 나갔다는 『삼국지』를 포함하여 그의 작품들은 2,000만부 이상이 팔려 나갔으며, 그는 한국문학의 역사상 최초로 소설가 재벌이 되었다고 해도 과언이 아니다.

하지만 나는 이문열의 소설에는 전혀 관심이 없으며, 또, 그의 문학성을 조금도 인정을 하지 않고 있다. 그는 그의 문학적 주제를 쉽고, 재미 있게, 엮어나갈 줄 아는 재능을 지녔으나, 그 문학적 주제를 '대서사시적인 주제'로 승화시킬 수 있는 역량이 없는 것은 물론, 자기 자신의 타성과 관성의 늪에 빠져서 너무나도 대중적인 통속소설들을 대량생산해 내고 있었고, 이제는 그 상업적인 마수의 늪에 빠져서 『삼국지』와 『수호지』에 이어서, 『초한지』를 평역하는 추태를 연출해 내고 있는 것이다. 대한민국의 최고 작가가 거듭거듭 자기 자신을 갱신하고 우리 한국문학을 세계적인 수준으로 이끌어 가려고 노력을 하기는커녕, 중국의 고대소설들—정통소설도 아닌 무협 소설들—을 평역하고 있다니, 가히 그의 돈벌이에 대한 탐욕은 세계적인 수준이라고 하지 않을 수가 없다. 나는 어쨌든 이문열의 '역사철학의 부재현상', '대중적인 통속소설의 대량생산', 그리고 '최소한도의 문학적 자부심마저도 잃어버린 상업주의'를 혐오하고, 그리고 호머와 셰익스피어와 괴테와 제임스 조이스와 프란츠 카프카는 존경을 해도 그의 문학적 성과는 조금도 인정을 하지 않고 있다.

나는 이 모든 것이 '소설가의 사명'을 망각한 이문열의 '도덕적 정결성'에 있다고 믿고 싶다. 이문열의 도덕적 정결성은 이미, 도저히 치유될 수 없을 만큼의 훼손을 입었고, 바로 그곳에서 그의 역사철학의 부재현상, 대중적인 통속소설의 대량생산, 그리고 그의 상업주의가 배태되어 나온다고 해도 과언이 아니다. 이제 이문열은 역사와 민족 앞에 사죄를 하고, 그의 모든 재산을 사회에 환원하고 은퇴를 해야 될 때가 아닌가 생각된다. 좀 더 과감하게 말한다면,

이문열의 대표작품인 『우리들의 일그러진 영웅』은 더럽고도 추악한 작품이며, 우리 한국인들의 명예와 명성에 똥칠을 해댄, 표절작품에 지나지 않는다. 나는 『우리들의 일그러진 영웅』은 그 무엇보다도 황석영의 「아우를 위하여」를 표절한 작품이라고 말할 수가 있다.

1970년대 초에 황석영은 그의 「아우를 위하여」를 발표했고, 이문열은 1987년도에 『우리들의 일그러진 영웅』을 발표했다. 나는 이제부터 황석영과 이문열의 소설의 이야기를 요약해 보고, 그 소설들의 주제와 등장인물의 성격, 그리고 너무나도 명확한 표절의 문장들과 글도둑질의 역사 철학적인 의미를 살펴보고자 한다. 그리고 마지막으로 나의 바램이 있다면, 이 글을 계기로 우리 한국사회에 미만해 있는 글도둑질의 문제가 종식되고, 하루바삐 우리 한국의 소설가들이 세계적인 차원에서 가장 화려하고 웅장하게 '대서사시적인 문학작품'들을 연출해 내야 된다는 점일 것이다.

황석영의 소설, 「아우를 위하여」의 주인공인 '나'(김수남)는 11살 때 부산의 초등학교에서 영등포 소재의 초등학교(국민학교)로 전학을 가게 된다. 그는 비록, 키가 작고 나이는 어리지만, 첫 번째 일제고사에서 '수석'을 차지할 만큼 총명한 학생이며, 과외공부를 하고 점심을 굶는 아이를 위하여 도시락을 하나 더 싸올 수 있을 만큼 상대적으로 여유가 있는 집안의 아들이다. 그가 피난지 부산의 학교에서 영등포 소재의 학교로 전학을 올 무렵에는, 미군부대 하우스 보이 출신인 이영래가 '새로운 가다'로 등극을 하게 된다. 그는 벌써 다리에 털이 돋아났으며 눈은 가늘게 찢어지고 어깨가 떡 벌어진 아이였다. 그는 첫째 가다인 장판석이를 빈 발전실로 유인해다가 몽둥이로 습격해서 항복을 받았고, 둘째 가다인 은수와 종하를 그의 심복으로 삼게 되었다.

　영래는 아이들을 가르치는 일에는 도무지 관심이 없는 구시대적 인물인 '메뚜기' 선생의 비호와 묵인 아래 '반장'이 되었고, 종하를 기율부장, 은수를 총무로 임명하여 거느리게 된다. 그는 발언권을 얻어서 동의와 재청을 받고 의견이 채택되던 자치회의의 규율을 무시하고, 제멋대로 공포와 위압적인 분위기 속에서 모든 회의를 진행하게 된다. 그의 말 한 마디는 곧 학급 전체의 의견이었고, 그가 지시하는 일은 그것이 씨름이든, 축구시합이든 간에, 일사천리로 진행될 수밖에 없었다. 그는 은행지점장의 아들, 극장, 양조장집의 아이들로부터 장난감, 극장표, 돈 같은 것을 빼앗는 대신, 그 부잣집 아이들에게는 청소 당번을 면제시켜주는 전략을 구사할 줄도 알고 있었고, '담임선생 메뚜기네 아기의 돌 선물'과 '청소도구'를 마련한다는 구실 아래, 걸핏하면 돈을 모금하여 제멋대로 탕진하고, 그것을 의심하는 아이에게는 폭력을 행사하게 된다. 메뚜기는 학급에 기강이 서고 자치능력이 향상된 것에 대하여 대단히 만족해 하고 영래의 전제군주적인 일인 지배체제를 묵인해 준다. 따라서 영래의 전제군주적인 권력 행사에 반항하는 자는 학급의 배반자이며, 그 어떤 처벌이나 폭력도 감수해야만 되었다.

　하지만 영래의 그 전제군주적인 일인 지배체제에 균열이 생긴 것은 교생 선생님이 부임을 해오고부터였다. 담임선생인 메뚜기가 교사의 사명과 그 의무를 망각한 구시대적인 인물이라면, 새로운 여자 교생 선생님은 교사의 사명과 그 의무에 충실한 인물이었다. "새로 오신 교생 선생님은 무엇이나 열성을 다해 가르치려고 애쓰는 것 같았다. 어느 때는 우리가 모르는 어려운 얘기까지 꺼내어 학과의 분명치 않은 곳을 밝혀주려고 했다"라는 말과, "혼자서만 좋은 사람이 될 수는 없다고 생각합니다. 또 한 사람이 잘못 생각하고 있었다면 여럿에서 고쳐줘야 해요. 그냥 모른 체 하면 다 함께 나쁜 사람들입니다. 더구나 공부를 잘 한다거나 집안 형편이 좋은 학생은 그렇지 못한 다른 친구들에게 부끄러워 할 줄 알아야 합니다"라고, 나를 타이르는 말이 그것이다. 우선 첫 번째로, 영래와 그 패거리들이 교생 선생님의 환심을 사려고 한 '외제 나일론 스타킹 선물사건'이 역효과를 불러일으켜서 교생 선생님의 노여움을 사게 된 것이고, 두 번째로, 영래와 그 패거리들의 최후의 발악과도 같은 횡포에 하나, 둘, 어린 아이들의 '童心'이 이반을 보이면서, 그 선생님을 모욕하는 '춘화사건'을 계기로―'내'가 주동이 되어서― 영래와 그 패거리들을 몰락시키게 한 것이다. 나는 그 선생님의 가르침대로 영래의 전제군주적인 일인 지배체제를 종식시키게 된 것이고, 그 선생님이 가르쳐 준 도덕적 교훈을 '군대에 가는 아우에게' 지난 날에 대한 회상의 형식으로 들려주고 있는 것이다. 교생 선생님은 도덕적 정결성의 화신이며, '어떤 일이 있어도 정의가 짓밟혀서는 안 된다'는 도덕적 교훈을 가르쳐 준 인물이다. "여럿의 윤리적 무관심으로해서 정의가 밟히는 일이 있어서는 안될 거야"라는 말씀이 바로 그것이다.

이문열의 『우리들의 일그러진 영웅』의 주인공인 '나'(한병태)―'우리들의 일그러진 영웅'은 반동적인 인물인 엄석대를 지시하고 있지만, 그 소설을 실제로 이끌어 가고 그 소설적 주제에 부합되는 인물은 '나'라고 할 수밖에 없다―는 12살 때, 서울의 명문초등학교(국민학교)에서 한 작은 소읍의 'Y초등학교'로 전학을 간다. 그는 비록, 키가 작고 나이는 어리지만 서울의 일류학교에서도 '다섯 손가락 안'

에 들 정도로 총명한 아이이며, 아버지는 군청에서 군수 다음의 고위직에 있을 만큼 상대적으로 여유가 있는 집안의 아들이다. 그가 서울의 명문초등학교에서 시골의 Y초등학교로 전학을 갔을 때는 "머리통이 하나는 더 있어 뵐 만큼 큰 키"와 "쏘는 듯한 눈빛"을 지닌 엄석대가 체육부장과 미화부장을 거느리고 전제군주적인 일인 지배체제를 구축해 놓고 있었다.

엄석대는 아이들을 가르치는 일에는 도무지 관심이 없는 구시대적인 담임선생님의 비호와 묵인 아래 급장이 되었고, '숙제검사'와 '청소검사' 등 담임선생님으로부터 물려받은 권한을 '으시시할 만큼 아이답지 않은 침착함과 치밀함'으로 수행을 하고 있었다. 그는 마치 하늘나라의 천사처럼, 학급 내의 문제가 생길 때마다 '구원자'와 '해결사'로 나타났고, 그 대가로 찐 고구마, 달걀, 볶은 땅콩, 사과 등을 예사로 얻어 먹고 있었다. 그 역시도 발언권을 얻어서 동의와 재청을 받고 의견이 채택되던 자치회의의 규율을 무시하고, 제멋대로 공포와 위압적인 분위기 속에서 모든 회의를 진행하게 된다. 그의 말 한 마디, 한 마디는 곧 학급 전체의 의견이 되었고, 그가 지시하는 일은 그 무엇이든지 일사천리로 진행될 수밖에 없었다. 나는 석대의 전제군주적인 일인 지배체제에 반발하여, '그 비열한 추문폭로작전'—석대의 금품 및 물품착취사건 등—을 펼쳐 나갔지만, 그때마다 담임선생님의 은밀한 비호와 묵인 아래, 나만이 더욱더 외롭고 힘든 생활에 빠져들게 되었다. 그 추문폭로작전 이후, '감찰권'과 '처벌권'을 갖고 있는 석대의 박해는 더욱더 '나'의 숨통을 조여오고 있었는데, 왜냐하면 날이면 날마다 다른 아이들로부터 도전(싸움)을 받게 되거나, '나'의 사소한 잘못마저도 침소봉대되어, 내가 거꾸로 '불량스러운 아이'가 되어가고 있었기 때문이다.

그러나 나의 외롭고 고독했던 투쟁도 '유리창 닦기 검사현장'에서의 '저항을 포기한 자의 눈물'을 보인 이후, 그 끝장을 보게 되고 만다. 그리고 나는 석대의 사나이다운 관용적인 마음에 감동을 받아서 '샤프펜슬'을 상납하게 되고, 그 하늘나라의 천사와도 같은 '석대의 은혜'로 더없이 달콤한 '비굴한 굴종의 열매'를 맛보게 된다. 이제 실력 이하로 뒤처져 있었던 주먹서열도 바로 잡게 되었고, 내가 '사면'을 받은 것이 알려지자 많은 친구들도 사귈 수가 있게 되었다. 뿐만 아니라, 그처럼 나를 미워하던 담임선생님도 돌아온 '탕아'처럼 반겨주었고, 겨울방학의 일제고사에서는 마침내 2등을 되찾게 되었던 것이다. 우리들이 석대에게 갖다 바치거나 빼앗긴 것들, 그리고 우리가 석대의 이름으로 시험지를 바꿔쳐준 것 등은 "석대 왕국에 안주한 신민으로서 자발적으로 바친 조세나 부역에 가까운 것"이었고, 그만큼 비굴한 굴종의 열매는 달디 달았던 것이다.

그러나 석대의 전제군주적인 일인 지배체제에 균열이 생긴 것은 6학년으로 진급하여 새로운 담임 선생님을 맞이하고부터였다. 5학년 때의 담임 선생님이 교사의 사명과 그 의무를 망각한 구시대적인 인물이라면 새로운 담임선생님은 교사의 사명과 그 의무에 충실한 인물이었다. 사범학교를 나오신 지 얼마 안 되고 그 유능함과 성실함을 인정받고 있는 담임 선생님은 급장선거에서 61표 중 59표로 엄석대가 당선이 되자 그 일인 지배체제에 제동을 걸었고, 다른 아이들이 시험지를 바꿔쳐준 결과 평균 98점으로 전교 1등을 독차지 하던 엄석대에게 문제를 풀게하여 엄석대의 일인 지배체제를 종식시켰다. "나는 되도록이면 너희들에게 손을 안 대려고 했다. (……) 너희들은 당연한 너희 몫을 빼앗기고도 분한 줄을 몰랐고 불의한 힘에 굴복하고도 부끄러운 줄을 몰랐다. 그것도 한 학급의 우등생인 녀석들이." 그리고 이 밖에도 엄석대의 비행들—금품과 물품착취 및 모금액 횡령사건 등—이 백일하에 폭로되고, 끝끝내 엄석대는 자퇴를 하게 되고 만다.

  그후 나는 대학을 졸업한 후, 대기업의 사원, 영업사원, 학원강사를 전전했지만, 엄석대는 '우리들의 영웅'으로서 언제나 나의 마음 속에 남아 있었다. 그러나 내가 때늦은 휴가차 강릉역에 도착했을 때, 나는 거기서 형사들에 의해서 쇠고랑이 채워지는 엄석대를 보게 되고 만다. 엄석대는 '우리들의 영웅'이 아니라 어디까지나 '우리들의 일그러진 영웅'이었던 것이다. 이문열의 『우리들의 일그러진 영웅』도 '어떤 일이 있어도 정의가 짓밟혀서는 안 된다'는 윤리적 명제가 그 소설적 주제라고 할 수가 있다.

  황석영의 「아우를 위하여」와 이문열의 『우리들의 일그러진 영웅』은 다음과 같은 다섯 개의 핵심적인 줄거리로 요약을 할 수가 있다. 먼저 황석영의 「아우를 위하여」는,

    1, 주인공인 나(김수남)는 피난지 부산의 초등학교에서 영등포의 초등학교로 전학을 간다. 나는 11살이고 키는 작고 나이는 어렸지만 첫 번째 일제고사에서 수석을 차지할 정도로 총명한 아이이다. 나는 명문중학교에 가기 위하여 과외수업도 받고, 점심을 굶는 아이들을 위하여 도시락을 하나 더 싸올 수 있을 만큼 비교적으로 여유가 있는 집안의 아들이다;
    2, 내가 전학을 간 그곳은 '메뚜기'라는 담임선생님의 비호와 묵인 아래, 미군부대 하우스 보이 출신인 이영래가 판을 치는 곳이다. 이영래는 열다섯 살로 눈은 가늘게 찢어지고 어깨가 떡 벌어진 악동이다;
    3, 나와 우리 학급의 친구들은 이영래와 그 부하들에게 부단히 억압을

받고 착취를 당한다;

　4, 하지만 그 이영래의 전제군주적인 일인 지배체제가 끝장을 보게 된 것은 새로운 교생선생님이 부임을 해왔기 때문이다. 사회적 정의감에 불타는 교생 선생님에 대한 '외제 나일론 스타킹 선물사건'과 그 선생님에 대한 '영래네 패거리들의 욕설과 춘화사건' 이후로, '나와 우리들은 일치 단결하여 그 영래네 패거리들을 몰락시키게―'메뚜기'라는 담임 선생님은 시대착오적이며 구시대적인 인물이었지만, 새로운 교생 선생님은 이영래의 비행을 주목하고 그의 악동짓을 퇴치할 수 있도록 도와준다―된 것이다;

　5, 그 결과 '어떤 일이 있어도 정의가 짓밟혀서는 안 된다'는 사회적 정의(소설의 주제)가 실현된다

라고 요약할 수가 있으며, 이문열의 『우리들의 일그러진 영웅』 역시도,

　1, 주인공인 '나'(한병태)는 서울의 명문 초등학교에서 어느 작은 소읍의 Y초등학교로 전학을 간다. 나는 12살이고 키는 작고 나이는 어리지만 서울의 명문초등학교에서도 '다섯 손가락 안에' 들었을 정도로 총명한 아이이다. 나는 공부 이외에도 '그림그리기'를 잘하고, 나의 아버지는 군수 다음의 고위직에 있을 만큼 비교적으로 여유가 있는 집안의 아들이다.

　2, 내가 전학을 간 그곳은 담임 선생님의 비호와 묵인 아래, 고아 출신인 엄석대―그는 할아버지와 함께 살고 있었다―가 판을 치는 곳이다. 엄석대는 열다섯 살이 되었을 정도로 '머리통이 하나는 더 있어 뵐만큼 큰 키'와 '쏘는 듯한 눈빛'을 지닌 악동이다;

　3, 나와 우리 학급의 친구들은 엄석대와 그 부하들에게 부단히 억압을

받고 착취를 당한다;

　4, 나와 엄석대와의 대결국면에서 그 갈등이 해소된 것은 내가 엄석대의 절대적 권력에 무릎을 꿇고 그의 부하가 된 것이지만, 그러나 엄석대의 전제군주적인 일인 지배체제가 끝장을 보게 된 것은 6학년 때, 새로운 담임선생님이 부임을 해왔기 때문이다. 5학년 때의 담임선생님은 시대착오적이며 구시대적인 인물이었지만, 6학년 때의 담임선생님은 엄석대의 비행을 밝혀내고 그의 악동짓을 무섭게 단죄한다;

　5, 그 결과, 사회정의(소설의 주제)—'어떤 일이 있어도 정의가 짓밟혀서는 안 된다'—가 실현되고, 엄석대는 자퇴를 하고 사회의 깡패가 된다.

라고, 요약할 수가 있을 것이다.

　이미 대부분의 독자들은 눈치를 챘겠지만, 황석영의 「아우를 위하여」와 이문열의 『우리들의 일그러진 영웅』은 단편소설과 중편소설이라는 차이만 있을 뿐, 똑같은 주제, 똑같은 구조, 똑같은 이야기, 그리고 똑같은 등장인물들의 성격에 의해서 지배를 받고 있고, 그것은 아마도 이문열이 황석영의 소설을 하나 하나 모조리 베껴갔기 때문일는지도 모른다. 아니, 어쩌면 그것은—황석영의 소설이 1970년대 초의 작품이고, 이문열의 소설이 1987년도 작품인 만큼— 황석영이 외국 작가의 작품을 하나 하나 모조리 베낀 것을 보고 이문열 역시도 공범자의 미소를 띠고 그 모방범죄를 저질렀는지도 모른다. 따라서 황석영이 그의 작품, 「아우를 위하여」가 표절된 것을 알고 묵인해 왔다면, 그는 이문열과의 떳떳치 못한 검은 거래를 했을 것이고, 적어도 그렇지 않다면, 그것은 공범자의 침묵일 수밖에 없는 것이다. 이 후자의 가능성이 매우 큰데, 왜냐하면, 자기 자신의 작품의 주제, 구조, 이야기, 그리고 등장인물의 성격까지도 하나 하나 모조리 베껴간 대사기꾼의 범죄행위를 용서할 수 있는 작가는 아마도 이 지구상에서는 없을 것이기 때문이다. 하지만 어쨌거나 그 사소한(?) 범죄행위의 산물인 『우리들의 일그러진 영웅』이 '이상문학상'을 수상하게 되고, TV와 연극과 영화의 텍스트가 되고, 상당히 오랜 기간 동안 베스트 셀러―아직도 『우리들의 일그러진 영웅』은 가장 많이 팔리는 스테디 셀러 중의 하나일 것이다―가 되어준 것은 우리 한국문학사의 비극이 아닐 수가 없는 것이다. 또한 어디 그뿐이던가? 이미 앞에서 소개했던 대로, 대한민국의 가장 대표적인 문학작품으로 일본, 스페인, 콜롬비아, 이탈리아 등의 언어로도 번역되었고, 이제는 어느덧 초등학교의 교과서에까지도 실리게 되었다. 이문열의 더럽고 추악한 글도둑질―절도행각―이 단군 이래의 최대의 대형사기사건으로 이어지고, 그에게는 수십억 원대의 돈과 명예와 명성을 안겨다가 주었다고 하지 않을 수가 없다. 아아, 우리는 이것을 '지적소유권'을 지상최대의 명제처럼 받들어 모시는 문화선진국민들에게, 또 그리고 너무나도 티없이 맑고 순진한 이 대한민국의 어린 학생들에게 어떻게 사죄하고 설명을 할 수가 있단 말인가?

황석영의 「아우를 위하여」도 권선징악적이고, 이문열의 『우리들의 일그러진 영웅』도 권선징악적이다. 그것은 '어떤 일이 있어도 정의가 짓밟혀서는 안 된다'는 소설의 주제를 이루면서, "여럿의 윤리적 무관심으로 해서 정의가 짓밟히는 일이 있어서는 안될 거야"(황석영)라는 말과, "너희들은 당연한 너희 몫을 빼앗기고도 분한 줄을 몰랐고, 불의한 힘에 굴복하고도 부끄러운 줄을 몰랐다"(이문열)라는 잠언적인 경구로 이어지고도 있었던 것이다. 황석영의 「아우를 위하여」는 단순구조로 되어 있고, 이문열의 『우리들의 일그러진 영웅』은 삼중의 구조로 되어 있다. 황석영의 소설은 그것이 단편소설인 만큼, '나와 학급의 아이들'/ '영래와 영래네 패거리들'의 관계가 단 한 번의 반전으로 끝을 맺게 되지만, 이문열의 소설은 그것이 중편소설인 만큼, '나'와 '석대와 석대의 패거리들'의 긴장 관계가 '나의 굴복'으로 반전을 맞이하게 된다. 뿐만 아니라, 또한, 그 태평성대의 시대가 새로운 담임 선생님의 등장으로 또다시 파탄을 맞이하게 되고, 그리고 오랜 세월이 지난 이후, 지난 날의 엄석대가 '우리들의 일그러진 영웅'으로 재등장을 하게 된다. 하지만 그렇다고 해서 황석영과 이문열의 소설의 주제와 구조, 그리고 그 이야기와 등장인물의 성격에 별다른 차이가 있는 것은 아니다. 왜냐하면 『우리들의 일그러진 영웅』은 황석영의 소설에다가 약간의 스토리와 이문열 특유의 냉소주의적인 색채를 덧씌웠을 뿐이기 때문이다.

그렇다면 이제는 주제, 구조, 스토리 이외에도 그 등장인물들의 성격을 따져 보지 않으면 안 된다. 황석영의 '나'는 11살로, 비록, 키가 작고 나이는 어리지만 매우 총명하고 똑똑한 아이이다. 그는 비교적 여유가 있는 집안의 아들이며, 교생 선생님의 말씀에 감동을 받고, 이영래와 그 패거리들의 악동짓을 종식시키게 되는 아이이다. 이문열의 '나'는 12살이며, 그 역시도 키가 작고 나이는 어리지만 매우 총명하고 똑똑한 아이이다. 그 역시도 비교적 여유가 있는 집안의 아들이며, 나중에는 비록, 굴복을 하게 되지만, 엄석대에게 마지막까지 완강하게 반항을 했던 아이이다. 이영래는 미군부대 하우스 보이(고아) 출신으로서─열다섯 살의 학급반장으로서─그의 전제군주적인 일인 지배체제를 구축해 놓은 악동이며, '메뚜기'라는 담임선생님의 비호와 묵인 아래, 온갖 나쁜 짓을 다 하게 된다. 하지만 사범학교 출신의 교생 선생님이 부임을 해오자, 그의 전제군주적인 일인 지배체제에 균열이 생기고, 마침내 '나'와 다른 급우들에 의해서 그 몰락을 맞이하게 된다. 이문열의 엄석대 역시도 고아 출신으로서—열다섯 살 정도의 학급반장으로서—그의 전제군주적인 일인 지배체제를 구축해 놓은 악동이며, 담임 선생님의 비호와 묵인 아래, 온갖 나쁜 짓을 다 하게 된다. 하지만 6학년 때, 새로운 담임 선생님이 부임을 해오자 그의 전제군주적인 일인 지배체제에 균열이 생기고, 그는 그의 급우들에 의해서 그 몰락을 맞이하게 된다. 그 다음, 황석영의 '기율부장'과 '총무'는 이문열의 '체육부장'과 '미화부장'으로 변형되고, 그들은 모두가 다같이 이영래와 엄석대의 심복으로서 온갖 악동짓을 일삼게 된다. 그리고 또 그 다음, 황석영의 '메뚜기' 담임선생님과 이문열의 담임선생님 역시도 너무나도 똑같은 판박이이며, 그들은 모두가 다같이 교활하고 영악한 악동들을 비호하거나 도대체가 아이들을 가르치는 일에는 관심조차도 없는 매우 반동적이며 시대착오적인 인물들이다. 황석영의 교생 선생님은 남다른 교사의 사명과 그 의무에 충실한 인물이며, 그녀는 이문열의 담임 선생님과 똑같은 인물이다. 그 선생님들은 다같이 젊고 참신하며, 악동들의 비행을 모조리 샅샅이 들춰내며, '어떤 일이 있어도 정의가 짓밟혀서는 안 된다'는 소설적 주제를 이끌어 낸다. 전자의 선생님들이 매우 반동적이며 시대착오적인 인물들이라면, 이 후자의 인물들은 하나의 조력자, 혹은 훌륭한 선생님들로서 그만큼 진취적이고 미래지향적인 인물들이라고 해도 과언이 아니다.

  소설에 있어서 주제, 구조, 스토리, 그리고 그 등장인물들의 성격이 똑같다면, 이미, 그것은 '글도둑질이냐/ 아니냐'의 문제를 떠나 있는 것이다. 왜냐하면 그것은 이미, 더 이상의 설명이 필요 없는 너무나도 뻔뻔스럽고 파렴치한 범죄행위이기 때문이다. 나는 황석영과 이문열의 표절의 문제가 왜, 지금까지 한 번도 논의되고 회자되지 않고 있는가를 너무나도 분명하고 확실하게 알고 있다. 이 대한민국은 그 이름도 거룩한 '표절공화국'이고, 그 글도둑질의 대가들이 모든 大權을 장악하고 있는 사회인 것이다. 따라서 다음과 같은 비슷비슷한 분위기, 비슷비슷한 문장들, 그리고 대동소이한 이야기의 내용들을 다시 한 번 우리 대한민국의 독자들이 두 눈을 똑바로 뜨고 살펴보기를 바랄 뿐이다.

나는 피난지 부산의 학교에서, 수복되고도 수 년이 지난 서울로 전학을 해왔던 첫날, 기분이 잡쳐 버리고 말았다.
우리 학교에 미군부대가 들어와 있어서 학년별로 여러 곳에 뿔뿔이 흩어져 빈 창고나 들판에서 공부하고 있는 실정이었다. (……) 교실이 엉망인 것 뿐만 아니라 우리 학교 애들은 질이 나빴는데 전쟁통에 몇 년씩 학년을 묵은 큰 애들이 열명 쯤 되었다. 백여 명의 아이들을 키 순서대로 세워놓으면 나 같은 건 겨우 앞줄에서 몇 번째가 될 만큼 작았다. 애들은 내게 아무런 관심도 돌리지 않았으나, 첫 번 일제고사에서 수석을 차지하고 나자 친구가 더러 생기게 됐던 거였다."
— 황석영, 「아우를 위하여」(이하 「아…」로 생략)
나는 그때껏 자랑스레 다니던 서울의 명문 국민학교를 떠나 한 작은 읍의 별로 볼 것 없는 국민학교로 전학을 가게 되었다. (……)
그 전학 첫날 어머님의 손에 이끌려 들어서게 된 Y국민학교는 여러 가지로 실망스럽기 그지 없었다. 붉은 벽돌로 지은 웅장한 3층 본관을 중심으로 줄줄이 늘어섰던 새 교사만 보아온 내게는, 낡은 일본식 시멘트 건물 한 채와 검은 타르를 칠한 판자 가교사假校舍 몇 채로 이루어진 학교가 어찌나 초라해 보이는지 갑자기 영락한 소공자의 비애같은 턱없는 감상에 젖어들기까지 했다.

— 이문열, 『우리들의 일그러진 영웅』(이하 『우…』로 생략

　나는 담임 선생님도 마음에 들지 않았다. 그는 메뚜기라는 별명을 가졌는데, 머리 가운데가 쭉 벗어지고 양쪽 관자놀이 부근에만 곱슬털이 부성부성한 모습이었다. 그는 국민학교 선생님 노릇에 별로 흥미가 없는 것 같았다. 무슨 가게인지를 부업으로 벌여놓고 있었는지라 그는 툭하면 자습 시간을 주고선 하루 온종일 밖으로 나돌아 다녔다.

— 「아…」

　머릿기름은커녕 빗질도 안해 부수수한 머리에 그날 아침 세수를 했는지가 정말로 의심스러운 얼굴로 어머님의 말씀을 듣는 둥 마는 둥 하고 있는 그가 담임 선생님이 된다는 게 솔직이 그렇게 실망스러울 수가 없었다. 그 뒤 일 년에 걸친 악연惡緣은 그때 벌써 어떤 예감으로 와 닿았는지 모를 일이었다.

　(……)

　그때 내게는 나름대로 내세울 만한 게 몇 있었다. 첫째는 공부, 1등은 그리 자주 못했지만, 그래도 나는 그 별난 서울의 일류 학교에서도 반에서 다섯 손가락에 안에 들었다.

— 『우…』

　영래는 미군부대 하우스 보이로 싸젠이 기른다는 아이였다. 술이 주렁주렁 달린 인디안식 가죽 저고리에 청바지를 입고 시계까지 차고 다녔다. 눈이 가늘게 찢어지고 어깨가 바라진 아이였다. 영래는 벌써 다리에 털이 돋은 열다섯 살박이였다.

— 「아…」

담임 선생님과 내가 처음 교실로 들어왔을 때 차렷, 경례를 소리친 것으로 보아 급장(엄석대)인 듯한 아이였다. 그러나 내가 그를 엇비슷한 60명 가운데서 금방 구분해낼 수가 있었던 것은 그가 급장이어서라기보다는 다른 아이들보다 머리통 하나는 더 있어 뵐 만큼 큰 앉은키와 쏘는 듯한 눈빛 때문이었다.

─『우…』

이새끼 나는 의장이잖아. 종하는 기율부장, 너는 말이지 총무다.
─「아…」
나는 체육부장이고 쟨 미화부장이다.
─『우…』

새로 오신 교생 선생님은 무엇이나 열성을 다해 가르치려고 애쓰는 것 같았다. 어느 때는 우리가 모르는 어려운 얘기까지 꺼내어 학과의 분명치 않은 곳을 밝혀주려고 했었다. 우리 실력을 향상시켜 주느라고 벼락 시험도 자주 치렀다.
─「아…」

6학년으로 올라가면서 (……) 새로 우리 반을 맡게 된 선생님은 사범학교를 나오신 지 몇 해 안된 젊은 분이었다. 아직 경험은 많지 않지만, 그 유능함과 성실함이 인정되어 특별히 입시반 담임 선생님으로 발탁된 것이었다.

여럿 가운데서 뽑혀 오신 분인 만큼 새 담임 선생님은 첫날부터 남 다른 데가 있었다. 작은 일도 지나쳐보거나 흘려듣는 일이 없는 만큼이나 느낌도 예민해 첫 종회시간에 이미 그 분은 우리를 은근히 몰아 세웠다. '이 반은 왜 이리 활기가 없어? 어릿어릿하며 눈치나 슬슬 보구'……

―『우…』

　은행 지점장의 아들이나 공장장 아들, 극장, 양조장집 아들 같은 너댓 명의 부잣집 애들은 특히 괴로움을 많이 받았다. 그애들은 뭔가 좋은 것들, 이를테면 장난감, 극장표, 돈같은 것들을 갖다 바치지 않을 도리가 없었다.

―「아…」

　봇물처럼 쏟아지기 시작한 석대의 비행非行은 끝없이 이어졌다. 여자 애들의 치마를 들추게 시켰다든가, 비누를 바른 손으로 수음手淫을 하게 했다는 따위 성적인 것도 있었으며, 장삿집 애들은 매주 얼마씩 돈을 바치게 하고, 농사짓는 집 아이들에게는 과일이나 곡식을, 대장간 아이에게는 엿으로 바꿀 철물을 가져오게 하는 따위 경제적인 수탈도 있었다. 돈 백환을 받고 분단장을 시켜 준 일이며, 환경정리를 한다고 비품구입비를 거두어 일부를 빼돌린 게 밝혀지고, 그 전 해 한 학기 자신이 직접 나서지 않고도 나를 괴롭힌 과정도 대강은 드러났다.

―『우…』

　만일 그렇다면 글도둑질, 즉 표절의 유혹은 어디에서 오는 것일까? 나는 이미 앞에서, 이문열의 글도둑질의 원인을 그의 역사 철학의 부재현상과 대중적인 통속소설의 대량생산, 그리고 그의 상업주의를 그 세 원인으로 지적한 바가 있다. 그의 역사 철학의 부재현상은 그가 '학문의 꽃'인 철학의 수업을 받지 않았기 때문에, 역사 철학적으로 깊이 있게 사유할 수가 없었다는 것을 뜻한다. 글도둑질이란 타인의 말과 타인의 사유에 대한 노예적인 복종태도―그러니까 타인의 지적 재산을 함부로 훔쳐가는 것이다―를 뜻하고, 독창성이란 새로운 사물과 현상에 이름을 붙이고 그것을 거대한 사유체계로 엮어낼 수가 있다는 것을 뜻한다. 독창성이란 사상과 이론에서 그 정수를 맛볼 수가 있는 것이며, 사상가나 이론가가 아닌 사람들은 이 세상의 어중이떠중이들로서―기껏해야 글도둑질의 대가로서―자기 자신의 생명이 되고 피가 되는 진리를 얻지 못한다. 따라서 그들은 옛날부터 독창적인 사상가와 이론가들에게 비싼 수업료와 그 대가를 지불하고 겨우 그날그날의 생활양식(지식)을 얻게 된다. 사상가와 이론가가 이 세상에서 가장 찬란하고 화려한 사상의 신전에서 살고 있는 지적 자본가라면, 이 세상의 어중이떠중이들은 그들이 먹다버린 음식찌꺼기와 헌 옷가지, 그리고 그들의 발바닥의 때를 닦아주고 그날그날을 살아가는 날품팔이들에 불과하다. 사상가와 이론가의 생활은 지혜로운 생활이며, 그들은 만인들의 생각과는 정반대 방향에서, 이 세상의 그 모든 것을 잊어버리고 그 사색의 황홀함 속에서 살아간다.

그는 오늘도 '愛知의 숲'에서 니체와 성교를 하고, 쇼펜하우어와 성교를 하고, 소크라테스와 플라톤과 아리스토텔레스와 데카르트와 호머와 셰익스피어와 괴테와도 성교를 한다. 그가 그들의 책을 한 번 읽을 때는 그들의 생각만을 자연스럽게 따라가고, 그가 두 번을 읽을 때는 그들의 최대의 장점만을 생각하면서 읽고, 그가 세 번을 읽을 때는 그들의 단점만을 찾아내려고 읽고, 그리고 그가 네 번을 읽을 때는 그들을 발밑으로 깔아뭉개버리려고 읽는다. 그러나 그가 다섯 번, 여섯 번, 열 번, 그리고 백 번을 읽을 때는 그들의 단점까지도 껴안으면서, 그들의 장점과 함께 살아가게 된다. 대부분의 형편없는 惡書들은 첫 번째 읽기 과정에서 탈락하고, 그리고 이문열의 책과도 같은 흥미본위의 악서들은 두 번째 읽기 과정에서 탈락한다. 왜냐하면 그 악서들은 어느 것 하나도 그의 지적 성감대를 자극하지 못하기 때문이다. 하지만 그 두 번째 책읽기 과정에서 충분히 그 장점이 인정되었으면서도 내가 장 자크 루소를,

> 루소의 착하고 선량한 마음씨는 그의 도덕철학을 낳았지만, 그러나 그것이 개인의 자유를 억압하고 구속한다는 데서 몹시도 괴로워했던 인물이다. 타인에 대한 끊임없는 배려와 친절은 만인평등에 입각한 '사회계약론자'로서는 너무나도 당연한 일이었지만, 『에밀』을 출간한 이후, 그가 주변인으로 밀려나서 그처럼 가혹하게 박해를 받을 수밖에 없었던 것은 개인으로서의 독창성과 자유를 극대화시킨 결과이다. 사회계약론자가 그 사회성을 잃어버리고 끊임없이 떠돌아 다녀야만 했던 사회적 부적격자라니, 이보다 더한 역설과 그 비극적 참상이 어디 있을까? 나는 루소의 천재성은 인정하지만, 그의 선악의 이분법에 사로잡힌 도덕성은 인정할 수가 없다. 그의 제자 '에밀'은 도덕적 기계인간이며, 아무짝에도 쓸모가 없는 육체적, 정신적 기형아에 불과하다

라고, 비판한 것처럼 그 단점이 드러나지 않는 책은 거의 없다.

하지만 그의 장점이 그 단점을 상쇄하고 남을 때, 그때에는 나의 친구가 될 수가 있다. 나는 '愛知의 숲'에서 그들과 성교를 즐기면서, 오직, 나 자신만의 길을 걸어가고 있다. 독창성은 자기 자신만의 사유의 결과이며, 그것은 삶의 투신에의 문제이다. 어쨌든 그 지혜로운 사상가의 생활은 그 무엇보다도 용기를 필요로 한다. '만인 대 일인의 싸움', '나는 신성모독을 범한다, 고로 존재한다'라는 나의 존재론을 밀고 나간다면, '세계는 나의 범죄의 표상이다, 고로 행복하다'라는 나의 행복론을 만나게 될 것이다. 나는 그 낙천주의자의

명제들을 정식화시켰고, 그 결과, 한국사회에서 철두철미하게 소외되고 박해를 받아왔다. 그러나 나의 철학예술가의 생활은 나날이 즐겁고, 기쁘고, 어쨌든 성실한 자의 그것이라고 하지 않을 수가 없다. 지혜, 용기, 성실—, 나는 이 모든 삼박자를 다 갖추었고, 이 철학예술가의 눈으로 이문열을 바라보면 그의 글도둑질은 이미 예정되어 있었다고 해도 지나친 말이 아니다. 학문의 꽃인 철학을 가르치지 않는 사회는 그릇된 교육을 받고 있는 사회이며, 그릇된 교육을 받고 있는 사회는 모든 인류의 스승(천재)이 단 한 명도 나오지 않고 있는 사회에 지나지 않는다. 이문열 역시도 그릇된 교육을 받았기 때문에 역사 철학적으로 사유할 수 있는 능력을 기르지 못한 것이고, 이것이 그의 글도둑질의 첫 번째 이유가 된다. 이문열은 사상과 이론이 무엇인지도 모르고, 독창성이 무엇인지도 모르고, 또 창조적 독서와 사색의 즐거움도 알지 못한다. 따라서 그는 그의 '문학적 주제'를 '대서사시적인 주제'로 승화시킬 수도 없었고, 진정한 소설가의 사명인 도덕적 정결성도 유지할 수가 없었다.

　사상과 이론이 무엇인지도 모르는 인간, 독창성과 창조적 독서와 사색의 즐거움도 알지 못하는 인간, 그 인간의 『젊은 날의 초상』, 『영웅시대』, 『오딧세이아 서울』, 『변경』, 『삼국지』, 『수호지』, 『초한지』 등은 너무나도 대중적인 통속소설에 불과하며, 역사 철학적인 사유 없이 그처럼 많은 글을 쓰고 있었으니, 어떻게 자기 자신의 생각을 가져 볼 수가 있었겠는가? 너무나도 많은 통속소설을 쓰고, 글을 쓰고 또 쓰고 있는 인간이 또한 어떻게 소설가의 사명인 도덕적 정결성을 유지할 수가 있었겠는가? 그는 지혜도 없고, 용기도 없는 인간이며, 대한민국의 역사상 가장 많은 원고료와 인세로 소설가 재벌이 된 인간이며, 그러나 그 인간은 셰익스피어와 괴테와 호머에게 도전해 보려는 야심도 없는 인간에 불과하다. 오직 그는 성의 문제와 페미니즘, 그리고 김대중 정권에 대한 극우 보수주의적인 언동으로 물의를 일으켰던 장본인이며, 이 땅의 미래의 우리 한국인들에게도 가장 매력이 없는 인간이다. 이문열의 너무나도 많은 대중적인 통속소설은 사색하지 않은 자의 글쓰기에 불과하며, 그것은 반드시, 자기 자신을 돌볼 시간이 없었던 그만큼, 글도둑질로 이어지게 되는 것이다. 그는 사색하지 않는 인간이며, 사교무대의 얼굴마담이고, 오직, 상업주의의 늪에 빠져서 헤어나오지 못하는 가련한 인간이다. 마지막 세 번째로, 그의 상업주의는 그 글도둑질의 또하나의 이유가 되어주고 있다고 해도 지나친 말이 아니다.

이문열의 『우리들의 일그러진 영웅』이 대한민국의 초등학교 교과서에 소개되고, 또 이 땅의 어린 아이들이 이문열의 도덕적 정결성에 찬양을 보내고 있다는 사실을 생각해 본다면, 이문열의 개인의 영광과 그를 배출해낸 민음사의 상업적 이익을 위해서 천하의 대사기꾼적인 그의 글도둑질을 언제까지나 쉬쉬하고 덮어두고만 있을 것이란 말인가? 이문열은 대한민국의 대작가도 아니며, 『우리들의 일그러진 영웅』의 '엄석대'보다도 더 도덕적 정결성을 갖춘 인간도 아니다. 자기 자신의 역사 철학적인 무지와 그것의 한계를 극복하고, 호머나 셰익스피어나 괴테처럼 가장 화려하고 웅장하게 세계 정복운동을 펼쳐나가야 되는 것이 그의 사명이건만, 기껏해야 무협소설에 불과한 『삼국지』와 『수호지』와 『초한지』를 평역하고 있는 추태를 생각해 본다면, 그의 작가 의식은 머리에서 발끝까지 상업성으로 물들어 있고, 돈과 명예는 같은 무대에 들어가지 못한다는 사실을 새삼 떠올려 보지 않을 수가 없다. 이문열은 역사와 민족 앞에, 이 글을 읽는 즉시 사죄하고, 그의 대부분의 재산을 사회에 환원하고, 이제는 한국문단에서 은퇴를 해야만 한다. 이제 모든 대학생들과 시민단체와 민족문학작가회의를 비롯한 지식인들은 이러한 한국문단의 국제적 망신을 전화위복의 계기로 삼기 위해서라도, '이문열의 은퇴와 절필 선언'을 유도해야만 하고, '글도둑질 추방운동본부'를 상설하여 하루바삐 표절의 문제를 근절시켜나가지 않으면 안 된다.

한국교수 3명 공동집필 논문
'외국표절 국제 망신'

"세계적인 통신분야의 학회 전문지에 한국 교수 3명이 공동 집필한 논문이 외국논문을 표절, 국제적인 망신을 사고 있다. 이같은 사실은 세계 1백50개국 교수와 학생 등, 35만명이 가입한 미국 전기, 전자학회(IEEE) 산하 통신학회지『커뮤니케이션스 매거진』11월호에서 쿠오 편집장이 공개해 드러났다. 이 학회지에는 논문을 표절한 3명 가운데 2명의 공식사과문도 함께 게재됐다. 쿠오 편집장은 "지난 5월호에 게재된 한국 교수 3인의 공동 논문이 캐나다 빅토리아대 교수 등의 논문을 상당부분 표절한 것으로 확인됐다"며 "논문표절은 다른 사람의 아이디어를 훔치는 더러운 짓이며 연구자의 창조적 가능성을 죽인다"고 신랄하게 비난했다.

표절을 한 것으로 밝혀진 국내학자는 대구 K대 박모(전자전기컴퓨터학부), 부산 D대 백모(인터넷공학부), 포항P대 홍모(컴퓨터공학과)교수로 이 중 백교수는 박교수의 제자.『커뮤니케이션스 매거진』에 따르면 이들은 지난 5월호에 실은 논문 '유틸리티 모델을 사용하는 멀티미디어 인터넷 서비스를 위한 서비스 레벨 약정관리'(100-106쪽)에서 캐나다 빅토리아대 매닝 교수 등 외국 교수 3명의 논문 중 스물아홉 구절과 세 개의 도형, 모델을 거의 그대로 베꼈다는 것이다. 실제로 이 학회지 11월호는 국내 교수들의 논문 내용과 원본을 대조, 표절 사실을 증명해 놨다.

이와 관련, 박, 백교수는 학회지에 실린 사과문에서 "매닝 교수 등의 모델과 도형, 컨셉트 등을 적절한 참조표시 등이 없이 재사용해 매우 미안하다"고 말했다. 이에 대해 백교수는 "표절사실을 인정한다"며 "박교수와 홍교수는 논문에 이름만 올렸을 뿐 논문작성에는 관여하지 않았다"고 말했다. 또 박교수는 "당시 논문이 관행적으로 이뤄져 오고 있는 IEEE 검증을 거쳤기 때문에 표절을 전혀 의심하지 않고 홍교수와 함께 이름을 올렸다"고 해명했다. 한편 이같은 표절 사실이 알려지자 D, K대 등 관련 대학 인터넷 홈페이지엔 이들을 비판하는 글이 빗발치고 있다.

'이승우'씨는 박교수가 재직 중인 K대 학과 홈페이지 게시판에 '표절사건'이라는 제목 아래 "사과문을 읽어보니 주 저자는 아무 것도 몰랐고, 두 번째 저자가 모든 일을 저질렀다고 돼 있더군요"라고 "한번이라도 논문을 써 본 경험이 있는 분이라면 이게 얼마나 말이 안되는 소리인지 금방 알 것"이라고 개탄했다. 또 '나그네'라는 ID의 네티즌은 "국제적 망신 아닙니까? 이제 IEEE에 한국 논문 내기가 꽤 어려워지겠군요"라고 적었다. 이밖에 D대 인터넷 홈페이지에 '유학생'이라고 밝힌 네티즌은 "어떻게 남의 논문을 표절한 교수가 뻔뻔하게 강단에 설 수 있느냐"며 "그러면서 학생들에겐 커닝하지 말라고 하겠죠"라는 글을 올려 비꼬았다."

대구= 송의호, 조문규 기자

― 《중앙일보》, 2001년 11월 19일자

한국과학자 외국논문 표절

네이처誌 "KAIST출신 박사 8건 베꼈다"
국제 물리학회 가이드라인 추진… 파문 확산

한국인 재료공학자가 8편의 논문을 표절해 국제학술지에 게재한 사실이 드러나 물의를 빚고 있다. 영국의 과학전문지인 '네이처'지는 1일자(신년 호)에서 "영국 케임브리지대에서 방문연구원으로 근무하던 한국과학기술원(KAIST)재료공학과(현 신소재공학과) 출신 P박사가 1997년부터 2001년까지 발표한 논문 가운데 8편이 표절로 판명됐다"고 보도했다.

이번 표절사건은 P박사가 2000년 12월 국제학술지인 '유로피직스레터스'에 실은 '중성자 회절 연구'라는 제목의 논문을 러시아인 저자가 2002년 4월 케임브리지대에 표절이라고 알리면서 불거졌다. P박사에 대한 의혹이 제기되자 케임브리지대와 KAIST가 자체 조사에 들어가 나머지 7편의 논문에 대한 표절 여부가 확인됐다. 네이처에 따르면 P박사의 논문은 대부분 러시아 학술지를 베낀 것으로, 다른 논문에 대한 추가 조사도 이뤄지고 있는 것으로 알려졌다. 의혹을 산 논문 가운데 4편은 해당 학술지 인터넷판에서 삭제됐으나 나머지 논문에 대해서는 아무런 조치가 없었다.

한편 전 세계 물리학 관련 학회 연합체인 '국제순수 및 응용물리연합(IUPAP)은 이번 사건을 계기로 표절 대처 가이드라인을 제정키로 결정해 파장이 확산될 조짐을 보이고 있다. P박사는 2002년 금오공대 교수로 임용됐으나 P박사가 석사학위 지도교수의 20년 전 논문을 표절한 사실 등을 KAIST가 금오공대에 통보하면서 한 학기만에 면직됐다. 본보는 네이처의 보도내용을 확인하기 위해 P박사와 접촉을 시도했으나 연락이 되지 않았다. P박사는 조사가 시작된 직후 케임브리지대로부터 퇴거 요청을 받고 자취를 감춘 것으로 알려졌다.

— 《동아일보》, 2004년 1월 5일자

모든 독창적이며 개성적인 존재들이 사라진 사회에서는 온갖 부정부패와 범죄가 만연하게 된다. 한국 사회는 온갖 부정부패와 범죄가 만연된 사회이며, 이 땅의 명문대학교의 석, 박사학위들은 타자의 글베끼기로 일관되어 있다. 박사학위를 돈 주고 산 재단이사장과 대학총장도 보통이고, 타자의 글베끼기로 교육부 장관과 대학교수가 된 학자들도 보통이다. 그들이 제일 두려워하는 것은 교육시장의 개방이며, 교육시장이 개방되면, 그들의 글도둑질이 백일하에 들통이 나고, 대한민국의 교육시장은 서구의 교육기관에 의해서 순식간에 점령을 당하게 될 것이다. 그것은 싸움을 한 번 해보지도 못한 채, 명나라와 청나라와 일본과 미국에게 안마당을 내어준 역사적 사실과도 일치하는 것이며, 우리 한국인들이 노예의 계급으로 전락을 하게 된 것과도 같다. 머리에 피도 안 마른 부시가 김대중 대통령을 소환하여 '이 사람, 저 사람'이라고 '언어의 귀싸대기'를 갈겨댄 것이나, 또 노무현 대통령을 소환하여 차렷 자세를 시키고 만찬은커녕, 문전박대를 한 것이나, 또 그리고 '이라크파병요청'이 '이라크출격명령'으로 들리고 있는 것도 모두가 다 그 글도둑질에서 비롯된 것인지도 모른다. 글도둑질은 정신 없는 민족을 낳고 그 정신 없는 민족은 역사 철학적인 불임의 동물이 되어, 그 모든 독창성을 거세당하게 된다. 모든 독창성이 거세된 사회는 만인의 귀감이 되지 못하고, 조기유학과 유학이민, 그리고 원정출산과 해외도피가 봇물을 이루고 있는 것처럼, 만인들의 조롱과 멸시의 대상이 된다. 그릇된 교육을 받으면 글도둑질이 성행을 하게 되고,

글도둑질이 성행을 하게 되면 그 주체자와 그 민족은 더 이상 어떤 힘도 쓸 수가 없게 된다. 나는 앞의 홍모, 백모, 박모 교수가 그 '표절 사건' 이후 대학교수직에서 쫓겨난 것으로 알고 있다. 이문열의 표절 문제는 우리 한국인들의 양심을 회복하느냐, 아니냐라는 매우 커다란 문제가 걸려 있다고 해도 과언이 아니다.

이문열의 표절에 대하여
— 이문열과 황석영의 공범자의 미소에 대하여

『무서운 아이들』, 즉『앙팡 테리블』(팬더북, 1989년 간)은 프랑스의 소설가인 장 콕토의 작품이며, 매우 전위주의적인 기법으로 무서운 전율을 던져주고 있는 충격적인 작품이다. 그는 정신분석학적인 관점에서 무의식을 풀어놓고, 그 공허한 몽상(광기)의 세계를 극사실주의적인 기법으로 묘사한다. 그 세계는 폭력, 도둑질, 근친상간, 매음, 매춘, 마약, 광기 등이 아무런 윤리 의식 없이 펼쳐지고 있는 세계이며, 한 걸음, 한 걸음 자기 파멸로 걸어가고 있는 아이들의 운명이, 그러나 더없이 잔혹하고 끔찍할 정도로 아름답게 펼쳐지고 있는 세계이다.『무서운 아이들』에는 네 명의 주요 인물들이 등장하고, 그 네 명의 주요 인물들의 배후에는 또다른 한 명의 악동이 등장한다. 그리고, 이 배후의 인물(악동)인 다르쥘로는 정체 불명의 신비적인 인물이기는 하지만,『무서운 아이들』의 세계를 상징적으로 지배하고 있다고 하지 않을 수가 없다.

폴은 콩도르세 고급중학교 2학년이며, 그의 누이 엘리자벳은 열여섯 살이다. 제라르는 폴의 학교 친구이며, 아가트는 양장점에서

마네킹 역을 하는 소녀이다. 폴과 엘리자벳은 그들의 "어머니로부터 파리한 얼굴을, 그들의 아버지로부터는 무절제한 멋과 지독한 변덕"을 물려받은 마약중독자의 2세들이며, 제라르는 과부인 어머니의 사생아이며, 아가트 역시 코카인 중독자 부부 사이에서 태어난 고아이다. 그들은 모두가 다같이 미래의 계획—공부, 취직, 사회적 지위 등—이 없는 아이들이며, 장 콕토적인 악마의 세계에서 폭력, 도둑질, 근친상간, 매음, 매춘, 마약, 광기 등에 빠져들게 된다. 폴은 아가트를 사랑하고, 아가트는 폴을 사랑한다. 제라르는 엘리자벳을 사랑하지만, 엘리자벳은 동생 폴을 사랑함으로써 그 모든 관계를 파탄으로 몰아 넣는다. 엘리자벳의 무서운 간계에 의하여 제라르와 아가트가 결혼을 하게 되고, 누이의 무서운 간계를 알아차린 폴은 다르쥘로가 보내준 독약을 먹고 자살을 결행한다. 따라서, 동생인 폴이 죽어가는 것과 때를 맞추어 엘리자벳은 권총자살로 그 비참한 최후를 맞이하게 된다. 장 콕토는 그『무서운 아이들』의 최후의 장면을 다음과 같이 아름답게 묘사해 놓고 있다.

엘리자벳의 부르짖음은 오누이가 죽음의 세계를 구성하는 음조音調보다도 낮게 울려 퍼진다. 두 사람은 손에 손을 잡고 올라간다. 엘리자벳은 노획물을 휩쓸고 간다. 그리스 배우들이 신는 높은 구두를 신고 그들은 아트리드(그리스 신화, 아틀레의 자손들, 특히 아가멤논과 메네러스를 가리킨다. 그들은 아버지를 죽이고 근친상간 등 수많은 죄를 범했다)의 지옥으로부터 탈출하는 것이다. 이제는 신의 예지로써 심판한다 해도 불충분할 것이다. 그들은 그 정령에게만 의지할 수는 없는 것이다. 나머지 몇 초의 용기로 그들의 육체가 용해되고 혼이 결합하여 근친상간이 존재하지 않는 곳에 도달하겠지.

다르쥘로는 콩도르세 고급중학교 2학년이며, 『무서운 아이들』의 주인공인 폴의 우상이다. 그는 그 또래의 어린 학생들 사이에서, "갖가지 간계나 희생, 간이재판, 공포, 산 사람의 제물", 그리고 금품과 물품을 제 마음대로 착취할 수 있는 두목이었으며, "자신에게 도전하는 아이들이거나 자기 편을 드는 아이들이거나 간에" 모두가 다 같이 사랑할 줄을 알고 있는 소년이었다. 따라서 파리한 얼굴을 지니고, 선악과 애정이 무엇인지도 모르고 있는 폴의 우상일 수밖에 없었던 것이다. 그러던 어느 날 눈싸움이 벌어지고, 폴은 최선을 다하여 다르쥘로의 편이 되어보고 싶었지만, 오히려, 거꾸로, 다르쥘로가 던진 눈뭉치(돌을 넣은 눈뭉치)에 입술과 가슴을 맞고 크게 다치게 된다. 폴의 친구인 제라르가 훈육주임과 수위에게 알리고, 그 어른들이 쫓아왔지만, 폴은 끝끝내 눈뭉치 속에 돌이 들어 있었다는 사실을 숨기고, 다르쥘로를 옹호하게 된다. 그리고 그때까지 콩도르세 고급중학교의 선생님들은 다르쥘로를 귀여워—"선생님들은 다르쥘로를 귀여워했다. 훈육주임은 영문 모를 이 사건으로 무척 당혹스러웠다"가 바로 그것을 말해준다—했지만, 폴이 크게 다치고 결석을 하게 되자, 다르쥘로를 꾸짖지 않을 수가 없었다. 하지만 다르쥘로는 자기 자신의 잘못을 반성하거나 뉘우치기는커녕, 교장 선생님의 얼굴에 후춧가루를 뿌리고 퇴학을 당하게 된다.

아침에 다르쥘로는 교장실로 불려갔다. 교장은 훈육주임이 하던 심문을 계속할 셈이었다.
다르쥘로는 분개해서 건방진 태도로 '그래요, 그래!' 하고 대꾸를 했기 때문에 교장은 팔걸이 의자에서 벌떡 일어나 테이블을 주먹으로 쾅 내려치며 다르쥘로를 위협했다. 그러자, 다르쥘로는 웃도리에서 후춧가루 병을 꺼내 교장의 얼굴 정면에 내뿜렸다.

    결과는 무서운 것으로서, 도저히 상상할 수 없는 장면이 전개되었다. 무언가 제방이 터져 나가고 무서운 홍수를 예상한 방어의 본능으로 다르쥘로는 의자 위에 뛰어 올라 우뚝섰다. 그 높은 장소에서 그는 눈이 먼 노인이 칼라를 쥐어 뜯으며 테이블 위를 뒹굴고 아우성을 치며 정신착란의 증상을 일으키는 모습을 내려다보고 있었다. 이 광란의 모습과 전날 저녁 눈뭉치를 던졌을 때처럼 멀거니 높은 데에 서 있는 다르쥘로의 모습은, 비명을 듣고 달려온 훈육주임을 입구 쪽에서 못박아 놓고 말았다.

    학교에는 사형이라는 형벌은 없었으므로 다르쥘로는 퇴학 처분을 받았고, 교장은 의무실로 옮겨졌다. 다르쥘로는 얼굴을 똑바로 들고 입을 삐죽 내밀고 누구와도 악수를 하지 않고 주랑을 가로질러 가버렸다.

  다르쥘로는 그의 거주지가 일정하지 않는 학생이며, 어떠한 예의범절도 모르는 불량배 소년들의 두목이다. 그런데도 폴은 다르쥘로가 퇴학 처분을 당하자, 그가 없는 학교를 '감옥'으로 생각하고 그 역시도 학교를 그만두게 된다. 또한 폴은 다르쥘로와 매우 닮은 아가트라는 소녀를 사랑하게 되고, 끝끝내는 몇 년이 지난 후, 다르쥘로가 보내온 독약을 먹고 자살을 하게 된다. 다르쥘로는 그의 직업(자동차 대리점 경영)과는 매우 다르게 "중국이나 인도, 그리고 앙티유 제도나 멕시코 등의 독약이나, 독화살에 사용하는 독, 고문용 독, 복수용의 독, 희생물에 사용하는 독약"의 전문가가 되어 있었던 것이다. 다시 말해서, "다르쥘로는 무엇이든 시키는 대로 하는 이 노예"—"그 당시에는 다르쥘로의 흉내를 내면서 야만인이나 독화살에 대한 것만을 얘기하고 다르쥘로로부터 감탄을 받고 싶은 마음만으로 우표딱지의 풀에 독을 발라서 대량살인을 할 계

획을 세우는 등, 악당에게 아첨을 하면서, 독약이 사람을 죽일 수 있다는 사실만이 머리에 꽉 차 있었던 것이다—를 잊지 않고, 그리고 그 "악희惡戱의 매듭을 지은 것이었다." 폴에게 있어서 독약은 무서운 범죄(폭력, 도둑질, 근친상간, 매음, 매춘, 마약, 광기)로 인도하는 공허한 망상의 상징물이며, 그 공허한 망상의 최후의 종착역(죽음)이었는지도 모른다. 다르쥘로가 폴의 우상이며 악마의 化身이라면, 폴은 그 악마(사악한 불꽃)에게 매료된 불나방이었다고 해도 지나치지 않는다.

  황석영의 「아우를 위하여」가 『무서운 아이들』을 표절했다면, 이문열의 『우리들의 일그러진 영웅』은 「아우를 위하여」를 표절했다고 하지 않을 수가 없다. 『무서운 아이들』의 무대배경이 어둡고 그늘지고 황폐한 세계라면, 황석영과 이문열의 소설의 세계 역시도 어둡고 그늘지고 황폐한 세계라고 하지 않을 수가 없다. 『무서운 아이들』의 주인공도 어린 학생들이며, 「아우를 위하여」와 『우리들의 일그러진 영웅』의 주인공도 어린 학생들이다. 무서운 악동인 다르쥘로는 황석영의 '이영래'와 이문열의 '엄석대'와 똑같은 판박이이고, 그들은 다같이 그의 동료 학생들에게 금품과 물품착취는 물론, 모든 폭력을 행사하게 된다. 『무서운 아이들』의 훈육주임을 비롯한 선생님들도 다르쥘로를 비호하고, 「아우를 위하여」의 담임 선생님이나 『우리들의 일그러진 영웅』의 담임 선생님도 이영래와 엄석대를 비호한다. 『무서운 아이들』의 교장 선생님은 「아우를 위하여」의 교생 선생님과 『우리들의 일그러진 영웅』의 새로운 담임 선생님과 똑같은 인물이고, 전자가 교사의 사명과 그 의무를 망각한 구시대적인 인물들이라면, 후자의 선생님들은 교사의 사명과 그 의무에 충실한 인물들이라고 해도 과언이 아니다.

그러나 장 콕토의 『무서운 아이들』과 황석영의 「아우를 위하여」 는 그 소설의 주제, 소재, 스토리, 등장인물의 성격이 매우 다르고, 어떻게 생각하면 그것은 영향(창조적 모방)의 관계이지, 표절의 관계라고 보기가 힘든 측면도 없지 않다. 왜냐하면 황석영은 『무서운 아이들』의 곁다리 주제와 소재, 그리고 스토리와 등장 인물들의 성격만을 표절했기 때문이다. '다르줼로/ 이영래', '선생님들/ 메뚜기 담임 선생님', '교장 선생님/ 교생 선생님'의 성격과 그 무대배경이 아주 똑같은 것이 사실이기는 하지만, 황석영의 소설에서는 그 등장인물들이 매우 중요한 인물들인데 반하여, 장 콕토의 소설에서는 그 등장인물들이 어디까지나 주변적인 인물들―다르줼로를 제외하고는―에 지나지 않는다. 또, 그리고, 『무서운 아이들』의 주인공인 폴과 「아우를 위하여」의 주인공인 김수남은 너무나도 성격이 판이한 인물이며, 폴과 제라르, 그리고 엘리자벳과 아가트가 엮어가는 범죄의 세계는 너무나도 잔혹하고 끔찍하게 아름답다고 할 수가 있는 것이다.

만일, 그렇다면, 과연 황석영이 장 콕토의 소설적 주제, 즉 정신분석학적 관점에서 극사실주의적인 기법으로 천착해낸 『무서운 아이들』의 주제를 이끌어낼만한 역량이 있다고 말할 수가 있는 것일까? 아니, 천만의 말씀이다. 황석영은 아직도 그만한 지적 능력도 없고, 장 콕토처럼 새로운 기법의 창시자도 아니다. 그러니까 이처럼 대주제를 표절하지 못하고, 기껏해야 곁다리 주제만을 표절하고 있는 것이다. 이것이 문화선진국의 제일급의 작가와 대한민국의 제일급의 작가의 역량의 차이이기도 한 것이다. 우리 학자도 표절의 장본인들이며, 우리 작가도 표절의 장본인들이다. 그들도 그 범죄 행위가 우리 한국인들의 백만두뇌를 모조리 무력화시키는 짓이라는 사실을 매우 잘 알고 있기는 하지만, 어디까지나 그들의 눈앞의 이익이 더욱더 중요하고, 그러니까 문화적 쇄국주의로 문을 꽁꽁 걸어 잠그고, 오늘도 '미친 개가 짖는구나'라고 공범자의 미소(침묵)로 일관한다. 참으로 한심하고 가증할 만한 범죄인 집단이 이 대한민국의 우리 학자들인 것이다. 아무튼 장 콕토의 소설이 선악을 넘어서서 무서운 범죄의 세계를 묘사한 것이라면, 「아우를 위하여」는 무서운 악동, 즉 이영래가 그 파멸을 맞이하고, '정의'가 구현되는 세계를 묘사해 놓은 것이라고 할 수가 있다. 전자는 선악을 넘어선 불의(악)가 그 주제이며, 후자는 정의(선)가 그 주제이다. 내가 「아우를 위하여」가 『무서운 아이들』의 곁다리 주제에 대한 표절이라고 하는 까닭이 바로 여기에 있는 것이다. 곁다리 주제란 대주제에 종속된 작은 세계의 주제이며, 그 작은 세계에서만이 그 지배적인 의미를 띠게 된다. 좋게 말한다면, 황석영이 장 콕토의 『무서운 아이들』을 읽고 그 영향 아래에서 「아우를 위하여」를 쓴 것이고, 나쁘게 말하자면, 장 콕토의 곁다리 주제와 소재, 그리고 등장인물의 성격과 그 스토리에다가 좀 더 살을 붙이고 윤색하여 모조리 베껴왔다고 할 수가 있는 것이다.

나는 황석영의 「아우를 위하여」의 표절의 문제를 장 콕토의 영향(창조적 모방)의 관계로 매우 너그럽게 보아주고 싶은 마음도 없지 않다. 왜냐하면 그가 「아우를 위하여」를 쓴 시점은 20대 후반의 신인 시절이며, 또한 그의 창조적 모방의 광휘가 그 빛을 발하고 있기 때문이다. 하지만 이문열의 표절의 문제는 도저히 묵과할 수가 없다. 이문열은 이미, 작가로서의 원숙한 나이인 40대 초반에, 황석영의 주제, 소재, 스토리, 등장인물의 성격을 모조리 베끼고, 또, 그 대사기극을 통하여 돈과 명예와 그 모든 것을 다 거머쥐었기 때문

이다. 이제 황석영은 내가 「이문열을 고발한다」에서,

> 이미 대부분의 독자들은 눈치를 챘겠지만, 황석영의 「아우를 위하여」와 이문열의 『우리들의 일그러진 영웅』은 단편소설과 중편소설이라는 차이만 있을 뿐, 똑같은 주제, 똑같은 구조, 똑같은 이야기, 그리고 똑같은 등장인물들의 성격에 의해서 지배를 받고 있고, 그것은 아마도 이문열이 황석영의 소설을 하나 하나 모조리 베껴갔기 때문일지도 모른다. 아니, 어쩌면 그것은—황석영의 소설이 1970년대 초의 작품이고, 이문열의 소설이 1987년도 작품인 만큼—황석영이 외국 작가의 작품을 하나 하나 모조리 베낀 것을 보고 이문열 역시도 공범자의 미소를 띠고 그 모방범죄를 저질렀는지도 모른다. 따라서 황석영이 그의 작품, 「아우를 위하여」가 표절된 것을 알고 묵인해 왔다면, 그는 이문열과의 떳떳치 못한 검은 거래를 했을 것이고, 적어도 그렇지 않다면, 그것은 공범자의 침묵일 수밖에 없는 것이다. 이 후자의 가능성이 매우 큰데, 왜냐하면, 자기 자신의 작품의 주제, 구조, 이야기, 그리고 등장인물의 성격까지도 하나 하나 모조리 베껴간 대사기꾼의 범죄행위를 용서할 수 있는 작가는 아마도 이 지구상에서는 없을 것이기 때문이다.

라고, 지적한 바가 있듯이, 그 침묵의 사유를 정말로 솔직하게 자백하지 않으면 안 된다. 그리고 이문열에게 그 도덕적, 사법적 책임을 묻고, 우리 한국인들의 백만두뇌의 양성을 위하여, 역사와 민족 앞에 진심으로 용서를 구하지 않으면 안 된다. 나는, 황석영은, 역사와 민족 앞에 진정으로 참회를 하면 용서를 받을 수가 있지만, 이문열의 너무나도 뻔뻔스럽고 파렴치한 범죄행위는 도저히 용서받을 수가 없다고 생각한다.

하지만 어쨌거나 그 사소한(?) 범죄행위의 산물인 『우리들의 일그러진 영웅』이 '이상문학상'을 수상하게 되고, TV와 연극과 영화의 텍스트가 되고, 상당히 오랜 기간 동안 베스트 셀러—아직도 『우리들의 일그러진 영웅』은 가장 많이 팔리는 스테디 셀러 중의 하나일 것이다—가 되어준 것은 우리 한국문학사의 비극이 아닐 수가 없는 것이다. 또한 어디 그뿐이던가? 이미 앞에서 소개했던 대로, 대한민국의 가장 대표적인 문학작품으로 일본, 스페인, 콜롬비아, 이탈리아 등의 언어로도 번역되었고, 이제는 어느덧 초등학교의 교과서에까지도 실리게 되었다. 이문열의 더럽고 추악한 글도둑질—절도행각—이 단군 이래의 최대의 대형사기사건으로 이어지고, 그에게는 수십억 원대의 돈과 명예와 명성을 안겨다가 주었다고 하지 않을 수가 없다. 아아, 우리는 이것을 '지적소유권'을 지상최대의 명제처럼 받들어 모시는 문화선진국민들에게, 또 그리고 너무나도 티없이 맑고 순진한 이 대한민국의 어린 학생들에게 어떻게 사죄하고 설명을 할 수가 있단 말인가?

— 반경환, 「이문열을 고발한다」에서

이문열의 『우리들의 일그러진 영웅』이 대한민국의 초등학교 교과서에 소개되고, 또 이 땅의 어린 아이들이 이문열의 도덕적 정결성에 찬양을 보내고 있다는 사실을 생각해 본다면, 이문열의 개인의 영광과 그를 배출해 낸 민음사의 상업적 이익을 위해서 천하의 대사기꾼적인 그의 글도둑질을 언제까지나 쉬쉬하고 덮어두고만 있을 것이란 말인가? 이문열은 대한민국의 대작가도 아니며, 『우리들의 일그러진 영웅』의 '엄석대'보다도 더 도덕적 정결성을 갖춘 인간도 아니다. 자기 자신의 역사 철학적인 무지와 그것의 한계를 극복하고, 호머나 셰익스피어나 괴테처럼 가장 화려하고 웅장하게 세계정복운동을 펼쳐나가야 되는 것이 그의 사명이건만, 기껏해야 무협소설에 불과한 『삼국지』와 『수호지』와 『초한지』를 평역하고 있는 추태를 생각해 본다면, 그의 작가 의식은 머리에서 발끝까지 상업성으로 물들어 있고, 돈과 명예는 같은 무대에 들어가지 못한다는 사실을 새삼 떠올려 보지 않을 수가 없다. 이문열은 역사와 민족 앞에, 이 글을 읽는 즉시 사죄하고, 그의 대부분의 재산을 사회에 환원하고, 이제는 한국문단에서 은퇴를 해야만 한다. 이제 모든 대학생들과 시민단체와 민족문학작가회의를 비롯한 지식인들은 이러한 한국문단의 국제적 망신을 전화위복의 계기로 삼기 위해서라도, '이문열의 은퇴와 절필 선언'을 유도해야만 하고, '글도둑질 추방운동본부'를 상설하여 하루바삐 표절의 문제를 근절시켜나가지 않으면 안 된다.

— 앞의 글에서

더 이상의 이문열에 대한 비판의 글은 나의 「이문열을 고발한다」를 참고하여 주기를 바라며, 내가 어느 인터넷 매체에 띄운 글과 몇몇 네티즌들의 글을 간단히 소개하면서 이 글을 끝맺고자 한다. 아아, 황석영과 이문열의 공범자의 미소(침묵)도 그렇지만, 이문열의 범죄행위는 너무나도 뻔뻔스럽고 파렴치하다고 하지 않을 수가 없다.

오늘도 참교육을 실천하고 계시는 선생님들께 눈물로 호소합니다. 저는 문학비평가이자 계간시전문지 『애지』의 주간이기도 한 한 사람의 지식인입니다. 제가 이 글을 올리게 된 것은 이문열의 『우리들의 일그러진 영웅』이 초등학교 5학년 교과서에 나오고 있기 때문입니다. 대한민국에서 가장 뛰어난 작가의 글이 초등학교 교과서에 실려 있다면 그것은 하나의 모범적인 사례가 되어야겠지만, 이문열의 글은 황석영의 「아우를 위하여」

를 표절한 작품입니다. 표절이란 너무나도 뻔뻔스럽고 파렴치한 글도둑질이며, 한나라당의 차떼기 범죄행위보다도, 더욱더 우리 한국인들의 정신과 육체를 썩어가게 하는 범죄 행위입니다.

존경하는 선생님 여러분!

지금 이 순간에도 선생님들께 간절히 눈물로 호소를 드립니다. 우리의 티없이 맑고 깨끗한 어린이들에게 초등학교 때부터 글도둑질(표절)을 가르친다면, 과연 우리 대한민국에서 호머, 셰익스피어, 괴테, 니체, 마르크스, 프로이트, 뉴턴, 아인시타인과도 같은 세계적인 대석학들이 나올 수가 있는 것일까요? 문화선진국에서의 표절행위란 그 주체자의 사망신고와도 같습니다. 왜냐하면 표절행위가 성행을 하게 되면 모든 창조적 천재들이 종적을 감추게 되고, 그 사회는 온갖 부정부패로 썩어가게 마련입니다. 날이면 날마다 부정부패의 잔치판이 벌어지고, 국제적인 망신을 당하고 있는 한국 사회가 바로 그것입니다.

우리 한국인들이 미국에게 '우방'이니 '혈맹'이니 하고, 온갖 충성을 다 맹세했지만, 그들이 우리 한국인들을 언제 한 번 제대로 인간 대접을 한 사실이 있는지요? 월남전, 걸프전, 이라크전까지 우리 젊은이들을 파병했지만, 미국의 비자발급 절차는 얼마나 까다롭고, 이제는 지문날인과 사진촬영에 이어서, 온몸을 발가벗기다시피 하고 있지 않던가요? 싱가포르, 일본, 호주, 뉴질랜드, 그리고 유럽의 여러 나라들은 모두가 다 무비자 입국이 아니던가요? 새로운 앎(지혜)이란 그 주체자가 정직하고 또 정직하지 않으면 얻어질 수가 없는 것입니다. 모든 부정부패의 원인은 이 앎, 즉 우리 한국사회의 교육이 제대로 이루어지지 않고 있기 때문입니다. 표절을 하지 않는다는 것은 모든 부정부패를 척결한다는 것을 뜻합니다. 이문열이 「쥬라기 공원」이나 「해리포터」를 표절했다고 상상해 보시기를 바랍니다. 우리 한국인들의 국제적 망신은 감당할 수조차도 없을 정도일 것입니다. 매우 이상한 형식이기는 하지만, 서양의 고전문학, 즉 저작권법을 피할 수 있는 책들에 대한 표절은 매우 심각하다는 사실을 한 사람의 문학비평가로서 가장 자신 있게 말할 수가 있습니다. 어쨌든 표절행위가 근절이 되지 않는다면 국민소득 2만달러는커녕, 세계 속에서 개와 돼지만도 못한 짐승 취급을 받게 될 것입니다.

존경하는 선생님 여러분!

선생님들은 선생님의 제자들이 세계적인 대석학이 되고, 우리 한국인들이 문화선진국민이 되어가기를 바라시겠지요? 한국 문단과 한국의 대학은 이미 자정의 능력을 잃어버렸습니다. 제가 창간하고 주관하고 있는 계간시전문지의 이름이 오죽하면 『愛知』이겠습니까? 선생님들께서 저의 충정을 받아들여 주셔서, 초등학교 5학년에 나오는 이문열의 『우리들의 일그러진 영웅』을 삭제할 수 있도록 해주시기를 바랍니다.

오늘도 참교육을 위하여 노력하고 계시는 선생님들께 진심으로 경의를 표하는 바입니다.

번호: 8 글쓴이: River
조회: 72 날짜: 2004/ 02/ 19 00:38

표절이 맞습니다.
왜 침묵하죠?
치가 떨립니다.
무서운 한국문단
한국사회…
개같다 정말

번호: 9 글쓴이: kjp3003

조회: 43 날짜: 2004/ 02/ 19 13:55

가장 순수하고 맑을 줄 알았던 문단이
표절,
학연 인맥을 통한 부당 내부거래,
주례사비평 등등
부정과 부조리가 너무 만연해 있는 거 같아 씁쓸합니다
문학판이 이러니까
저는 정치판의 정치자금문제는 도리어 용서해 주고 싶은 심정입니다.
오죽했으면 이런 생각이 들까요.

고은 비판: '똥 묻은 개'가 '재 묻은 개'를 나무라고

고은은 1933년 생으로서 어느덧 고희古稀를 넘긴 시인이며, 올해로써 그의 詩歷은 48년째가 된다. 그의 저서들은 『백두산』, 『만인보』를 비롯한 대 서사시와 『피안 감성』, 『濟州歌集』, 『문의 마을에 가서』, 『네 눈동자』, 『독도』, 『뭐냐』, 『두고 온 시』 등의 시집과 『이중섭 평전』과 『이상 평전』, 그리고 수많은 산문집들로 나타나 있고, 그의 저서들은 인류의 역사상 최초이며 최후일 만큼 130여 권에 가깝다고 한다. 비록, 그의 저서들은 고은 자신도 다 기억해 내지 못할 테지만, 아마도 그것은 세계문학사 속의 기념비적인 업적이 될는지도 모른다. 왜냐하면 그는 '괴테문학상'이나 '셰익스피어문학상'보다도 더 훌륭한 '만해문학상'과 '대산문학상'을 수상하고, '노벨문학상'의 후보로까지 선정되었었기 때문이다. 대한민국이 세계 12위권의 경제대국이라고 노무현 정권마저도 자랑을 하고 있듯이, 이 대한민국은 '양적 신화'에 걸신乞神들린 사회이며, 그 '질' 따위는 아무런 상관 관계도 없는 사회에 지나지 않는다. 세계 시장에서 '대한민국의 브랜드'는 거의 그 존재 가치가 없는 실정인데도, 세계 12위권의 경제대국이라니, 어쩌면 지나가는 개들조차도 한국산 제품들의 그 조악함을 비웃고 있을는지도 모른다. 이 '양적 신화'의 한복판에 서서, 백낙청의 말을 빌리면, 미당 서정주보다도, 김수영보다도 더 뛰어난 고은이 대한민국의 민족시인으로서 우뚝 서 있다고 해도 과언이 아니다. 비록, 고은이 노벨문학상을 수상하기 위하여 온갖 로비와 그 추태를 다 연출해 냈는지는 모르지만, 그의 기념비적인 업적은 호머와 셰익스피어를 능가하고, 보들레르와 랭보와, 그리고 칸트와 헤겔과 니체마저도, 그 양적 신화의 차원에서 우물 안의 개구리들로 취급을 하고 있는 것인지도 모른다.

  나는 이제부터 고은의 문학관과 그의 사상을 파헤쳐 보고, 그의 역사 철학과 도덕 감각이 마비된 파렴치한 추태들을 만 천하에 폭로해 보고자 한다. 대한민국의 모든 재벌들이 온갖 부정부패와 부실공사, 그리고 정경유착의 특혜 속에서 그들의 '문어발식 기업확장'을 도모해 왔듯이, 고은의 기념비적인 업적들마저도 한국문학사의 추태와 그 음화에 지나지 않는다. 백낙청은 하버드대학교의 영문학 박사이며, 『창작과비평』의 편집인이며, 서울대학교 영문학과 교수이다. 또한 백낙청은 민족문학작가회의의 실질적인 교주이며, 고은의 영원한 동지이며, 형이상학과 형이하학이 무엇인지도 모르고, '창작과 비평'이 무엇인지도 모르는 얼치기 삼류비평가에 불과하다. 나는 이 백낙청을 「한국문학의 이론적 정립을 위하여」(『비판, 비판, 그리고 또 비판』, 새미출판사 간, 2002)라는 글에서 비판을 한 바가 있다. 이 얼치기 삼류비평가마저도 고은을 한국문학사 속에서 미당보다도, 김수영보다도 더 뛰어난 시인이라고 말하고 있지만(고은 시선집, 『어느 바람』, 「발문」, 창작과비평사, 2002), 그러나 고은을 호머보다도, 셰익스피어보다도 더 뛰어난 시인이라고는 말하지 못하고 있다. 백낙청마저도 자기 자신이 삼류비평가이고, 고은도 삼류 시인이고, 대한민국의 문학수준도 삼류라는 것을 알고 있는 것이다. 그런데도 고은에 대한 전면적인 비판은 거의 없고, 온갖 찬양일색의 글들만이 있는 실정이다. 마르크스와 프로이트도 비판을 받고, 예수와 부처마저도 비판을 받고 있는데, 세계적인 삼류 시인 앞에서 비판의식을 무장해제당하다니, 오오, 이 대한민국의 지식인들은 그 얼마나 더럽고, 추하고, 지지리도 못난 인간 망나니들이란 말인가? '제3세계의 문화적 풍토병'과 '비평의 만장일치제도'는 대한민국의 암적인 종양이며, 바로 그 암적인 종양을 육성해 내고 있는 제일급의 인사들이 고은과 백낙청과도 같은 지식인들이라고 해도 과언이 아니다. 나는 고은이 그의 스승, 미당 서정주를 비판하는 글에서, "천도天道도 옳으냐 그르냐를 물어야 하거늘 지상의 한 시인이 남긴 것들에 대해서도 물어야 한다"(「미당 담론」, 『창작과비평』, 2001, 여름호)고 말했듯이, 그에게 똑같은, 아니 그보다도 더 수준높고, 더 날카롭고 예리한 비판의 칼날을 들이대고자 한다.

고은은 「광장 이후」(『어느 바람』)에서 다음과 같이 노래하고 있다.

지금 가랑비가 내리고 있다
광장의 이데올로기는 끝났다
흩어진 지 오래
그해 120만명의 사람 하나하나는
저마다
집으로 돌아갔다
흩어진 지 오래
저마다 돌아가

혼자인 누에집에 들어가 있다

사랑하는 싸이버 속에 들어가버렸다

어느날 밤
누군가가 뛰쳐나와 소리쳤다

아 독재가 있어야겠다
쿠테타가 있어야겠다
그래야
우리 무덤 속 백골들
분노의 동정童貞으로 뛰쳐나오리라
하루 열두 번의 잠 때려치우고 누에집 뛰쳐나오리라
그래야 텅 빈 광장에 밀물의 짐승들 차오르리라

지금 가랑비가 내리고 있다
아무도 미쳐버리지 않는데
가랑비가 내리고 차들이 가다가 막혀 있다
그러나 옛 친구들이여 기억하라
이 광장이 우리들의 시작이었다 언제나

 아마도 인간은 환경(구조)의 지배를 받고, 환경(구조)은 그의 사상과 이념, 혹은 그의 성격과 취향마저도 고착화시켜 놓고 있는 것인지도 모른다. 프란츠 카프카의 소설의 세계와 파블로프의 '조건반사 실험'의 결과들이 바로 그것을 증명해 준다. 「광장 이후」의 세계도 예외는 아닌데, 왜냐하면 '광장의 이데올로기 시대'는 끝이 났지만, 그 이데올로기에 고착되어 그 시대를 그리워하고 있는 정신분열증의 환자가 바로 그것을 증명해 주고 있기 때문이다. 고은은 지난 날 '군사쿠테타'와 '군사독재정권'의 타도를 위해 그처럼 오랫동안 싸워왔으면서도, 이제는 오히려, 거꾸로, "아 독재가 있어야겠다/ 쿠테타가 있어야겠다/ 그래야/ 우리 무덤 속 백골들/ 분노의 동정으로 뛰쳐나오리라/ 하루 열두 번의 잠 때려치우고 누에집 뛰쳐나오리라/ 그래야 텅 빈 광장에 밀물의 짐승들 차오리라"고, 그 군사쿠테타와 군사독재정권의 시절을 그리워하고 있는 것이다. 그의 정신분열증은 '밀실공포증'의 소산이며, 거기에는 그만한 까닭이 있다. 고은의 존재 이유는 그 독재자들과의 싸움 자체에 있었던 것이지, 오늘날의 만인평등과 민주주의에 있었던 것이 아니다. 만인평등과 민주주의는 그 싸움의 장식일 뿐이었던 것이지, 고은이 진정으로 군사쿠테타와 군사독재정권의 타도를 위해서 투쟁을 했던 것은 아니다. 그러니까 그는 만인평등과 형식적 민주주의가 어느 정도 실현되고 있는 오늘날, 그처럼 군사쿠테타와 군사독재정권의 시절을 그리워하며, '120만명의 사람들', 즉 자유로운 개인들을 '사이버 공간'에 갇힌 한 마리의 누에들로 폄하시키고 있는 것인지도 모른다. 그렇다면 과연 오늘날의 삶이 군사쿠테타와 군사독재정권시절보다도 더 추악하고, 또 우리 인간들의 자유는 더욱더 억압되어 있단 말인가? 밀실공포증에 시달리면서 '광장의 이데올로기'에 사로잡혀 있는 고은에게는 그럴 수도 있겠지만, 오늘날 이 땅의 사람들은 지난 시절보다 더 자유롭게 자기 자신의 의사를 표현하고, 보다 더 나은 질적인 삶을 향유하고 있다고 하지 않을 수가 없다. 따라서 우리 대한민국의 국민들은 진정으로 개인의 꿈과 희망을 추구하고, 그것을 토대로 하여, 사상과 이념의 차원에서 세계정복운동을 꾀하고, 가장 찬란하고 화려한 문화의 제국을 건설해 내지 않으면 안 된다. 바로, 이처럼 중요하고 또 중요한 이 시기에, 지난 날의 민주화운동의 선구자이자 민족시인인 고은이 한 마리의 누에처럼 살아간다는 것은 너무나도 불행한 일이고, 그 시대착오적인 '광장 이데올로기'는 그가 얼마만큼 기계적인 인간으로서 환경의 지배를 받아 왔는가를 여실히 증명해 주고도 남음이 있는 것이다. 그는 환경과 습관과 사상과 이념('광장 이데올로기')에 사로잡힌 정신분열증의 환자이며, 군사쿠테타와 군사독재자와의 '치정의 삶'을 살아온 더럽고 추악한 인간이다. 김대중 정권의 실정은 이미, 이처럼 예정되어 있었던 것이다. 경제의 IMF와 정신의 IMF를 맞이하여 모든 인간들의 실존의 근거와 존재의 근거가 모조리 다 무너져 가고 있는데도, 자유로운 개인과 문화선진국의 삶보다는 '광장 타령'이나 하고 있는 냉전 시대의 인간들, 그리고 그 광장의 이데올로기에 사로잡혔던 자들이 연출해 냈던 군사독재정권시절보다도 더 추악하고 더 부패했던 김대중 정권, 고은은 김대중 정권의 '정신분열증 환자'로서 이처럼 역사 철학(사상)의 감각이 마비되어 있었다고 해도 틀림이 없다.

　만일, 어느 신자가 그의 사제보다도 더 뛰어나다면, 그는 더 이상 그 사제를 거들떠 보지 않고 하나님과의 직접적인 대면을 하게 될 것이다. 또한, 만일, 그러한 일들이 실제로 일어난다면, 더 이상 사제계급들은 그 설 땅을 잃게 될 것이고, 따라서 모든 사제계급들은 그 신도들을 언제나 어린 아이의 상태로, 혹은 미성년의 상태로 묶어두지 않으면 안될 것이다. 따라서 맨 처음 『성경』을 영어로 번역한 신부는 파문을 당했다고 하는데, 왜냐하면 그는 모든 사람들이 사제의 특권을 침해하고 『성경』을 읽을 수 있도록 했기 때문이다. 또한 모든 사람들이 『성경』을 쉽게 읽을 수 있는 오늘날에도 이 사제계급들은 더욱더 어려운 학습과정과 자기고행의 과정을 거치지 않으면 안 되는데, 왜냐하면 그의 신도들이 언제나 자비롭고 친절한 사제의 손길을 필요로 하게끔 만들지 않으면 안 되었기 때문이다. 이와 마찬가지로, 아니, 그 반대방향에서, 대한민국의 민족시인이자 영원한 사제인 고은이 우리 한국인들에게 더욱더 '역사 철학의 감각'이 마비되라고 그 매혹적인 타락의 손길을 펼쳐오고 있다고 하지 않을 수가 없다. "가난한 역사이고 싶습니다/ 거룩한 것/ 그런 것 없는 역사이고 싶습니다/ 저녁 연기 나는 마을과/ 이웃마을들의 이야기이고 싶습니다/ 달밤 다듬이 소리면 아주 그만이겠습니다// 단군께서 계신 역사 왠지 무겁기만 합니다 납덩이이기만 합니다/ 널리 사람을 이롭게 하고/ 널리 누리와 나라를 이롭게 하고/ 널리 억조창생을 이롭게 하는 일이야/ 어찌 바라는 바이 아니겠습니까/ 그러나// 큰 역사보다 심신 낮춰/ 가난한 역사이고 싶습니다/ 너무 강한 것/ 그런 것을 겨루는 역사 아니고 싶습니다"라는 「단군릉」(『어느 바람』)이라는 시가 그것이다. 이 세상에서 가장 위험한 인간은 자기 자신의 열등함을 자각하고 있는 인간이며, 그는 그 열등함을 의식하고 있는 그만큼, 가장 교활하고 영악한 인간이 되고 만다. 고은이 단군 이래의 '홍익인간'과 '부국강병'의 염원을 거절한 채, '가난한 역사와 '거룩한 것/ 그런 것이' 없는 역사를 추구하고 있는 까닭이 바로 여기에 있는 것이다. 고은은 자기 자신이 이미 세계적인 대 서사시인이 될 수가 없다는 것을 너무나도 뼛속 깊이 자각하고 있고, 또한 그의 두뇌로는 우리 한국인들의 백만두뇌를 양성해낼 수 있는 천재 생산의 교수법─알렉산더와 나폴레옹과 호머와 셰익스피어와 괴테와도 같은 세계적인 대 영웅들을 양성해낼 수 있는 교수법—이 없다는 것을 너무나도 잘 알고 있다. 그가 홍익인간과 부국강병의 염원을 거절한 것은 이와 같은 열등의식의 소산이며, 따라서 이 땅의 민중들에 대한 선호는 언제나 자비롭고 친절한 그의 손길을 필요로 하는 그 신도들이 필요했기 때문일 것이다. 그는 고귀하고 위대한 인간과 그들이 향유하고 있는 고급문화를 이해할 수 없을 정도로 역사 철학의 감각이 마비된 자이며, 다른 한편, 자기 자신의 역사 철학의 감각이 마비되어 있다는 것을 너무나도 뼛속 깊이 깨닫고 있는 자이다.

그러나 그의 실력으로는 도저히 세계적인 역사 철학의 감각을 따라잡을 수는 없고, 바로 이 지점에서 그는 더없이 교활하고 영악한 인간이 되고 만다. 즉, 고은은 자기 자신을 대한민국의 안에서만큼은 세계적인 대 서사시인으로 인식(오인)시키기 위하여, 우리 한국인들 전체를 문명 이전의 야만의 상태로 묶어두려고만 하고 있는 것이다. 단군 이래의 홍익인간과 부국강병의 염원을 거절하고, 가난하고 거룩한 것이 없는 역사를 추구하는 저 정신분열증 환자의 속셈이 바로 이것이 아니라면 무엇이란 말인가? 가난하고 거룩한 것이 없는 역사를 추구하는 고은의 말을 좀 더 확대 해석해 본다면, 우리 한국인들은 언제나 헐벗고 굶주리며 살아가야 하고, 영원히 이민족들에게 짓밟혀버린 노예의 삶을 살아가지 않으면 안 된다. 또한 우리 한국인들의 지식 정도는 기껏해야 고은보다도 턱없이 미치지 못해야만 하고, 따라서 고은이 '광장 이데올로기'에 사로잡힌 자로서 군사독재정권과의 '치정의 삶'을 살아온 것마저도 영원히 알아차려서는 아니 된다. 고은은 우리 한국인들의 백만 두뇌를 스스로, 자발적으로, 어디까지나 자기 자신의 이익을 위해서 철두철미하게 무장해제시키고 있는 자이며, 서정주의 친일행위와 군사독재정권에 대한 충성보다도 더욱더 교활하고 영악한 민족의 반역자에 지나지 않는다. 인류의 역사상 최초이자 최후일 정도로 수많은 저서들을 자랑하고, 남북정상회담의 자리에서 '축시'를 낭송할 정도로의 민족시인인 고은, '아버지 살해'가 문화를 움직여 가는 근본적인 힘이라는 사실을 알고 있듯이, 서정주에 대한 도덕적 칼날을 들이댔던 저 민주화운동의 대명사, 호머보다도, 셰익스피어보다도, 괴테보다도 더 뛰어난 업적을 지니고도 노벨문학상을 타지 못해서 안달이 났던 고은―. 아아, 이 대한민국의 자랑인 고은이 어떻게 지난날의 군사독재정권을 그리워하고, 가난하고 거룩한 것이 없는 역사를 꿈꾸는 정신적 괴물이 되었단 말인가? 돈과 명예와 권력 등, 그 모든 것을 다 움켜쥐고 이 세상의 모든 지구촌을 제멋대로 넘나들고 있는 대한민국의 민족시인이 '가난하고 거룩한 것이 없는 역사'와 이 세상의 삶을 저주하고 헐뜯는 염세주의의 사상가라면, 과연 여러분들은 그 디룩디룩 살찐 돼지의 말을 믿을 수가 있겠는가?

나는 고귀하고 위대한 인간을 꿈꾸고, 호머보다도, 셰익스피어보다도, 괴테보다도, 알렉산더와 나폴레옹보다도, 예수와 부처보다도 더 위대한 인간의 출현을 꿈꾼다. 나는 이 세상에서 가장 화려하고 찬란한 사상의 신전을 꿈꾸고, 더없이 거대하고 화려한 영원의 제국을 꿈꾼다. 나는 저 교활하고 영악한 인간, 세계적인 대서사시인이기는커녕 민족시인의 근처까지도 올라가지 못한 인간을, 역사 철학의 이름으로, 그리고 도덕 철학의 이름으로 이 대한민국에서 추방을 해버리려고 이 글을 쓴다. 그의 「미당 담론」은 '똥 묻은 개'가 '재 묻은 개'를 나무라는 目不忍見의 극치에 해당된다. 역사 철학의 감각이 마비되면 도덕감각이 마비되고, 도덕 감각이 마비되면 자기 반성과 성찰은커녕, 모든 수치심을 잃어버리고 함부로 날뛰게 된다.

    1, 그럼에도 내가 단언할 수 있는 것은 그는 세상에 대한 수치가 결여된 체질이라는 사실이다. (……) '죄인' '천치'는 시의 진정성을 이끌어내는 탁월한 은유이지만 그것은 강렬한 수사修辭이지 깊은 자기 성찰이나 회개의 아픔 같은 것에는 이르지 않는 추상으로 된다.
    2, 그러므로 미당 시의 자유는 정의나 현실설정에 대한 의무가 거의 필요없는 책임부재와 손잡은 이미지의 원초적 반복성으로 나아가는지 모른다.
    3, 이런 시세계와 함께 순수문학의 행방인 권력의존적 생존이 다시 진행되는 것이다. 그것은 상대가 일제든 해방 이후의 집권세력이든 권력의 편에 존재함으로써 시인의 특장인 음풍농월의 가락 속에서 일신의 안보安保를 유지할 수 있기 때문이다.
    — 고은, 「미당 담론」에서

  고은의 「미당 담론」은, 이제 '리얼리즘 혹은 참여문학'의 역사에 순수문학의 백년의 성과를 덧붙이고, 그것을 한국문학사 속에서 변증법적으로 지양해 내겠다는 의지가 담긴 글이라고 할 수가 있다. 따라서 그의 「미당 담론」은 '천도天道도 옳고 그름을 따져봐야 한다'는 대 전제 아래, 미당의 '권력의존적 생존'을 비판하고 있는 글이며, 그것은 이 대한민국에서의 '삶과 문화의 정체성'을 담보해 내기 위한 더없이 날카롭고 예리한 도덕 감각의 칼날이기도 한 것이다. 미당은 체질적으로 수치심이 결여된 인간이며, 자기 성찰이나 회개의 아픔이 없는 책임 부재의 인간이며, 그 상대가 일제이든, 해방 이후의 집권세력이든 언제, 어느 때나 권력의존적인 인물이다. 제 아무리 미당의 문학적 성과가 탁월하다고 하더라도 그의 적극적인 친일 행위와 군사독재정권에 대한 무조건의 충성은 용서할 수가 없다는 것이 고은의 도덕 감각이긴 하지만, 그러나 그의 「미당 담론」은 결코 '아버지 살해'의 '명장면'이 될 수가 없다. '아버지 살해'란 쇼펜하우어가 그의 스승인 헤겔에게 '정신적 괴물', '이류 철학자', '찬미를 매음한 사기꾼'(『의지와 표상으로서의 세계』, 집문당, 1994)이라고 그 비판의 칼날을 들이댄 바가 있듯이, 모든 문화를 움직여 나가는 근본적인 힘이라고 할 수가 있다. 그러나 쇼펜하우어의 헤겔 비판은 '아버지 살해'의 '명장면'이 될 수가 있지만, 고은의 미당 비판은 '아버지 살해'의 '명장면'이 될 수가 없다. 거기에는 그만한 까닭이 있는데, 왜냐하면 쇼펜하우어는 그의 스승인 헤겔의 명성이 절정에 이르렀을 때 그 비판의 칼날을 들이댄 것이지만, 고은의 미당 비판은 미당의 사후에, 그 미당의 시체에다가 그 더럽고 추악한 흉기의 칼날을 꽂았기 때문이다. 만일, 미당의 적극적인 친일 행위와 군사독재정권에 대한 무조건의 충성이 그렇게도 못마땅한 것이었다면, 미당이 두 눈을 시퍼렇게 뜨고 살아 있을 때 그 비판의 칼날을 들이대야 했던 것이지, "스승과 제자라는 조선 사림士林의 유습 그대로"(「미당 담론」) 묵묵히 수수방관하고 있다가 그의 사후에야, 마치 정의의 사도처럼, 그 더럽고 추악한 흉기의 칼날을 꽂아댔다는 것은 그의 도덕감각의 마비만을 압도적으로 인식시켜 주고 있을 뿐 것이다.

고은의 「미당 담론」은 이처럼, 아니 이밖에도 수많은 문제점들을 지니고 있을 수밖에 없다. 첫 번째로, '미당 비판'의 옳고 그름의 문제는 미당이 '살아 있느냐/ 죽었느냐', 또는 '49재가 지났느냐/ 아니냐'의 문제가 아닌데도, 고은은 그의 스승이 두 눈을 뜨고 시퍼렇게 살아 있을 때, 즉 현행범일 때는 그 비판의 칼날을 들이대지 못함으로써 스승과 제자 간의 불꽃이 튀는 논쟁과 그 잘못을 교정할 수 있는 기회를 놓치게 한 것이고, 또, 두 번째로, 그 '아버지 살해'의 '명장면'이 연출되지 못함으로써 미당의 반윤리적인 행태들이 그것을 혐오하고 있는 고은에게 고스란히 '부메랑 효과'가 되어 나타나고 있다는 점일 것이다. 그리고 마지막으로 세 번째로, 그 '아버지 살해'의 '명장면'이 연출되지 못함으로써 한국 사회의 전반적인 도덕감각의 타락을 불러일으켰다는 점일 것이다. 고은은 그의 스승인 미당보다도 더 선천적으로 수치심과 자기 절제력이 결여된 인간이며, 보다 더 강력한 권력의존적인 삶을 추구했던 인물이다. 이 말은 결코 우스개나 농담의 말이 아니다. 나는 그 어느 누구보다도 더 뛰어난 지적 민감성과 도덕 감각으로 고은에게 이렇게 묻고자 한다. 고은은 왜 미당을 비판하듯이, 이 땅의 글도둑질의 대가들, 즉, 백낙청, 유종호, 김현, 김치수, 김우창, 김윤식에게는 그 비판의 칼날을 들이대지 못하고 있는 것이며, 또한 왜 그는 지난날의 군사독재정권시절보다도 더 더럽고 추악하게 타락한 김대중 정권에게는 그 비판의 칼날을 들이대지 못하고 있는 것인가? 글도둑질은 매우 파렴치한 범죄행위이며, 그 주체자와 그 모든 사람들의 영혼과 정신마저도 타락시킨다. 백낙청은 루카치를, 유종호는 엘리어트를, 김현은 프로이트와 르네 지라르와 바슐라르를, 김윤식은 루카치와 가라타니 고진을, 김우창은 발터 벤야민을, 그리고 그들은 그것 이외에도 수많은 서구의 사상과 이론들들 무자비하게 베껴먹고 또 베껴먹었다는 사실을 나는 매우 잘 알고 있다. 김대중은 부정부패의 화신으로서 수많은 정치인들과 기업인들 이외에도 그의 세 아들마저도 부정부패의 나락으로 끌어들이고, 끝끝내는 검은 돈의 대가로 남북 정상회담을 사고, 또 그 검은 돈의 대가로 '노벨평화상'을 매수했다는 영예롭지 못한 혐의를 받고 있는 장본인일 뿐이다. 전자는 고은의 영원한 동료들이기 때문에 모든 잘못들을 덮어주어야만 하는 것이고, 김대중은 고은의 영원한 동지이기 때문에, 또한 그 모든 잘못들을 덮어주어야만 한다는 것일까? 고은은 왜 그의 동료들의 파렴치한 글도둑질의 행위는 고발하지 못하고 있는 것이며, 또한 왜 그는 김대중 정권의 부정 부패의 행위에는 단 한 마디의 말도 하지 못하고 꿀 먹은 벙어리로만 일관하고 있는 것일까? '아버지 살해'의 '명장면'을 연출해 내지 못한 사회는 죽어버린 사회이며, 모든 인간들의 영혼이 단말마의 비명을 질러대고 있는 사회에 지나지 않는다.

만일, 그렇다면 고은의 130여 권이 넘는 저작들은 무엇을 말해주고 있는 것이며, 그는 왜 그의 대표작이나 대표작품집을 갖고 있지 못한 것일까? 나는 지금, 바로, 이 순간에도 쓰레기 더미 속의 '양적 신화'를 떠올려 보고, 바로 그 자리에서 예술가의 진정한 자부심의 하나인 절제력을 결여한 인간을 생각해 본다. '시여, 침을 뱉어라!' 적어도 고은은 김수영의 이 '만고불변의 진리의 말'을 이해하지 못한 채, '똥 묻은 개'가 '재 묻은 개'를 나무라듯이, 미당 비판을 감행했다. 그의 미당 비판은 비판의 정수를 벗어난 비판이며, 어디까지나 '曲學阿世의 비판'이다. 나는 미당의 문학적 성과를 손톱만큼도 인정하지 않고 있는 사람이긴 하지만, 고은은 미당 못지 않게, 아니 미당보다도 더 더럽고 추악하게 수치심과 절제력이 결여된 인간이며, 대한민국의 역사상 가장 권력의존적인 인물이라고 하지 않을 수가 없다. '네 스스로 입법원리로서 행위하라'. 고은은 칸트의 윤리학에 비추어 볼 때에도 서정주를 비판할 자격이 없는데, 왜냐하면 그는 동시대의 반항아가 아니라 그 시대의 아들이고자 했기 때문이다. 이 글을 쓰고 있는 내 눈 앞에는 남북정상회담의 자리에서 '축시'를 낭송하던 민족시인의 모습이 너무나도 분명하게 떠오르고 있다. 서정주의 적극적인 친일 행위와 군사독재정권에 대한 무조건의 충성은 시인으로서의 그의 존재의 근거를 무화시키는 것이지만, 다른 한편, 고은의 '김대중 정권'과의 유착관계 역시도 고은의 존재의 근거를 위태롭게 했다고 하지 않을 수가 없다. 만일, 대한민국의 독립을 우리 스스로가 쟁취해낸 것이라면 미당 서정주를 사형시키지 않았을 애국지사는 없었을 것이다. 나치 협력자들에 대한 대대적인 숙청작업을 벌였던 프랑스나 오늘날까지도 나치의 잔당들을 찾아서 전 세계의 방방곡곡을 헤매고 있는 이스라엘의 첩보기관이 그것을 시사해 준다. 고은은 김대중 정권이 탄생을 했던 바로 그 순간, 그 김대중 정권의 탄생에 기여했던 만큼, 그 단절을 기도해야 했었음에도 불구하고, 마치 걸신 들린 괴물처럼, 김대중과 그의 아들들과 함께, '대한민국'이라는 전리품을 마구잡이로 뜯어먹기에 바빴던 것이다. 시인이란 동시대의 아들이고자 할 때 타락하게 되고, 그 시대에 온몸으로 항거할 때 그 영광의 월계관이 씌워지게 된다. 동시대를 비판함으로써 그 시대에 참여하고, 그럼으로써 미래의 희망을 이끌어낸다는 것, 이것이 모든 시인들의 사명인 것이다. '시여, 침을 뱉어라!' 고은의 130여 권의 저서는 '문어발식 기업확장의 문화적 측면'이며, 그것은 그의 역사 철학과 도덕 감각의 마비의 산물이라고 해도 과언이 아니다.

이제는 마지막으로 민족시인이자 세계적인 대 서사시인으로서의 고은의 교육관과 그의 염세주의(허무주의) 철학의 전모를 살펴보지 않을 수가 없다. 고은은 1999년도에 하버드대학교의 객원교수로 미국에 간 적이 있었고, 그것은 김대중 정권이 그에게 특별히 배려했던 여러 시혜들 중의 하나라고 나는 굳게 믿고 있다. 주지하다시피 하버드대학교는 세계 최고 수준의 대학교이고, 또한 그 이름과 그 명성에 걸맞게 세계에서 공부의 양이 가장 많은 곳 중의 하나이기도 하다. 하버드대학교의 학생들은 모두가 공부벌레들로서 강의실 복도나 식당, 그리고 서점의 통로에서마저도 아무데나 주저앉아 공부를 하지 않으면 안 되고, 또한 그 대학의 교수들은 그들 나름대로 하루에 열 시간씩, 열 두 시간씩, 학문 연구에 전념을 하지 않으면 안 된다. 그 결과, 하버드대학교는 세계적인 대 석학들의 양성소가 되고, 그들의 사상과 이론은 이 세계를 지배하는 유효한 수단이 되고 있는 것이다. 고은이, 비록, 대한민국에서는 민족시인의 칭호를 얻고 있기는 하지만, 그러나 그는 도저히 그들을 따라잡을 수가 없을 것 같다라는 절망감 속에서, 그 절망감을 은폐한 채, '무위자연'으로서의 '염세주의'(허무주의) 사상을 이렇게 역설해 놓고 있다.

하지만 나는 사람들이 너무 오래 너무 많이 사상의 노예로 살아온 사실도 지적하고 싶습니다. 독일의 관념론이 말하는 이성이라는 것이 얼마나 아집인가를 따져볼 일이고, 전후 실존주의와 오늘날의 들뢰즈가 세상 사람에게 얼마나 삶의 진정성에 이바지하는가에 대한 반성도 있어야 합니다.

요컨대 2천년 전의 플라톤의 2분법에 시대마다 각주를 다는 것으로서 신플라톤 학파였고 데카르트였던 것 아닌가요. 사상들은 사람에게 제법 공헌한 것도 많지만 사람에게 그 이상으로 헛수고를 하게 했고 그 이상으로 고통을 안겨주기도 한 것입니다.

앞으로 인류사의 적당한 시기는 이런 사상이나 신념 체계가 가라앉은 무위가 간절히 필요하다고 여겨집니다. 여러 놀라운 경전이나 교과서들의 절대 전위, 그리고 그 무오류성들이 맥 못쓰는 생명의 주체적 허무를 바라고 있습니다. 그 자유 말입니다. 교조나 교의가 없는 그런 하잘 나위 없는 샤먼의 낫놓고 기역자 모르는 영감靈感이 인류의 궁극적 지혜인지 모릅니다.

— 고은, 「고은의 하버드 편지」(《중앙일보》, 1999. 9. 22)에서

그렇다면 고은은 왜 하버드대학교의 객원교수로 간 것이며, 그는 거기서 무엇을 강의했고, 또 무엇을 배우고 있었던 것일까? 단도직입적으로 말한다면, 고은의 하버드대학교의 객원 교수라는 직함은 속 빈 강정에 불과하고, 그가 그곳으로 간 것은 교양의 속물로서의 서구 숭배사상의 한 예에 지나지 않는 것인지도 모른다. 대한민국의 민족시인이자 세계적인 대 서사시인인 고은이 하버드대학교에서 세계 최고의 석학들과 그 천재들에게 서양 사상의 공허함을 비판하고 동양의 염세주의(무위자연의 철학)를 강의했다면, 여러분들은 과연 그 사실을 믿고 인정할 수가 있겠는가? 단 한 줄의 영어도 제대로 구사하지 못하고 독일의 관념론도, 플라톤의 철학도, 실존주의도 모르는 고은이 하버드대학교의 객원교수로서 그 명예와 명성을 드높였다면, 과연 여러분들은 그 사실을 또한 믿고 인정할 수가 있겠는가? 만일 고은이 플라톤의 『국가론』을 제대로 읽었더라면 서양 철학의 기원에 플라톤의 사상이 자리잡고 있다는 사실을 알았을 것이고, 따라서 서구의 사상은 '플라톤의 2분법에 각주'를 단 것에 지나지 않는다고 함부로 폄하하지는 못했을 것이다. 또한 고은이 칸트의 비판철학과 헤겔의 절대정신, 마르크스의 공산주의, 쇼펜하우어의 염세주의, 니체의 건강한 염세주의 등, 독일의 관념

철학과 그 문맥을 제대로 알았더라면, 감히 '독일 관념론의 아집'을 말하기 이전에, 그 관념 철학의 업적이 얼마나 기념비적인 것인가를 역설해야만 되었다고 해도 과언이 아니다. 그의 이상적인 공화국에 우리 인간들의 천국을 건설하고자 했던 플라톤, 그의 비판철학을 통하여 형이상학을 전면적으로 비판하고 우리 인간들의 순수 이성과 실천철학과 미학을 완성하고자 했던 칸트, 이 세계를 자기 속성으로 인지하여 전유하는 것만이 정신의 자기소외를 극복하는 길이라고 역설했던 헤겔, 공정한 부의 분배와 만인평등을 외치며 공산주의 사상을 부르짖었던 마르크스, 우리 인간들의 삶에의 의지를 부정하고 염세주의 철학을 역설했던 쇼펜하우어, 또, 그리고, 그 어느 누구보다도 우리 인간들의 삶에의 의지를 옹호하고 디오니소스적인 정신(비극의 정신)을 역설했던 니체—. 나는 나의 『비판, 비판, 그리고 또 비판』이라는 책에서, "이 세상의 모든 지식인들에게 사상이란 최고의 목적이며 그 모든 것이다. 세상의 모든 것이 변하고 이 세계의 종말이 온다고 하더라도 자기 자신과 자기 자신의 사상만은 영원하기를 바라는 것은 모든 지식인들의 한결같은 꿈이다. 사상은 그 어떤 것보다도 고귀한 명예이며, 삶의 완성이며, 보다 완전한 인간의 표지이다"라고, 역설한 바가 있다. 나는 「고은의 하버드 편지」는 서구 사상의 역사 철학의 문맥을 전혀 이해하지도 못한 채, 얼치기 앎의 무식함으로, 자기 자신의 염세주의(허무주의) 사상만을 도배해 놓은 아주 사악한 글이라고 생각하고 있다.

이밖에도 「고은의 하버드 편지」는 다음과 같은 점에서 매우 심각한 문제점들을 던져주고 있다. 첫째는 그가 하버드대학교에서 무엇을 가르치고 있는 것인지 그 목표가 없다는 점이고, 둘째는 그가 하버드대학교의 교수들로부터 학문의 목표와 그 연구 자세를 배우려는 의지가 없다는 점이다. 그리고, 마지막으로 세 번째로는 그 무의지, 무목표, 무책임의 결과로써 모든 사상이 다 허무하다는 식의 비판을 하고 있다는 점일 것이다. 따라서 세계 최고의 석학들과 그 천재들이 학문 연구를 하고 있는 하버드대학교는, 서구 중심주의에 사로잡힌 자들이 공공연히 세계정복운동을 꿈꾸는 사악한 곳에 지나지 않는다. 서구인들은 모두가 다같이 사상의 노예들이며, 그 사상의 노예를 벗어나는 길은 그들의 '놀라운 경전'과 '교과서들'을 버리고 동양의 염세주의 사상(무위사상)으로 되돌아가는 길밖에 없는 것이다. 고은의 서구인들과 서양 사상에 대한 비판은 전혀 새로운 것도 아니고, 어떤 충격을 줄 수 있는 것도 아니다. 그것은 마치, 제3세계의 지식인들의 원한 맺힌 저주 감정처럼, 너무나도 낡고 낡은 말에 불과하며, 그 따위 일고의 가치도 없는 비판을 하기 위하여 고은이 하버드대학교로 몸소 날아갈 필요는 없었을 것이다. 그러나 거기에는 다 그럴 만한 까닭이 있고, 바로 그 지점에서 고은의 서구 숭배사상이 은밀하게 나타나고 있다고 하지 않을 수가 없다. 왜냐하면 하버드대학교에서의 그의 직함은 제3세계의 지식인으로서의 目不忍見의 그것에 불과하지만, 그 속사정을 전혀 알 길이 없는 이 대한민국의 어중이떠중이들에게는 '하버드대학교의 객원교수'라는 직함 자체가 마법의 보물상자처럼, 그 빛을 발하고 있기 때문이다. 고졸 중퇴의 학력이 전부이고 단 한 줄의 영어도 제대로 구사하지 못하는 고은이 하버드대학교의 세계적인 석학들에게 동양의 '염세주의 사상'을 강의했다니, 이 얼마나 놀랍고도 경외로운 기적이 아닐 수가 있겠는가! 고은의 하버드대학교의 객원교수라는 직함은 서구의 지식인들에게는 실소와 조롱의 대상에 불과하지만, 우리 한국인들에게는 불멸의 금자탑일 수밖에 없는 것이다. 고은의 서양에 대한 혐오는 서양에 대한 숭배이고, 그의 반미는 교묘한 친미이다.

　대한민국의 민족시인이자 세계적인 대 서사시인으로서의 고은의 교육관이 모든 학교의 이성을 거절하고 무위자연의 염세주의 사상을 역설하고 있는 것에 불과하다면, 바로 그의 교육관에는 이 모든 것이 다 부질없는 짓이 되고, 오직 이 세계의 종말과 우리 인간들의 종말만이 기다리고 있는 것인지도 모른다. 아아, 돈과 명예와 그 모든 권력을 다 움켜쥐고 있는 고은이여, 만일, 그대가 염세주의자라면, 마치, 저 일본인들이 수없이 할복자살을 감행한 것처럼, 왜 그대는 무엇을 더 바라고 할복자살을 감행하지 못하고 있단 말인가? 김대중 정권의 실정—나는 이것만으로도 '사무라이 정신'으로 무장한 일본인들은 자기 자신의 잘못을 뉘우치고 할복자살을 했을 것이라고 생각한다. 고은이여, 그대는 김대중 선생이 그토록 실정을 했는데도, 전혀 일말의 죄책감조차도 없단 말인가?—이나 그대의 도덕 감각의 마비는 순교의 기회로 삼기에는 턱없이 부족하단 말인가? 나는 대한민국의 민족시인이자 세계적인 대 서사시인으로서의 고은이, 적어도 하버드대학교에 간 이상, 우리 한국인들의 교육의 목표와 백만 두뇌의 양성의 교수법을 배워왔어야만 한다고 생각한다. 모든 교육은 백만 두뇌의 양성이며, 그것의 궁극적인 목표는, 세계정복운동에 그 정점을 두지 않으면 안 된다. 알렉산더, 나폴레옹, 소크라테스, 플라톤, 데카르트, 니체, 마르크스, 칸트, 헤겔, 하이데거, 호머, 셰익스피어, 괴테, 보들레르, 랭보 등이 바로 그 교육의 성과이며, 그리고 그러한 위대한 천재들이 있었기 때문에, 우리 '인간이라는 종'이 건강해지고, 이 세상에서 가장 찬란하고 화려한 문명과 문화가 건설되고 있는 것이다. 엉덩이에 뿔난 소는 도축을 하고, 또 불량식품들은 소각해 버리면 그만이지만, 엉덩이에 뿔난 인간 망나니는 그 수명이 다할 때까지, 이럴 수도 없고 저럴 수도 없다. 아아, 고은이여, 교육은 '백년대계'라는 말을 비웃듯이, 모든 기초생활질서가 다 무너지고 쓰레기 천국이 되어버린 이 대한민국을 생각해 보고, 또 그대가 살아가고 있는 안성과 대림동산은 얼마나 깨끗하고 과연 쓰레기가 하나도 없는가를 생각해 보아라! 내가 대한민국의 교육개혁과 백만 두뇌의 양성을 그토록 부르짖고 있는 것은 그릇된 교육을 받으면 역사 철학과 도덕 감각이 마비되고, 곧바로 '아버지 살해'가 이루어지지 않는 사회가 된다는 것을 너무나도 일찌감치 깨달았기 때문이다.

　고은의 '무위사상', 혹은 염세주의 사상도 하나의 사상이며, 그 사상의 이름으로 서구의 사상을 비판하는 것은 전혀 이치에 맞지도 않는다. 그렇게 따지고 보면, 고은은 염세주의의 창시자도 아니며, 다만, 염세주의 사상의 노예에 지나지 않는다. 또, 그리고, 서구의 사상에는 실레노스와 쇼펜하우어처럼 동양의 염세주의 사상이 뿌리 깊게 퍼져 있고, 그들이 고은을 통하여 그 사상을 받아들여야만 하는 것도 아니다. 자기 자신의 실력으로는 도저히 '거룩하고 고귀한 역사'를 꿈꿀 수가 없었던 인간이, '가난하고 거룩한 것이 없는 역사' 속에다가 그 둥지를 마련했듯이, 염세주의는 서구의 사상을 따라잡을 수가 없는 인간이, 이 지구촌에서 최후로 마련한 도피처일는지도 모른다. 고은의 염세주의 사상은 '가난하고 거룩한 것이 없는 역사'와 그 문맥이 정확하게 일치하고, 그는 지금, 이 순간에도, 우리 한국인들에게 '가난하고 헐벗고 착하게 살아가라'고 말한다. 따라서 우리 한국인들이 가난하고 헐벗고 착하게 살아갈 때만이 서구인들은 고급문화인으로서 살아갈 수가 있고, 고은은 적당히 이 대한민국의 민족 시인—우리 한국인들을 위로하고 어루만져 줄 수 있는 민족시인—이 될 수가 있는 것이다. 또한 바로 그 때만이, 그는 교묘한 친미주의자들처럼, 돈과 명예와 모든 권력을 다 움켜쥐고 이 지구촌 방방곡곡을 떠돌아 다니면서, 그 어느 누구보다도 행복하게, 아니 허무하게 살아갈 수가 있는 것이다. 그는 철두철미하게 수치심과 자기 절제력이 결여된 인간이며, 역사 철학과 도덕 감각이 마비된 인간이다.

교육자로서의 고은, 염세주의 사상가로서의 고은이 하버드대학교에서 우리 한국인들에게 다음과 같이 말하는 소리를 나는 듣고, 또 듣는다. '무식하고 또 무식하게 살아라. 모든 학문과 모든 사상은 다 허무한 것이고, 낫 놓고 기역자도 모르는 샤먼이 우리 인간들의 미래의 최종적인 인간이란다'. 어쩌면 고은은 그렇게도 대한민국의 우리 학자들과 똑같은 목소리를 낼 수가 있는 것이며, 오직 자원빈국의 국가로서 하루바삐 교육개방을 서두르고 국제경쟁력을 기르는 것만이 최선의 선택인 이 시기에, 왜 반 교육개혁주의자로서의 염세주의의 타령만을 늘어놓고 있는 것이란 말인가? 그렇다면 고은은 왜 그의 말과는 정반대로, 그토록 부유하고 세계적인 대 서사시인으로서 살아가고 있는 것이며, 또한 왜 그토록 둔한 머리로 세계 방방곡곡을 찾아다니며 좀 더 배우지 못해서 안달이란 말인가? 아마도 고은의 염세주의는 차마, 그 부귀영화를 다 던져버리고 죽어갈 수가 없는 노인네의 안타까움 같은 것일는지도 모른다. 고은은 역시 미당 서정주의 제자답고, 가히 그의 지혜는 교활하다 못해 영악하다고 아니 할 수가 없다.

'우리는 죽어갈 수가 있어서 권태롭지가 않고, 또다시 태어날 수가 있어서 허무하지가 않다'라는 나의 말에는 낙천주의자로서의 삶과 죽음에 대한 그 모든 것이 압축되어 있다. 사는 법을 배우는 것은 죽는 법을 배우는 것이고, 죽는 법을 배우는 것은 사는 법을 배우는 것이다. 죽음은 삶의 완성이고, 삶은 죽음의 완성이다. 따라서 우리 인간들의 죽음은 한계가 아니라 무한한 가능성으로 언제나 열려 있다. 이 자연스러운 죽음을 행복한 삶으로 받아들이지 못하고, 그 죽음 앞에서 한 움큼의 허무만을 움켜쥐고 있는 고은이, 과연 노벨문학상을 타고 세계적인 대 서사시인이 되어갈 수가 있는 것일까? 고은은 속물근성의 화신으로서 동물적인 행복에 푹 빠져 있고, 그의 육체적인 노쇠와 점점 더 가까이 다가오고 있는 죽음이 몹시 서럽고 두려운 것인지도 모른다. 나는 고은에게서 역사 철학과 도덕 감각의 마비와 반 교육자로서의 면모와 염세주의의 망령들만을 되풀이 읽고 또 읽어내지 않을 수가 없었다. 아아, 대한민국의 모든 시인과 지식인들이여, 고은의 모든 저작들을 무시하고 짓밟아버리고, 또, 그리고 무자비하게 불살라 버리며, 이 세상에서 가장 찬란하고 화려한 세계적인 대 서사시인의 길을 걸어가지 않으면 안 된다! 수천 년 동안 이역만리를 떠돌아 다녔으면서도, 언제, 어느 때나 좌절과 절망을 몰랐던 유태민족들처럼, 그 뜨거운 열정과 앎의 목표를 향하여, 오늘도 전진을 하고 또 전진을 하지 않으면 안 된다!

신경림 비판: '근친상간의 미덕' 속에서

　신경림은 1935년 충북 충주에서 태어나 동국대 영문학과를 졸업하고 1956년, 『문학예술』로 등단한 대한민국의 중진 시인이다. 그의 시집으로는 『農舞』, 『새재』, 『달 넘세』, 『가난한 사랑 노래』, 『길』, 『쓰러진 자의 꿈』, 『어머니와 할머니의 실루엣』, 『뿔』 등이 있고, 장시집 『남한강』 이외에도, 산문집으로는 『시인을 찾아서』와 『바람의 풍경』 등이 있다. 그는 '민예총 의장'과 '민족문학작가회의 의장'을 역임하고 현재는 동국대학교 석좌교수로 재직하고 있으며, 그의 주요 업적과 그 경력에 걸맞게 대한민국의 모든 문학상을 수상한 바가 있다. '만해문학상'(1974), '한국문학작가상'(1981), '이산문학상'(1990), '단재문학상'(1994), '공초문학상'(1998), '대산문학상'(1998)의 수상이 바로 그것이다. 나는 문학상이란 최고급의 영광이며, 그것은 모든 사람들이 그에게 표시하는 최고급의 존경과 경의라고 생각한다.
　나는 신경림이 고은보다도 더 도덕적인 윤리 감각을 지닌 인물이라고 믿고 있으며, 또 실제로 한국문단에서 문학작품의 수준과 인간성이 좋기로 소문난 젊은이들이 그를 매우 존경하며 추종을 하고 있다는 사실도 잘 알고 있다. 나는 신경림만큼은 고은과는 달리, 아니, 내가 「박노해 비판」에서 보여준 바가 있듯이, 가능하면 정중하고 예의 바르게 비판을 하고 싶었고, 또 그렇게 하고자 했었다. 그러나 그의 시와 산문을 읽어내려가는 동안, 애시당초 그 마음은 흔적도 없이 사라져 버리고, 그가 우리 한국인들의 백만 두뇌를 끊임없이 우매화의 늪으로 몰아넣는 장본인이라는 생각에 미쳤을 때, 나는 진정으로 분노하지 않을 수가 없었다. 나의 분노는 이 세상에서 가장 훌륭하고 위대한 적에 대한 '원한 맺힌 저주감정'의 산물이 아니라, 너무나도 하찮고 가엾은 대한민국과 신경림에 대한 경멸감에서 비롯된 감정일 뿐이었던 것이다. 달리 말하자면, 그 분노는 대한민국과 신경림에 대한 경멸감 때문이 아니라, 그들과 더불어 살아갈 수밖에 없는 나 자신의 천역에 대한 분노라고 해도 지나친 말이 아닐 것이다.

신경림은 그의 도전적이고 야심만만한 시론, 즉 「시인이란 무엇인가」에서, '자연스럽지 못하고 인위적으로 만든 시'와 '말장난과 리듬을 경시한 시'와 '가벼운 시'들에 대한 노골적인 경멸감과 혐오감을 표시하며, "말은 경험의 축적이요 그 구체화로, 말장난에도 삶의 무게가 실려야 한다"라고 역설하고 있다. 또한 그는 "시는 말로 하는 예술"인 만큼 "사회성 자체도" 말의 예술성으로 표현되어야 한다고 역설하고, 따라서 "시인이란 자신의 사상과 감정을 보다 쉽게, 보다 힘 있게 표현할 수 있는 능력을 획득한 사람"이라고, 워즈워스와 코올리지의 말로써 그 시론의 결론을 내리고 있다(『뿔』, 창작과비평사, 2002). 대한민국의 제일급의 시인이자 동국대학교 석좌 교수인 신경림이 그의 도전적이고 야심만만한 시론의 주제를 타인들(워즈워스와 코올리지)의 말로 바꿔치기 하다니, '제3세계의 문화적 풍토병'과 '비평의 만장일치제도'의 폐해는 이처럼 뿌리가 깊고 암적인 종양처럼 퍼져 있다고 해도 과언이 아니다. 시는 사상과 감정의 표현이라는 말은 낡고 낡은 말에 불과하며, 또 그것은 워즈워스와 코올리지의 말도 아니다. 그런데도 신경림은 자기 자신의 시론의 주제를 그들의 엉터리 말로 바꿔치기함으로써, 그 글을 주문자 상표의 하청업체의 수준으로 전락시킨 것은 물론, 장물아비의 글을 또다시 훔쳐버린 꼴이 되고 말았다고 해도 지나친 말이 아니다. 따라서 '자연스럽지 못하고 인위적으로 만든 시'와 '말장난과 리듬을 경시한 시'와 '가벼운 시'들에 대한 그의 비판도 어떠한 힘도 지닐 수가 없게 되었는 데, 왜냐하면 그의 글이 너무나도 가볍고 천박하다 못해 글도둑질(타자의 베끼기)의 수준으로 전락을 해버렸기 때문이다.

시는 낙천주의를 양식화시킨 것이다. 나는 그 대 전제 아래, 시의 사회적 기능―종교적 기능, 교육적 기능, 축제적 기능―과 시의 네 가지 효과―진정제 효과, 강장제 효과, 흥분제 효과, 영생불사의 효과―를 천착한 바가 있다. 나는 우리 한국인들과 반대 방향에서 낙천주의의 사상가이며, 낙천주의의 사상을 독창적으로 정립했다고 자부하고 있다. 이것은 대한민국 인문과학의 경사요, 전 인류의 영광이 될는지도 모른다. 우리 인간들은 시에 의해서 그 유한성을 극복하고 신적인 인간(부처와 예수 등)이 되었으며, 그 영원불멸의 삶을 행복하게 살아가고 있는 것이다. 시는 언어(천국)의 사원이며, 시인은 그 사원의 사제이다.

신경림은 제3세계의 문화적 풍토병과 비평의 만장일치제도가 배출해낸 낙오자일 뿐, 제일급의 시인도, 제일급의 사상가도 아니다. 그는 두뇌가 있어도 독자적으로 사유하지 못하고, 입이 있어도 자기 자신의 말을 하지 못한다. 그는 어디까지나 '얼치기 앎'과 '근친상간의 미덕'과 '문화적 권력'을 소유한 자일 뿐, 하루바삐 우리 한국 문학의 영광을 위해서 퇴장시켜버려야 할 삼류 배우에 지나지 않는다. 절대 권력자와 여당의 독주를 견제하기 위해서는, 옳고 또 옳은 일에도 끊임없이 비판을 해야 하는 것이 야당의 사명이듯이, 비평가의 사명도 비판을 하고 또 비판을 하지 않으면 안 된다. 논쟁의 무대는 사각의 링이며, 끊임없이 실전을 방불케 하는 연습을 통해서 자기 자신의 능력을 극대화시킨 K.O 펀치의 소유자들만이 살아남을 수가 있다. 일진일퇴를 거듭하는 축구, 배구, 권투―, 일진일퇴를 거듭하는 정치, 경제, 문화, 예술―, 이때만이 모든 관중들이 손에 땀을 쥐고 열광할 수가 있는 것이며, 바로 그때만이 세계적인 대 사상가(대 예술가)가 탄생할 수가 있는 것이다. 이 비판(논쟁)의 무대만이 천재생산의 엘리트 코스이며, 고급문화의 기원인 것이다. 나는 무식하고 또 무식한 고은과 신경림을 위해서, 그리고 우리 한국인들을 위해서 '비평의 진수'를 보여주고 또, 보여주고자 한다.

제3세계의 문화적 풍토병과 비평의 만장일치제도 속에서, 혹은 얼치기 앎과 근친상간의 미덕 속에서 태어난 신경림은 그의 출세작이자 대표작인 「農舞」에서 다음과 같이 노래하고 있다.

> 징이 울린다 막이 내렸다
> 오동나무에 전등이 매어달린 가설 무대
> 구경꾼이 돌아가고 난 텅빈 운동장
> 우리는 분이 얼룩진 얼굴로
> 학교 앞 소줏집에 몰려 술을 마신다
> 답답하고 고달프게 사는 것이 원통하다
> 꽹과리를 앞장세워 장거리로 나서면

따라붙어 악을 쓰는 건 쪼무래기들 뿐
　　처녀애들은 기름집 담벽에 붙어 서서
　　철없이 킬킬대는구나
　　보름달은 밝아 어떤 녀석은
　　꺽정이처럼 울부짖고 또 어떤 녀석은
　　서림이처럼 해해대지만 이까짓
　　산구석에 처박혀 발버둥친들 무엇하랴
　　비료값도 안 나오는 농사 따위야
　　아예 여편네에게나 맡겨두고
　　쇠전을 거쳐 도수장 앞에 와 돌 때
　　우리는 점점 신명이 난다
　　한 다리를 들고 날나리를 불꺼나
　　고갯짓을 하고 어깨를 흔들꺼나
　　　─「農舞」(『農舞』, 창작과비평사, 1973) 전문

　시는 낙천주의를 양식화시킨 것이며, 낙천주의는 이 세상의 삶을 즐겁고 기쁘고 행복하게 살 수 있는 길로 우리 인간들을 인도해줄 수가 있을 것이다. 행복은 우리 인간들의 궁극적인 출발점이자 목표이며, 모든 것이 가능하고 어느 것 하나 부족한 것이 없는 상태를 말한다. 행복은 언제나 불행하고 유한한 존재자인 우리 인간들이 필연적으로 추구하고 있는 이상적인 세계를 뜻한다. 신, 영혼불멸, 내세의 천국, 지상낙원, 기독교, 불교, 힌두교, 이슬람교, 부처, 예수, 알렉산더, 나폴레옹, 호머, 셰익스피어, 괴테 등은 그 형이상학적인 화두話頭들이 배태해낸 개념들이며, 우리는 그 개념들(사상들, 종교들, 영웅들, 신들)을 통해서 미래의 인간형과 그 이상적인 세계를 끊임없이 모색해 보고 있는 것이라고 하지 않을 수가 없다. 흔히들 행복한 사회와 행복한 인간의 세계는 없다고 말한다. 행복이 행복인 것은 그것이 영원히 가능하지 않고, 손에 잡힐 듯하다가 이윽고 사라져 버리는 신기루와도 같기 때문일는지도 모른다. 하지만 헤겔의 말대로 '과정 자체가 목적'일 수가 있다면, 행복한 사회와 행복한 인간의 삶은 언제, 어느 때나 연출해낼 수가 있다고 나는 생각한다. 자기 자신이 신이 되기 위하여 에트나 화산에 몸을 던진 엠페도클레스, 자기 자신이 창조해낸 인물과 결혼하고자 했던 피그말리온, 가난한 자, 힘 없는 자, 지배당하는 자를 위하여 순교를 했던 부처와 예수, 최고급의 지혜를 안출해 내기 위하여 모든 욕망을 거절하고 학문으로 출가를 했던 사람들, 문화의 제국을 건설하고자 했던 알렉산더와 나폴레옹 등―, 그들은 그 행복을 추구해 나가는 과정 속에서 너무나도 행복하게 살아갔던 사람들이고, 우리는 그들과도 같은 문화적 영웅들이 있었기 때문에, 오늘도 행복하게 살아가고 있는 것이다. 고통에 고통을 가중시켜 나가는 것도 기쁜 일이고, 사나운 비바람과 거친 파도를 헤쳐 나가는 것도 기쁜 일이고, 풀 한 포기와 나무 한 그루는커녕, 너무나도 뜨거운 열사의 사막을 헤쳐 나가는 것도 기쁜 일이다. 그 어렵고 험난한 장애물과 그 과정들이 있었기 때문에 우리 인간들은 영웅이 될 수가 있고 행복하게 살아갈 수가 있는 것이다.

　한국적 애수의 청승맞은 가락, 나는 그 가락을 몹시도 싫어하고, 또한, 그것을 되풀이 변주하고 있는 신경림의 모든 시들도 몹시 싫어한다. 왜냐하면 그들은 다같이 이 세상을 더욱더 넓고 아름답고 풍요롭게 바라보기는커녕, 미리부터 좌절과 체념을 하고―비록, 신경림이 너무나도 뒤늦게 "시는 이상주의자의 길에 피는 꽃"(「시인이란 무엇인가」)이라고 말하고 있을지라도—고통이 없는 행복만을 추구하는 얼치기 앎의 소유자들이기 때문이다. 그들에게는 용기와 지혜와 성실성을 찾아볼 수도 없고, 오직 있는 것이라고는 무목표, 무의지, 무책임이라는 '三無政策'만이 있을 뿐인 것이다. 기껏해야 2~30대의 젊은 나이로, "이까짓 산구석에 처박혀 발버둥친들 무엇 하랴/ 비료값도 안 나오는 농사 따위야/ 아예 여편네에게 맡겨두고" "학교 앞 소주집에 몰려가 술을 마시고", 무목표, 무의지, 무책임의 표본으로써 막가파식의 한탕주의의 쾌락에 잠긴 「農舞」의 사내들을 우리는 어떻게 이해해야 할 것인가? 비록, 그들이 일제 식민시대와 남북분단과 한국전쟁과 4·19 혁명과 5·16 군사쿠테타를 거쳐서 절대빈곤과 기아선상에서 헤매고 있는 농민들이라고 하더라도, 과연 그들의 자포자기적인 좌절과 체념과 방탕의 삶을 우리는 최선의 삶이라고 미화하고 성화시킬 수가 있단 말인가? "답답하고 고달프게 사는 것이 원통하다"라고, 자기 자신과 처자식들과 부모형제들의 삶을 팽개쳐 버린 것은 그들이지, 사나운 비바람과 거친 파도 속에서도 언제나 묵묵히 우리 인간들의 희망을 길어내 온 이 세상의 문화적 영웅들—이때의 문화적 영웅으로는 그들의 처자식과 부모형제들도 포함될 수가 있다. 왜냐하면 그들은 그들의 삶에의 의지를 결코 포기하지 않았기 때문이다—이 아니기 때문이다. 신경림의 「農舞」는 자기 자신과 처자식과 부모형제들의 삶을 팽개쳐 버린 막가파식의 퇴폐주의로, 대부분이 어렵고 힘든 가운데서도 근면하고 성실하게 살아온 우리 한국인들의 삶을 모독하고, 이 대한민국의 역사와 전통을 염세주의로 똥칠을 해놓은 시라고 할 수가 있다. 이 세상을 더럽고 추하게만 바라보고, 어떠한 고통의 지옥훈련과도 기피하고, 그 모든 것을 타인의 탓으로 책임 전가해버린 의지박약한 인간들이 신경림의 이상적인 이념형들인 것이다. 그 더럽고 추한 염세주의는 그 시세계의 성감대를 이루고, 그 퇴폐적(염세적)인 쾌락은 언제나 젖과 꿀이 흐르는 지상낙원의 샘물이 되고 있는 것인지도 모른다.

 신경림은 그 지상낙원에서 오늘도 다음과 같이 노래하고 있다.

> 사나운 뿔을 갖고도 한 번도 쓴 일이 없다
> 외양간에서 논밭까지 고삐에 매어서 그는
> 뚜벅뚜벅 평생을 그곳만을 오고 간다
> 때로 고개를 들어 먼 하늘을 보면서도
> 저쪽에 딴 세상이 있다는 것을 알지 못한다
>
> 그는 스스로 생각할 필요가 없다
> 쟁기를 끌면서도 주인이 명령하는 대로
> 이려 하면 가고 워워 하면 서면 된다
> 콩깍지 여물에 배가 부르면
> 큰 눈을 끔벅이며 식식 새김질을 할 뿐이다
>
> 도살장 앞에서 죽음을 예감하고
> 두어 방울 눈물을 떨구기도 하지만 이내
> 살과 가죽이 분리되어 한쪽은 식탁에 오르고
> 다른 쪽은 구두가 될 것을 그는 모른다
> 사나운 뿔은 아무렇게나 쓰레기통에 버려질 것이다
> ―「뿔」(『뿔』, 창작과비평사, 2002) 전문

신경림의 염세주의는 그의 콤플렉스의 소산이며, 그것은 그가 태어난 한국 사회의 현실과도 정확하게 대응을 하고 있다고 나는 생각한다. 그러나 더없이 비천하고 의지박약한 어중이떠중이들에게는 그들의 콤플렉스 자체가 치명적인 독이 되고 우리 인간들의 건강을 좀 먹지만, 고귀하고 위대한 인간들에게는 그들의 콤플렉스 자체가 쓰디쓴 보약이며 강장제가 되어준다. 그들은 그 '콤플렉스'를 극복해 나가는 과정에서 '주체성의 확립'과 '타자성의 확립', 즉 '자아 영역의 확대'와 '세계 영역의 확대'를 이룩하게 되고, 그것은 사상과 이론의 차원에서 '거대한 제국의 꿈'으로 나타나게 된다. 콤플렉스는 모든 문화적 영웅들이 지닌 표지이며, 그 말이 승화되어 꿈으로 나타나게 된 것이다. 귀머거리에다가 소경이었던 호머, 두메산골의 일개 사냥꾼에 불과했던 셰익스피어, 프랑스의 식민지인 코르시카의 가난뱅이에 불과했던 나폴레옹, 아버지의 사망으로 자퇴와 복학을 반복해야만 했던 뉴턴, 아버지의 사업 실패로 고등학교를 졸업하지 못하고 떠돌아 다녀야만 했던 아인시타인, 정상적인 교육을 거의 받지 못했던 에디슨과 알프레드 노벨 등—, 나는 이러한 모든 문화적 영웅들이 신경림보다도 더욱더 가난하고 어렵고 힘든 생활을 했다고 믿어 의심하지 않고 있다. 그들의 위대성은 그들의 고통의 크기와 정확하게 대응하고 있으며, 신경림의 고통의 크기는 기껏해야 염세주의자의 과장된 엄살에 지나지 않는다. 나는 초등학교 이외에는 대한민국 교육제도의 혜택을 전혀 받지 못했고, 신경림보다도 10배나 20배쯤은 더 많은 고생을 했다고 자부하고 있다. '만인 대 일인의 싸움', 지금 내가 싸우고 있는 이 고통의 크기는 우리 한국인들의 전체의 그것보다도 더 크다고 나는 또한 자부하고 있다. 그런데도 나는 이 세상을 더욱더 넓고 아름답고 풍요롭게 바라보는 낙천주의자(영웅주의자)이지만, 대한민국의 상류계급의 인사로서 신경림은 아직도 이 세상의 삶을 더럽고 추하게만 바라다 본다. 나는 고귀하고 위대한 인간을 꿈꾸지만, 그는 더럽고 추악한 노예의 삶을 꿈꾼다.

사나운 뿔을 갖고도 한 번도 써본 적이 없는 소, 외양간에서 논밭까지 고삐에 매여서 한평생 그곳만을 오고 가는 소, 때때로 머나먼 하늘을 바라보면서도 또다른 세상이 있다는 것을 알지 못하는 소, 오직 주인의 명령에 따라서 어렵고도 힘든 노동을 마다하지 않는 소, 콩깍지 여물로 배가 부르면 식식 되새김질이나 할 뿐, 쓸데없는 생각은 전혀 하지도 않는 소, 도살장 앞에서 죽음을 예감하고도 두어 방울 눈물이나 떨굴 뿐, 이내 살과 가죽이 분리되고 사나운 뿔은 아무렇게나 쓰레기통에 버려지는 소―, 이 몰주체적이고도 반역사적인 인물들이 신경림의 이상적인 인물들임은 두말할 필요조차도 없는 것이다. 다시 말해서 신경림의 염세주의는 이미 앞에서 살펴본 것처럼, 막가파식의 한탕주의의 쾌락에 젖은 「農舞」의 사내들의 소산이며, 그들의 엉덩이에 뿔난 망나니짓은 우리 한국인들의 건강을 좀 먹는 암적인 종양으로 자라난다. 그 염세주의자들의 엉덩이에 뿔난 망나니짓은 2~30대의 젊은 건강을 다 탕진하고, 보다 더 원숙하고 훌륭한 지혜로써 우리 한국인들의 귀감이 되어야 할 이 중요한 시기에 공격본능과 방어본능을 모조리 다 잃어버린 한 마리의 늙은 소가 되어버린다. 사나운 뿔과 힘이 있어도 이미 제국주의자들에게 길들여져, 그들에게 살코기와 노동력과 그 모든 것을 다 갖다 바쳐버린 한 마리의 소, 싸워보기도 전에, 이미 막가파식의 한탕주의의 쾌락으로 그 젊음을 다 탕진하고 늙어버린 신경림―. 그의 콤플렉스는 그의 치명적인 독이며, 모든 인간들을 죽음으로 몰아넣는 암적인 종양(염세주의)일 뿐이다.

　머리에서 발끝까지 염세주의자인 신경림, 1956년 등단 시절부터 1970년대의 『農舞』, 그리고 2002년의 『뿔』에 이르기까지 염세주의자인 신경림, 밥을 먹을 때도, 섹스를 할 때도, 외국 여행을 할 때에도, 대학에서의 문학 강의와 제일급의 인사로서의 문학강연을 다닐 때에도 염세주의자인 신경림, 노무현과 민주화 운동을 할 때에도, '무명산악회'의 제일급의 인사들과 산행을 할 때에도, 날이면 날마다 축제를 하듯이 문학상을 받고 또 그 숱한 문학상의 심사위원을 할 때에도 너무나도 원통하고 허무해서 염세주의자인 신경림, 울 때도, 웃을 때도, 술을 마실 때에도, 아들과 딸과 친지들의 결혼식 때에도, 또 후학들과 잡담을 하고 우리 한국인들의 미래를 걱정할 때에도 염세주의자인 신경림—. 하지만 이 신경림은 염세주의의 역사 철학적인 배경과 그 의미를 모르는 어중이떠중이이고, 이제는 어느 누구보다도 부유하고 행복하게 살아가고 있는 낙천주의라면 과연 여러분들은 어떻게 생각하겠는가? 이 세상을 더욱더 더럽고 추하게만 바라보고 있는 그를 끊임없이 찬양하고 성화시킬 것인가? 아니면, 그 염세주의의 촌극을 단번에 걷어 치우게 하고, 우리 한국인들의 백만 두뇌를 양성할 수 있는 나의 낙천주의 사상의 프로그램을 옹호할 것인가? 아아, 우리 한국인들이여, 여기에는 더 이상의 선택의 여지가 없다는 사실을 명심해 주기를 바란다.

　나는 나의 『행복의 깊이 1』, 『한국문학비평의 혁명』(『행복의 깊이 2』), 『어느 철학자의 행복』(『행복의 깊이 3』), 『비판, 비판, 그리고 또 비판』 등에서, 이미 염세주의의 역사 철학적인 배경과 그 의미를 천착한 바가 있고, 그러므로 염세주의에 대해서는 나의 저서들을 참고하여 주기를 바란다. 신경림의 염세주의는 세 단계의 과정을 거쳤고, 이제는 그 염세주의의 최종적인 단계에까지 와 있다고 나는 생각한다. 첫 번째 단계는 이 세상에서 어떠한 의미도 발견하지 못하고 미리부터 자포자기한 낙오자들의 삶을 말하고, 그것은 막가파식의 한탕주의의 쾌락에 젖어 있는 사회적 하층계급들의 삶을 말한다. 두 번째 단계는 그 염세주의적인 좌절과 체념의 과정을 거쳤지만, 이제는 어느 정도 그 절망적인 상황을 극복했으면서도 상투적으로 이 세상을 비방하고 혐오하는 사람들을 말하며, 그것은 1970년대부터 1980년대까지 신경림이 거쳐왔던 사회적 중간계급의 삶과도 맞닿아 있다. 그리고 마지막으로 세 번째 단계는 이제는 완전히 염세주의를 극복했고, 최고급의 상류계급의 인사로서 돈과 명예와 권력을 다 움켜쥐고 있으면서도 그것을 한사코 은폐한 채, 가난하고 어렵고 힘든 사람들에게 너무나도 치명적인 독약(염세주의)을 팔아서 더욱더 치부를 하고 있는 사람들이며, 바로 이 상류계급의 인사들이 고은과 신경림과도 같은 사람들인 것이다. 신경림의 초기의 염세주의는 유소년 시절에 그 뿌리를 두고 있는 것이지만, 이제 그 염세주의는 오늘날 이 땅에서 진정으로 고통을 받고 신음을 하고 있는 사회적 하층계급들의 불만을 잠재우는 자장가에 지나지 않는다. 그가 가난하고 불행하다면, 그의 모든 친구들, 예컨대, 고은, 백낙청, 유종호, 김우창, 김대중, 김영삼, 노무현, 송건호, 려영희, 박현채, 김진균, 안병직, 이호철, 강만길, 염무웅, 김병걸, 김종철, 임채정, 이부영 등과도 같은 수많은 정치인들과, 법조인들과, 경제인들과, 학자들과, 예술가들도 다같이 가난하고 불행할 수밖에 없는 것이다.

    조지 소로스는 국제금융자본가이며, 그의 투기성 자본은 가난한 나라의 부를 하루 아침에 거덜낼 만큼 엄청난 파괴력을 지녔지만,

그러나 그는 그것보다는 자선사업가로서 더욱더 그의 미덕이 회자되기도 한다. 왜냐하면 그가 제3세계에서 흡혈귀처럼 빨아먹는 천문학적인 자본의 규모는 철두철미하게 베일에 가려져 있지만, 자선사업가로서의 그가 세계 방방곡곡에 쏟아붓고 있는 금액—적어도 1년간 수천 억에서 1조 단위까지는 될 것이다—만이 이 지구 상의 최대의 미덕처럼 알려지고 있기 때문이다. 그는 제3세계의 부를 빨아먹는 흡혈귀이면서도 한없이 친절하고 인자한 천사이다. 그는 그 천사의 가면으로 악마의 이미지를 은폐하고 이 세상의 사회적 혼란과 잡음, 아니 그보다도 더욱더 크고 파격적인 내란이나 혁명을 잠재운다. 그의 자선사업은 자본가 계급의 극단적인 이기주의의 형태이며, 신경림의 문화자본(염세주의) 역시도 마찬가지이다. 수많은 문학상의 수상과 그 저서들의 인세와 고료, 동국대 석좌교수의 봉급과 강연료, 문학상 심사위원의 수고비와 언론매체의 출연료 등, 그는 돈과 명예와 권력을 다 움켜쥐고 있을 뿐, 적어도 가난하거나 불행한 삶을 살고 있지는 않다. 그렇다면 그의 한국적 애수의 청승맞은 가락은 무엇이며, 그 어디에도 뿌리를 내리지 못하고 있는 듯한 그 유랑민의 삶에 대한 선호는 무엇 때문이란 말인가? 그의 염세주의는 사회적 하층민의 편에 서서 그들의 불만을 잠재우는 자장가이며, 그는 그 자장가를 통해서 더욱더 많은 돈과 명예와 권력을 쌓고 행복하게 살아간다. 그의 염세주의는 극단적인 이기주의의 산물이며, 그가 오늘도 행복하게 살아갈 수 있는 원동력이 되어주고 있는 것이다. 아아, 너무나도 가증스럽고 뻔뻔스럽게 염세주의의 탈을 쓴 사제여, 이제는 그대에게 역사 철학적인 사형집행의 날짜만이 다가오고 있다는 사실을 명심하여 주기를 바란다.

신경림은 그의 산문집 『바람의 풍경』의 「책머리」에서 "문학은 자기 존재의 전방위적 확인"(문이당, 2000)이라고 역설하고 있지만, 대체로 그의 산문은 시시껄렁하고, 있으나 마나 한 신변잡기의 이야기로 떨어지고 만다. 신경림의 청소년 시절, 즉 그의 학창 시절과 그의 인생에 있어서 매우 커다란 영향력을 행사해준 「두 스승」에 대한 산문도 마찬가지이다. 그는 그 '두 스승'을 매우 뛰어난 인물이라고 추켜 세우고 있지는 않지만, 그의 인생에 있어서 매우 중요한 영향을 끼친 인물로 묘사하고 아직도 그들에 대한 존경의 예를 거두지 않고 있다. 그러나 그것은 '스승과 제자라는 조선 사림士林의 유습' 그대로이지, 인류의 역사에 있어서 가장 결정적인 영향력을 끼친 '스승과 제자 사이의 아름다운 전범'이 될 수가 없는 것이다.

> 1. 선생님은 술을 하시지 않았기 때문에 우리가 가는 곳은 늘 다방이었다. 어쩌다가는 지방문학 청년이 끼는 일도 있었지만 우리 둘이서 통금이 되기까지 몇 시간이고 앉아 있는 것이 보통이었다. 그때도 선생님은 많은 말씀을 하시지는 않았지만, 지금 생각하면 나는 이때 학교 시절보다 더 많은 것을 선생님으로부터 배우지 않았는가 싶다. 더러는 선생님한테 시도 보여드려 의견을 듣고는 했으니 글동무가 없는 내게 선생님은 유일한 글동무이기도 했던 셈이다. 내가 『문학예술』에 추천을 받았을 때도 가장 기뻐한 분이 선생님이다. 선생님은 내 시를 극찬하면서 중국집에 가서 탕수육과 배갈로 축하까지 해주셨다.
> ─ 신경림, 「두 스승」(『바람의 풍경』)에서

> 2. 그러나 선생님은 엄격하기만 하신 분은 결코 아니셨다. 그때까지는 아직 문학 청년이셨던 선생님은 우리와 만나면 아무데서나 스스럼없이 문학 얘기를 하셨다. 의견이 다르면 큰 소리로 우리를 설득하기도 하

셨다. 문학 얘기를 할 때만은 사제지간이 아니라 친구라는 말도 거침없이 하는 트인 선생님이셨다. 그 뒤 선생님은 나와 유종호가 글을 쓰기 시작하자, 너희들이 시도 쓰고 평론도 쓰니까 나는 문학을 안 해도 되겠다며 사법시험을 공부해 판사가 되셨고, 지금은 변호사가 되어 광화문에 사무실을 내고 계신다.

— 윗 글에서

주지하다시피 플라톤의 스승은 소크라테스였고, 아리스토텔레스의 스승은 플라톤이었다. 알렉산더 대왕의 스승은 아리스토텔레스였고, 레오나르도 다 빈치의 스승은 베르키오였다. 그 스승과 제자들은 오늘날 인류의 역사상 가장 아름다운 사제지간의 명장면들을 연출해 내고 만인들의 심금을 울리고 있다. 플라톤은 정말로 마지막까지 소크라테스만을 추종했고, 그의 이상 세계(이데아의 세계) 역시도 그 스승이 역설한 세계에 불과한 것일까? 시인과 예술가들을 모조리 추방해 버린 플라톤에 반발하여 시와 예술을 옹호하고 인류의 역사상 가장 최초로 '시학'을 정립했던 아리스토텔레스의 스승에 대한 존경의 강도는 어떠했으며, 레오나르도 다 빈치가 천사의 그림을 그렸을 때 그의 붓을 꺾어버린 베르키오의 제자에 대한 사랑은 어떠했던 것일까? 그 스승과 제자들의 관계는 근본적으로 '사랑과 존경'의 관계이지만, 그 사랑과 존경 속에는 온갖 질투와 시기와 경멸과 증오와 적의와 살의가 중첩되어 있다고 해도 과언이 아니다. 위대한 인간이 그 위대함에 대한 위협을 느꼈을 때, 그것을 곧바로 대범하게 받아들일 수가 있다면, 그는 로버트나 컴퓨터와도 같은 기계 인간이지, 살아 숨쉬는 인간이 아닐 것이다. 위대한 인간이 위대해지기 위해서는 온갖 질투와 시기와 경멸과 증오와 적의와 살의 속에서도 그것을 극복해 내야 하며, 그리고 그 위대함을 획득한 자는 승자의 미소를, 그렇지 못한 자는 패자의 눈물을 머금고 아낌없는 찬사의 박수를 보내지 않으면 안 된다. 이것이 진정한 사제지간의 본질적인 국면인 것이다.

임마뉴엘 칸트가 '형이상학의 독단론'을 비판하고 '이성의 자율성'과 '도덕법칙'을 강조했지만, 헤겔은 그 '이성의 자율성'을 비웃으면서 '도덕법칙'이 인간을 위해서 존재하는 것이지, 인간이 '도덕법칙'을 위해서 존재하는 것은 아니라고 비판한 바가 있다. 또한 헤겔은 우리가 알 수 있는 것은 '물 자체'가 아니라 '사물들의 현상'일 뿐이라는 칸트의 말을 비판하고, 사물의 본질은 사물 자체에 폐쇄되어 있지만, 그것은 다양한 현상들로 나타난다고 말한 바가 있다. 요컨대 현상학은 그 다양한 현상들을 통해서 사물의 본질을 탐구해낼 수가 있다는 것이다. 헤겔의 제자로서 쇼펜하우어는 헤겔의 절대정신(낙천주의)을 비판하고, 그의 염세주의 사상을 정립한 바가 있으며, 인류의 역사상 가장 위대했던 칼 마르크스는 '사물(대상)은 인간 정신의 모사'일 뿐이라는 헤겔의 말을 전복시키고, '인간 정신'(개념)이 '사물의 모사'일 뿐이라는 유물사관으로 공산주의 사상을 정립한 바가 있다. 만일 그렇다면 신경림의 두 스승인 유촌과 정춘용은 어떠한 인물이며 그들의 제자로서 신경림은 어떠한 인물인가? 그의 두 스승이 어떠한 사상과 이론, 혹은 어떠한 기법도 연출해 내지 못했던 얼치기들에 불과했다면, 한국 현대시사 속의 중진인 신경림 역시도 얼치기들의 아류에 불과했던 것이다. 1)의 예문은 문학평론가 유종호의 부친이기도 한 유촌 선생님에 대한 글이며, 유촌 선생님은 충주고등학교의 국어 선생님이자 시를 쓰시는 분이었다. 그는 일찍이 신경림의 문학적 재능을 알아보고 그것을 격려해 주신 것을 물론, 그의 대학 진학을 결정해 주시고 그가 『문학예술』로 등단을 하자 그 어느 누구보다도 내 일처럼 기뻐해 주셨던 분이다. 2)의 예문은 그의 중학교 때와 고등학교 때 그를 가르쳤던 정춘용 선생님에 대한 글이며, 그 선생님 역시도 그의 문학적 재능을 알아보고 그를 시인의 길로 인도해 주신 분이었다. 그러나 그 선생님들은 시골 학교의 보잘것없는 선생님들일 뿐, 이렇다 할 업적이 없는 어중이떠중이들에 불과했다. 그러니까 그들은 소크라테스, 플라톤, 아리스토텔레스, 알렉산더, 베르키오, 레오나르도 다 빈치 등과도 같이 사제지간의 명장면을 연출해낼 수 있기는커녕, 기껏해야 자그마하고 사소한 인연의 끈으로 근친상간의 미덕(추태)만을 연출해낸 얼치기 앎의 소유자들에 지나지 않았던 것이다.

이미 시사한 바와 같이 사상과 이론의 무대에서는 그 어떤 사상과 이론도 30년을 지배하지 못하고, 또 그 창시자들도 그 제자들에 의해서 외롭고 쓸쓸하게 퇴장을 하는 것이 우리 인간들의 보편적인 역사인 것이다. 따라서 신경림의 그 스승들에 대한 예의는 얼치기가 아니라면 도저히 있을 수가 없는 헤프닝에 지나지 않는다. 이 아름다운 사제지간의 명장면을 연출해 내지 못하고 있는 한국 사회는 기껏해야 제3세계의 주변국에 지나지 않으며, 고급문화 이전의 야만의 나라에 지나지 않는다. 어쨌든 얼치기는 대상을 인식하는 감성의 능력도 없고, 대상을 사유하는 오성의 능력도 없다. 뿐만 아니라, 그는 판단력―'분석판단', '종합판단', '선험적 종합판단' 등―이 결여된 존재이며, 그는 궁극적으로 백치에 불과하다. 감성은 인식의 감수성에 기초하고, 오성은 사고의 자발성에 기초한다. 예컨대 어떤 돌을 인식하는 것은 감성이고, 그 돌에 대한 사유를 통해서 그것에 이름을 붙이는 것은 오성이다. 하지만 이것은 대상을 통해서 개념으로 나아가는 경험론의 예에 불과하며, 이 경험론의 반대 방향에서는 개념을 통해서 대상으로 나아가는 관념론도 있을 수가 있다. 예컨대 신, 영혼, 인간 존재, 천국, 지옥 등이 그것이며, 그것은 개념이 먼저 있고 그 다음에 대상이 만들어진 예에 해당된다. 이 형이하학(전자의 경우, 즉 자연과학)과 형이상학(후자의 경우, 즉 인문과학)이 오늘날 우리 인간들의 학문의 양대 산맥인 것이다. 따라서 대상을 인식하는 감성, 대상을 사고하는 오성, 그리고 이 모든 것을 분별할 수 있는 판단력이 결여된 인간이 얼치기 인간들이며, 그 대표적인 인간이 신경림과도 같은 우리 한국인들인 것이다. 나는 우리 한국의 지식인들이 서구의 사상과 이론을 무자비하게 베껴먹는 것만을 보았지, 이제까지 사상과 이론에 도전해본 사람은 이 반경환이밖에는 없다는 사실을 너무나도 분명하게 장담할 수가 있다.

얼치기 앎의 소유자들은 대부분이 고은과 신경림과도 같은 염세주의자들이며, 그들은 이 땅에서 결코 아름다운 사제지간의 명장면들을 연출해 내지 못한다. 왜 이 한국사회에서는 모든 인간들이 손에 땀을 쥐고 열광할 수 있는 논쟁의 문화가 활성화되지 않고 있는가? 그것은 두말할 것도 없이 이 얼치기 앎의 소유자들이 근친상간의 미덕 속에다가 모든 비판정신의 가능성을 거세시켜버렸기 때문이다. 나는 서구의 명문대학교들, 예컨대 하버드대학교와 MIT공과대학교와 파리고등사범학교와 베를린대학교와 옥스퍼드대학교와 케임브리지대학교와 프린스턴대학교의 교수들이 매학기마다 자기 자신의 이론으로 강의를 하고, "학생 여러분들 왜 질문하지 않으세요? 자, 손들어 보세요! A군, B군, C군, 어디 한번 손들어 보세요! 왜 도전적이고 공격적인 질문을 하지 않으세요! 이제까지 무엇을 배웠고, 왜 공부를 하지 않았어요! 어디 한번 질문을 해보세요?"라고, 다그치고 있다는 사실을 잘 알고 있으며, 또한 그 명문대학교의 학생들은 세계적인 수준의 제일급의 교수들에게, "왜 선생님은 양자역학과 상대성이론을 결합시킨 새로운 '우주 대통합이론', 즉 '양자중력이론'에 도전하지 않으세요? 왜 선생님은 마르크스와 프로이트와 아인시타인과 니체를 뛰어 넘으려고 노력하지 않으세요?"라고, 도전적이고 공격적인 질문들을 예사로 하고 있다는 사실을 매우 잘 알고 있다. 이러한 도전적이고 야심만만한 공방전, 즉 이처럼 매우 활기찬 강의가 진행되기 때문에, 그들 사회에서는 세계적인 석학들이 얼굴에 솜털도 가시지 않은 소장학자들에게 K.O패를 당하는 것도 예사이고, 4~50대까지 무명 생활로 전전하던 학자가 일약 세계적인 대 석학의 반열에 올라서는 것도 보통이고, 6~70대의 노학자가 모든 소장학자들의 도전을 뿌리치고 영원불멸의 사상의 신전의 주인공이 되는 것도 보통이다. 그러나 우리 한국 사회는 이 얼치기 앎의 소유자들이 대학사회, 언론, 출판, 문학상 등, 모든 제도를 다 움켜쥐고, 그들에게 도전적이고 똑똑한 제자는 가차없이 매장을 해버리기 때문에, 아무런 사상과 이론이 없는 글도둑질의 대가들, 즉 6~70대의 노스승들만이 언제나 최종적인 승리자가 되고 있는 실정이다. 그 결과, 공교육이 모조리 마비되고 사교육비가 엄청나게 들어가고 있는데도 자나깨나 밥그릇 싸움이나 하고 있는 전교조와 한국교총의 선생님들과, 조기 유학과 유학 이민 현상에는 언제나 휘파람을 불고 '나 몰라라' 하면서도, 교육시장개방만은 마냥 두려워서 벌벌 떨고 있는 우리 학자님들과, 그리고 그토록 무자비하고 파렴치하도록 글베끼기로 일관한 교육부 장관님과 또, 박사학위를 돈 주고 산 대학 총장님들과 재단 이사장님들이 모두들 다같이 힘을 합쳐서, '제3세계의 문화적 풍토병'과 '비평의 만장일치제도'를 이 세상에서 가장 찬란하고 화려하게 양성해 나가고 있는 것이다.

   신경림의 스승도 염세주의자이며, 신경림 역시도 염세주의자이다. 신경림의 스승도 얼치기 앎의 소유자이며, 신경림 역시도 얼치기 앎의 소유자이다. 아름다운 사제지간의 명장면을 연출해 내지 못한 사회는 미래의 희망이 없는 사회이며, 이미 죽어버린 사회에 지나지 않는다. 따라서 신경림이 고은보다도 도덕적으로 더 윤리 감각을 지닌 인물이라는 말은 단지 수사적인 거짓 환영에 지나지 않는다. 왜냐하면 신경림 역시도 제3세계의 문화적 풍토병과 비평의 만장일치제도 속에서 자라난 근친상간의 아들이기 때문이다. 그는 아무런 명명의 힘도 없이 서양인들이 불러주는 대로 따라하는 글 도둑질의 대가들—예컨대, 백낙청, 유종호, 고은, 김현, 김우창, 김치수, 김윤식, 김우창 등—의 동료이며, 근친상간의 추태를 미덕으로 착각하고 있는 어릿광대에 지나지 않는다. 신경림이 동교 출신의 폐해—동국대 출신으로서 동국대 석좌교수를 하고 있으니까 너무나도 잘 알고 있을 것이 아닌가? 당신의 권리, 당신의 편리함, 당신의 이점 등은 동교 출신이 아닌 사람들에게는 너무나도 엄청난 불이익으로 작용하지 않겠는가?—를 지적하고, 유종호가 심사하면 김우창이, 김우창이 심사하면 유종호가, 김병익이 심사하면 김현이, 김현이 심사하면 김병익이, 김병익이 심사하면 정과리가, 김현이 심사하면 이인성이, 유종호와 정현종이 심사하면 그들의 제자인 나희덕이, 황동규가 심사하면 정현종이, 정현종이 심사하면 황동규가 상을 받는 근친상간의 미덕(추태)을 제대로 비판할 자신이 있는가? 이 근친상간의 미덕은 '한일전 축구경기의 심판'과 '노벨문학상 심사위원'을 우리 한국인들이 모조리 다 맡는 것과도 같다. 만일, 한국문학상의 심사 기준인 '근친상간의 미덕'이 세계적으로 제도화만 된다면, 우리 한국인들은 모든 경기를 백전백승의 신화로 이끌고, 또한, 노벨문학상마저도 해마다, 모조리 싹쓸이 하게 되는지도 모른다. 하지만 신경림 역시도 그 글도둑질의 대가들과의 우정과 학연을 중요시하며, 고은, 백낙청, 유종호가 심사를 하면 신경림이 상을 받고, 신경림이 심사를 하면 고은, 백무산, 나희덕이 상을 받는 근친상간의 미덕만을 보여주고 있다고 해도 과언이 아니다. 하지만 신경림이여, 그 근친상간의 미덕이, 어쩌다가 근친상간의 추태로 전락한다면 어떻게 해야 되고, 또 그 근친상간의 미덕을 과연 미덕이라고 부를 수가 있는 것일까? 만일 그렇다면 그대가 받은 수많은 문학상들도 하루바삐 '근친상간의 미덕'의 산물이라고 그대의 약력란에다가 매우 자랑스럽게 명기해야 되지 않겠는가? 어떤가, 내 말이 틀렸는가? 나는 김현을 비판한 이후로, 모든 발표 지면을 다 빼앗기고 어느 누구보다도 뼈 아프고 참담한 길을 걸어왔지만, 언제, 어느 때나 옳고 또 옳은 말만을 해왔다고 자부하고 있다. 제3세계의 문화적 풍토병과 비평의 만장일치제도, 혹은 얼치기 앎과 근친상간의 미덕 속에 젖어 있으면, 모든 윤리 감각이 마비되고 그는 확실하게 못쓰게 된다.

아아 신경림이여, 칸트, 헤겔, 마르크스, 니체의 비판정신을 계승한 나의 비판의 칼날을 받아 보아라! 그러면 그대가 얼마나 더럽고 추악하게 타락했는가를 알게 될 것이다. 아아 신경림이여, 그러나 나의 비판의 칼날을 맞고 그냥 그대로, 쓰러지지 말고 그대의 건강한 몸과 명료한 이성으로 이 반경환이를 비판하고 또 비판해 보아라! 그러면 그대가 얼마나 더욱더 날카롭고 예리한 비판정신으로 강화되었는가를 알게 될 것이다. 그리고, 한 걸음 더 나아가, 더욱더 전투적이고 호전적인 비판정신으로 무장을 하고 그대의 스승과 동료들과 제자들을 단칼에 베어보아라! 그러면 그대는 이 세상의 가장 아름다운 신전에서, 마치 전지전능하신 신처럼 영원불멸의 삶을 향유하게 될 것이다. 비판의 정신만이 위대하고 또 위대하다. 이 비판정신의 제일의 기능은 '정화기능'이고, 제이의 기능은 '강화기능'이며, 그리고 마지막으로 제삼의 기능은 '성화기능'이라고 나는 낙천주의 사상가로서 그 어느 누구보다도 가장 자신 있게 말할 수가 있다. '정화기능'은 더럽고 추한 때를 맑고 깨끗하게 씻어주는 기능이며, '강화기능'은 그 순수한 영혼의 주체자가 가장 사악한 무리들과의 싸움에서 승리할 수 있도록 해주는 기능이고, 그리고 마지막으로 '성화기능'은 그 최종적인 승리를 거둔 인간―우리 인간들의 미래의 꿈과 희망을 가져다가 주고 '인간이라는 종'을 건강하게 해준 인간―을 부처와 예수와도 같이 성화시킬 수가 있다는 것을 뜻한다. 이것이 최고급의 사상의 신전의 기원인 것이다. 아아, 신경림이여, 비판을 받고 또 받아 보아라! 그러면 그대는 더욱더 위대한 인간이 될 것이다.

나는 지금, 또다시, '대한독립만세'를 부르는 심정으로 이 글을 쓰고 있다. 대한민국이 진정으로 '독립국가'가 되는 길은 타인의 말과 사유로부터 벗어나, 이 세상에서 가장 아름다운 '사상의 신전'을 건축하는 길밖에 없다. 따라서 제3세계의 문화적 풍토병과 비평의 만장일치제도, 혹은 얼치기 앎과 근친상간의 미덕을 짓밟아 버리면, 우리 한국인들의 '앎의 의지'에 의하여 독자적인 목소리와 독자적인 판단 능력을 갖추게 된다. 새로운 사건과 사물에 대한 최초의 이해인 개념, 새로운 사건과 현상들에 대한 최초의 과학적 접근방법인 이론, 그리고 모든 학문의 궁극적 출발점이자 목표인 사상 등, 바로 이러한 앎에의 의지에 의해서만이 우리 대한민국은 이 세상에서 가장 아름다운 사상의 신전을 짓고, 궁극적으로 진정한 '독립국가'(고급문화의 국가)가 될 수가 있는 것이다.

 하지만 대한민국은 타인의 말과 사유에 종속된 노예의 국가에 불과하며, 아직도 여전히 이상하고 음산한 유령들의 목소리가 들려오고 있다고 해도 과언이 아니다. 이 대한민국은 프로복싱선수에게 왜 오만방자하고 시건방지게 K.O 펀치를 날리느냐고 그 자격증을 박탈해 버리는 사회이며, 또한 이 자랑스러운 대한민국은 최고의 골잡이에게 왜 너무나도 많은 헛발질을 하지 않느냐고 그 자격증을 박탈해 버리는 사회에 지나지 않는다. 그렇다면 과연 이 제3세계의 문화적 풍토병과 비평의 만장일치제도, 그리고 얼치기 앎과 근친상간의 미덕 속에서 2~30대의 소장학자와 6~70대의 노학자가 '논쟁'을 벌인다면 어느 누가 승리를 거둘 것이며, 또한 그들이 프로복싱과 프로축구시합을 벌이다면 과연 어느 누가 최종적인 승리를 거둘 수가 있을 것인가? 매우 이상하고 음산한 일이기는 하지만, 이 문제의 정답은 너무나도 분명하고 명확할 수밖에 없는데, 그것은 6~70대의 노학자들이 언제나 최종적인 승리를 거두고 있기 때문이다. 왜냐하면 제대로 걷지도 못하고 똥과 오줌도 아무렇게나 싸대는 이 노학자들이 '스승'이라는 비장의 무기를 들고 언제나 소장학자들을 K.O패시키게 되기 때문이다. 그리고, 그 축구 시합의 최종적인 결과는 우리 소장학자들이 날이면 날마다 '스승의 날 기념행사에 참석해야 되기 때문에, 언제나 10대 0의 스코어로 끝난다는 것을 세계적인 석학들에게 알려 줄 필요가 있을 것 같다. 따라서 대한민국의 어린 소년들은 그 '사제지간의 아름다운 명승부에 너무나도 감동한 나머지, '조기유학'과 '유학이민'으로 그들의 도전적이고 야심만만한 비판정신을 죽여버리게 된다.

 유종호, 김우창, 고은, 신경림, 백낙청, 김병익, 김치수, 김주연, 김현, 이 세계적인 석학들은 하나의 사상이나 이론의 유효성—사상과 이론의 무대에서의 지배적인 유효성—이 기껏해야 30년을 넘지 못한다는 사실을 안중에도 없다는 듯이, 20~30대에 모든 문화적 권력을 움켜쥐고, 이제는 산 송장이 다 되어가고 있는데도 좀처럼, 그 권력의 끈을 놓을 줄을 모른다. 아아, 너무나도 비겁하고 용기가 없는 우리 젊은 학자들이여, 그대들은 그대들의 좆대가리를 잘라버리고 자살을 하든지, 그렇지 않으면, 어떻게 해서든지, 이 산 송장들을 산 채로 생매장을 해야 되지 않겠는가? 아아, 얼치기 앎과 근친상간의 화신인 이 대한민국의 노학자들이여, 그대들은 과연, 우리 젊은 학자들이 그들의 좆대가리를 잘라버리고 자살하는 꼴을 꼭 보아야만 하겠는가? 그리고 또한, 그대들은 그대들의 얼치기 앎과 근친상간의 짐을 짊어지고서라도, 반드시 만수무강하고, 또 만수무강을 해야만 되겠단 말인가?

 엉덩이에 뿔난 소는 도축을 하고, 불량식품은 소각해 버리면 그만이지만, 엉덩이에 뿔난 인간 망나니는 그 수명이 다할 때까지 이럴 수도 없고 저럴 수도 없다. 박사 학위를 돈 주고 산 인간 망나니가 대학총장이 되고, 타인의 글을 통째로 베껴먹은 인간 망나니가 교육부장관이 되고 있는 대한민국, 바로 이 대한민국 사회가 우리 인간들의 '휴머니즘'을 더럽게 오염시키고 있는 사회인 것이다. 내가 만일 신경림의 스승이라면, "이봐, 신경림군! 이제부터는 독자적인 목소리와 독자적인 판단 능력으로, 제일급의 사상과 문학 이론에 도전하고, 그리고, 또 이 세상에서 가장 찬란하고 화려한 독창적인 기법을 창출해 보게나"라고, 그의 두 엉덩이를 걷어차고 말았을 것이다. 그는 영원히 회복될 수 없는 저능아이고 염세주의라는 암적인 종양을 지니고 있는 중환자인 것이다.

  내가 이 글을 쓰고 있을 때 임영조 시인이 췌장암으로 타계를 했다. 당연히 서울로 문상을 가야 했지만, 글을 쓰다가 말고 자리를 뜨기가 몹시 싫었다. 나는 철학예술가로서의 나의 본능이 시키는 대로 문상을 가지 않았다. 왜냐하면 우리 중진 시인들을 산 채로 생매장하는 일이 너무나도 시급했기 때문이다.

    나의 새해 소망은
    진짜 '시인'이 되는 것이다
    해마다 별러도 쓰기 어려운
    모자 하나 선물 받는 일이다

    '시인'이란 대저,
    한평생 제 영혼을 헹구는 사람
    그 노래 멀리서 누군가 읽고
    너무 반가워 가슴 벅찬 올실로
    손수 짜서 씌워주는 모자 같은 것

    돈 주고도 못 사고 공짜도 없는
    그 무슨 빽을 써도 구할 수 없는
    얼핏 보면 값싼 듯 화사한 모자
    쓰고 나면 왠지 궁상맞고 멋쩍은

어디서나 팔지 않는 귀한 수제품
아무나 주지 않는 꽃다발 같은
'시인'이란 작위를 받아보고 싶다
어쩌면 사후에도 쓸똥말똥한
시인의 모자 하나 써보고 싶다
나의 새해 소망은.
— 임영조, 「시인의 모자」 전문

  아아, 임영조 시인이여, 이 세상의 모든 근심과 시름을 잊고 고히 잠드소서!

황동규 비판

　고대 그리스의 현자인 솔론은 '나는 배우면서 늙어간다'라고 말한 바가 있지만, '나는 배우면서 더욱더 젊어진다'라고 그 말을 전복시켜 본다. 앎은 새로운 앎이며, 그 앎 속에는 푸르디 푸른 소나무처럼 언제나 늙지 않는 그 생명력이 있는 것이다. 우리가 음식물을 먹고 그 육체성을 보존해 나가고 있듯이, 또한 우리는 앎을 통해서 그 정신을 보존해 나간다. 그러나 육체는 유한하지만 정신은 무한하다. 육체는 그 주체자와 함께 소멸해 버리지만, 정신은 그 주체자가 소멸해 버려도 영원히 살아 남는다. '나는 배우면서 늙어간다'라는 솔론의 말은 3000년이나 되었고, '나는 배우면서 더욱더 젊어진다'라는 나의 말도 그 영원불멸의 삶을 살아가게 되는지도 모른다.
　시는 그 앎의 결정체이며, 시가 지닌 교훈성은 수천 년의 시간과 공간을 뛰어 넘는다. '나는 배우면서 늙어간다'는 솔론의 말과 '오 계절이여 오 성곽이여!/ 흠 없는 영혼이 어디 있겠는가?'라는 랭보의 말과 '바람이 분다…… 이제는 살려고 애써야 한다'라는 폴 발레리의 말과 그리고 '4월은 가장 잔인한 달'이라는 엘리어트의 말이 그것이다. 시인들은 언어의 사제로서 갑자기 인류 전체의 역사와 그 지혜를 압축시켜 놓은 시구들을 선보이게 된다. 따라서 새로운 앎과 그 지혜로써 무장되어 있지 않은 시는 시가 아니다. 시인은 새로운 앎과 그 지혜를 위하여 모든 학문의 예비학인 비판철학을 지니고 있지 않으면 안 된다. 만인들과의 반대방향에서, 이미 낡을 대로 낡아버린 그 시대의 도덕과 풍습의 미덕을 비판하고 우리 인간들을 구원할 수 있는 새로운 도덕(희망)을 제시해 주지 못할 때, 그는 이미 시인이 아닌 것이다. 시인의 사회성은 동시대를 비판하는 것이며, 그 비판을 통해서 그 시대에 참여하는 것이다.

황동규는 서울대학교 영문학과 교수이며 어느덧 한국문단의 중진 시인이다. 그는 1958년 『현대문학』을 통해서 등단했고, 영국의 에딘버러대학에서 수학한 바가 있다. 그는 『어떤 개인 날』, 『풍장』, 『외계인』, 『버클리풍의 사랑 노래』, 『우연에 기댈 때도 있었다』 등의 시집과 산문집 『겨울 노래』, 『젖은 손으로 돌아보라』 등을 출간했고, '현대문학상', '이산문학상', '대산문학상', '미당문학상' 등, 이 땅의 주요 문학상들을 수상한 바가 있다. 그러나 나는 황동규의 시적 재능을 인정하지 않고 있으며, 그의 자그만 시적 성취는 그 무능함을 뛰어넘는 그의 열정에 있었다고 생각한다. 그의 시들은 그의 열정의 소산이기는 하지만, 좀 더 크고 커다란 눈으로 바라보면 그의 열정은 제3세계의 문화적 풍토병과 비평의 만장일치제도 속에 갇혀버린 무모한 열정에 지나지 않는다.

황동규의 '미당문학상' 수상작인 「탁족濯足」을 읽어보기로 하자.

> 휴대폰 안 터지는 곳이라면 그 어디나 살갑다
> 아주 적적한 곳

늦겨울 텅 빈 강원도 골짜기도 좋지만
알맞게 사람 냄새 풍겨 조금 덜 슴슴한
부석사 뒤편 오전梧田약수 골짜기
벌써 초여름, 산들이 날이면 날마다 더 푸른 옷 갈아입을 때
흔들어도 안 터지는 휴대폰
주머니에 쑤셔 넣고 걷다 보면
면허증 신분증 카드 수첩 명함 휴대폰
그리고 잊어버린 교통법칙금 고지서까지
지겹게 지니고 다닌다는 생각!

시냇가에 앉아 구두와 양말 벗고 바지를 걷는다.
팔과 종아리에 이틀내 모기들이 수놓은
생물과 생물이 느닷없이 만나 새긴
화끈한 문신文身들!
인간의 손이 쳐서
채 완성 못 본 문신도
그대로 새겨 있다.
요만한 자국도 없이
인간이 제풀로 맺고 푼 것이 어디 있는가?
  ―「탁족濯足」 전문

 황동규는 "휴대폰이 안 터지는 곳이라면 그 어디나 살갑다"라고 말하면서, "부석사 뒤편 오전 약수 골짜기"의 "시냇가에 앉아 구두와 양말 벗고 바지를 걷는다." 또한 그는 "면허증 신분증 카드 수첩 명함 휴대폰/ 그리고 잊어버린 교통범칙금 고지서까지" "지겹게 지

니고 다닌다고 생각"을 하면서도 이틀 동안 모기들에게 물린 상처들을 바라다 본다. 더욱이 그는 "생물과 생물이 느닷없이 만나 새긴/ 화끈한 문신들"이라는 시구에서처럼, 그 상처들을, 마치 도시의 문명생활에서 벗어난 어떤 징표처럼 간주하게 된다. 하지만 「탁족」은 한 개인의 내면의 심리묘사가 존재론적 차원에서 우리 인간들의 보편적인 정서로 승화되고 있는 것도 아니고, 또 그것이 도시문명생활을 비판하면서도 새로운 지상낙원을 제시해 놓고 있는 것도 아니다. 기껏해야 휴대폰도 안 터지는 곳에서 자잘한 일상생활을 벗어났다는 안도감과 함께, 이틀 동안 모기들에게 물린 상처들을 바라보면서, "생물과 생물이 느닷없이 만나 새긴/ 화끈한 문신들"이라는 깨달음을 얻고 있을 뿐인 것이다. 그의 씻음은 도시문명생활에 찌든 발의 씻음이며 생물과 생물의 교감을 뜻하고 있지만, 그것이 솔론, 랭보, 폴 발레리, 엘리어트의 시구에서처럼, 죽은 사람도 일어나 탁하고 손뼉을 칠 수 있는 시구들로 승화되고 있는 것도 아니다. 잠언적이고 경구적인 문체로 인류 전체의 역사와 그 지혜를 압축시켜 놓지 못했다는 것은 그가 이미 대서사시인이기는커녕, 제삼류시인에 불과하다는 사실을 그 무엇보다도 가장 확실하게 증명해 주고 있는 것이다.

 황동규의 새싹은 제삼류시인의 그것이지, 세계적인 대서사시인의 새싹이 아니다. 이처럼 보잘것없고 평범한 시, 그리고 황동규의 시들 중에서도 너무나도 보잘것없고 평범한 시가 《중앙일보》에서 수여하고 있는 '미당문학상'을 수상하게 된 것은 그것이 지닌 시적 성취보다도 제3세계의 문화적 풍토병과 비평의 만장일치제도의 나쁜 선례에 지나지 않는다. 미당문학상은 작품상이며, 대한민국의 문학상치고는 최고 수준의 5천만원짜리 문학상이다. 미당문학상을 시집이 아닌 한 편의 작품에 수여하게 된 것도 이미 시적 재능이 고갈되어 더 이상의 좋은 시집을 발간하기 힘든 중진들에 대한 배려 때문일 것이며, 따라서 황동규의 「탁족」이 미당문학상을 수상하게 된 것도 그 심사위원들과의 인간 관계(근친관계)와 연공서열에 대한 배려에 지나지 않는 것이다. 어차피 미당은 일본천황에게 충성을 맹세했던 친일주의자이며, 또한 박정희와 전두환에게 충성을 맹세했던 친군사독재주의자에 불과하다. 따라서 미당 서정주의 업적이란 기껏해야 「자화상」, 「花蛇」, 「국화 옆에서」의 문학청년기 수준의 습작품일 뿐인 것이고, 우리는 이미 미당문학상에서 객관적이고 공정한 심사를 기대하고 있었던 것도 아니다. 문화선진국의 제일급의 인사들이 한사코 '서울평화상'을 거절하고—그 결과, 전두환 정권시절 제정했던 '서울평화상'은 폐지되고 말았다—, 사르트르가 '노벨문학상'을 거절했던 사실들에 비추어 본다면, 만약 황동규가 세계적인 대서사시인이라면 '미당문학상' 자체를 짓밟아 버리고, 한국어의 무한한 가능성과 함께, 그는 노벨문학상을 수상하게 되었을는지도 모른다. 미당문학상은 친일문학적(친군사독재적)인 치욕의 상이며, 미당문학상이 영광의 빛을 발하고 있는 한 우리 대한민국의 민족혼은 그 흔적조차도 찾아 볼 수가 없게 될 것이다. 과연 어떻게 우리 한국인들이 반민족적인 인사를 숭상할 수가 있겠으며, 또한 어떻게 미당문학상이 제일급의 문학상이 될 수가 있겠는가?

　미당문학상 심사위원들 자체가 세계적인 삼류들이고, 제3세계의 문화적 풍토병과 비평의 만장일치제도, 즉 근친상간의 추태 속에서 시들어 버린 판단력의 어릿광대들이다. 이어령도 서울대 출신이며 황동규의 대학선배이다. 유종호도 서울대 출신이며 황동규의 영문학과 선배이다. 김주연도 서울대 출신이며 황동규의 대학후배이다. 정현종 역시도 황동규의 절친한 친구이며 황동규와 함께 문학과지성사의 구성원이다. 이어령과 유종호도 글도둑질의 대가이며, 정현종과 김주연도 글도둑질의 대가이다. 제1회 미당문학상의 심사위원은 황동규이었고, 그 수상자는 정현종이었다. 제2회 미당문학상의 심사위원은 정현종이었고, 그 수상자는 황동규이었다. 이어령, 유종호, 정현종, 김주연, 황동규는 과연 세계적인 인물들이며, 그들의 업적은 또한 세계적인 대사건이 될 수가 있단 말인가? 셰익스피어나 괴테, 그리고 사르트르와 보들레르 같은 인사들은 그들이 제 아무리 그들과 가까운 인사들에게 상을 수여했다고 하더라도 그들 자체가 세계적인 인물인 만큼 그것을 제3세계의 문화적 풍토병과 비평의 만장일치제도의 나쁜 선례라고 말할 수는 없을 것이다. 서울대학교의 선후배들과 문학과지성사의 구성원들이 모든 심사위원과 그 수상자의 영예를 움켜쥐고서 해마다 연례행사로써 근친상간의 추태를 되풀이 벌이고 있는 것을 우리는 이 땅의 어린 학생들과 문화선진국민의 지식인들에게 어떻게 설명할 수가 있단 말인가? 문학상의 제정이란 그 제정자의 업적이 불멸의 가치가 있어야만 하고, 또한 문학상이란 남녀노소 구별없이 그 작품성이 뛰어난 사람에게 돌아가지 않으면 안 된다. 하지만 그 근친상간의 추태자들은 오늘도 이렇게 말하고 있는 것인지도 모른다.

그대 젊은 시인들이여, 그대들이 제 아무리 뛰어난 시들을 쓴다고 하더라도 '미당문학상'의 수상자는 될 수가 없을 것이다. 미당문학상이 작품상이라고 하는 것은 이미 시적 재능이 고갈되어버린 중진 시인들에 대한 배려—뛰어난 시집을 출간하기 어려운 중진 시인들에 대한 배려—일 뿐,

그것은 어디까지나 수사적인 말장난에 지나지 않는 것이다. 미당문학상의 심사기준은 연공서열이며, 그 유일한 척도는 근친상간의 잣대이다. 그대들은 서울대 출신이거나 문학과지성사의 구성원이거나 그밖의 문화권력의 충신이어야 하며, 그리고 그대들이 어서 빨리 늙고 조로하지 않는다면, 이 친일적이며 친군사독재적인 미당문학상은 수상하지 못하게 될 것이다. 미당문학상의 유일한 장점은 반민족적인 만큼 그 위험수당이 높다는 점에 있다고 해도 지나친 말이 아니다.

황동규는 제일급의 시인으로서 어떠한 앎(명명의 힘)도 없고, 또 어떠한 비판철학도 갖고 있지 못하다. 또한 그는 시가 무엇인지도 모르고, 국가와 민족과 민주주의가 무엇인지도 모른다. 그의 시적 열정은 무모한 열정이며, 그의 존재의 기반은 제3세계의 문화적 풍토병과 비평의 만장일치제도이다. 제3세계의 문화적 풍토병은 아무런 명명의 힘도 없는 것을 말하고, 비평의 만장일치제도는 비평하기보다는 기꺼이 찬양하는 제도를 말한다. 「시인과 모국어」에서 엘리어트의 글을 모조리 베껴먹은 바 있는 유종호는 제2회 미당문학상 심사평의 대표집필에서 다음과 같이 연공과 서열을 중요시했다는 뻔뻔스러움을 토로해 놓고 있다.

시인의 연공이나 전력은 괄호 속에 집어넣고 골라보자는 당초의 의도에 충직했지만 결과적으로는 연공이 현저한 시인의 작품이 수상작으로 결정된 셈이다. 어떻게 생각하면 그것은 솜씨의 지속적 연마를 필수로 하는 예술세계에서 당연한 결과인지도 모른다. 또 오랜 세월 한길에 정진했다는 것이 비행非行이 아닌 이상 경하해야 마땅한 일이다. 이렇게 말해보는 한편으로 혹 본상이 연공 숭상의 작품상으로 비쳐지는 것은 아닌가하는 기우杞憂에서 우리가 자유롭지 못하다는 사실이다.

— 《중앙일보》, 2002년 9월 16일

    삶은 죽음의 완성이며 죽음은 삶의 완성이다. 따라서 우리 인간들의 죽음은 한계가 아니라 삶의 완성으로서 언제나 열려 있다. 늙으려면 곱게 늙을 것이고, 그렇지 못하면 일찌감치 죽어버려야 할 것이다. 하지만 근친상간의 역사는 너무나도 추악하고, 뻔뻔스럽고, 지독히도 기나 길다. 나는 근친상간주의자들을 바라볼 때마다 '아름다운 죽음—예술적인 죽음'을 수없이 외쳐보고 또 외쳐본다.

    나는 「하강의 깊이」(『애지』, 2002, 겨울호)와 「포효하는 삶」(『애지』, 2003, 겨울호)에서 예수와 부처의 사상을 살펴본 바가 있지만, 예수와 부처의 사상은 민중들의 삶을 발견하고, 그리고 그 민중들을 구원할 수 있는 만인평등사상을 연출해 냈다는 것이 그 특징적이다. 예수와 부처는 다같이 '우리는 진실한 사람들'이라는 지배계급(주인)의 가치관에 반발하여, '부유한 자, 힘 있는 자, 지배하는 자는 사악하고 천당 못 가고', '가난한 자, 힘 없는 자, 지배당하는 자는 선량하고 천당간다'라는 만인평등사상을 연출해 내고, 그 결과, 이 세상에서 가장 위대한 순교자들(성자들)이 되어갈 수가 있었던 것이다. '부유한 자, 힘 있는 자, 지배하는 자는 사악하고 천당 못 간다'라고 예수가 선언했을 때 그는 십자가에 못 박혀 죽을 수밖에 없었고, "혈통, 재산, 가문을 자랑해서는 안 된다"라고, 힌두교의 카스트 제도를 부처가 부인했을 때, 또한 부처는 떠돌이 탁발승으로서 그 불운한 일생을 마칠 수밖에 없었던 것이다. 예수와 부처의 위대성은 개나 돼지처럼 학대를 받고 있었던 민중들의 삶을 발견하고 그들을 현대민주주의와 만인평등사상의 주체자들로 끌어올린 것이 그 특징적이지만, 그러나 그들은 다같이 그 민중들의 삶과는 정반대 방향에서, 위대한 영웅주의의 삶을 살다가 갔다고 해도 지나친 말이 아니다. 순교는 자기의 삶의 목표와 그 형식에 충실했을 때 이루어지는 것이며, 그 내용(목표)과 형식이 일치했을 때 우리는 그를 성자라고 부르게 된다. 성자는 영웅의 다른 이름이며, 그 영웅의 표시는 고귀하고 위대했던 그의 생애라고 할 수가 있다. 따라서 부처와 예수는 자기 자신들의 민중주의를 통해서 영웅적인 삶을 살다가 갔던 사람들이기도 하고, 다른 한편, 그들이 외쳤던 내세의 천국이나 해탈의 세계는 이상주의자들(현실도피주의자들)의 아름다운 환상의 세계에 지나지 않고 있는 것인지도 모른다. 부처를 만나면 부처를 죽이고 예수를 만나면 예수를 죽이라는 말의 참된 이치가 바로 여기에 있는 것이다. 즉, 이 말은 부처와 예수가 아닌 '너 자신의 삶'을 살라는 말에 다름이 아닌 것이다. 따지고 보면, '엘리 엘리 라마 사박다니'(오 하나님 아버지, 오 하나님 아버지 어찌하여 나를 버리시나이까)라는 예수의 최후의 말이 얼마나 반영웅적인 말이며, '출가수행'의 '무욕망'의 세계는 또한 얼마나 반영웅적인 생명부정에의 의지란 말인가? 욕망을 모두 비우게 되면 삶이 없고, 아버지 하나님을 의심하면 예수의 부활은 약속되어 있지 않은 것이다.

　황동규의 최근 시집 『우연에 기댈 때도 있었다』의 제2부는 대부분이 부처와 예수를 통해서 선문답적인 화법으로 씌어진 시라고 하지 않을 수가 없다. 「아득타!」, 「쿰브 멜라에 간 예수」, 「두 문답」, 「부활절 사흘 전」, 「예수와 원효」, 「적막한 새소리」, 「꽃잎 떨어질 때」, 「겨울 영산홍」, 「해미읍성에서」 등이 바로 그것이다.

겨울 아침 햇살 속에 베란다 영산홍 얼굴들이 달아오른 것을 보며
베그 4중주단이 간절히 연주하는 베토벤 후기 현악4중주를 듣다
불타가 예수에게 말했다.

"저런 음악을 틀어놓고야

글이 되거나 그림이 되는 인간들,

누가 인간이 아니랄까봐……"

"허지만 결국 선생의 언행은

일단 한심한 인간이 되어봐야

제 삶이 있다는 것이 아니겠는가?"

"보다는 일단 한심 속에 정수리를 담그는 것이 삶의 단초랄까."

음악에 귀 기울이다가 예수가 말했다.

"저 울음을 몸 속에 담고 버티는 소리를 들어보게.

저건 이미 한심 밑바닥까지 떨어져 본 자의 소리가 아닌가."

영산홍으로 시선을 돌리며 불타가 말했다.

"허긴 죽음에 들켜 죽음을 공들여 만드는 자에게

떨어져보고 안 봄이 무엇이겠는가?"

고개를 끄덕이며 예수가 받았다.

"공들임을 빼면 인간이 과연 무엇이겠는가?"

―「겨울 영산홍」 전문

나는 낙천주의자로서 "우리는 죽어갈 수가 있어서 권태롭지가 않고 또다시 태어날 수가 있어서 허무하지가 않다"라고 역설한 바가 있다. 죽음은 삶의 역겨움, 고통, 권태에 대한 특효약이며, 부활은 인간이라는 종의 한계를 극복해낸 영웅의 업적에 대한 영원한 찬가이다. 삶은 죽음의 완성이며 죽음은 삶의 완성이다. 따라서 우리

인간들의 죽음은 한계가 아니라 무한한 가능성이며, 삶의 완성으로서 언제나 열려 있다라고, 나는 또한 역설한 바가 있다. 이렇게 따지고 볼 때, 부처와 예수는 생사를 넘어선 모험의 형식에 그 생애를 걸었다는 점에서 '아름다운 죽음―예술적인 죽음'을 죽어간 사람이지만, 동시에 그들의 삶이 역사적 삶에서 이탈되어 박제화되어 있다는 점에서, 더 이상의 '아름다운 죽음―예술적인 죽음'일 수는 없는 것인지도 모른다.

  황동규는 자기 자신 안에서 예수과 부처와 함께 살아가고 있다. 황동규가 그 위대한 성자(영웅)들의 안식처를 자기 자신 안에 두고 있다는 것은 그가 그들의 위대성을 본받고 그들을 뛰어넘겠다는 의지의 표현일 것이다. 영산홍의 아름다운 만개와 베토벤의 아름다운 선율들은 결국은 우연이 아니고, 이 세상의 가장 밑바닥('한심의 밑바닥')의 삶으로부터 피어났다는 것이 「겨울 영산홍」의 핵심적인 전언인 셈이다. "허긴 죽음에 들켜 죽음을 공들여 만드는 자에게/ 떨어져 보고 안 봄이 무엇이겠는가"라는 시구는 '아름다운 죽음―예술적인 죽음'을 꿈꾸고 있다는 말에 다름이 아닌 것이다. 그렇다면 무엇이 '한심의 밑바닥'이며 죽음을 공들여 만드는 것이란 말인가? 그것은 사회 역사적인 현실 인식이며, 그 현실을 변모시키는 삶, 즉 부처와 예수의 혁명적 삶이 그 위대한 모범적인 선례가 되어주고 있다고 해도 과언이 아니다. 그러나 그의 시에는 "위험하게 살아라"(「젊은 날의 결」)라는 니체의 경구만 있을 뿐, 그 혁명적(영웅적)인 삶이 없는 것이다. 기껏해야 부처와 예수의 박제화된 얼굴을 앞세우고, 또 니체의 말을 앞세우고,

    해미읍성 순교 터를 돌아보다가 예수가 말했다.

"저들처럼 이름도 없이

두 팔 제대로 벌리고 달릴 십자가도 없이

나뭇가지에 아무렇게나 달려 긴들거리거나

흠씬 매맞아 죽은 사람은

인간적으로 나보다 웃길이지."

잠시 생각하고 불타가 말했다.

"저기 이름없는 풀꽃이 피어 있네."

흐린 봄 하늘에서 눈을 거두며 예수가 속삭이듯 말했다.

"거기가 바로 우리가 살고 있는 곳이 아닐까."

불타는 개망초에 코를 대며 싱글댔다.

라는 「해미읍성에서」처럼 반영웅적(민중적)인 나쁜 선례만을 내세우고 있는 것이다. 과연 두 팔도 제대로 못 벌리고 십자가도 없이 매달려 죽은 자가 어떻게 예수가 될 수 있겠으며, 또한 "저기 이름없는 풀꽃"들이 어떻게 부처가 될 수 있겠는가? 부처와 예수는 지배계급의 가치관과 그 종교에 반발하여 민중들의 가치관과 그 종교들을 안출해 냈던 문화적 영웅들이지, 이름도 없이, 십자가도 없이, 곧바로 매달려 죽은 어중이떠중이들이 아니다. 따라서 그 어중이떠중이들은 그들의 가치관과 그 종교를 스스로 안출해 내지 못하고 살아가고 있는 자들에 불과하지, 결코 부처와 예수보다도 "웃길"의 삶을 살아가고 있는 자들이 아닌 것이다. 이처럼 가난하고 힘 없고 지배당하는 자들은 그들이, 비록 기독교와 불교의 순교자가 되어갔을지라도, 그들의 순교는 부처와 예수와도 같은 종교창시자들의 이용의 대상에 지나지 않는 것이다. 이용의 대상이 되었다는 것은 속임의 대상이 되었다는 것을 뜻하고, 속임의 대상이 되었다는 것은 영원한 노예가 되었다는 것을 뜻한다. 황동규는 대한민국의 제일급의 시인이자 서울대학교 영문학과 교수이다. 그는 일찍이 우리 한국인들이 절대 기아선상에서 헤매고 있을 때 영국 유학을 다녀왔으며, 명문대가집의 아들로서 거의 고생을 모르고 자란 엘리트주의자이다. 머리에서 발끝까지 대한민국 최고의 시인이자 영문학자라는 신념으로 무장되어 있는 인간이 민중주의자라니, 너무나도 기가 막혀서 말이 나오지를 않는다. 그러나 가만히 따지고 보면 그는 부처와 예수와 함께 살고 있으면서도 그 부처와 예수의 위대성을 모르고, 또한 마르크스의 공산주의나 현대민주주의를 제대로 이해하고 있기는커녕, 니체와 함께 살고 있으면서도 '고귀하고 거룩한 것은 고귀하고 거룩한 인간에게'라는 그의 영웅정신을 제대로 이해하지 못한다. 황동규는 영웅주의와 민중주의의 역사 철학적인 의미도 모르는 판단력의 어릿광대라고 해도 틀림이 없다.

  시인의 비판의식은 도덕의 존재 근거이며, 그의 도덕은 비판의식의 존재 근거이다. 어린 새 새끼들이 그 알집을 깨고 나오듯이, 시인은 그 비판의식으로 그 존재의 근거를 뿌리째 뽑아버리지 않으면 안 된다. 이때의 비판의식은 새로운 도덕의 비판의식이다. 황동규에게 이 비판철학(비판의식)이 마비되어 있다는 것은 그가 사이비 지식인이며, 그가 살고 있는 세계의 불모성과 그 모순을 제대로 인식하지 못하고 있다는 것을 뜻한다. 그의 비판철학의 마비는 도덕성의 마비이고, 사회성의 마비이다. 도덕이란 '무엇을 하라, 하지 마라'의 정언명령으로 되어 있고, 그것은 무리짓는 동물들의 만장일치적인 전제조건이 된다. 어떤 국가가 그 구성원인 시민들의 국적을 함부로 박탈하거나, 또 어떤 한 개인이 자기 자신의 국적을 자유자재로 바꿀 수가 없듯이, 사회적 동물로서의 인간은 그 도덕을 함부로 짓밟아버리거나 위반할 수는 없다. 시인의 도덕성은 그가 살고 있는 사회의 낡은 도덕을 새로운 도덕으로 바꾸는 데 그 의의가 있는 것이고, 반드시 그것에는 무한한 진통이 따르게 마련인 것이다.

이 대한민국은 국가라는 것이 부끄러울 정도로 분단된 국가이며, 민주주의 경험이 거의 없는 신생의 국가에 지나지 않는다. 입법부와 행정부와 사법부가 제대로 그 기능을 다하지 못하고 있고, 날이면 날마다 어중이떠중이들의 부정부패의 잔치판으로 그 추악함이 그치지를 않고 있다. 미국, 일본, 중국, 유럽의 국가들은 이 대한민국과 우리 한국인들을 아주 우습게 알고, 또한 우리 한국인들은 자기 자신의 조국을 떠나지 못해 안달이 나 있다. 조기유학, 유학이민, 원정출산 등이 바로 그것이다. 한 국가가 그 종족의 이념과 그 사상으로 제대로 세워져 있지 못할 때, 바로 이러한 현상들이 나타나고, 우리는 바로 그 현상 속에서 도덕성의 파탄을 맞이하게 된다. 이 세상에서 가장 사악한 정치인은 법을 지키지 않는 자이며, 이 세상에서 가장 사악한 금융업자는 고객의 예탁금을 가로채 가는 자이다. 이 세상에서 가장 사악한 제조업자는 타인의 상표를 도용하는 자이며, 이 세상에서 가장 사악한 학자는 타인의 글을 훔쳐가는(표절하는) 자이다. 대한민국의 제일급의 시인이자 서울대학교 영문학과 교수인 황동규가 적어도 이러한 사실을 알지 못하고 있다고 우리는 생각하지 않는다. 그런데도 그는 왜 우리 한국인들에게 어떻게 하면 민주시민이 될 수 있는가를 말하지 않고 있는 것이며, 또한, 그는, 왜 어떻게 하면 이 대한민국의 국가의 이념과 사상을 정립할 수 있는가를 말하지 않고 있단 말인가? 황동규는 왜 우리 한국인들의 추악한 부정부패의 잔치판을 거둬치우고 도덕성을 회복할 수 있는가를 말하지 못하고 있는 것이며, 또한 그는 왜 그가 유학을 다녀온 영국의 선진교육제도를 도입하여 프란시스 베이컨, 존 로크, 흄, 셰익스피어, 제임스 조이스 등과도 같은 세계적인 대사상가들을 배출해 내야 된다고 말하지 못하고 있단 말인가?

존 로크의『시민정부론』에 따르면, 국가는 법률을 제정해야 하고, 시민은 그 법률을 준수해야 할 책임이 있다. '자연의 상태'에서 '계약의 사회'로 옮겨가는 것이 존 로크의『시민정부론』의 핵심이며, 그의『시민정부론』은 생명, 자유, 행복을 추구하는 미국의 독립이념의 기초가 되어주었다. 황동규가 민주주의 사회를 위해 정진하지 못한다는 것은 그가 민주주의가 무엇인지도 모르고 있다는 것을 뜻하고, 또한 그가 부정부패의 잔치판을 바라보면서도 아무런 말도 하지 못한다는 것은 그가 타인의 말과 사유에 종속된 표절작가(학자)로서 글도둑질의 대가라는 것을 뜻한다. 대부분의 우리 한국인들이 절대 기아와 군부독재에 신음하고 있을 때, 도대체 그는 영국으로 유학을 가서 무엇을 배워왔다는 말인가? 왜 그는 영국의 선진교육제도를 예로 들면서 하루바삐 우리 한국인들의 백만 두뇌를 양성하자고 말하지 못하고 있단 말인가? 황동규는 올바른 자리에 서 있지 않으며, 올바른 직업도 수행하지 않고 있다. 또한 그는 천하의 대도를 걷지 않고 있으며, 그의 도덕성의 타락을 부끄러워하지도 않고 있다. 그는 이제 청빈한 학자의 긍지도 잃어버린 지가 오래되었고, 돈과 명예와 권력 앞에서, 결코 타락하지 않았다는 긍지도 잃어버린 지가 오래되었다. 더군다나 그는 뜻을 얻으면 백성과 함께 그것을 실천하고, 그렇지 못하면 나 혼자서 그것을 실천한다는 맹자와도 같은 실천철학(도덕철학)도 잃어버린 지가 오래 되었다. 그가 얻은 것은 돈과 명예와 권력이며, 비판철학의 마비와 함께, 몇 줄의 음풍농월일 뿐이다. 그의 시는 사회성을 모조리 잃어버린 음풍농월이며, 그의 시를 따라 읽으면 그 주체자는 가장 확실하게 못쓰게 될 것이다.

자연의 상태에 있어서 모든 사람은 자유롭고 평등한 것이며 누구도 자연적으로 다른 사람에게 지배권을 가질 수 없다. 자연법은 자연의 상태를 지배한다. 하나님으로부터 물려 받은 이성은 자연법을 示現한다. 또 누구든지 다른 사람의 생명, 건강, 자유 또는 소유물을 해쳐서는 아니 되며 만일 누구든지 다른 사람을 해친다면 해를 입은 사람은 해친 사람을 벌할 권리를 가진다.

사람은 그의 노동에 의해서 그의 노동의 생산물인 재화를 획득한다. 모든 사람이 자기 자신의 행위의 심판자라는 자연의 상태로부터 결과되는 불편을 代置하기 위하여 사람들은 계약을 맺고 이 계약으로써 인간의 타고난 권리를 수호하며 인간을 다스릴 수 있는 권력이 부여된 시민 정부를 창조한다. 만일 정부가 시민들의 안전과 권리를 침범함으로써 이러한 사회 계약을 위반하고 인민에게 반역한다면 인민들은 정부를 해산할 권리를 가진다.

— 존 로크, 『시민정부론』에서

즉 사회계약은 모든 인간이 동일한 조건하에 놓여져서, 동일한 권리를 향수할 수 있는 평등성을 각 공민 간에 세워준다는 것이다. 이리하여 계약의 성질상, 주권자의 모든 행위, 즉 모든 일반의지의 정당한 행위는 모든 공민으로 하여금 동등하게 의무와 이익에 참여하게 하는 것이다. 그러므로 주권자는 단체로서의 국민을 인정할 따름이고, 그것을 구성하고 있는 각 개인 간에 전혀 차별을 두지 않는 것이다. 그러면 대체 정확히 말해서, 주권의 행위란 무엇일까. 그것은 우자優者와 열자劣者 간의 협약행위를 말함이 아니요, 단체와 그 각 성원간의 협약행위를 말하는 것이다. 이 협약은 사회계약을 기반으로 하는 고로 합법적이요, 만인에 공통함으로 공평하며, 일반의 복지를 도모하는 외에 다른 목적이 없으므로 유익한 것이며, 공공의 힘과 지상권至上權에 의해서 보증을 받고 있기 때문에 확고부동한 것이다. 국민이 협약만을 복종하고 있는 한, 그들은 아무에게도 복종하고 있는 것이 아니고, 제 자신의 의사만을 따르고 있는 것이다. 그러므로 주권자의 권리의 범위와 공민의 권리의 그것을 묻는 것은 곧 공민이 상호간에, 즉 개인은 전체에 대해서, 전체는 개인에 대해서 어느 정도로까지 의무를 질 수가 있느냐를 물음과 마찬가지 질문이 되는 것이다.

— 장 자크 루소, 『사회계약론』에서

'미당문학상'은 우리 한국문학의 치욕의 정점이며, 황동규는 근친상간의 추태 속에서만이 그 상을 받을 수가 있었다고 해도 과언이 아니다. 따라서 근친상간의 추태 속에서 자라난 황동규는 예수와 부처와 함께 살아가고 있으면서도 영웅주의와 반영웅주의(민중주의)를 이해하지 못하고, 이제는 판단력의 어릿광대로서 모든 비판철학이 마비되어 있다고 해도 과언이 아니다. 만일, 황동규가 존 로크의 '시민정부론'과 루소의 '사회계약론'을 제대로 이해했더라면, 우리 대한민국은 모든 부정부패를 척결하고 문화의 선진국이 되었을는지도 모른다. 황동규의 최근의 시들 중에서 사회성을 거의 찾아볼 수가 없다는 것은 그의 비판철학이 마비되었다는 것을 뜻하고, 그의 비판철학이 마비되었다는 것은 그가 우리 한국사회의 부정부패의 장본인이라는 사실을 뜻한다. 그는 음풍농월 이외에는 대한민국의 건국 이념도, 민주주의도, 그리고 부정부패의 척결과 그 어떤 '사상가와 예술가의 민족의 운명'도 노래하지 못한다. 나는 그의 음풍농월을 발밑으로 깔아뭉개버리면서 대한민국의 제일급의 시인이자 영문학자인 황동규에게 다음과 같은 질문들을 또다시 던져본다. 과연 황동규가 환골탈태하여 민주주의의 기원과 그 본질을 역설하고 한국 사회에서의 민주주의를 정착시킬 수가 있겠는가? 또한 그가 영국의 교육제도의 장점과 그것을 역설하고 우리 한국인들의 백만 두뇌를 양성하기 위하여 한국교육제도를 올바르게 개혁해낼 수가 있겠는가? 또한 그가 그의 친구들 중, 대한민국의 제일급의 인사들을 모조리 동원하여 이 더러운 정쟁과 정치, 경제, 문화의 부정부패를 척결하고 우리 대한민국을 문화선진국으로 인도해낼 수가 있겠는가? 나는 초등학교밖에 나오지 못했지만, '愛知'라는 화두를 통해서 낙천주의의 사상가가 될 수가 있었다. 나는 대한민국의 모든 개혁을 연출해낼 수가 있지만, 황동규에게는 절대로 그럴 만한 두뇌가 없다. 따라서 한국사회의 모든 부정부패의 원인은 대한민국의 제일급의 시인이자 영문학자인 황동규에게 있는 것이지, 이 땅의 삼류 정치인들에게 있는 것이 아니다. 삼십 여년 동안 서울대학교 교수로 재직해 왔으면서도 단 한 명의 세계적인 석학도 배출해 내지 못한 황동규, 기껏해야 근친상간주의자로서 자기 자신보다도 열 배나 스무 배쯤 못난 제자들만을 양산해온 황동규, 날이면 날마다 술 마시고 여행을 다니며 축제의 날만을 즐겨 온 황동규―, 따라서 한국사회의 모든 부정부패의 책임은 그 어떤 비판철학도 지니고 있지 못한 황동규 그대 자신에게 있다는 사실을 명심하여 주기를 바란다.

황동규여, 너 자신을 알라!

황동규여, 늙으려면 곱게 늙을 것이고, 그렇지 못하면 곧바로 죽어버려야 될 것이다.

나는 배우면서 더욱더 젊어져 가고 있지만, 그대는 더없이 무식해져 가면서 더욱더 추악하게 늙어가고 있을 뿐이다.

정현종 비판: 백치같은 그대

2004년 8월 16일, 나는 한 어린 소년과 '愛知의 숲'을 거닐면서, 전혀 뜻밖에 깊이 있는 철학적인 대화를 나눌 수가 있게 되었다. 이제 겨우 초등학교 6학년인 어린 소년이 '소피스트'에 대하여 정확하게 알고 있었고, 그 동안 내가 가르쳐 주었던 여러 문제들에 대하여 또한 정확하게 알고 있었다. 나는 그 어린 소년에게 '외디프스 신화'와 '햄릿'과 '오딧세우스'를 둘러싼 다양한 해석의 방법과 그 쟁점들을 다시 한 번 설명해 주었다. 아직은 나이가 어리고 그 다양한 해석의 방법과 쟁점들을 제대로 이해할 수는 없을 것이다. 그러나 언젠가 지혜의 여신이 그 아이에게 은총을 베풀어 주게 된다면, 우리 한국인으로서 세계적인 대서사시인이 되는지도 모른다. 그 어린 소년은, 우리 한국인들이 호머나 괴테나 셰익스피어처럼 세계적인 대서사시인을 배출해 낸다면, 바로 그때에는 우리 한국인들이 '사상가와 예술가의 민족'이 되고, 모든 인간들로부터 찬양과 존경을 받는 민족이 될 수 있을 것이라고 알고 있는 것이다. 그 어린 소년은 서울대학교를 가기 위한 입시지옥에서 해방되어야만 하고, 우리 한국인들이 모조리 다 망가진 것처럼, 주입식 암기교육의 폐해에서 벗어나지 않으면 안 된다. 나는 어린 소년에게 '愛知의 숲'을 거닐면서 약속했고, 그 아이가 중학교에 진학을 하게 되면 내가 곧 스승이 되어 문학, 역사, 철학, 사회학, 종교학, 신화학, 정신분석학, 문화인류학 등을 직접 가르치고, 좀 더 가혹하고 혹독하게 글쓰기 훈련을 시키게 될 것이다.

'愛知의 숲'은 '지혜 사랑의 숲'이며, 나의 사상의 신전의 숲이다.

나의 「사색인의 십계명」 중, '제2계'는 이렇다.

> 제2계 잘 질문한다;
> 외디프스가 그의 수수께끼를 풀었을 때에도 스핑크스는 자살을 할 수밖에 없었고, 오딧세우스가 그녀의 노래 소리를 들었을 때에도 사이렌은 자살을 할 수밖에 없었다.
> 우리에게는 영웅적인 용기와 匕首가 필요하다.

주지하다시피 잘 질문한다는 것은 모르는 것을 배운다는 뜻도 내포되어 있지만, 기존의 사상과 이론의 존재론적 근거를 통째로 베어버리고 새로운 사상과 이론을 창출해 내겠다는 의지도 내포되어 있는 것이다. 잘 질문한다는 것은 철학자의 전제조건이며, 철학은 그 질문이 양식화되어 있는 모든 학문의 토대이다. 잘 질문한다는 것—즉 비평이라는 것—은 상대방의 약점을 집중적으로 공격함으로써 그것을 보완할 수 있게 해주며, 또한 상대방의 역비판을 야기함으로써 자기 자신의 약점을 보완할 수도 있는 것이고, 그리고 궁극적으로는 서로간의 생사를 넘어선 싸움을 통해서 '논쟁의 문화'를 활성화시키고, 세계적인 대서사시인(대사상가)을 배출해 내는 지름길인 것이다. 따라서 만인들에게 공리로써 작용하고 있는 수수께끼가 어떻게 존재할 수가 있겠으며, 타인들을 감동시킬 수 없는 시인들의 노래가 무슨 소용이 있겠는가? 외디프스, 햄릿, 오딧세우스의 해석이 단 하나의 모범답안으로 소진된다면 그것은 이미 고전의 가치가 없는 것이며, 시가 되었든, 노래가 되었든, 아니면 소설이나 사상과 이론이 되었든 간에, 만인의 심금을 울릴 수 없는 글들은 이미 그 존재 가치가 없는 것이다. 스핑크스의 자살과 사이렌의 자살은 곧바로 이러한 예술가의 비극을 시사해 준다. 고전은 언제나 수많은 관점과 그 해석들로 인산인해를 이루고, 시와 예술은 그것에 매료된 만인들의 발걸음으로 인산인해를 이루게 된다. 나는 그 어린 소년에게 싱싱하게 살아 있고, 언제, 어느 때나 자유 자재롭게 비상할 수 있는 천재생산의 교수법으로 그 앞길을 열어주지 않으면 안 된다. 잘 질문한다는 것은 잘 배운다는 것이며, 궁극적으로는 세계적인 대서사시인(사상가)의 싹을 키워나가게 된다는 것이다. 오늘도 어린 소년과 손을 잡고 '愛知의 숲'을 거닐고 있는 철학예술가의 사명이란 이처럼 엄청나고도 중대한 것이다.

    1) 그 잎 위에 흘러내리는 햇빛과 입맞추며
      나무는 그의 힘을 꿈꾸고
      그 위에 내리는 비와 뺨 비비며 나무는
      소리내어 그의 피를 꿈꾸고
      가지에 부는 바람의 푸른 힘으로 나무는
      자기의 生이 흔들리는 소리를 듣는다
      ―「事物의 꿈 1」 전문

정현종의 「사물의 꿈」은 삶의 본능에 대한 옹호에 값하며, 이러한 삶의 본능에 대한 옹호는 삶의 충일성에 대한 노래로 이어지기 마련이다. 그의 시는 삶에 대한 충일성의 현재화이지, 삶에 대한 적대감과 그 증오가 창조성으로 변모하고 있는 것은 아니다. 그는 "그 잎 위에 흘러내리는 햇빛과 입맞추며/ 나무는 그의 힘을 꿈"꾼다는 사실을 터득하고 있는 시인이며, "가지에 부는 바람의 푸른 힘으로 나무는/ 자기의 生이 흔들리는 소리를 듣"고 있는 시인이다. 행복을 노래할 수 있는 시인만이 참다운 시인이 될 수가 있다. 시인은 시를 통해서 숨을 잘 쉬고, 꿈을 잘 꾸게 되어 있다. 햇빛에 입맞추는 시인의 언어는 숨결의 언어이며, 보슬비에 뺨 부빌 수 있는 시인의 언어는 생명의 언어이다. 행복을 노래할 수 있는 시인만이 낙천주의가 무엇인지를 알고 있고, 행복을 노래할 수 있는 시인만이 삶의 본능의 옹호가 무엇인지를 알고 있으며, 또한 그것이 어떻게 생성 변모되어 나오는 것인가를 알고 있다. 흔들리지 않으려고 흔들리는 기쁨도 있지만, 흔들리려고 흔들리는 기쁨도 있는 것이다. 모든 생성과 회춘의 적인 메피스토펠레스가 오히려 그것을 촉진시켜주는 악마이듯이, 바람은 「事物의 꿈」의 정현종을 단련시켜주는 기제일 뿐인 것이다. 좀 더 강력하고 험난한 과정, 좀 더 강력하고 거센 바람, 바로 거기에서 우리 인간들의 삶의 역동적인 모습이 생성되어 나온다. 온갖 만고풍상을 겪으면서도 하늘을 찌를듯이 솟아 있는 소나무와 천하 명산의 단애, 그것이 모든 고귀하고 위대한 인간들의 인생인 것이다. 죄악 없는 성화가 있을 수가 없듯이, 흔들림이 없는 나무는 있을 수가 없는 것이다. 그 바람, 생을 증오하지 않고 푸른 힘으로 인식할 수 있었던 삶의 지혜는 정말로 대단한 삶의 지혜라고 하지 않을 수가 없다. 「사물의 꿈」은 1970년대의 가장 뛰어난 시들 중의 하나라고 생각된다. 다시 말해서 정현종은 그 바람, 생을 통해서 자기 자신의 고통마저도 육화시켜 나간다. 그는 "고통의 축제가 가장 찬란한 축제"(「고통의 축제」)라고 말하고, 모든 고통마저도 관능적으로 표현하게 된다. 요컨대 삶의 본능에 대한 옹호가 관능의 정신화로 이어지고 있는 것이다. "젖은 안개의 혀와/ 街燈의 하염없는 혀가/ 서로의 가장 작은 소리까지도/ 빨아들이고 있는/ 눈물겨운 욕정의 親和"(「交感」)라는 시가 그것이다. 관능은 존재의 무근거 상태로서 우리 인간들의 행복의 성감대라고 할 수가 있다. 정현종 시인은 생성의 기쁨과 창조적 명랑성이 무엇인가를 알고 있는 시인이다.
— 반경환, 「행복의 깊이」에서

2) 나무 심는 사람 엘지아 부피에,
프랑스 작가가 알려준 神人,
알프스 고지대 버려진 땅에
나무 심어 물을 내고 새들을 부르고
죽은 땅을 살려 생명을 붐비게 한
글 모르는 시골 사람,
세상일 아랑곳하지 않고,
말없이,
무엇보다도 말 같은 거 하지 않고,
심은나무로만 말을 하고
흐르는 물로만 말을 하며
새들의 지저귐
피는 꽃들로만 말을 하는
한 하느님
사람의 모습을 한
한 하느님.

― 정현종, 「한 하느님」, 전문

　시에 있어서의 영생불사의 효과란 자아를 망각한 존재의 무근거 상태이며, 최고의 삶의 정점에 올라 서 있는 상태라고 하지 않을 수가 없다. 또한 시에 있어서의 영생불사의 효과란 최고의 선과 신들의 경지에 올라 서 있는 상태이며, 세상의 모든 것들이 성숙한 어른의 눈에 비친 어린 아이들의 유희처럼 해맑아진 세계라고 하지 않을 수가 없다. "聖家族"의 차원에서 앎에의 의지와 지적인 민감성으로 자기 자신의 '몽매'를 깨우치며, '병'과 함께 놀고 있는 정진규의 「몸詩 78」이 그렇고, "무엇보다도 말같은 거 하지 않고/ 심은 나무로만 말을 하고/ 흐르는 물로만 말을 하며/ 새들의 지저귐/ 피는 꽃들로만 말을 하는" 정현종의 「한 하느님」이 바로 그렇다. 어떻게 "아기 天使의 옹알이"와 함께 "최초의 사물 앞에 최초로 서 있는" 정진규가 최고의 삶의 정점에 올라 서 있지 않는 인간이 될 수가 있겠으며, 어떻게 "알프스의 고지대"에서 "사람의 모습을 한/ 한 하느님"이 신들의 경지에 올라 서 있지 않는 인간이 될 수가 있겠는가? 「몸詩 78」에서도 아기 천사의 옹알이로 시간이 멈춰지며 공간이 확대되고, 「한 하느님」에서도 '글 모르는 사람'에 의해서 시간이 멈춰지며 공간이 확대된다. 그 주체자들은 영사불사의 효과에 의해서 무한한 시간과 공간을 점유해 버린 인간들이며, 人神同形으로서 육체의 아름다움이 증폭되어가고 있는 인간들이라고 해도 틀림이 없다. 그 주체자들은 병과 황무지와 함께 살고 있으면서도 건강하게 살고 있고, 그 병자의 건강함을 통해서 영원불멸의 삶을 정복해 나가고 있는 것인지도 모른다.
　(……) 정진규가 병자의 특권과 이점을 통해서 영원불멸의 삶을 살아가고 있는 시인이라면, 정현종은 "알프스의 고지대"에서도 죽은 땅을 살리고 생명을 붐비게 하듯이, 성자의 영웅주의를 실천하고 있는 시인일는지

도 모른다. 그는 가축떼와도 같은 인간들의 반대편에서, 위대한 단독자의 생활을 영위하고 있는 인간이기도 하고, 비참, 소외, 망명, 추방 등과도 같은 공포의 감정들을 결코 두려워하지 않고 있는 인간이기도 하다. '한 하느님'은 혹독한 망아 체험과 고통의 지옥훈련과정을 거친 한 인간의 표상을 뜻하기도 하고, 다른 한편으로는 우리 인간들이 신을 창조했다는 사실을 역으로 반증해 주고 있는 것인지도 모른다. '한 하느님'은 우리 인간들의 궁극적인 목표이자 위대한 초월자이고, 가장 훌륭한 영생불사의 인간이라고 하지 않을 수가 없다. 모든 시인은 영생불사의 효과를 통해서 최고의 선과 신들의 경지를 꿈꾸고 가장 찬란한 인식의 제전으로서의 낙천주의자의 삶을 꿈꾼다. 낙천주의는 이 세계를 아름답고 풍요롭게 긍정하고 찬양하고 있는 세계관임을 뜻하고, 언제, 어느 때라도 비극의 주인공으로서 자기 자신을 불태워 나갈 수 있는 자의 세계관이라고 하지 않을 수가 없다.
— 반경환, 「영원불멸의 삶에 대하여」에서

  1)의 예문은 정현종의 「사물의 꿈 1」을 통해서 우리 인간들의 삶의 본능을 옹호해본 것이고, 2)의 예문은 그의 「한 하느님」을 통해서 시에 있어서의 영생불사의 효과를 설명해본 것이다. 나는 일찍이 정현종의 시적 명제인 '고통의 축제'에 매료되어 있었고, 또 그 고통의 축제를 통하여 낙천주의 사상을 정립해 보고자 마음 먹었던 적도 있었다. 「사물의 꿈 1」이나 「한 하느님」에 대한 나의 글을 보더라도 내가 정현종 시인을 얼마나 사랑하고 존경했는지를 알 수가 있을 것이다. 그러나 나는 이제 정현종의 몇몇 시들은 좋아하고 있지만, 시인으로서, 또 학자로서 결코 그를 존경하지를 않는다. 아니, 그를 존경하기는커녕, 그에 대한 경멸감 때문에, 나의 이 글쓰기가 가장 하찮은 천역이라는 불쾌한 감정을 지워버릴 수가 없다.

그는 세계적인 대서사시인도 아니고, 가장 찬란한 인식의 제전을 펼쳐 보이고 있는 참다운 학자도 아니다. 그는 어디까지나 천재생산의 교수법을 지니지 못한 익명비평의 화신이며, 그만큼 도덕감각과 인식의 힘이 마비된 자이고, 그리고 백치와도 같은 판단력의 어릿광대로서 소인배 사상에 물들어 버린 자에 지나지 않는다. 그의 사상적 모태는 황동규처럼, '근친상간주의'이며, 그가 딛고 서 있는 물질적 토대는 '부정부패'라는 옥토이다.

> 구름이 나를 휘감는다.
> 폭우를 내리고
> 홍수 속에
> 죽은 돼지들과 함께
> 사람의 시체들을 삼키고
> 집들을 파괴하고
> 논과 밭
> 농사와 노동을 능멸하고
> 길들을 끊어놓은
> 구름이 나를 결박한다.
> 정치, 경제, 마음이 모두
> 게릴라 구름
> 地上의 모든 돈벌이 게릴라
> 지상의 모든 과소비 꼭두각시
> 이 구름 저 구름
> 네 구름 내 구름
> 발목을 잡는다.

메탄가스 구름 이산화탄소

구름 한숨 구름 눈물 구름

물귀신으로서의 인류가 구름처럼

몰려오며 발목을 잡는다

산업의 홍수 시장의 홍수

박탈의 홍수 기아의 홍수

정치 홍수 경제 홍수 부패 홍수

부실 홍수 이판 홍수 사판 홍수

홍수 홍수 홍수 홍수……

구름이여 인류여

그 흙탕물 속에 빠진 우리는 모두

더러운 구름, 더러운 폭우, 더러운

급류, 더러운……

(이 급류를 거슬러 오르려는 마음은 알리)

우리는 폭우, 우리는

급류, 우리는

구름……

―「우리는 구름 ― 1998년 여름」 전문

정현종의 「우리는 구름」의 '구름'은 매우 중층적이면서도 복잡한 상징 개념이라고 생각된다. 첫 번째로 그 구름은 자연의 재앙을 뜻하는 구름이며, 두 번째는 "정치, 경제, 마음이 모두/ 게릴라 구름/ 지상의 모든 돈벌이 게릴라/ 지상의 모든 과소비 꼭두각시"에서처럼, 자본주의 사회를 뜻하는 구름이다. 세 번째는 "메탄가스 구름

이산화탄소/ 구름/ 한숨 구름/ 눈물 구름"에서처럼, 산업공해와 우리 인간들의 애환을 뜻하는 구름이며, 네 번째는 "산업의 홍수 시장의 홍수/ 박탈의 홍수 기아의 홍수/ 정치 홍수 경제 홍수 부패 홍수 부실 홍수 이판 홍수 사판 홍수"에서처럼, 자본주의 사회 자체의 재앙을 뜻하는 구름이다. 그리고 마지막으로 그 구름이 더욱 더 충격적으로 시사하고 있는 것은 "구름이여 인류여/ 그 흙탕물 속에 빠진 우리는 모두/ 더러운 구름, 더러운 폭우, 더러운/ 급류, 더러운……/ (이 급류를 거슬러 오르려는 마음은 알리)/ 우리는 폭우, 우리는/ 급류, 우리는 구름……"이라는 시구에서처럼, 우리는 모두가 다같이 '더러운 구름 그 자체'라는 사실일 것이다. 비록, 그가 "이 급류를 거슬러 오르려는 마음은 알리"라고, 그 구름 속의 출구를 열어놓고는 있지만, 그것은 어디까지나 시인의 마음 속에 하나의 가능성으로만 있을 뿐, 그 어느 누구도 그 구름의 구조 속에서 빠져나올 수가 없는 것처럼 보인다. 이때의 구름은 비를 내려주는 고마운 구름도 아니며, 단지 자연의 재앙을 뜻하는 구름도 아니다. 그 구름은 자연의 재앙이며, 자본주의 사회의 이기적인 욕망이며, 산업공해와 우리 인간들의 애환덩어리에 지나지 않는다. 또한 그 구름은 자본주의 사회 자체의 재앙이며, 궁극적으로는 우리 인간들의 부정부패의 객관적인 상관물일 뿐이다. 정현종의 「우리는 구름」은 IMF의 환란을 맞이한 시점에서 현대 문명사회를 비판했다기 보다는 그 문명사회를 구축해 놓은 인간 자체에 대한 전면적인 부정을 감행하고 있다고 하지 않을 수가 없다. 제 아무리 이 세계와 타인들에 대한 전면적인 부정을 감행하고 있을지라도, 그 부정의 주체자로서 자기 자신만은 존중하는 법인데, 「우리는 구름」은 그것이 없는 것이다. 이미 인간 정현종, 연세대학교 교수인 정현종, 대한민국의 중진 시인으로서의 정현종은 그 존재의 정당성을 잃어버리고, 수많은 타인들과 함께, 하나의 재앙덩어리처럼 떠돌아 다니고 있는 것이다. 정현종의 「우리는 구름」은 현대 문명사회와 우리 인간들과 자기 자신의 존재의 정당성마저도 부정하고 있다는 점에서 그만큼 충격적이고 비극적이라고 하지 않을 수가 없다.

그러나 정현종의 부정 정신은 그 구체적인 대상이 없다는 점에서 리얼리티를 상실한 익명비판이며, 또한 그가 소속된 사회와 한국문단에 대한 자기 비판이 없다는 점에서 뜬구름 잡는 식의 曲學阿世의 비판이다. 정현종은 대한민국 제일의 사립명문대학교의 교수이며, 그의 연봉 수준도 대한민국 교수집단의 최상급의 수준이다. 그런데도 그는 '고비용 저효율 구조의 대학교수의 직업'에 대한 자기 반성이 없는 것이며, 주입식 암기교육의 폐해가 얼마나 우리 한국인들의 백만 두뇌를 무력화시키고 타락시키고 있는 것인가를 알지 못한다. 개혁과 개방이 최우선의 과제인 이 시점에서 세계적인 기술과 그 브랜드가 없는 기업은 그 존재의 기반을 상실한 것처럼, 국제경쟁력이 없는 교수, 즉 천재생산의 교수법을 지니지 못한 대학교수는 도태되어야 마땅하다. 미국, 프랑스, 독일, 일본, 영국 등은 인터넷 과소비 국가가 아니며, 초 중 고등학교 때부터 살아 있는 독서교육을 통하여 '글쓰기 훈련'에 치중해 있는데, 왜냐하면 모든 학문의 최종적인 결과는 대학교에서 얼마나 뛰어난 논문을 쓰느냐에 달려 있기 때문이다. 서양의 명문대학교의 출신들은 대부분이 자기 자신의 논문에 대한 대단한 자부심을 갖고 있지만, 우리 한국의 서울대학교 교수들은 글도둑질의 산증거로서 그 흉기(학위 논문)들을 은폐시키는 데에만 골몰하고 있는 실정이다. 이 차이는 문화적 선진국과 후진국의 차이인 것이다. 초 중 고등학교의 교과 과정은 하루바삐 입시와 출세를 위한 주입식 암기교육으로부터 벗어나, 살아 있는 독서교육을 통하여 글쓰기 훈련에 사생결단의 중점을 두지 않으면 안 된다. 로미오와 줄리엣이 언제, 어떻게 만났고, 로미오와 줄리엣이 언제, 어떻게 결혼했는가? 왜 로미오는 추방되고 줄리엣은 가짜 죽음을 택했는가? 언제, 어디서 줄리엣이 로미오를 따라죽고, 그 양가의 원수집안은 어떻게 화해를 했는가라고 객관식의 문제(사지선다형의 문제)를 낸다면, 「로미오와 줄리엣」을 두 번만 읽으면 대부분의 아이들은 100점을 맞게 될 것이다. 그러나 「로미와 줄리엣」에 대한 독후감을 3~40매 정도로 쓰게 한다면, 그 책을 열 번 읽어도 100점을 맞을 사람은 한, 두 사람이 나올까 말까 할 것이다. 전자의 방법은 단순한 암기에 불과하지만, 후자의 방법은 매우 어렵고도 힘든 창의성이 문제가 되고 있기 때문이다. 바로 이 후자의 독서교육에 의해서 한 천재의 새싹이 움트고, 그 나라의 미래의 희망이 밝아진다. 창의성은 독창적인 천재의 산물이며, 그 주체자와 그가 소속된 국가의 부와 명예와 권력에 결정적인 기여를 하게 된다. 고급문화인은 독창적인 천재의 민족이며, 야만인은 표절의 공화국의 백치와도 같은 민족이다. 이문열, 황석영, 김현, 유종호, 김우창, 백낙청, 황동규 등, 정현종의 모든 친구들과 동료들은 표절의 대가들이며, 어떠한 천재생산의 교수법도 지니지 못한 백치와도 같은 판단력의 어릿광대들에 불과하다. 정현종은 백치생산의 대가이며, 표절의 대가이다. 그는 결코 하버드대학교의 천재생산의 교수법을 역설—'하버드대학교의 천재생산의 교수법'에 관한 책은 시중에 몇 권의 종류가 출판된 지 오래이다—하지 못하고, 우리 학자들의 학문연구 태도를 비판할 수가 없다. 익명비판은 曲學阿世의 비판이며, 그것은 무엇이 옳고 그르냐를 따지지 않고, 눈앞의 이익에 따라서 제멋대로 그 잣대를 들이대는 백치들의 傳家의 寶刀이다.

정현종의 「우리는 구름」은 그가 딛고 서 있는 자본주의와 그의 존재론적 근거를 전면적으로 부정하고 있는 시도 아니며, 제법 비판적인 지식인의 태도로써 가짜 폼만을 잡아보고 있는 시에 지나지 않는다. 그는 학자의 외양만을 지녔을 뿐 진정한 학자도 아니며, 또한 비판적 지식인의 태도만을 지녔을 뿐 진정한 비판적 지식인도 아니다. 그의 외양은 속 빈 강정의 그것에 불과하며, 지혜, 용기, 성실 등, 시인으로서, 또는 철학자로서의 그 모든 능력을 상실해 버린 백치와도 같은 자에 지나지 않는다.

산업의 홍수 시장의 홍수
박탈의 홍수 기아의 홍수
정치 홍수 경제 홍수 부패 홍수
부실 홍수 이판 홍수 사판 홍수
홍수 홍수 홍수 홍수……

자본주의는 더 많이, 더 빨리, 더욱더 탐욕적으로 소비를 조장하고 있고, 다른 한편으로는 더 많이, 더 빨리, 더욱더 요염하게 자극적으로 쾌락을 추구하는 쪽으로 그 방향을 설정해 놓고 있다고 해도 과언이 아니다. 물론 소비 사회의 전제 조건으로서 더 많은 이익을 추구하는 자본가들의 탐욕이 생산성을 전면적으로 향상시켜 놓은 바가 있는 것이다. 하지만, 어떻게 정현종의 「우리는 구름」이 현대사회의 자본주의와 우리 한국인들의 존재론적 근거에 대한 전면적인 부정이 되고, 또 그 "급류를 거슬러" 올라 가려는 대안이 될 수가 있단 말인가? 국제 금융계의 황제인 조지 소로스의 말에 따르면, "금융시장은 시장근본주의자들의 주장과는 달리 균형을 향해 나아가지 않는다"(조지 소로스, 『미국 패권주의의 거품』, 세종연구원)는 것이다. 오히려 금융시장은 위기를 향해 나아가며, 수많은 위기들이 연출될 때마다 모든 자본은 중심국으로 흘러 들어가고 그 피해는 주변국들에게만 고스란히 돌아간다고 한다. 미국, 일본, 영국, 프랑스, 독일 등의 중심국들은 IMF와 국제금융시스템을 장악한 채, 제3세계의 금융시장의 위기를 연출해 내고, 그때마다 고리대금업에 가까운 금리로 그 이익을 챙겨가게 된다. 그리고 또 그 뿐만이 아니라, 제3세계의 우량기업들의 주식을 휴지조각에 가까운 값으로 매입하여 적대적인 인수와 합병을 시도하고, 주변국의 자본가들로 하여금 그들의 부를 중심국으로 이동시키게 만든다. 즉, 제3세계의 외환위기는 부동산과 주식시장의 붕괴와 함께, 금융시장의 마비를 불러일으키고, 더 이상의 투자처와 그 활로를 찾지 못한 자본을 중심국으로 옮겨가게 만든다. 따라서 외환위기를 겪은 제3세계의 부는 외국의 자본가에게 대부분이 넘어가게 되고, 그들의 국가정책의 주요시스템은 다국적 자본가의 손에 의해서 춤을 추게 된다. 탈규제, 민영화, 자율화가 다국적 자본의 슬로건이지만, 그들은 그들의 이익에 따라 움직이며, 그들의 이익이 보장되지 않는다면 언제, 어느 때나 재빨리 달아나는 무책임의 화신―그 사업이 제 아무리 중요한 공공사업이나 기간산업이라고 하더라도―이라고 해도 지나치지 않는다. 또한 다국적 자본가들은 정치인과 관료들을 모조리 매수하고, 그 국가의 시스템을 완전히 장악하고도 어떠한 처벌도 받지 않는 무소불위의 막강한 권력을 행사하게 된다. 한국의 의료시장을 완전히 장악하고 있는 다국적 제약회사들과 골드만 삭스와 소버린 같은 다국적 자본가 그룹들이 바로 그 대표적인 예들일 것이다. 외환위기를 겪은 제3세계의 국가는 만성적인 채무와 함께 극빈국으로 전락하게 되고, 그들의 사회적인 안전망과 민주적인 대의기구들은 대부분이 그 기능을 상실하게 된다. 개혁과 개방은 경제적 강자가 경제적 약자를 통째로 집어삼키는 유효한 수단일 뿐이다. 한국 사회의 위기는 제2의 외환위기로 이어지고 있으며, 글로벌화로 인한 폐해가 그 혜택을 초과한 지가 이미 오래되었다. 그러나 이 모든 것이 국제금융자본의 음모라기보다는 무한경쟁의 시대에서 그 경쟁의 흐름에 뒤처져버린 한국사회의 교육제도에 그 원인이 있는 것이다. 자원이 풍부하건, 아니건, 천재를 생산하지 못하는 사회의 미래의 희망이란 있을 수가 없는 것이다. 호랑이에게 물려가도 정신만 차리면 살 수가 있듯이, 이제부터라도 허리띠 질끈 동여매고, 대한민국의 백만두뇌를 양성해낼 수 있는 교육제도와 그 천재생산의 교수법을 연출해 내지 않으면 안 된다.

주지하다시피 정현종은 새로운 기법의 창시자도 아니고, 천재생산의 교수법을 지니고 있는 학자도 아니다. 그는 어떠한 사상과 이론의 정립에 도전하지도 않았고, 지난 수십 년 동안 우리 한국인들의 미래의 희망과 꿈을 갉아먹은 자에 지나지 않는다. 그는 지혜도 없고, 용기도 없으며, 또한 성실하지도 않다. 따라서 그가 진작부터 우리 한국인들의 백만 두뇌의 양성을 역설하고 '한국교육개혁의 올바른 길'에 앞장을 섰더라면, 지금쯤은 그 성장의 과실을 따먹게 되었을는지도 모른다. 서울대학교와 연세대학교에는 세계적인 천재들이 우리 학자들의 사상과 이론을 배우려고 몰려오고, 언젠가, 어느 때는 '노벨문학상'보다도 더 훌륭한 '정현종문학상'이 세계적인 대서사시인들에게 수여될는지도 모른다. 만일 그렇게 된다면, 우리 한국인들은 '사상가와 예술가의 민족'으로서 모든 세계 시민들로부터 존경과 경의를 받게 될 것이고, 조지 소로스와도 같은 국제금융자본가들의 음모는 만성적인 부정부패와 국가의 채무에 시달리고 있는 제3세계에서나 통할 뿐, 세계 제일의 채권국가이자 문화선진국인 대한민국에서는 결코 통할 리가 없을 것이다.

하지만 정현종은 진작부터 소인배 사상에 빠져들어 이러한 위대한 꿈은커녕, 그 가능성조차도 따져보지를 않았고, 술과 음풍농월로 그 황금 같은 대학교수의 생활을 소진해 버린 것이다. 새로운 기법의 창시자도 아니고, 천재생산의 교수법도 없고, 어떠한 사상과 이론도 정립하지 않았다는 것은 그가 사이비 학자―시인이며, 그 어떠한 도덕철학도 지니지 않았다는 것을 뜻한다. 그의 비판은 생산적인 논쟁이 가능하지 않은 익명비판이며, 曲學阿世의 비판이다. 끝끝내 그는 백치와도 같은 자기 자신의 교수법에 대한 반성을 하지도 않고 있고, 그가 속한 대학사회와 한국문단과, 그리고 한국사회에 대한 구체적인 비판의 모습도 보여주지를 않고 있다. "산업의 홍수 시장의 홍수/ 박탈의 홍수 기아의 홍수/ 정치 홍수 경제 홍수 부패 홍수", "더러운 구름, 더러운 폭우, 더러운/ 급류, 더러운……/ (이 급류를 거슬러 오르려는 마음은 알리)/ 우리는 폭우, 우리는/ 급류, 우리는/ 구름"―등, 이 두루뭉수리한 시구는 '이 세상에서 때묻지 않은 자가 어디 있으며, 어느 누가 우리 학자들에게 돌을 던질 수가 있단 말인가?'라고, 그 모든 불평과 불만을 잠재우는 자장가에 지나지 않는다. 나는 연세대학교 교수이자 대한민국의 중진 시인인 정현종의 익명비판의 저질성에는 혀를 내두르고 있으며, 그의 물귀신(홍수) 작전은 국제금융자본의 음모보다도 우리 한국인들에게 더 해롭다고 생각한다. 정현종은 또한 그 익명비판의 한 가운데서, "권력은 그 행사를 삼갈 때/ 힘차고/ 그 삼가는 게/ 저절로/ 그렇게 될 때/ 그건/ 아름다운 것/ 빛나고/ 아름다운 것"이라고 「권력」 비판을 감행한 바가 있다. 권력은 힘에의 의지이며, 그 권력이 행사되지 않으면 어떤 조직체도 그 생명력을 유지해나갈 수가 없게 된다. 요컨대 그 권력이 어떻게 행사되어야 하는 것인가라는 문제는 매우 중요하고 심각한 문제이지만, 그 권력의 역동성을 제거한다는 것은 있을 수가 없는 일이다. 정현종의 권력 비판도 그 대상이 없고 상호간의 생산적인 논쟁이 가능하지 않은 익명비판이다. 그 익명비판은 내가 「김용택 비판」에서 역설한 것처럼 그의 명예와 명성을 유지시켜주는 유효한 수단이 되고, 우리 한국인들의 백만 두뇌를 모조리 거세시키는 암적인 종양이 된다. 천재생산의 교수법을 지니지 못한 정현종, 우리 한국인들의 백만 두뇌를 모조리 거세시킨 익명비판으로 돈과 명예와 권력을 얻은 정현종, 어떠한 자기반성도 없고 무책임, 무의지, 무목표의 화신인 정현종—. 정현종은 시인과 교수의 자격도 없고, 또 국제금융자본의 음모마저도 비판을 할 자격도 없다.

정현종의 제1회 '미당문학상' 수상작인 「견딜 수 없네」는 반민족적인 친일문학상의 꽃이자 근친상간의 화려한 꽃이라고 하지 않을 수가 없다.

갈수록, 일월日月이여,
내 마음 더 여리어져
가는 8월을 견딜 수 없네.
9월도 시월도
견딜 수 없네.

흘러가는 것들을

견딜 수 없네.

사람의 일들

변화와 아픔들을

견딜 수 없네

있다가 없는 것

보이다 안 보이는 것

견딜 수 없네.

시간을 견딜 수 없네.

시간의 모든 흔적들

그림자들

견딜 수 없네.

모든 흔적은 상흔傷痕이니

흐르고 변하는 것들이여

아프고 아픈 것들이여.

―「견딜 수 없네」 전문

    정현종은 1939년 서울에서 태어나 연세대학교 철학과를 졸업하고 연세대학교 국문과 교수로 재직하고 있는 대한민국의 제일급의 시인이다. 그는 1965년 『현대문학』으로 등단한 이후, 『사물의 꿈』, 『나는 별 아저씨』, 『한 꽃송이』, 『세상의 나무들』 등, 수많은 시집과 산문집을 출간했으며, '한국문학작가상', '연암문학상', '현대문학상', '대산문학상', '미당문학상' 등, 이 땅의 대부분의 주요 문학상들을 수상했다. 하지만 그의 익명비판이 曲學阿世의 비판이듯이, 그는 권력과 도덕, 그리고 신성모독의 본질에 대하여 제대로 이해하지 못하는 판단력의 어릿광대의 모습만을 보여주고 있다고 해도 틀림이 없다. 그러니까 그는 미당 서정주와는 정반대 방향의 모더니스트로서, 친일문학적인 치욕의 상이자 근친상간의 화려한 꽃인 '미당문학상'을 수상하는 도덕적인 파탄자의 모습을 보여주고 있는 것이다. 정현종과 서정주의 시세계는 상호 대적적인 시세계이며, 정현종이 서정주의 토속적인 샤머니즘과 그 유치한 시세계를 결코 옹호하거나 인정한 일도 없을 것이다. 《중앙일보》라는 대형신문사의 권위과 그 문학상이란 화려한 명예와 명성, 그리그 그 엄청난 상금에 대한 욕망은 이처럼 끝간 데가 없고, 자기 자신의 사상과 문학적 취향에 반하여, 결코 건너가서는 안될 외나무다리마저도 이처럼 서슴없이 건너가고 있는 것이다. 그대들은 우리 한국인들이 왜 문학 이전의 야만인들이고, 이처럼 근친상간의 추태와 부정부패라는 옥토 속에서 살아가고 있는 것인가를 아직도 모르겠는가? 하나를 보면 열을 알 수가 있고, 떡잎을 보면 그 나무의 미래를 알 수가 있다. 따라서 정현종은 미당문학상을 단호하게 거부했어야 마땅했고, 그럼으로써 신성모독의 주창자로서 자기 자신의 문학적 세계를 공고히 하고, 그리고 한 걸음 더 나아가, 친일파들의 반민족적인 추태 속에서 끊임없이 훼손되어가고 있는 민족의 정체성을 회복시켜주어야만 했던 것이다. 또 그리고, 너무나도 뻔뻔스럽고 파렴치한 근친상간의 폐해를 뿌리째 뽑아버리고, 그의 연세대학교 동료 교수인 유종호, 문학지성사의 동료 구성원인 김주연, 그리고 그의 선후배들인 이어령과 홍기삼 따위 등으로부터, "제1회 미당문학상 수상의 영예를 안게 된 정현종 시인은 한국시단의 수준을 세계적인 차원으로 끌어올려 놓았다"(김주연, 「미당문학상 심사평」, 《중앙일보》, 01년 9월 12일)라는 그야말로 전혀 근거가 없는 '근친상간의 덕담'만은 거절했어야 마땅했던 것이다.

　그렇다면 정현종의 「견딜 수 없네」가 그처럼 탁월하며 세계적인 수준이란 말인가? 「견딜 수 없네」는 한국문학사 속의 대표작도 아니며, 또한 정현종의 대표작도 아니다. 그 시는 「사물의 꿈」과 「한 하나님」의 기사도적인 모험 정신과 성자의 영웅주의가 퇴화되어 이 세상의 삶을 혐오하는 염세주의자의 넋두리에 지나지 않는다. 그는 해와 달과 시간의 변화를 견딜 수 없어 하고, 또한 "사람의 일들/ 변화와 아픔들을" 견딜 수 없어 한다. 그의 변화에 대한 혐오는 이 세상의 삶에 대한 혐오이며, 따라서 그는 "모든 흔적은 상흔이니/ 흐르고 변하는 것들이여/ 아프고 아픈 것들이여"라는 시구에서처럼, 이 세상의 삶의 의미와 그 목표를 잃어버리게 된다. 바로 거기에는 이 세상의 삶의 본능을 옹호하고 고통의 축제를 향유해 보려던 낙천주의 사상이 그 흔적조차도 없게 된다. 시는 낙천주의를 양식화시킨 것이다. 시의 기능에는 종교적 기능과 교육적 기능도 있고, 그리고 또한 축제적 기능도 있다. 진정제 효과, 강장제 효과, 흥분제 효과, 영생불사의 효과는 시의 네 가지 효과이며, 나는 이러한 시의 기능과 효과들로써 나의 낙천주의 사상을 정립한 바가 있다. 정현종의 염세주의는 시의 새싹을 잘라버리고, 낙천주의 새싹을 고사시켜버리는 암적인 종양이다. 염세주의는 그의 패배주의의 산물이며, 그 패배주의는 소인배 사상으로 이어지면서, 대한민국의 망국병인 사대주의로 이어지게 된다. 모든 변화와 생명의 역동성을 거절하면서 오돌오돌 떨고 있는 정현종, 또한 상흔과 상흔 속에 갇혀서 그 상흔들을 어쩌지 못하고 쩔쩔매고 있는 정현종, 이러한 정현종은 오늘날 백치와도 같은 우리 한국인들의 표상에 값한다고 하지 않을 수가 없다. 그러나 정현종은 그 백치와도 같은 우리 한국인들의 표상을 연출해 내고, 그는 그 표상을 통하여 돈과 명예와 권력을 축적해 나가게 된다. 정현종은 우리 한국인들을 이중, 삼중적으로 기만을 하고 착취를 하고 있다. 첫 번째는 그가 우리 한국인들의 미래의 희망과 목표를 제시하지 못하고 있다는 점이고, 두 번째는 우리 한국인들을 염세주의와 소인배 사상과 사대주의로 몰아 넣으면서, 또 그들을 위로하고 있다는 점이고, 마지막으로 세 번째는 그가 '근친상간의 씨앗'을 뿌리며, '부정부패라는 옥토'에서 매우 즐겁고, 기쁘고, 행복하게 살아가고 있다는 점일 것이다. 「견딜 수 없네」는 외면적으로는 어떠한 미래의 희망과 목표를 잃은 우리 한국인들을 위로해 주고 있는 시일 수도 있지만, 그러나 내면적으로는 우리 한국인들의 불평과 불만을 잠재우는 자장가(혹은 근친상간주의자들의 축가)라고 해도 과언이 아니다. 다시 말해서, 정현종의 「견딜 수 없네」라는 시는 "돈과 명예와 권력도 다 부질없는 것이고, 우리 인간들의 삶이란 이처럼 허망하고 슬픈 것이다. 보아라, 대한민국의 사립명문대학교 교수이자 중진 시인인 나도 이처럼 어렵고 힘들게 살아가고 있지 않은가"라고, 이 땅의 사회적 하층민들의 불평과 불만을 잠재우는 자장가에 지나지 않는다. 하지만 돈과 명예와 권력을 다 가진 정현종이 왜, 무엇 때문에 그처럼 슬프고 견딜 수가 없단 말인가? 정현종은 제3세계의 문화적 풍토병과 비평의 만장일치제도의 화신이며, 그는 근친상간과 부정부패의 축제 속에서 오늘도 매우 즐겁고, 기쁘고, 행복하게 살아간다. 대한민국의 제일급의 중진 시인이자 사립명문대학교의 교수로서, 또, 그리고, 그 모든 문학상들을 싹쓸이 해나가면서ㅡ. 어떻게 근친상간과 부정부패의 화신인 정현종이 세계적인 대서사시인이 되어갈 수가 있으며, 또한 그가 어떻게 한국문학을 세계적인 수준으로 끌어

올릴 수가 있단 말인가?

나는 지난 호, 나의 「황동규 비판」에서 '미당문학상'을 다음과 같이 비판한 바가 있다.

> 그대 젊은 시인들이여, 그대들이 제 아무리 뛰어난 시들을 쓴다고 하더라도 '미당문학상'의 수상자는 될 수가 없을 것이다. 미당문학상이 작품상이라고 하는 것은 이미 시적 재능이 고갈되어버린 중진 시인들에 대한 배려―뛰어난 시집을 출간하기 어려운 중진 시인들에 대한 배려―일 뿐, 그것은 어디까지나 수사적인 말장난에 지나지 않는 것이다. 미당문학상의 심사기준은 연공서열이며, 그 유일한 척도는 근친상간의 잣대이다. 그대들은 서울대 출신이거나 문학과지성사의 구성원이거나 그밖의 문화권력의 충신이어야 하며, 그리고 그대들이 어서 빨리 늙고 조로하지 않는다면, 이 친일적이며 친군사독재적인 미당문학상은 수상하지 못하게 될 것이다. 미당문학상의 유일한 장점은 반민족적인 만큼 그 위험수당이 높다는 점에 있다고 해도 지나친 말이 아니다.

철학은 이 세상의 모든 이치를 탐구하는 학문이지만, 그것이 인간의 행동에 초점을 맞추게 될 때, 궁극적으로는 도덕철학으로 치닫게 된다. 왜냐하면 도덕이란 개인과 사회를 규정하고 그 행동양식을 설명하고 있기 때문이다. 가령, 예컨대, 영국의 철학자 홉스는 국가를 하나의 人工的 인간에 비유한 바가 있다. "군주는 영혼, 관리는 관절, 상과 벌은 신경, 그것의 부는 힘, 안전은 직무, 고문은 기억력, 공평과 법은 이성의 의지, 평화는 건강, 선동은 병, 내란은 그것의 죽음(홉스, 「레바이아단」)" 등이 바로 그것이다. 국가가 바로 이와도 같은 人工的 인간, 즉 살아 있는 유기체와도 같을 때, 도덕은 국가를 이끌어 나가는 근본적인 동력이자 실천철학이라고 할 수가 있는 것이다. 역사가들이 국가를 형성하지 못한 민족에게는 관심이 없다고 하고 있듯이, 우리 인간들은 국가의 구성원으로서 하나의 부품처럼, 그 전체를 떠받들고 있지 않으면 안 된다. 자연의 상태에서는 개인 대 개인 간의 무차별적인 투쟁이 있지만, 공동체 사회, 즉 국가의 상태에서는 그 구성원들의 행복과 자유가 보장되어 있는 것이다. 국가는 인간이 준수해야 할 법률을 제정하고, 인간은 그 국가를 위해서 자기 자신의 자유와 생명과 재산을 위탁하게 된다. 인간은 공동체 사회가 제공하는 사회보장제도와 그 혜택을 누리게 되고, 그리고 그가 소속된 공동체 사회를 위하여 자기 자신의 자유와 생명과 재산을 위탁하게 된다. 병역의 의무와 납세의 의무와 교육의 의무 등이 바로 그러한 예에 해당된다. 하지만 국가는 공동체 사회의 안녕과 평화, 즉 전체의 이익을 위해서 개인의 자유와 생명과 재산을 위탁받았지만, 가능하면 그것을 최대한도로 보장해 주고, 또 그것을 함부로 침해해서는 아니 된다. 이것이 홉스나 존 로크, 그리고 장 자크 루소가 역설한 시민사회론의 전모이며, 따라서 우리 인간들은 자연의 상태에서 계약의 상태로 그 역사적 발걸음을 옮기게 된 것이다. 도덕이란 '무엇을 하라, 하지 마라'의 정언명령으로 되어 있으며, 그것은 그 구성원들에 대한 어느만큼의 억압이며 물리적인 강제력을 띨 수밖에 없게 된다. 그렇다면 무엇이 도덕이고 무엇이 부도덕이란 말인가? 그 도덕과 부도덕을 규정하는 것은 그가 소속된 사회의 풍습과 윤리와 전통의 문제이며, 그것은 매우 자의적이고 일시적인 어떤 척도일 수밖에 없는 것이다. 기독교 국가의 선은 불교국가의 악이며, 자본주의 국가의 선은 공산주의 국가의 악이다. 도덕과 부도덕은 한 얼굴의 양면이며, 그것은 바라보는 자의 입장에 따라서 자의적이고 일시적일 수밖에 없는 것이다. 도덕의 기원은 부도덕이며 부도덕의 기원은 도덕이다. 도덕이 도덕인 것은 아주 사악하고도 강제적인 부도덕의 힘으로 수많은 도덕을 짓밟고 올라섰기 때문이며, 그 도덕에 대한 어떠한 올바른 이의나 문제 제기마저도 합법적인 폭력으로 물리칠 수가 있기 때문이다. 정현종은 연세대 철학과를 졸업하고 연세대 국문과 교수가 된 제일급의 철학도이며, 대한민국 대부분의 문학상을 수상한 중진 시인이다. 그런데도 그의 도덕에 대한 인식은 백치와도 같고, 그 도덕의 힘으로 새롭게 무장을 하고 자기 자신과 대한민국을 새롭게 이끌어 나갈 만한 역량이 없는 것이다. 도덕이란 이 세상을 제멋대로 규정하고 '무엇을 하라, 하지 마라'라고 명령하는 힘이다. 그의 시의 도덕은 "태어나는 도덕", 즉 선악을 넘어선 도덕이긴 하지만, 그것은 어디까지나 '부도덕'을 배척한 '참된 도덕'에 지나지 않는다.

> 편의상 부도덕한 도덕을 마이너스 도덕, 참된 도덕을 플러스 도덕이라고 이름 붙인다면, 마이너스 도덕이 인간을 억압하고 생명과 자유에 대한 감각을 마비시키고 모든 걸 갈라놓는 것인 데 비해 플러스 도덕은 인간을 해방하고 생명과 자유에 대한 감각을 회복시키고 모든 것을 친화케 한다. 그리고 시는 이 플러스 도덕이 살아 움직이는 공간이고자 한다. 그래서 시에서는 예컨대 이데아나 현상계의 구별이 없고, 형상이나 질료의 구별이 없다. 철학의 장에서는 구별을 해야 얘기가 되는지 모르지만 시의 공간에서는 현상으로부터 이데아가 피어나고 사물로부터 형상이 뿜어오른다. (……) 이러한 시의 도덕을 나는 태어나고 있는 도덕이라고 부르려고 한다. 시는 마이너스이든 플러스이든 아무런 도덕적 전제가 없는 공간에

서 태어나기 때문에 도덕은 시 속에서 항상 태어나고 있다.
― 정현종, 「태어나고 있는 도덕」(『숨과 꿈』, 문학과지성사)에서

마이너스 도덕(부도덕)은 "인간을 억압하고 생명과 자유에 대한 감각을 마비시키고 모든 걸 갈라놓는 데 비해 플러스 도덕(참된 도덕)은 인간을 해방하고 생명과 자유에 대한 감각을 회복시키고 모든 것을 친화케 한다"는 그의 도덕 관념은 저 백치와도 같은 어릿광대들처럼, 우리 참된 철학자들의 쓰디쓴 웃음을 자아내게 한다. 대한민국의 명문대학교 철학과 출신이자 그 대학교의 교수인 정현종이 '마이너스 도덕'과 '플러스 도덕'이라는 사이비 개념을 지어놓고, "시는 마이너스든 플러스이든 아무런 도덕적 전제가 없는 공간에서 태어나기 때문에 도덕은 시 속에 항상 태어나고 있다"라고 도덕의 모태로서 시를 역설하고 있는 것이다. 그의 「태어나고 있는 도덕」은 선에 종속된 도덕이며, 백치와도 같은 어릿광대의 도덕에 불과하다. 도덕은 근본적으로 정언명령이며, 그 구성원들을 억압하는 물리적인 힘이다. 인간을 억압하는 도덕이 따로 있고, 인간을 해방시키는 도덕이 따로 있는 것이 아니다. 그런데도 정현종이 인간을 억압하는 도덕을 '마이너스 도덕(부도덕)'이라고 단죄하고, 인간을 해방하는 도덕을 '플러스 도덕(참된 도덕)'이라고 옹호하고 있다는 것은 그가 시인도, 대학교수도, 참된 철학자도 아니라는 사실만을 증명해 주고 있을 뿐인 것이다.

그는 「창조의 위험과 신성모독」에서 '신성모독'의 중요성을

    어떻든 예술의 공간에 있어서 창조적 긴장이란 대체로 위험한 상태이다. 줄여서 말하자면 창조하는 일은 위험한 일이다. 즉 예술가는 위험하

게 창조한다. 뿐만 아니라 전달 과정, 수용 과정도 위험한 과정이다. 일차적인 解讀이든 이차적인 해독이든 모든 창조적 과정은 위험한 것이라고 할 수가 있다.

의사 소통 과정과 관련이 있겠지만, 위험하다고 하는 것은 또 신성모독과 관계가 있다. 신성한 것은 우리가 그것에 대해서 질문을 던질 수 없는 어떤 것이다. 그러니까 질문 행위에 속하는 우리의 지적 노력들은 불가피하게도 신성한 것을 모독하는 면을 갖게 마련이다.

그런데 신성한 것에는 두 가지가 있음직하다. 하나는 공포에 의해 유지되는 신성이고, 또 하나는 경이에 의해 유지되는 신성이다. 뒤의 것 즉 경이로운 신성은 은총과 기쁨의 원천으로서, 우리가 참, 아름다움, 착함 등의 이름으로 부르는 바가 나타난 모습이라고 할 수 있는데, 사람의 역사란 공포의 신성에 대한 경이로운 신성의 싸움이라고도 할 수 있다.

공포의 신성 또는 공포의 聖物은 타성과 마비의 원천이다. 즉 공포의 성물은 타성이라는 악덕과 마비라는 병균을 어느덧 스며들게 하여 우리를 잠재우고 삶을 파괴한다. 그래서 지성적 감수성이든 감성적 감수성이든 살아 있는 것의 가장 감동적인 모습인 유연한 감수성을 화석화시키는 것은 그것이 어떤 종류의 신성한 것이든지 간에 모독된다는 것이 불가피하다.

— 앞의 책에서

라고 역설하고 있지만, 그 신성모독의 본질을 제대로 이해하지 못하고 있다.

라이우스도 아버지를 살해하고 사회적 위기에 처한 테베 사회를 구원했고, 외디프스도 아버지를 살해하고 사회적 위기에 처한 테베 사회를 구원했다. 라이우스가 젊은 왕이었을 때는 '이로운 존재'

로서 테베 사회를 구원할 수가 있었지만, 그가 다만, 늙은 왕이었을 때는 '해로운 존재'로서 무시무시한 괴물인 스핑크스만을 불러들이는 존재에 불과했다. 또한 외디프스가 젊은 왕이었을 때는 '이로운 존재'로서 테베 사회를 구원할 수가 있었지만, 그가 다만, 늙은 왕이었을 때는 '해로운 존재'로서 테베 사회에 전염병만을 만연시키는 존재에 불과했다. 늙은 왕은 해로운 존재이며, 젊은 왕은 이로운 존재이다. 젊은 왕은 새로운 도덕의 주체자가 된 것이고, 늙은 왕은 이미 낡아버린 도덕의 주체자가 되어버린 것이다. 바로 이 지점에서, 신성모독의 타당성이 그 힘을 얻게 되고, '아버지 살해'는 문화를 움직여 가는 근본적인 힘이 된다. 신성모독에 대한 정현종의 이해는 비교적 정확하다고 할 수가 있지만, '공포의 신성'과 '경이의 신성'을 구분하는 이분법적인 사유와 그 실천방법에는 근본적인 오류와 문제가 있다고 하지 않을 수가 없다. 아버지(왕)는 공포와 경이가 겹쳐져 있는 존재이지, 공포의 대상으로서의 아버지와 경이의 대상으로서의 아버지가 따로따로 존재하고 있는 것이 아니다. 그런데도 정현종은 분리할 수 없는 것을 분리하고, 반생물학적인 측면에서, 경이로운 신성으로 공포의 신성을 제거하려는 백치와도 같은 짓을 전면적으로 자행하고 있는 것이다. 경이도 놀라움의 산물이며, 공포도 놀라움의 산물이다. 따라서 연세대학교 교수이자 중진 시인인 정현종에게 그 공포를 제거한다는 것은 그에 대한 경이도 제거한다는 것이며, 바로 그 순간에, 그는 우리 인간들에게 하나의 조롱의 대상이자 경멸의 대상인 백치에 지나지 않게 되는 것이다. 그러니까 그는 신성모독이 무엇인지 정확하게 알고 있으면서도 대한민국의 근친상간주의라는 사상과 부정부패라는 옥토의 사슬을 끊어버리지도 못하고, 익명비판의 화신이 되어가고 있는 것이다. 우생학적 입장에서 근친상간은 반드시 뿌리뽑아야 할 암적인 종양이며, 문화선진국의 측면에서도 부정부패는 반드시 뿌리뽑아야 할 암적인 종양이다. 정현종은 신성모독자로서의 새로운 도덕의 창시자도 아니며, 그만큼 도덕감각과 인식의 힘이 마비된 자에 지나지 않는다. 그는 어디까지나 신성모독이 두려운 근친상간주의자이며, 부정부패라는 옥토 위에서 행복하게 살아가고 있는 백치와도 같은 판단력의 어릿광대일 뿐인 것이다.

대학교수의 자격도, 시인의 자격도, 그리고 어떠한 비판의 자격도 없는 정현종이 '이 세상에서 때 묻지 않은 자가 어디 있으며, 어느 누가 우리 학자들(중진 시인들)에게 돌을 던질 수가 있단 말인가?'라고 오늘도 울부짖고 있다. 정현종의 「우리는 구름」과 「권력」 등은 그 비판의 대상이 없고, 어느 누구도 그 두루뭉수리한 비판의 대상에서 빠져나오지 못한다는 점에서 바로 그 첨예한 예에 해당된다. 그의 익명비판과 曲學阿世비판은 '미당 서정주'의 '친일행위'를 문제삼는 지식인들에게 '일제 시대 때 친일하지 않은 사람이 어디에 있는가?'라고 하는 말과도 너무나도 똑같은 것이다. '대한민국독립만세'를 외치며 무수히 죽어갔거나, 너무나도 비참하게 살아가고 있는 애국지사들을 더없이 욕되게 하고, '박정희처럼 일본군 장교가 되고 대통령이 될 것이지, 어느 누가, 그 지지리도 못난 독립운동가의 길을 가라고 강요했느냐'고 암묵적으로 강변을 하고 있는 친일파의 목소리와도 너무나도 똑같이 닮아 있는 것이다. 그의 익명비판의 목소리들은 '사대주의'를 맹신하고 있는 '소인배들의 사상'을 낳고, 오늘도 우리 한국인들에게 '제발 어리석고 또 어리석게 살아가라'고 강변을 하고 있다.

거창 학동 마을에는

바보 만복이가 사는데요

글쎄 그 동네 시내나 웅덩이에 사는

물고기들은 그 바보한테는

꼼짝도 못해서

그 사람이 물가에 가면 모두

그 앞으로 모여든대요

모여들어서

잡아도 가만 있고

또 잡아도 가만 있고

만복이 하는 대로 그냥

가만히 있다지 뭡니까.

올 가을에는 거기 가서 만복이하고

물가에서 하루 종일 놀아볼까 합니다

놀다가 나는 그냥 물고기가 되구요!

―「바보 만복이」 전문

정현종의 사대주의는 소인배 사상을 낳고, 또 그의 소인배 사상은 사대주의를 낳는다. 그는 기사도적인 모험 정신과 성자의 영웅주의를 찬미해야 될 때에도 '겸손'(「불멸」)만을 찾고, 수많은 외세의 침략과 세계정복운동에 맞서서 싸워야 할 때조차도, "탱크는 서야지요/ 움직이면 안됩니다"(「움직이지 말아」)라고, 평화만을 사랑한다. 그는 수많은 외세의 물결 앞에서 어쩔 줄 모르고 있는 우리 한국인들에게, 그 눈앞의 위험을 어서 빨리 회피하라고 역설을 하게 된다. 모든 사회성을 잃어버리고 도덕감각과 인식의 힘이 마비된 정현종, 연세대학교 교수이자 대한민국의 중진 시인으로서 천재생산의 교수법이 없는 정현종, 도덕감각과 인식의 힘이 마비되고 그 어떠한 비판의 자격도 없는 정현종이 우리 한국인들에게 할 수 있는 말은 「바보 만복이」에서처럼, '제발 어리석고 또 어리석게 살아가라'는 말일는지도 모른다. 왜 예수는 하나님의 아들이라고 시건방지게 자처했던 것이며, 왜 알렉산더는 문화의 제국을 건설하기 위하여 수많은 이민족들을 단칼에 베어버려야만 했던 것일까? 왜 동물들은 오늘도 사생결단의 영토 싸움을 끊임없이 감행하고 있는 것이며, 왜 미 제국주의자들은 그처럼 전쟁을 하지 못해서 안달이 났던 것일까? 왜, 니체와 쇼펜하우어와 보들레르는 인류의 역사상, 가장 위대한 책을 바친다라고 오두방정을 떨었던 것이며, 왜 정현종은 아이오와 대학으로 유학을 다녀오고 서구의 나라로 여행을 가지 못해서 안달이 났던 것일까? 왜 정현종은 「바보 만복이」처럼 살지 않고 연세대학교 교수이자 대한민국의 중진 시인으로서 우리 한국인들의 백만두뇌를 모조리 거세시키면서 살아가고 있는 것일까? 정현종의 근친상간주의는 소인배 사상을 낳고, 그의 소인배 사상은 사대주의를 낳는다. 그의 소인배 사상은, 국제금융자본의 입맛에 따라서 대한민국의 경제가 파탄을 맞이하고, 고구려의 역사가 눈을 시퍼렇게 뜬 채 강탈을 당하고 있는데도, 우리 한국인들을 향하여 '제발 어리석고 또 어리석게 살아가라'고 말하고 있을 뿐인 것이다. '고귀하고 거룩한 것은 고귀하고 거룩한 인간에게, 비천하고 어리석은 것은 비천하고 어리석은 인간에게'가 모든 고급문화인들의 근본신조인 것이다. '바보 만복이'에 대한 찬양은 정현종의 돈과 명예와 권력을 창출해 내는 사탕발림의 속임수이며, '빈곤의 신화'는 그의 부를 위해서 결코 척결되어서는 안 된다. 가난한 자, 힘

없는 자, 지배당하는 자는 이중, 삼중적으로 착취를 당하고 있지만, 그들이 더욱더 서러운 것은 정현종과도 같은 가짜 천사에게 착취를 당할 때일 것이다. 정현종은 우리 한국인들을 흡혈귀와도 같이 빨아먹고 있는 가짜 천사이며, 정현종의 말과 사유를 따라가면 우리 한국인들은 모두 소인배가 되고 가장 확실하게 못쓰게 된다.

나는 정현종의 '고통의 축제'라는 멋진 시적 명제를 사랑했었고, 그가 그 고통의 축제를 통해서 우리 한국어와 우리 한국인의 영광을 연출해 주기를 진심으로 기원하고, 또 기원했었다. 그러나 그는 천재생산의 교수법을 지니지 못한 대학교수가 되고 말았고, 어떠한 새로운 기법의 창시자도 되지 못한 채, 익명비판과 曲學阿世의 비판으로 도덕 감각과 그 인식의 힘의 마비만을 보여주고 말았다. 정현종은 진정한 문화적 영웅의 탄생과 세계정복운동에 반대하는 소인배 사상에 함몰되어 있지만, 그러나 그 소인배 사상은 어디까지나 그의 사대주의에서 비롯된 것일 뿐이다. 영국, 프랑스, 독일, 미국, 일본, 중국의 이름만 들어도 주눅이 들어버린 그가 할 수 있는 짓이라고는 문화적 영웅의 탄생과 세계정복운동에 반대를 하고, '바보 만복이'와도 같은 삶을 찬양하는 일 뿐이라고 하지 않을 수가 없다. 그는 유태인들이 지난 2000여 년을 떠돌아 다녔으면서도 그들의 지식을 통하여 세계를 정복했다는 사실은 죽어도 말할 수가 없고, 니체와 칸트와 쇼펜하우어와 마르크스가 가장 찬란하고 화려한 인식의 제전을 통하여 세계를 정복했다는 사실은 또한 죽어도 말할 수가 없다. 그는 입이 있어도 말 못하는 벙어리이며, 그 백치의 음성으로, '제발 어리석고 또 어리석게 살아가라'고 강변을 한다. 정현종은 학문적으로 이미 거세를 당한 인물이며, 서구인들과는 도저히 싸워서 이길 수가 없다는 패배주의를 숨긴 채, 눈앞의 이익만을 쫓아가는 하루살이에 불과하다. 왜냐하면 그는 우리 한국인들의 전체의 이익과 그 역사를 돌보지 않는 반학문적이며 반민족적인 사대주의의 화신이기 때문이다. 그의 사대주의는 패배주의의 산물이며, 그의 소인배 사상은 사대주의의 산물이다. 그가 '근친상간의 씨앗'을 뿌리며 '부정부패의 옥토'에서 살아가고 있는 동안, 우리 한국인들의 부는 다국적 자본의 입으로 통째로 빨려 들어가고, 그의 제자들과 학부모들인 우리 한국인들은 절대빈곤과 기아의 선상에서 노숙자의 생활을 해나가게 된다. 고은, 신경림, 유종호, 백낙청, 황동규, 정현종, 정과리, 이인성—, 이 모든 백치와도 같은 자들이 IMF 환란만을 되풀이 연출해 놓고, 오늘도 우리 한국인들에게 '제발 어리석고 또 어리석게 살아가라'고 강변을 하고 있다.

나는 우리 한국어와 우리 한국인들의 영광을 위하여 백치와도 같은 정현종을 처형하지 않을 수가 없었다.

나는 대한민국의 역사상 가장 확실한 천재생산의 교수법을 지닌 철학예술가이며, 궁극적으로는 이제까지 어느 누구도 선보이지 못한 최고급의 행복론의 연출가이다.

아아, 愛知여, 나의 낙천주의 사상의 신전이여!

김용택 비판: 시인의 사명이란 무엇인가?

김용택은 1948년 전북 임실에서 출생하여, 1982년 창작과비평사의 21인의 신작시집 『꺼지지 않는 횃불로』에 「섬진강 1」 등을 발표하면서 작품 활동을 시작했다. 『섬진강』, 『맑은 날』, 『꽃산 가는 길』, 『그리운 꽃편지』, 『강 같은 세월』, 『그 여자네 집』, 『나무』 등의 시집과 『그리운 것들은 산 뒤에 있다』, 『섬진강 1 2 3』, 『인생』 등의 산문집과 『콩, 너는 죽었다』의 동시집을 간행하고, 이제 김용택 시인은 대한민국의 제일급의 시인으로서 자리를 잡은 지가 오래되었다. 그의 주요 시집과 산문집들은 대부분이 베스트 셀러나 스테디 셀러가 되었고, 그는 제6회 '김수영 문학상'과 제12회 '소월시문학상'을 수상한 바가 있다.

나는 일찍이 김용택의 『섬진강』의 시세계를 '원형상징의 꿈'으로 살펴본 바가 있지만(반경환, 『시와시인』, 문학과지성사, 1992년), 그러나 그는 어느 누구보다도 '도덕적인 정결성'을 통하여 공동체 사회의 행복을 추구해 왔다고 할 수가 있다. "아버지의 농사는 언제나/ 논에서 풍년이고/ 논 밖에서 흉년인데/ 내 농사는 논 밖에서 풍년이고/ 논 안에서 흉년입니다"(「논」)라는 시구가 그것이고, "뙤약볕 아래 그을린 농사꾼들의/ 억울한 일생이/ 보리꺼시락처럼 목에 걸려/ 때로 못밥이 넘어가지 않아/ 못드는 술잔을 들곤했다/ 논밭에서 땀 흘리지 않고/ 흙 무서워하는 손으로 시를 쓰고/ 밥 퍼먹으며/ 그들의 아들 딸들을 가르치며/ 나는 가르침에 괴로웠다"(「길에서」)라는 시구가 그것이다. 그는 「논」과 「길에서」처럼, 자기 자신의 하얀 손을 부끄러워하며, 그리고 논 밖에서 풍년이 되는 자기 자신의 자본(지식)의 이득에 대하여 정직하게 고뇌하는 모습을 보여준다. "아버지의 농사는 언제나/ 논에서 풍년이고/ 논 밖에서 흉년인데/ 내 농사는 논 밖에서 풍년이고/ 논 안에서 흉년입니다"(「논」)라는 시구가 자기 자신에 대한 반성과 성찰의 결과가 아니라면 무엇이고, 또한 "뙤약볕 아래 그을린 농사꾼들의/ 억울한 일생이/ 보리꺼시락처럼 목에 걸려/ 때로 못밥이 넘어가지 않아/ 못드는 술잔을 들곤했다/ 논밭에서 땀 흘리지 않고/ 흙 무서워하는 손으로 시를 쓰고/ 밥 퍼먹으며/ 그들의 아들 딸들을 가르치며/ 나는 가르침에 괴로웠다"라는 시구가 자기 자신에 대한 반성과 성찰의 결과가 아니라면 무엇이란 말인가? 김용택은 그 도덕적 정결성을 확보하기 위하여 '악'과 '허위'의 편에 가담되어 있는 자기 자신을 고발하고, 그리하여 마침내, 아버지와 농민들로 지칭되는 사람들의 편, 즉 '선'과 '진실'의 편으로 그 '존재론적 전향'을 이룩하게 된다. "내 저 흉년의 길을 가리라"(「길에서」)는 시구는 공동체 의지(민중의 의지)의 소산이며,

지리산이 저문 강물에 얼굴을 씻고
일어서서 껄껄 웃으며

>   무등산을 보며 그렇지 않느냐고 물어보면
>   노을 띤 무등산이 그렇다고 훤한 이마 끄덕이는
>   고갯짓을 바라보며
>   저무는 섬진강을 따라가며 보라
>   어디 몇몇 애비 없는 후레자식들이
>   퍼간다고 마를 강물인가를

라는, 「섬진강 1」(『섬진강』, 창작과비평사, 1985년)은 그 도덕적 정결성의 꽃이라고 하지 않을 수가 없다. 따라서 그가 추구하고 있는 이상 사회는 '논 안에서 풍년이 논 밖에서도 풍년이 되는 사회'이며, 언제, 어느 때나 그 유장한 흐름을 멈추지 않는 섬진강물처럼 자연과 인간, 인간과 사물, 인간과 인간의 관계가 아주 조화롭게 일치된 세계라고 하지 않을 수가 없다. "지리산이 저문 강물에 얼굴을 씻고/ 일어서서 껄껄 웃으며/ 무등산을 보며 그렇지 않느냐고 물어보면/ 노을 띤 무등산이 그렇다고 훤한 이마 끄덕이는/ 고갯짓을 바라보며/ 저무는 섬진강을 따라가며 보라/ 어디 몇몇 애비 없는 후레자식들이/ 퍼간다고 마를 강물인가를"이라는 시구는 고귀하고 위대한 영웅정신의 극치라고 해도 과언이 아니다. 이 영웅정신은 김용택의 민중주의의 소산이며, 이 세상의 모든 '후레자식들'의 온갖 패악질과 그 흉허물들을 다 받아들이고도 언제나 더러워짐이 없는 섬진강물처럼, 오늘도 그 유장한 흐름을 멈추지 않고 있는 것인지도 모른다.

　이제 김용택의 도덕적 정결성은 민중주의의 정점을 넘어서서, 이 세상에서 가장 아름다운 시의 신전(지상낙원)을 구축하고 있는 것처럼도 보인다.

봄꽃들이 지는 날, 너의 글을 읽는다. 땅위에 떨어져 있던 흰 꽃잎들이 다시 나무로 후루루 날아가 붙는다.

인생은 꿈만 같구나.

다시, 꽃나무가, 시 한 편이 고스란히 세상에 그려진다.
흰 꽃 속에서 새가 운다.
아이들이 꽃나무 아래에서 하늘을 올려다본다. 꽃 이파리들이 아이들 사이를 날아다닌다. 아이들이 날아다니는 꽃잎을 쫓고, 의현이와 은미가 시를 쓴다.

벚꽃잎이 하나씩 날아갑니다. 어디로 가는지 모르겠지만 얼마 안 가서 빙글빙글 돌며 떨어질 걸요.

향기로운 꽃은 누굴 주고 싶어서 피었을까. 나도 꽃을 좋아한다. 아, 아, 나에게도 누가 꽃을 줄까.

꽃나무 아래에서 하루,
올페는 죽을 때 나의 직업은 시인이라고 했다.
* 시의 맨 끝줄은 김종삼의 시 구절이다.

―「올페」(『나무』, 창작과비평사, 2002년) 전문

김용택의 「올페」는 그의 동화적 상상력에 기초한 낭만주의자―이때의 낭만주의는 민중주의자의 그것일 수밖에 없다―의 꿈을 그 무엇보다도 가장 극적으로 보여주고 있다고 해도 과언이 아니다. 그는 어른의 입장에서 어린 아이들, 즉 의현이와 은미가 시를 쓰는 세상으로 들어가 더없이 맑고 순진무구한 세계를 사실 그대로 보여준다. "봄꽃이 지는 날 너의 글을 읽는다"라는 시구에서 '너'가 누구이며 그 글의 내용이 무엇인지는 명료하게 드러나고 있지는 않지만, 그것은 의현이와 은미가 쓴 시가 아닌가 생각된다. 그리고 그들의 글을 읽을 때, "땅위에 떨어져 있던 흰 꽃잎들이 다시 나무로 후루루 날아가 붙는" 것을 바라보게 되고, 그는 마침내 "인생은 꿈만 같구나"라고, 조용하지만 황홀한 목소리로 외치게 된다. 사랑스럽고, 또 사랑스러운 너희들의 시를 읽을 때, 땅위에 떨어져 있던 흰 꽃잎들이 다시 나무에 날아가 꽃처럼 피어나게 되고, 나는 그 환영 속에서 더없는 삶의 만족, 혹은 삶의 행복을 만끽하게 된다. 꽃샘바람 탓이겠지만, 꽃잎이 떨어지고 다시 피어나는 현상은 동화적 상상력에 더없이 어울리고, 그것은 또한, 현실주의자의 세계관보다는 낭만주의자의 세계관에 더욱더 잘 어울린다. 따라서 "인생은 꿈만 같구나"라는 시선으로 바라보면, "다시, 꽃나무가, 시 한 편이 고스란히 세상에 그려"지게 되고, 그 꿈만 같은 세상 속에서는 '새'가 울고, 꽃나무 아래에서 아이들이 하늘을 올려다 보고, 꽃 이파리들이 아이들 사이를 날아다니게 된다. 그리고 아이들은 날아다니는 꽃잎을 쫓고 의현이와 은미는 시를 쓰게 된다. 시인의 꿈 속에서 의현이와 은미가 시를 쓰는 것인지, 의현이와 은미의 꿈 속에서 시인이 시를 쓰는 것인지, 요컨대, 그 꿈과 현실이 잘 구분이 되지를 않는다. 아니, 어쩌면 그것을 애써 구분할 필요조차도 없는 지상낙원의 시간만이 지나가고 있는 것인지도 모른다. "벚꽃잎이 하나씩 날아갑니다. 어디로 가는지 모르겠지만 얼마 안 가서 빙글빙글 돌며 떨어질 걸요"라는 시구와 "향기로운 꽃은 누굴 주고 싶어서 피었을까. 나도 꽃을 좋아한다. 아, 아, 나에게도 누가 꽃을 줄까"라는 시구는 기쁨에 가득찬 시적 화자들의 들뜬 목소리에 가깝다고 하지 않을 수가 없다. 꽃을 주고 꽃을 받고 싶은 마음들이 「올페」의 시적 공간을 자유 자재롭게 날아다니며, "꿈만 같은" 행복한 세상을 더없이 아름답고 화려하게 펼쳐 보이고 있는 것이다. 현실은 시의 토양이며 아름다움은 시의 꽃이다. 나의 이 말을 「올페」에 적용시켜본다면, '꿈은 시의 토양이며, 아름다움은 시의 꽃이다'가 될 것이다.

'올페'는 그리스 신화 속의 오르페우스에 대한 김종삼 시인의 '愛稱'이며, 그 오르페우스는 칠현금의 대가였다. 그의 연주 솜씨는 아폴로 신과도 겨룰 수가 있었으며, 그가 연주를 할 때면 모든 생명 있는 것들이 그 넋을 잃고 그를 추종해야만 했었다. 그는 그 絶世 歌人의 사이렌의 노래 소리를 잠재웠으며, 지옥의 개, 케르베르스의 감시를 따돌리고 끝끝내는 죽음의 신인 하데스마저도 감동시킬 수가 있었다고 한다. 이 세상에서 부단히 짓밟히고 상처입은 자들을 위로해 주고, 꿈과 희망을 잃은 자들에게 꿈과 희망을 부여해 주고, 또한 그들에게 하늘을 찌를듯한 환희에의 기쁨과 생살이 찢어질 듯한 고통도 맛보게 해주고, 그리하여 끝끝내는 비록, 잠시 잠깐이나마 「올페」에서처럼, 영원불멸의 삶을 맛보게 해주는 것이 시인의 사명이 아니던가? 김용택은 "나의 직업은 시인이다"라는 자긍심의 하나로, 이처럼 하나님(죽음의 신)도 감동할 시 한 편을 쓰는 일에 자기 자신의 생명을 바쳤던 것인지도 모른다.

태초에 말씀이 있었고, 그 말씀에 따라 이 세계가 창조되었다. 만약 언어가 없더라면 우리 인간들의 역사와 전통은 물론, 오늘날의 문명과 문화도 건설되지 않았을 것이고, 또한 우리 인간들은 자연의 혜택에만 의존하는 야만적인 짐승의 무리가 되었을 것이다. 시인은 언어의 사제이며, 언어의 사원의 주인공이다. 그의 주재 아래 모든 종교가 꽃 피어나고, 모든 앎의 교육이 시행되고, 또한 그의 주재 아래 모든 축제가 진행된다. 이 세상에서 시인만이 위대하고 또 위대하다. 시인의 사명은 이처럼 엄청나게 크고 막중한 것이다. 「올페」는 김용택의 도덕적 정결성의 소산이며, 또 그의 낭만적(민중적)인 꿈의 소산이다. 도덕적 정결성에 충실할 때 시인의 사명은 완수되고, 시인의 사명에 충실할 때 그 도덕적 정결성은 꽃 피어나게 된다. 섬진강은 김용택의 시의 토양이며, 아름다운 지상낙원인 「올페」는 그 시의 꽃이라고, 나는 생각한다.

김용택은 그의 『나무』에서 다음과 같이 말한 바가 있다.

> 오! 내게 와서 꽃처럼 피어나는 아이들, 아이들은 나무처럼 자랐다. 세상에 태어나 아이들의 곁에 있게 된 것은 내 인생의 큰 행운이었다. 감출 수 없는 내 생의 축복이었고, 여한이 없는 날들이었다. 많은 분들의 분에 넘치는 관심과 인정이 나와 아이들에게 햇살처럼 쏟아졌다. 그 사랑이, 그 믿음이, 그 인정이 나를 나무의 새잎처럼 세상으로 밀어올린다.
>
> 지금도 나는 대지처럼 든든하신 어머니 곁에 있다. 일상이 유쾌한 아내와 두 아이들, 나에 대한 그들의 사랑은 차고 넘친다. 그들을 배경으로 나는 한그루 나무처럼 세상으로 가는 길에 서 있다.
>
> 곧 봄이 올 것이다. 세상에 봄바람이 불고, 세상을 색칠해 가는 풀과 나무 끝의 꽃과 잎들이 산을 이루리라.
>
> 사랑하고 감동하고 희구하고 전율하며 사는 것이다. 로댕의 이 말은 내가 발 딛은 이곳과 마음 머물고 눈길 가는 지금 저곳이, 실감나는 나의 현실이게 한다.
>
> ―「시인의 말」(『나무』, 창작과비평사)에서

만일, 시인이 꿈꾸는 세계와 현실이 일치하게 될 때, 그것이 더없이 행복한 어떤 것이라면, 김용택은 이 대한민국에서 가장 행복한 시인이라고 해도 틀림이 없다. 그는 지금도 '대지처럼 든든한 어머니' 곁에서, '언제나 유쾌하고 사랑이 넘치는 그의 아내와 두 아이들'과 함께 살아가고 있는 것이다. 또, 그리고, 어디 그뿐이던가? 그에게는 의식주를 해결하는 일, 즉, 그의 직업이 반 강제적이며 온갖 스트레스를 주는 직업이기는커녕, "오! 내게로 와서 꽃처럼 피어나는 아이들, 아이들은 나무처럼 자랐다. 세상에 태어나 아이들 곁에 있게 된 것은 내 인생의 큰 행운이었다. 감출 수 없는 내 생의 축복이었고 여한이 없는 날들이었다"라는 말처럼, 그에게는 최고의 행운과 축복을 가져다가 준 직업이 아니었던가? 대부분의 일상생활인들의 직업이 최고의 행운과 축복을 가져다가 주기는커녕, 늘 정신적이거나 육체적인 노역에 시달리게 하고, 또, 그리고, 만성적인 스트레스와 함께, 수많은 좌절과 실직의 위험성을 강제해 왔던 것이 아니었든가? 어쨌든 김용택은 축복받은 시인이며, 이 세상에서 가장 행복한 시인일는지도 모른다.

하지만 그는 그 행복한 시인의 삶을 "사랑하고 감동하고 희구하고 전율하며 사는 것이다"라고, 로댕의 말을 빌어서 설명하고 있다. 오, 하나님 맙소사!, 이 대한민국에서 최고의 행운과 축복을 누리면서 살아가는 김용택 시인이, 오직 단 하나뿐인 자기 자신의 삶과 그 행복을, 타인의 말과 사유로써 설명하다니, 나는 바로 이 순간에, 그의 행복한 삶을 의심해 보지 않을 수가 없게 된다. 제일급의 시인은 자기 자신의 삶과 행복을 자기 자신의 앎으로써 명명할 수 있어야 하고, 그 언어의 기원을 소유하고 있지 않으면 안 된다. 그의 명명의 힘은 전제군주적인 것이며 타인에게 그것을 강제하지 않아도 어쩔 수 없이, 자기 스스로, 자발적으로 그것에 더욱더 의존하게 되는 그런 사유가 되지 않으면 안 된다. 고전주의, 낭만주의, 공산주의, 실존주의, 낙천주의 등, 모든 사상과 이론들이 바로 그것이고, 또 이러한 사상과 이론들을 창시한 제일급의 사상가(예술가)와 김용택을 비교해 본다면, 김용택의 시세계는 타자의 사유에 끼워맞춰진 단순 조립형의 사유체계에 불과하다. 그의 도덕적 정결성은 반 윤리의 토대 위에 기초해 있고, 시인의 사명은 그 사명의 망각에 기초해 있다. 따라서 그의 행복한 삶은 배부른 노예의 일장춘몽에 지나지 않게 된다.

> 피이터 대제大帝는 모방의 천재를 가지고 있었다. 그러나 그는 진정한 천재, 즉 무에서부터 모든 것을 창조해낼 수 있는 천재는 가지지 못한 이였다. 그가 성취한 일들 중에는 훌륭한 몇 가지 일도 있었으나 나머지 대부분의 일은 요령을 얻지 못한 일이었다. 그는 그의 인민이 야만인임을 판명할 수는 있었으나, 그들이 문명화되기에는 아직도 미숙한 인민이었음을 판별할 수는 없었던 것이다. 그러기에 그는 그들이 아직도 훈련을 받고 있었어야 할 시기에 벌써 그들의 문명화를 꾀하였던 것이다. 그는 러시아인을 만드는 일부터 시작해야 했을 터인데, 먼저 그들을 독일인, 영국인으로 만들기를 원했던 것이다.
> ─ 장 자크 루소, 『사회계약론』, 휘문출판사, 1976, 380면

나는 결코 김용택을 비판하는 이 글에서 장 자크 루소의 말을 빌리고 싶은 생각은 없었지만, '진정한 천재'는 두 눈을 씻고 찾아봐도 없고, 오직 있는 것이라고는 저 글도둑질의 대가들, 즉, '모방의 천재'만을 가지고 있는 우리 한국인들에게 장 자크 루소의 육성을

사실 그대로 들려주고도 싶었던 것이다. 진정한 천재와 모방의 천재, 그리고 독자적인 말과 사상을 가지고 있는 자와 그렇지 못한 자와의 차이는 이처럼 하늘과 땅 차이보다도 더 큰 것이다. 전자는 고귀하고 위대한 전제군주이며, 후자는 그의 온몸의 때와 두 발을 닦아주어야만 하는 비천한 노예들에 지나지 않는다. 영국과 유럽의 중·고등학교의 교과서에는, 우리 대한민국은 중국과 일본의 식민지였다가 이제는 미국의 지배를 받고 있다고 씌어져 있고, 중국과 일본에 대한 역사 기술이 각각 20페이지가 넘는 반면, 이 대한민국의 역사 기술은 단 1페이지에 불과하고, 또, 그것마저도 중국과 일본란의 여백—독립된 장이 아닌—에다가 기술해 놓고 있다고 한다. 대한민국의 제일급의 시인이자 가장 행복한 교사로서의 김용택은 나의 이 말이 무슨 말인지 제대로 알아듣고, 과연 자기 자신을 끊임없이 반성하고 그 깨우침을 실천할 수가 있을 것이란 말인가? 나는 지금, 이 시점에서, 그것은 어림 반 푼어치도 없는 소리라고 생각한다.

이미 앞에서 살펴본 바가 있지만, 김용택의 초기시의 시적 성취는 그 도덕적 정결성이 시인의 사명으로 승화된 것이고, 이제 그의 시세계는 반 윤리의 토대 위에 기초해 있게 된다. 따라서 그의 문명 비판과 정치현실의 비판은 더 이상의 설득력을 잃게 되고, 그 반 윤리적인 익명성으로 말미암아, '똥 묻은 개가 또다른 똥 묻은 개를 나무라는 식의 이전투구의 양상'을 띠게 된다고 하지 않을 수가 없다. 그리고 마지막 세번째로, 그의 자연예찬과 섬진강 사람들에 대한 지나친 미화는, 사실은 그의 가짜 행복을 위하여, 더욱더 거룩하게 신비화시킨 어떤 것에 지나지 않는다는 점을 나는 그 어느 누구보다도 가장 자신 있게 지적해낼 수가 있는 것이다.

우선 첫 번째로, "내 농사는 논 밖에서 풍년이고/ 논 안에서 흉년입니다"라는 시구처럼, 그만큼 통렬하고 단도직입적이었던 자기 고발과 함께, "내 저 흉년의 길—여기서는 "논에서 풍년이고 논 밖에서 흉년"이 되는 아버지와 그 이웃들의 길을 말한다—을 가리라"고 그 도덕적 정결성을 선보였던 김용택 시인이 이제는 기껏해야,

> 우습다 10년을 반성하지 않는 시가 우습고, 20년을 반성하지 않는 시가 우습고, 30년을, 40년을, 50년을 반성하지 않는 시가 우습고, 나를 반성하지 않는 시가 정말 우습다 그렇지 않으냐 우스워 죽겠는데 웃지도 않고 시를 쓰는
>
> 나를 반성하지 않는 내가 우습고 너를 반성하지 않는 내가 우습고 몇 천 년 동안 한 번도 반성없는 우리의 정치가 우습다
>
> (……)
>
> 가장 화창한 봄날,
>
> 꽃들이 가장 만발한 봄날
>
> 강물이 가장 파란 봄날
>
> 바람이 가장 부드러운 봄날
>
> 더러운 세상의 끝까지 보이는 환한 봄날
>
> 나를 버리러 간다

라는, 「저 산은 언제 거기 있었던가」(『나무』)라는 시처럼, 그 반 윤리적인 추태로 움츠러들고 있는 것이다. 그는 10년, 20년, 30년을 반성하지도 않았고, 또 40년, 50년을 반성하지 않은 자기 자신을 비판하면서도, 그 뼈아픈 자기 반성과 참회의 눈물을 보이지도 않는다. 좀 더 구체적으로 어떻게 타인들을 질투하고, 시기하고, 악의 구렁텅이에 빠뜨렸는지, 또는 글도둑질이든, 사기이든, 어떻게 남의 재

산을 가로채어서 호의호식을 했었던가에 대한 진정한 반성과 참회의 눈물을 생략한 채, 다만 막연히 귀신 씻나락 까먹는 소리로 더럽고 추하게 자기 반성과 그 비판을 감행하고 있는 것이다. 더욱이, 또 게다가 그 뻔뻔스럽고 추악한 얼굴로 이 대한민국의 '정치인들'과 수많은 이웃들과 그의 친구들—"너를 반성하지 않는 내가 우습다"라는 시구가 그것이다—까지도 나와 똑같이 반성이 없는 자들로 몰아붙이면서, "가장 화창한 봄날", "더러운 세상의 끝까지 보이는 환한 봄날/ 나를 버리러 간다"라고, 또 귀신 씻나락 까먹는 소리를 해대고 있는 것이다. 그의 『나무』 속의 모든 시들을 다 살펴보더라도 『섬진강』에서만큼의 통렬한 자기 반성과 성찰이 없다고 해도 틀림이 없다.

이제 김용택의 서정시는 반서정시이며, 또 그것은 두 번째로, 익명비평의 차원에서, 이 세상의 '악'과 '허위'의 편에 적극적으로 가담하게 되는 '악마의 시'로서 변모를 하게 된다. 김용택의 '악마의 시'는 문명비판과 정치현실의 비판의 차원에서 그 익명성을 자랑하고, 그리고 마지막 세 번째로, 그 익명성—반윤리적 차원에서의 익명성—을 끝끝내 은폐시킨 채, 섬진강변의 자연과 그 고장 사람들을 미화시키고 신비화시키기에 여념이 없다. 가히 천사의 가면을 쓴 악마라고 하지 않을 수가 없다.

우선 두 번째로, 문명비판과 정치현실의 비판의 차원에서 그의 익명비판의 예를 들어본다면,

> 포크레인은 어떻게, 저렇게, 높은, 저런, 산꼭대기, 험한 비탈을, 다 올라갔을까? 너그들 정말 그렇게 아무 곳이나 올라가 파고, 뒤집고, 자르고, 산을 부술래 이 염병 삼 년에 땀도 못 나고 뒈질 놈들아.(아아, 나는 정말

쌍욕을 하고 싶다.) 포크레인이 번쩍일 때마다 나무토막들이 뿔껑 들려져서 반 바퀴 휙 돌아 비탈진 땅에 내동댕이쳐진다. 저 높은 산에서 반 바퀴 돌다가 내팽개쳐지면 얼마나 어지러울까

라는 시구와,

부도덕도 집단으로 부도덕하면 도덕이 되는 걸까. 더러워져도 여럿이 함께 더러워지면 사회정의적인 막강한 힘이 되는 걸까. 망가져도 집단으로 망가지면 윤리사회 도덕적 힘이 솟는 걸까. 오! 너도 나도 뭉쳐서 가자. 5천 년 동안 썩어온 권력을 위해. 저 구케의언들의 심장은 무슨 심장일까. 저들의 얼굴에 깐 철판의 두께는 얼마나 두꺼울까. 저 뻔뻔스러운, 저 넌더리나는, 저 지겨운, 아아, 모두 구케의언이 되어가는 '반정치적'인 사람들

이라는 시구와, 또 그리고, "존나게 심심해서" 이리 뒹굴고 저리 뒹굴고 있으면서도,

세계를 향한 분노를 잃어버린 시인은 시인이 아니다. 아, 아, 이 새벽 어둠 속을 흐르는 이 뜨거운 내 불덩어리들아 내 몸을 뚫어다오

라는 「세한도」를 그 수일한 예로 들어볼 수가 있을 것이다. 그의 비판은 대부분이 국회의원들, 자본주의와 자본가들, 그리고 반정치적인 사람들에 대한 비판이며, 그 비판의 대상이 불특정 다수라는 점에서 '익명비판'에 지나지 않는다. 그의 익명비판은 그 비판의 대상을 구체적으로 제시하지 않는다는 점—그의 산문들도 마찬가지이다—에서 생산적인 논쟁이 가능하지 않은 비판이며, 그의 비판은 그가 그토록 역설하고 있는 사회정의와 진리탐구에 기여하기보다

는 최소한도의 사실 규명과 책임 소재를 따져 묻는 것조차도 가능하지가 않은 비판이다. 가령, 예컨대, 김용택이 그의 산문에서—시는 형식상 그 기술적인 문제가 있다고 치자—국회의원 김모의 발언을 문제삼고, 생태환경의 문제를 한사코 은폐하는 자본주의의 옹호자인 박모의 발언과 국회의원들의 뺨을 치듯이 행동을 하고 다니면서도 그것을 반정치적인 술수로 은폐를 시키고 있는 정모의 발언을 문제로 삼았다고 치자. 그러면 그것은 상호 간의 장점과 단점을 비교하고, 그 단점을 치유하거나 보완하는 생산적인 논쟁으로 발전할 수가 있는 데 반하여, 불특정 다수인들에 대한 비판은 그 상호 간의 논쟁이 가능하지 않고, 그 잘, 잘못을 가릴 수가 없는 것이다. 그 비판의 대상이 명시되어 있지 않은데, 어느 누가 "이 염병 삼 년에 땀도 못나고 뒈질놈"의 당사자라고 자기 자신의 생명과 그 모든 명예를 다 걸고 역비판을 해올 수가 있겠으며, 또한, 그 비판의 대상이 명시되어 있지 않은데, 어느 누가 "저 뻔뻔스러운, 저 넌더리나는, 저 지겨운 구케의언"의 당사자라고 자기 자신의 생명과 그 모든 명예를 다 걸고 역비판을 해올 수가 있겠는가? 익명비판은 똥 묻은 개들끼리 똥 묻은 개들을 비판하는 이전투구의 비판이며, 이 대한민국 사회를 더욱더 어둡게 하는 曲學阿世의 비판이다. 따라서 김용택은 자기 자신에 대한 참다운 반성도 할 수가 없게 되고, 《조선일보》와 《중앙일보》와 《동아일보》의 주요 필자인만큼, 이 땅의 반민족적인 매판언론에 대한 비판도 할 수가 없게 된다. 또, 그리고, 김대중 정권을 옹호했던 만큼 김대중 정권의 실정과 그 세 아들의 부정부패도 비판할 수가 없게 되고, 그가 소속되어 있는 민족문학 진영 내의 부정부패와 '고비용 저효율 구조' 속에 기초해 있는 대한민국의 '교원노조'마저도 비판할 수가 없게 된다.

도덕적 정결성에 충실할 때 시인의 사명은 완수되고, 시인의 사명에 충실할 때 그 도덕적 정결성은 꽃 피어나게 된다. 이러한 시인의 사명에 의거한 비판이라면, 모든 비판은 정사곡직을 가릴 수 있는 비판이 되어야만 하며, 그것은 수천 년의 영광과 번영을 약속할 수 있는 최고급의 인식의 제전의 칼날이 되지 않으면 안 된다. 나는 한 사람의 철학예술가로서 김용택에게 다음과 같은 나의 말을 들려주고자 한다.

　　나는 모든 사람들이 '천사적인 너무나도 천사적인' 시선으로 브루터스를 바라볼 때마다, 나는 그에게서 '악마적인 너무나도 악마적인' 브루터스만을 바라다 보게 된다. 그의 눈과 코와 입과 혀와, 그리고 그의 배꼽과 성기는 너무나도 천사적이지만, 그의 입에 발린 목소리와 그 사유 체계는 머리에서 발끝까지 악마적인 위선으로 가득차 있다. 브루터스는 그의 너무나도 천사적인 가면으로, 그의 사기, 위선, 기만, 탐욕 등의 진면목을 은폐시키고, 그 무서운 악마성으로 나일강변의 자연을 예찬하고 그 고장 사람들을 신비화시키기에 여념이 없다. 그는 시인이라는 이름으로 나일강변의 자연에다가 악의 씨앗을 심고, 또 교사라는 이름으로 그 시골학교의 어린 아이들에게 악의 씨앗을 심는다. 그리고 마지막으로 시인이자, 교사이자, 지식인이라는 특권으로 그 나일강변 사람들의 티없이 맑고 순수한 얼굴에다가 악의 씨앗을 심는다. 그는 자기 자신이 선의 씨앗을 파종하는 사람이라고 자랑하고 다니지만, 나는 나일강변의 자연과 그 고장 사람들의 얼굴을 통해서 악의 새싹들만을 바라다 보게 된다. 나일강변의 아름답고 풍요로운 자연은 어느덧 박제화되고, 그 선량하고 착한 사람들은 모두들 다같이 팔푼이 같거나, 이미 사회적 부적응자들로서 그 짧은 생애를 마친 사람들과도 같았다. 그의 악마적인 '이성의 간계'는 나일강변의 자연마저도 박제화시키고, 또 그 고장 사람들마저도 박제화시킨 것이다. 그가 그린 한 폭의 산수화와, 또다른 한 폭의 인물화는 '천사적인 너무나도 천사적인' 그림들이지만, 그 그림들이 천사적일수록 악마의 책이 잘 팔리고, 그 악마의 예술적 재능의 상품가치가 상승하게 될 것이다. 그의 사기, 위선, 기만, 탐욕 등은 어디까지나 천사의 가면을 쓰고 행해지며, 그는 그 천사의 가면 위에다가 자연주의, 이상주의, 인도주의라는 최고급의 에덴동산의 이정표(사상)를 새기고 다닌다. 그의 정의는 타인들과의 싸움에서 승리를 하기 위한 하나의 도구일 뿐, 그는 그 정의의 이름으로 나일강변의 자연과 그 고장 사람들의 선량함을 '악마적인 너무나도 악마적인 수법'으로, 또 그만큼 잔인하고 무자비하게 착취를 하고 다닌 것이다. 아름답고 풍요로운 자연과 티없이 맑고 순수한 사람들은, 그 아름다움과 선량함 때문에 지식을 가진 자의 이용의 대상이 되고 착취의 대상이 될 수밖에 없었던 것이다. 천사의 가면을 쓰고 다니는 자만큼 영악하고 교활한 자는 없다.

어쩌면 나의 이 말은 한 천사가 악마의 잘못을 비꼬아 주고 있는 것인지도 모른다. 우리 인간들은 모두가 다같이 악마이긴 하지만, 그러나 자기 자신의 잘못을 반성하고 뉘우친다는 점에서, 천사의 사랑을 받고 있는 것인지도 모른다. 하지만 이제 김용택은 반윤리적인 토대 위에 서 있고, 또한 그는 시인의 사명을 망각하고 있다. 따라서 김용택의 익명비판이 그 천사의 가면을 쓰고 최고의 이윤을 창출해 내는 곳이 있다면, 그 익명비판이 그 익명비판의 주체자인 김용택에게 더욱더 돈과 명예와 권력을 쌓아주는 수단이 되고 있다는 점일 것이다. 적당한 문명비판과 적당한 정치현실비판, 그리고 반정치적인 사람들에 대한 그의 세태비판은, 그의 자연예찬에 더욱더 그 타당성을 부여해 주고, 섬진강 유역의 그 지지리도 못나고 무식한 사람들을 마치, 우리 인간들의 미래의 이상형처럼 최고급으로 미화시키게 된다.
 그의 익명비판은 천사의 가면을 쓰고 있고, 그는 그 천사의 가면으로 섬진강 유역의 자연과 그 고장 사람들을 미화시키기에 여념이 없는 것이다.

 5월 산천은 그야말로 있는 힘을 다해 자기 자신에 최선을 다해 세상에 자기를 드러낸다. 그것은 아름다움의 극치요, 사람들의 입을 다물게 하는 자기모습의 끝인 것이다. 자연만이 그걸 표현한다. 최선을 다한 것이 그래서 아름다운 것이다. 이 나라 산과 강, 논과 밭과 마을을 바라보며 나는 늘 감동한다. 저렇게 곱고 이쁠 수가, 산들이 모두 저렇게 자기 모양을 뽐낼 수가 없다. 인간만큼 수선스럽고 약삭빠르고 타산적이고 영악한 것이 있을까. 나는 인간에 관한 한 늘 낙관적이지 못하다. 그냥 나는 침묵으로 산을 보는 것을 좋아한다. 침묵만이 인간의 깊이에 가 닿는다.
— 앞의 책, 「덕치 조서방, 삼 년 묵은 술값 내놔」에서

 어, 저 오리나무 아래 연보라색 아기붓꽃 보아
 고사리도 손을 쪽 폈구나 두릅잎도 피고, 찔레순도 자랐네
 너는 둥굴레 싹이구나 캄캄한 땅 속에서 얼마나 천천히 솟았기에
 이리 파랗게 싹을 틔우니
 만져도 만져지지 않을 것만 같구나
 놀라움 뿐,
 잎 피는 오월의 숲에서는 놀라움 뿐
 온몸이 다 흔들리는, 구름을 딛는 것 같은 어지러움, 이 황홀함, 나는 할 말을 잃네.

―「숲」(『나무』)에서

 우리 인간들은 자연을 예찬하거나 문명을 비판할 때, 또는 거꾸로 문명을 옹호하고 자연을 훼손할 때조차도 자연과 문명의 역사 철학적인 의미와 그 건전한 관계를 생각해보지 않는 愚를 범하곤 한다. 나는 『어느 철학자의 행복』(『행복의 깊이 3』, 도서출판 지혜) 중, 제3장 「일에 대하여」에서, "이 세계에 질서를 부여하는 힘이 매우 미약하고 비천했을 때, 우리 인간들은 '나쁜 자연'을 안출해 냈고, 이 세계에 질서를 부여하는 힘이 매우 강력하고 그 정도를 넘어섰을 때, 우리 인간들은 '좋은 자연'을 안출해 냈다. '나쁜 자연'은 온갖 천재지변과 재앙에 둘러싸여 있는 세계를 말하고, '좋은 자연'은 문명과 문화의 발전 속에서 생태환경이 파괴된 풍요로운 세계를 말한다. 우리 인간들은 그 '나쁜 자연'을 극복하기 위해서 더욱 더 정교하게 과학과 산업의 수단들을 발전시켜 왔던 것이며, 이제는 그 문명의 利器들의 폐해 속에서 거꾸로 생존의 위협을 느끼고 있다고 하지 않을 수가 없다. 하지만 루소식의 자연이 '좋은 자연'의 原音이 될 수도 없으며, 우리 인간들의 삶의 모형이 될 수도 없다. 인간이 인간의 삶을 살아가기 위해서는 어느 정도의 자연을 파괴할 수밖에 없는 것이며, 그것이 거꾸로 자연스러운 삶이 될 수밖에 없는 것이다. 문제는 우리 인간들이 과연 자기 자신의 문명과 문화를 발전시켜 나가며 생태환경을 파괴하지 않을 수가 있느냐에 달려 있는 것이고, 그것은 매우 어렵고도 중요한 문제일 수밖에 없는 것이다"라고, 그 자연과 문명의 역사 철학적인 의미와 함께, 그 건전한 관계를 모색해본 바가 있다. 김용택은 '좋은 자연'과 '나쁜 자연'의 역사 철학적인 의미도 모르고, '좋은 문명'과 '나쁜 문명'의 역사 철학적인 의미도 모른다. 따라서 그는 자연과 문명의 건전한 관계를 구축하거나 설명해 보지도 못한 채, 루소식의 '좋은 자연'에만 매달리고 있는 것이다.

 일찍이 장 자크 루소는 '자연은 우리 인간들을 선량하게 하고 행복하게 만들어 주었지만, 문명은 우리 인간들을 사악하게 만들고 타락시켰다'라고, 말한 바가 있다. 그러나 장 자크 루소식의 자연은 오늘날 문명비판적인 시각에서 그 선명성을 자랑하긴 하지만, 어디까지나 그것은 우리 인간들의 생활양식과 그 문화적 삶을 간과한 일면적인 관점일 수밖에 없는 것이다. "인간만큼 수선스럽고 약삭빠르고 타산적이고 영악한 것이 어디 있을까"라고 반인본주의를 노골적으로 드러내고 있는 김용택마저도 그 인간들과의 관계를 통해서 살아가지 않으면 안 되는 것이고, 또한 "5월 산천"의 "아름다움"을 그토록 찬양하고 있는 자연숭배자로서의 김용택마저도 그 산천의 아름다움을 파괴한 대가로, 이처럼 문명과 문화의 혜택을 누리면서 살아가고 있는 것이 아니던가? 나는 그 흔하디 흔한 신용카드와 핸드폰도 없고, 그리고 자동차도 운전할 줄을 모르지만, 적어도 반인본주의 입장에 선 자연예찬론자는 아니다. 따라서 신용카드와 핸드폰을 갖고 있고, 현대문명의 꽃인 자동차도 갖고 있는 김용택 시인이 문명비판적인 시각에서, 반인본주의를 노골적으로 표방하고 자연예찬론자가 된 것을 무조건 지지하고 옹호해줄 수가 없는 것이다. 그의 문명비판은 자기 반성을 모르는 자의 이전투구식의 비판이며, 曲學阿世의 비판에 지나지 않는다. 자기 반성이 없는 문명비판과 인본주의 비판을 일삼는 자들은 '이빨 빠진 도자기와도 같은 자들이며, 삼천 궁녀 속의 내시와도 같은 자들'에 지나지 않는다. "어, 저 오리나무 아래 연보라색 아기붓꽃 보아/ 고사리도 손을 쪽 폈구나 두릅잎도 피고, 찔레순도 자랐네/ 너는 둥굴레 싹이구나 캄캄한 땅 속에서 얼마나 천천히 솟았기에/ 이리 파랗게 싹을 틔우니/ 만져도 만져지지 않을 것만 같구나/ 놀라움 뿐/ 잎 피는 오월의 숲에서는 놀라움 뿐/ 온몸이 다 흔들리는, 구름을 딛는 것 같은 어지러움, 이 황홀함, 나는 할 말을 잃네"의 「숲」이라는 시는 김용택의 시적 감수성과 그 천재성이 빚어낸 아름다운 시라고 하지 않을 수가 없다.

하지만 그의 역사 철학적인 무지와 그 익명비판의 추태들을 생각해 본다면, 「숲」이라는 시의 그 아름답고 뛰어난 시적 성취마저도 모조리 묵살하고 깔아 뭉개버리고만 싶은 생각이 다 들기도 한다. 아아, 아름다움마저도 그 주체자(창조자)의 도덕적 정결성과 그의 역사 철학적인 장인정신(시인의 사명의식)을 하나 하나 축자적으로 따져 보아야만 하는 이 저주받은 철학예술가의 직업이여! 아아, 그러나 나는 비판함으로써 나의 존재의 근거를 확보하고, 비판하고 또 비판함으로써 너와 내가 다 함께 살아갈 수 있는 아름다운 세계를 창조해낼 수가 있는 것이라는 사실을 믿어 의심하지 않는다. 우리 대한민국이 하루바삐 문화적 선진국으로 도약하기 위해서는 '논쟁의 문화'를 활성화시키지 않으면 안 되고, 상호간의 칭찬과 덕담만을 되풀이 반복하고 있는 '제3세계의 문화적 풍토병'과 '비평의 만장일치제도'를 하루바삐 몰아내지 않으면 안 된다. 제3세계의 문화적 풍토병은 아무런 명명의 힘도 없는 것을 말하고, 비평의 만장일치제도는 비평하기보다는 기꺼이 찬양하는 제도를 말한다. 언젠가, 먼 후일에는—혹은 '교육시장'이 개방될 가까운 그 시일에는—그 용어들로써, 내가 우리 대한민국의 학문연구 풍토와 그 병리현상을 매우 정확하게 지적해낸 것으로 정식화되겠지만, 아직도, 여전히, 나 혼자만이 그 용어들을 자유 자재롭게 구사하고 있는 실정이기도 한 것이다. 이 무슨 독창적인 철학예술가의 매장 풍토이며, '논쟁의 문화'—문화선진국의 지름길인 '논쟁의 문화'—를 말살시키는 풍토이란 말인가? 내가 나의 최고급의 안목으로 판단해 본다면, 고은, 신경림, 황동규, 정현종, 이성복, 황지우, 이문열, 황석영 등은 세계적인 대서사시인이기는커녕, 삼류 중의 삼류에 불과하고, 그들이 대한민국의 대서사시인들로 군림하고 있는 한, '우리 대한민국의 미래의 꿈과 희망은 없다'라고 너무나도 분명하게 장담할 수가 있는 것이다. 그들은 예컨대, 호머와 괴테와 셰익스피어와도 같은 세계적인 대서사시인이기는커녕, 너무나도 그 지식 수준이 유치하고, 그 새싹도 돋아나기 전에, 이미 썩어버린 속 빈 쭉정이들이에 지나지 않는다.

> 옛날에 농사 지으며 살았던 사람들은 그 마을에 태어나서 평생을 그 마을에서 살다가 그 마을에서 죽어 묻혔다. 그들은 한 마을에서 태어나 죽을 때까지 함께 살아야 했기 때문에 거짓말이나 임시방편이 통하지 않았다. 더구나 도둑질을 한다거나 남을 속였다가는 그 마을에서 살기가 힘들었다. 다시 말해서 한 번 신용을 잃으면 회복하기가 힘들었고 조금 도가 지나치면 다른 곳으로 이사를 가야 했다. 마을에 느닷없이 이사와서 살던 뜨내기들은 그래서 그 마을에 뿌리를 내리지 못하고 다시 뜨곤 했다.
> (······)
> 한 마을에 태어나 죽을 때까지 그 마을에서 살았던 옛 농부들은 행복했다. 그들의 삶이 비록 가난하고 누추했더라도 그들은 자연과 더불어 인간의 삶을 느리고 더디게 가꾸며 살았다. 내 좁은 소견이지만 오늘날 우리가 사는 이 시대가 행복 없는 '무서운' 시대가 된 것은 농사를 지으며 사는 사람들이 이 땅에서 사라져가는 때문이 아닌가 한다. 농사짓는 사람이 없는 시대에 사는 것은 산소 없는 곳에서 사는 것과 같다.
> ─ 김용택, 「책머리에」(『그리운 것들은 산 뒤에 있다』, 창작과비평사, 1997)

대개 말 많은 사람이 일은 않고 뒷짐 지고 괭이자루, 삽자루 들고 서서 남의 일에 감놔라 배놔라 하는 법인데 한수 형님은 그러지 않았다. 형님보다 나이가 들었든 아니든 일은 안 하고 잔소리만 하면 형님은 "좆도 씨벌, 일도 안 하면서 니기미 잔소리는, 아 빨리 일이나 혀" 했다. 말을 많이 하면서도 형님은 남의 묘 쓰는 데나 남의 집 일을 가서나 어렵고 힘든 일은 도맡아 하였다. 진메마을 사람 그 누구도 형님의 일 앞엔 잔소리 없이 수긍하고 고마워했다. 공동으로 하는 마을 일에도 늘 앞장섰고 조금만 비위에 거슬리는 행동을 하거나 경오가 빠지게 말을 하면 제일 먼저 나서서 싸웠다. 힘도 좋고 입도 걸고 목소리도 커서 앞장서기에 꼭 맞아떨어졌다. 형님의 말은 언제나 옳았다.

(……)

한수 형님에 관한 이야기는 너무 많다. 큰 산은 뒤로 좀 물러나서 보아야 한다. 바짝 다가가서 산을 보면 나무 몇 그루, 돌멩이 몇 개, 풀 몇 포기, 흙덩이밖에 보이지 않는다. 한수 형님은 우리 동네에서 이 시대 마지막 농군 중의 한 분이다. 한수 형님이야말로 토종이다. 그분은 이 너절한 세상에서 빛나는 인간성을 간직한 분이다. 속이 굳고 곧은 분이다. 왈 농군인 것이다. 그의 이름 앞에 '참 농군이요 참 인간'이란 말을 나는 감히 놓는다.

— 앞의 책, 「인간 박한수」에서

돼지 잡는 판이 그분 때문에 쌈판이 되고, 칼질을 몇 번이고 멈추고 칼을 던지며 나가던 왁자하던 일도 이젠 없어졌다. 어찌보면 돼지 잡는 일이 없어진 뒤로 동네는, 진메는 끝이 난지도 모른다. 생각을 해보라. 그분의 간섭이 없다면 어찌 돼지 잡는 판이 살아나겠는가.

돼지를 잡는 일은 생명을 죽이는 일이다. 칼날이 번득이고 피가 낭자하고 돼지의 몸이 하나하나 해체되는 그 무시무시한 죽음의 판에 아무 소리도 없이 숨을 죽이고 피와 칼에 잘리운 돼지의 몸을 보고 있다면 생각만 해도 으시시하다. 그 침묵과 공포의 시간에 죽음을 살려내는 이가 바로 그분인 것이다. 으시시한 죽음의 판을 말로 살려내어 살판으로 만들어내는 분, 그분을 나는 마을의 예술가라고 생각한다. 그것은 죽음을 축제로 승화시키는 타고난 솜씨와 기질이 아니고는 불가능한 일이다.
— 앞의 책, 「돼지 잡는 날」에서

만일, 김용택의 자연예찬이 문명비판적인 입장에서 반인본주의에 기초하고 있는 것이라면, 그의 섬진강 사람들에 대한 예찬은 우리 인간들의 미래의 이상형으로서의 그 이상형, 혹은 플라톤적인 '이데아'에 대한 예찬이라고 하지 않을 수가 없다. 그들은 '좋은 자연'과 '나쁜 자연', 혹은 문명과 자연의 구분이 필요없는 사람들이며, 자연 그대로, 자연 그 자체 속에서 오직 착하고 선량하고 행복하게 살아가고 있는 사람들일 뿐인 것이다. 그의 『그리운 것들은 산 뒤에 있다』(창작과비평사, 1997)라는 산문집 속에는 '진메마을의 예술가 문계선씨', '욕쟁이 할매', '인간 박한수', '한량 문계량씨', '아버지', '어머니', '할머니', '동춘 할매' 등, 그 '진메마을'의 모든 인간들이 다 나온다. 그들은 모두가 다같이 욕 잘하고 일 잘하는 '인간 박한수'처럼, '참 농군이며 참 인간'의 표상이고, 또한 그들은 언제, 어느 때나 사사건건 공연한 시비와 트집만을 일삼는 '문계선씨'처럼, '진메마을의 참다운 예술가'들이라고 할 수가 있다.

그러나 나의 30여년 간의 농촌생활의 체험으로 미루어 볼 때, 그 착하고 선량한 사람들만이 살고 있는 곳은 이 세상 그 어디에도 없다고 할 수가 있다. 진메마을 사람들 역시도 욕쟁이 할매와 욕쟁이 인간 박한수처럼, 또는 사사건건 공연한 시비와 트집만을 일 삼는 '진메마을의 예술가 문계선씨'처럼, 날이면 날마다 쌍욕과 싸움질을 하면서 살아가기도 하고, 또 질투와 시기와 반목을 일삼으면서 살아가기도 한다. 그리고, 또, 그뿐만 아니라, 때때로 서로 서로 도와주고 정담을 나누면서 살아가는 것은 도시나 농촌이나 별반 다를 것이 없는 것이다. 이제 김용택의 진메마을은 더 이상 착하고 선량한 사람들만이 살아가고 있는 곳이 아니다. 선이 있으면 악도 있고, 음이 있으면 양도 있다. 진실이 있으면 허위도 있고, 빛이 있으면 어둠도 있다. 남자가 있으면 여자도 있고, 하늘이 있으면 땅도 있다. 선한 사람이 있으면 악한 사람도 있고, 천사의 시간이 있으면 악마의 시간도 있다.

만일, 이 세상에서 오직, 착하고 선량한 사람들만이 있다면, 그들은 모두가 다같이 팔푼이 같거나, 이미 진작부터 사회적 부적응자들로서 이 세상에서의 그 짧은 생애를 마감하게 되었을 것이다. 또한 김용택의 진메마을이라는 공동체 사회가 옛날 그대로 복원된다면, 그 사회는 어떠한 변화도 거부하게 되고, 모든 인간들은 그들의 자유와 평화마저도 빼앗겨 버리게 되는지도 모른다. 왜냐하면 그 세계는 아주 작고 소박한 세계—모든 살림밑천이 다 드러난 채 열려 있는 세계—이며, 외부사람들에게는 너무나도 지나치게 배타적이기 때문이다. 그리고 그곳은 도덕과 풍습의 강력한 규제와 어떠한 도덕적 질서도 뛰어넘는 강자들(고을사또, 양반집 대감, 그 지역의 토호들)의 초법적인 린치가 판을 치고, 다양성보다는 획일화를 지향하게 될 것이다. 또, 그리고, 개인성보다는 사회성이, 개인의 자유보다는 도덕적 억압이, 만인의 평등보다는 공동체 사회의 위계질서가 판을 치게 될 것이다. 도덕이 도덕인 것은 그것이 강자의 힘으로 무장되어 있기 때문이며, 언제, 어느 때나 그 도덕의 힘으로 반윤리적인 폭력을 행사할 수가 있기 때문이다. 선악을 넘어 서 있고, 그 선과 악을 자유 자재롭게 행사할 수 있는 인간이 우리 인간들의 미래의 이상형이지, 그 섬진강변의 어리석고 무식한 바보들이 우리 인간들의 이상형은 아닌 것이다. 그 무식하고 또 무식한 바보들을 우리 인간들의 이상형으로 신비화시킨 사람이 누구이며, 사사건건 공연한 시비와 트집만을 일삼는 인간 망나니를 '진메마을의 예술가'라고 신비화시킨 사람이 누구이란 말인가? 대한민국의 제일급의 시인이자 천사의 가면을 쓰고 익명비판과 '악마의 시'를 되풀이 읊어대고 있는 김용택이 아니던가? 만일 그렇다면, 그 섬진강 사람들을 우리 인간들의 미래의 이상형으로 신비화시킴으로써 돈과 명예와 권력 등, 그 최대한의 이익을 창출해 내고 있는 자는 누구이란 말인가? 인간 박한수인가? 진메마을의 예술가 문계선 씨가? 그것도 아니라면 섬진강 사람들 모두이란 말인가? 그것은 두말할 필요도 없이 천사의 가면을 쓴 악마, 즉 김용택이라고 해도 과언이 아니다. 그 섬진강 사람들은 김용택의 입맛과 식성에 따라 조종되는 꼭두각시들에 지나지 않으며, 그들의 착함과 선량함은 김용택에게 최대한의 이익을 창출해 주는 보증수표라고 하지 않을 수가 없다. 따라서 섬진강 사람들의 그 어리석은 무식함까지도, 그리고 그들이 살아가고 있는 자연환경까지도, 이처럼 지식을 가진 자의 착취의 대상이 되고, 그들의 자연환경과 인간성까지도 김용택의 배를 살찌우게 하고 있다고 해도 과언이 아니다. 김용택이 진정한 천사(시인)가 되려면 자기 자신의 도덕적 정결성을 통해서 시인의 사명을 완수해야 되는 것이지만, 루소식의 '모방의 천재성'은 그 시인의 사명과는 정반대로 '익명비판'으로 이어지고, 그는 그 익명비판이라는 천사의 가면을 쓰고 '악마의 시'를 그냥, 제멋대로 무차별적으로 읊조리게 된다. 그 '악마의 시'의 최종적인 단계가 섬진강변의 자연예찬과 그 고장 사람들에 대한 신비화이며, 그는 그 소외되고 버림받은 고장에서 '자기 자신의 최고의 행운과 축복'을 노래할 수가 있는 행복한 시인이 되어갔던 것이다.

　나는 지금까지 대한민국의 제일급의 시인으로서 아무런 명명의 힘도 없는 김용택의 반윤리성과 그 익명비판, 그리고 그의 자연예찬과 섬진강 사람들의 신비화를, 아주 깊이 있게, 비판을 하고, 또 비판을 해왔다고 자부한다. 그 익명비판의 본질은 '직종 이기주의 형태'—돈과 명예와 권력에 대한 탐욕 등—로 구축되어 있고, 그것은 그의 '교사'라는 직업에서도 아주 극단적으로 나타나고 있다고 해도 틀림이 없다. 이미 앞에서 살펴본 바가 있지만, 김용택은 그의 교사라는 직업에 더없이 만족하고 있고, 또한 그 교사라는 직업을 최고의 행운과 축복으로 생각하고 있다. 그러나 그 꽃처럼 피어난 아이들의 미래와 그 교육의 목표에 대한 언급은 없으며, 또 그들이 과연 올바른 교육을 받고 얼마나 훌륭한 '인재'들로 성장해 나갔는가에 대한 언급은 전혀 없다. 여기서 내가 말하고 있는 인재라는 용어는 객관적이며 보편적인 인재를 말하지, 이미 저능아에다가 더 이상의 진전이 가능하지 않은 이 땅의 어중이떠중이들을 말하는 것이 아니다. 그가 그의 전 생애, 즉 30여 년 동안 그에게로 와서 꽃처럼 피어난 아이들을 가르친 결과, 그 아이들 중 세계적인 석학이 단 한 명도 없다면, 그는 그것마저도 매우 즐겁고 기뻐할 수가 있다는 것일까? 그의 제자들이 대한민국의 교육제도의 탓이건, 그의 그릇된 교수법의 탓이건, 모조리 망가진 결과, 서울대학교를 졸업하고도 기껏해야 남의 글이나 마구잡이로 베껴먹는 글도둑질의 대가들—김현, 김윤식, 백낙청 등, 이 땅의 서울대학교의 교수들은 모두가 다같이 글도둑질의 대가들이다. 그들은 그 글도둑질을 통하여 이 대한민국의 최고급의 인사들이 될 수가 있었지만, 그 글도둑질을 가능하게 한 것도 그들과 똑같은 수준에서 아직도 여전히 글도둑질만을 일삼고 있는 그들의 제자들이 있었기 때문이다. 이

스승과 제자들의 무자비한 글도둑질들이 우리 대한민국을 '부정부패의 잔치판'으로 만들고 있고, 서구의 문화선진국민들이 우리 한국인들을 개나 돼지처럼 취급을 하게 만들고 있는 것인지도 모른다—이 되어버렸다고 하더라도 그는 그의 교사라는 직업을 여전히 최고의 행운과 축복받은 직업이라고 할 수가 있다는 것일까? 왜 그는 그의 교사라는 직업에 대하여 그처럼 자랑스럽게 생각하고 있는 것이며, 왜, 또한, 이 대한민국의 인재로서의 그 아이들의 역할과 우리 한국인들의 미래의 희망을 역설하지 못하고 있는 것일까?

김용택은 카프카의 소설 속의 장교와도 같은 인물이며, 그는 그 직업만이 우리 인간들의 유일한 존재 방식이라고 우기고 있는 것인지도 모른다. 카프카의 「유형지에서」의 장교는 처형장치를 운전하는 것이 그의 직업이며, 그는 그 처형장치가 반인도적이며 야만적인 살인기계라는 것도 망각한 채, 오직 자기 자신의 유일한 생존수단이라는 사실에만 광신적으로 매달리게 된다. "오! 내게로 와서 꽃처럼 피어난 아이들"이 모두들 다같이 그릇된 교육을 받고, 오직 타인의 말과 사유를 통째로 베껴먹은 글도둑질의 대가가 되었더라면, 과연 김용택은 카프카의 「유형지에서」의 그 장교와 무엇이 다르단 말인가? 극단적으로 말해서 그의 제자들이 단 한 명의 세계적인 석학이 없는데도 그 직업교사로서의 양심의 가책과 부끄러움을 모른다면, 그의 행복은 그의 제자들의 몸을 흡혈귀처럼 빨아먹고도 "오! 내게로 와서 꽃처럼 피어난 아이들"이라고, 그 노래를 부르고 있는 직업장교에 불과할 뿐 것이다. 직업이 타인들의 생명보다 더욱더 소중하고, 그 직업에 충실하게 될 때, "오! 내게로 와서 꽃처럼 피어난 아이들"이라고 그 서정시를 쓰게 된다. 김용택의 서정시는 반서정시이며, 악마의 찬가이기도 한 것이다.

구름처럼 심심하게 하루가
또
간다
아득하다
이따금 바람이 풀잎들을 건들고 지나가지만
그냥 바람이다

유리창에 턱을 괴고 앉아
밖을 본다. 산, 구름, 하늘, 호수, 나무
운동장 끝에서 창우와 다희가 이마를 마주대고 흙장난을 하고 있다.

호수에 물이 저렇게 가득한데
세상에, 세상이
이렇게 무의미하다니.
―「뜬구름」(『나무』) 전문

  그러나 이제 어찌된 일인지, 이 세상에서 최고의 행운과 축복을 향유하던 그 익명비판의 시인이, 그 천사의 가면을 벗어던지고, 악마의 모습으로 악마답지 않은 시를 읊어대고 있다. 그 악마의 모습으로 악마답지 않게 읊어대는 시는 그러나 그만큼 비극적이면서도 희극적이라고 하지 않을 수가 없다. 이 세상의 무의미와 삶의 권태에 질식해 가고 있는 악마가 어찌 비극적이지 않을 수가 있겠으며, 또한 그 풀죽은 악마가 그 풀죽은 모습으로 이 세상에서의 최고의 행운과 축복을 걷어차고 있는 모습이 어찌 희극적이지 않을 수가 있겠는가? 이제 그는 시인의 윤리도, 사명도, 섬진강변의 그 아름답고 풍요로운 산과 호수들도 역겨워하고 있고, 또한 그에게로 와서 꽃처럼 피어난 아이들, 즉 '창우와 다희'의 '흙장난'마저도 역겨워하고 있다. 이제 그는 삶에 대한 놀라움과 그 예찬 대신에 이 세상의 무의미와 그 권태 속에 빠져들게 된 것이다. 가난이 사회적 천민들의 질병이라면 권태는 상류계급 인사들의 질병이다. 왜냐하면 권태는 삶의 목표와 그 방향 감각을 상실한 자들의 포만감에서 비롯되었기 때문이다. 김용택이 그 권태에 빠져들게 된 첫 번째 원인은 그가 지나치게 배가 부른 것이고, 그 두 번째 원인은 시인으로서, 교육자로서, 역사와 그 사명의식을 망각하고 '무목표, 무책임, 무의지', 즉 그 '三無政策'―이 '三無政策'은 내가 내 힘으로 명명한 것이다―으로 일관해 왔다는 점을 들 수도 있을 것이다. 이 첫 번째 원인과 두 번째 원인 중, 그의 권태의 최종심급은 이 두 번째의 '三無政策'이라고 나는 그 어느 누구보다도 가장 자신 있게 말할 수가 있다.

 나는 김용택에게 어떻게 하면 이 대한민국의 부정부패를 추방하고 가장 아름답고 깨끗한 사회를 만들 것인가를 그의 시적 話頭로서 가져보라고 권하고 싶다. 시인은 그 어느 누구보다도 자기 자신의 몸과 마음을 정결히 하고, 이 세상의 시의 종교와 가장 찬란하고 화려한 백만 두뇌의 양성과, 그리고 최고급의 인식의 제전(축제)을 연출해 내는 것이 그의 사명이 아니던가? 시인이 끊임없이 자기 자신의 몸을 정결히 하고 그 사명을 완수하기 위하여 온몸으로 정진하고 있는데도, 그 몹쓸 권태가 어떻게 찾아올 수가 있단 말인가? 나는 가장 아름답고 깨끗한 대한민국을 건설하기 위해서는 첫 번째로 부정부패를 추방을 해야 된다고 생각하고 있으며, 두 번째로는 하루바삐 교육개혁을 완성해야 된다고 생각하고 있다. 첫 번째의 과제를 완수하기 위해서는 이 땅의 교육자들과 시민단체들과 민주노총이 모두들 다같이 국회와 청와대 앞에서 전면적인 파업을 강행해야만 하고, 이 땅의 정경유착과 부정부패의 화신인 정치인들로부터 반드시 무조건적인 항복문서를 받아내지 않으면 안 된다. 그리고, 또, 두 번째의 과제를 완수하기 위해서는 중·고등학교에서 '학문의 꽃'인 '철학'을 영어와 수학보다도 더욱더 비중있게 가르쳐야만 하고, 하루바삐 세계적인 명문대학교의 분교들을 유치하여 이 땅의 폭력적인 서열중심주의—아아, 그 지지리도 못난 서울대학교 중심주의—를 파괴하지 않으면 안 된다. 시인이 자기 자신의 사명에 충실하게 될 때 이 땅의 부정부패는 사라지게 될 것이고, 이 땅에서의 부정부패가 사라지게 되면, 바로 그때에는 우리 한국인들의 백만 두뇌들이 세계적인 대석학들로 자라나게 될 것이다.

나는 지금까지 고은, 신경림, 김용택, 이성복, 황지우, 김현, 정과리, 유종호, 백낙청, 김윤식, 이문열 등, 이 땅의 제일급의 인사들을 향해서 무자비한 비판의 칼날을 휘둘러 왔지만, 그러나 그 글들 중, 그 어느 것 하나라도 나의 비판의 주제와 그 목표를 벗어난 것은 없었다고 생각한다. 상호토론과 상호비판은 학문연구의 금과옥조이며, 문화적 선진국으로 가는 지름길이다. 그런데도 이 땅의 어중이떠중이들은 나의 그 정당한 비판을 제대로 이해하지도 못한 채, 조금쯤은 거친 목소리와 그 문맥만을 붙들고 늘어지고 있는 것이다. 가령, 예컨대, 내가 「신경림 비판」에서 제시했던 염세주의와 낙천주의의 역사 철학적인 의미와 글도둑질과 근친상간의 폐해의 문제, 그리고 우리 한국인들을 어떻게 하면 세계적인 '대사상가와 예술가의 민족'으로 육성할 것인가라는 나의 핵심적인 주제와 그 쟁점들은 따져보지도 않은 채, 그처럼 사소하고 지엽적인 문제들만을 지적해 내고 있는 것이다. 우리 한국인들은 애시당초부터 학문과는 거리가 먼 민족이고, 이미 역사 철학적으로 거세를 당한 민족에 지나지 않는다. 이처럼 무식하고 지지리도 못난 우리 한국인들에게 내가 낙천주의 사상과 시의 네 가지 효과, 그리고 사색인의 십계명을 정립하고, 삶과 죽음의 역사 철학적인 의미와 니체와 칸트를 정면으로 비판하면서 선악에 대한 새로운 개념을 정립해 냈다고 한다면, 과연 그들이 내 말을 알아 들을 수나 있겠는가? 우리 한국인들이 나의 비판적인 글에서 사소하고 지엽적인 것만을 문제로 삼고 있는 것은 마치, 친일파들이 일제의 무자비한 만행과 강점에 대해서는 단 한 마디의 말도 하지 않은 채, 독립운동가들의 거친 목소리와 그 행동만을 문제로 삼았던 것과도 똑같다고 하지 않을 수가 없다.

언제나 정중하고 예의 바르게 글도둑질만을 일삼고 있는 우리 한국인들이 오늘도 나에게 이처럼 속삭여 오고 있는 것도 같다.

> 여보게, 우리 한국인들의 위대성은 그들의 무자비한 글도둑질과 근친상간의 미덕에 있는 것이 아니던가!
> 이봐, 반경환 선생! 이 땅에서의 글도둑질과 근친상간은 결코 사라지지 않을 것이니, 그대는 그대의 비판정신을 모조리 폐기처분해 버리고, 우리와 함께 동업을 해보는 것이 어떻겠는가? 앞에서 끌어주고 뒤에서 밀어주는 '근친상간의 정신'으로, 서양인들의 학문을 모조리 글도둑질해 오는 것은 이처럼 너무나도 쉬운 일이라네.
> 이봐 반경환 선생! 우리는 삼천리 금수강산이 요동을 쳐도 자나깨나 놀고 먹을 수 있는 최고급의 학자계급이라네. 우리가 다같이 상업과 도둑의 신인 헤르메스를 믿고 있는 만큼 그대도 하루빨리 개종을 서두르지 않으면 안 된다네.

아아, 이 대한민국의 우리 학자들은 모두가 다같이 반민족적이고 반학문적인 어중이떠중이들이며, 내가 다음 호에 발표할 예정인 이 땅의 대표적인 작가들의 너무나도 뻔뻔스럽고 파렴치한 글도둑질 앞에서도, 끝끝내 그들만을 옹호하고 나만을 비난하고 매도하게 될 것이다. 그러나 나는 이 지구가 곧바로 소멸해 버린다고 하더라도 두 눈 하나 끄덕하지 않을 만큼의 사상과 신념을 가지고 있다. 더욱더 화가 나고, 또 화가 나면 영국과 미국과 프랑스와 독일과 일본의 언론사들에게 그 사실들을 모조리 폭로하고, 어떻게 해서든지 이 땅의 부정부패와 근친상간의 폐해를 가장 확실하게 뿌리 뽑고야 말 것이다. 나는 시인의 사명에 충실한 철학예술가이고, 나에게는 이 땅의 백만 두뇌의 양성과 우리 한국인들을 '사상가와 예술가의 민족'으로 육성해야될 책임이 있는 것이다. 대한민국의 제일급의 시인이자 제일급의 교육자인 김용택 시인이여, 이제는 내 말을 알아 들을 수가 있겠는가? 아아, 이처럼 어리석고 또 어리석은 김용택 시인이여, 이제는 그대의 두 눈을 더욱더 크게 뜨고, 심호흡을 한 번 더 하고, 그 따위 '권태' 따위는 섬진강의 맑은 물로 씻어버리기를 바란다.

한국문예지에 대한 비판적 성찰

　나는 계간시전문지 『애지』의 편집자로서, 잡지(문예지)의 중요성을 어느 누구보다도 잘 알고 있다고 자부한다. 영국의 『네이처』, 미국의 『사이언스』, 프랑스의 『현대』, 일본의 『문예춘추』 등은 모든 지식인들의 꿈의 무대이자 성공의 보증수표였다고 해도 지나친 말이 아니다. 한 나라의 지식의 척도는 잡지의 척도이며, 그 잡지는 그 나라의 지적 수준의 보증수표라고 해도 지나친 말이 아니다. 왜냐하면 그 잡지를 통해서 한 나라의 백만 두뇌가 양성되고, 사상과 이론이 정립되며, 그 사상과 이론을 통해서 고급문화의 새싹이 움터 나오기 때문이다. 오직 고급문화가 고급문화로서 자라날 수 있는 것은 오늘날의 서양에서처럼 그 지역 구성원들의 능력의 문제이지, 공간의 문제는 아닌 것이다. 따라서 전세계인들의 마음을 사로잡고 그들을 한 자리에 불러 모을 수 있는 힘—괴테 하우스나 바그너의 축제처럼, 또는 선진교육제도나 정치, 경제, 문화의 제도처럼—은 오직 사상과 이론의 정립밖에는 없는 것이다. 사상과 이론은 모든 학문의 꽃이자 궁극적인 목표라고 할 수가 있다. 계몽주의 사상을 통해서 르네상스 시대가 열렸고, 영국의 경험론과 실증주의를 통해서 자본주의 시대가 열렸으며, 그리고, 또한, 유물사관을 통하여 공산주의 시대가 열렸다. 사상이 없는 문화는 모래 위의 누각에 지나지 않으며, 문화의 옷을 입지 않는 사상은 헛된 망상에 지나지 않는다. 고급문화는 사상(지혜)이 그 실천의 자리에서 피워낸 가장 아름답고 찬란한 꽃이라고 할 수가 있다. 따라서 이 고급문화를 꽃 피워낼 수 있는 주인공들은 세계적인 석학들, 즉 고귀하고 위대한 문화적 영웅들(사상가들, 예술가들, 잡지편집자들)일 수밖에 없는 것이다.

나는 2006년 10월 21일, 부산 민족문학작가회의 주최, 전국 계간지 편집자 대회에서 다음과 같이 발표를 한 적이 있었다.

우리『애지』가 '대전―충청도' 지역에서 창간된 지도 어느덧 7년이나 되었습니다. 우리『애지』는 대전―충청도 지역을 기반으로 해서 창간되기는 했지만, 그러나 우리『애지』의 창간목표는 다음과 같습니다. 첫째는 '한국교육개혁'을 통하여 우리 한국인들의 '백만 두뇌를 양성'하는 것이고, 두 번째는 '논쟁의 문화'를 통하여 우리 한국인들을 '사상가와 예술가의 민족'(고급문화인)으로 육성하는 것이고, 그리고 마지막으로 세 번째는 우리 충청도를 대한민국 문화예술의 중심지로 만드는 것이었습니다. 서양에서는 초등학교에서부터 독서 지도교사를 두는 것은 물론, 중 고등학교에서는 철학을 가르치면서 독서를 통한 글쓰기 중심의 교육을 가르치고 있는데 반하여, 우리 대한민국은 그것과는 정반대 방향에서, 주입식 암기 교육만을 가르치고 있는 실정이기도 합니다. 따라서 대한민국의 교과과정을 '독서중심의 글쓰기 교육'으로 전환하지 않는다면 우리 대한민국의 백만 두뇌의 양성은 물론, 세계적인 대작가의 탄생은 영원히 요원한 과제가 될 것입니다. 비판은 모든 학문의 예비학입니다. 스승과 제자, 친구와 친구, 그리고 선배와 후배 사이 등에서 언제, 어느 때나 파란 불꽃이 튀어오르는 논쟁의 문화가 피어나지 않는 한, 또한 우리 대한민국은 어떠한 사상과 문학이론도 정립할 수가 없는 것이기도 합니다. 칸트, 헤겔, 셰익스피어, 괴테는 아시아, 아프리카에서도 세계적인 인물들이며, 니체, 마르크스, 보들레르, 랭보도 또한 마찬가지의 인물들이기도 합니다. 요컨대 세계적인 대작가(대사상가)나 고급문화의 탄생은 공간의 문제가 아니며, 그 구성원들의 능력의 문제라고 할 수가 있는 것입니다. 우리 한국인들은 우리 한국인들의 능력 문제는 전혀 따져보지도 않은 채, '중앙문화/지방문화'라는 매우 가증스럽고 혐오스러운 이분법적인 구조에만 안주하고 있는 실정이기도 합니다.

　우리 『애지』는 오늘도 그 창간이념을 결코 잊지 않고 있으며, 우리 『애지』를 대한민국의 문화적 사건이 아니라, 세계적인 문화적 사건으로 연출해 내기 위해서 최선의 노력을 다하고 있는 실정이기도 합니다. 제가 지난 7년 동안, 『행복의 깊이』와 『사색인의 십계명』(지금 현재 연재 중임)을 연재하면서 대한민국 인문과학의 역사상, 최초로 낙천주의 사상과 이론을 정립한 것은 물론, 우리 『애지』의 '논쟁문화의 장'은 우리 『애지』만의 트레이드 마크가 되어버린 지도 오래되었습니다. 그리고 우리 충청도의 출판문화의 여건으로는 감히 상상할 수도 없는 '애지시선'을 기획하여—장석주, 하종오, 김수우, 신현정, 엄재국, 손세실리아, 박이화, 김수열, 함순례, 이기철의 시집—대한민국 전체에서 다섯 손가락 안에 들만큼의, 수많은 시인들과 독자들로부터 사랑을 받고 있는 시집들을 출간하게 되었습니다. 저는 늘 이렇게 자문해봅니다. 이 반경환이는 과연 대한민국 전체를 대표할 수 있는 사상가이자 편집자(세계적인 사상가이자 편집자)이고, 우리 『애지』는 대한민국 전체를 압도해 나갈 수 있는 세계적인 잡지이며, 그리고 마지막으로 우리 충청도에는 서울의 어떤 대형출판사와도 견줄 만한 편집 디자인 체제(세계적인 편집 수준의 체제)를 갖추었는가라고 말입니다. 오늘날의 '인문학의 위기'는 우리 학자들의 능력 부재 때문에 온 것이지, 대한민국 정부의 지원이 부족해서 온 것이 아닙니다. 또 그리고 우리 한국문학의 위기 현상도 우리 한국문인들의 능력 부족 때문에 온 것이지, 대한민국의 정부의 지원이 부족해서 온 것이 아닙니다. 마지막으로 저는 제가 늘 제 자신을 채찍질하던 話頭들을 여러 편집자들에게 던져보고자 합니다. 과연 편집자로서의 여러분들의 실력은 세계적인 수준이고, 여러분들의 잡지는 과연 대한민국 전체를 압도해 나갈 수 있는 잡지이며, 그리고 마지막으로 여러분들이 살고 있는 고장의 출판문화수준은 대한민국 전체를 이끌어 나갈 만한 수준인가라고 말입니다. 만일 그렇다면 여러분은 대한민국 정부에게 문화사업의 지원을 요청할 자격—왜냐하면 우리 대한민국의 혈세가 단 한 푼도 새어나가지 않을 것이기 때문에—이 있으며, 그리고 우리 한국문학은 세계적인 문학으로 거듭나게 될 것입니다. 제 아무리 어렵고 힘들더라도 늘 자기 자신을 반성하면서, 그리고 우리 한국문학을 세계적인 수준으로 이끌어 나가는 데 최선의 노력을 다해 주셨으면 합니다.

우리 『애지』는 충청도라는 자그만 공간에서 발간되고 있기는 하지만, 나는 결코, 우리 『애지』의 창간 이념과 목표를 단 한 번도 망각하거나 좌시해본 적이 없다. 한국교육개혁운동을 통하여 우리 한국인들의 '백만 두뇌'를 양성하는 것도 우리『애지』의 목표이고, '논쟁의 문화'를 통하여 우리 한국인들을 '사상가와 예술가의 민족(고급문화인)'으로 육성하는 것도 우리『애지』의 목표이며, 우리『애지』를 토대로 하여 '중앙문화/ 지방문화'의 이분법을 극복하고, 이 문화예술의 불모지대인 '우리 충청도'를 대한민국의 문화예술의 중심지, 아니, 세계적인 문화예술의 중심지로 육성해 내는 것도 우리『애지』의 목표이다. 그렇다면 이 땅의『창작과비평』이나『문학과사회』, 그리고『실천문학』이나『문예중앙』등은 과연 분명한 창간 이념과 목표가 있고, 그리고 그 잡지의 편집자(편집위원들)의 수준은 세계적인 수준이며, 그리고 그 잡지들은 또한 세계적인 수준이란 말인가? 하지만, 하나를 보면 열을 알 수 있다는 말도 있고, 떡잎을 보면 그 열매를 알 수 있다는 말도 있다. 대한민국 학문의 역사상, 가장 더럽고 추악한 사건들인 황우석 교수의 사건이나 김병준 교육부총리의 사건들을 생각해 본다면 우리는 그 잡지들의 수준을 짐작할 수가 있는 것이다. 왜, 이 땅의 최고의 문예지를 자처하고 있는『창작과비평』이나『문학과사회』, 그리고『실천문학』이나『문예중앙』은 그 사건들을 애써 외면하고, 궁극적으로는 논문의 조작과 표절을 암묵적으로 옹호하고 있는 듯이 침묵으로 일관하고 있는 것이란 말인가? 우리『애지』는 우리『애지』의 창간 이념과 목표와 함께, "우리『애지』의 창간 이념과 목표를 달성하기 위해서는 다음과 같은 세 가지의 도덕적, 윤리적 조건이 충족되지 않으면 안 된다. 첫 번째, 문화선진국의 수준을 넘어서서 가장 아름답고 훌륭한 '기초생활질서'가 확립되지 않으면 안 된다. 두 번째, 만악의 근원인 '부정부패의 장본인들'을 한국 사회에서 영구 추방하지 않으면 안 된다. 세 번째, 초, 중, 고등학교에서부터 '독서중심의 글쓰기 교육'을 가르치되, 어떤 일이 있어도 논문의 조작과 표절의 당사자는 대학사회로부터 영구 추방하지 않으면 안 된다"라는 도덕적 명제들을 속표지에다가 명기해 두고 있다. 왜, 이 땅의 최고의 문예지를 자처하고 있는 『창작과비평』과 『문학과사회』, 그리고 『실천문학』과 『문예중앙』은 "독자 여러분, 앞으로 어떠한 일이 있어도 논문의 조작과 표절의 당사자들은 이 땅에서 영구 추방하겠습니다"라고 그 의지를 피력한 적이 없는 것이며, 또한 우리 학자들의 논문의 조작과 표절의 실태들을 가장 적나라하게 파헤치고 고발한 적―우리 『애지』는 한국 인문과학의 역사상, 가장 적나라하게 김현, 김윤식, 유종호, 김우창, 백낙청, 정과리, 이문열, 황석영, 유종호 등의 표절을 고발한 적이 있다. 너무나도 분명한 창간 이념과 목표와 함께, 도덕적 실천 명제를 지니고 있는 우리 『애지』와, 창간 이념과 목표는커녕, 그 어떠한 도덕적 실천 명제도 없는 그 잡지들 중, 과연 어느 잡지들이 더욱더 우리 한국인들의 삶과 명예에 기여를 하고, 그리고 또한 어느 잡지가 우리 대한민국의 최고의 잡지인가는 독자 여러분들이 판단해 주기를 바란다―이 없는 것인가? 그렇다. 논문의 조작과 표절의 문제는 자연과학이나 행정학의 문제만도 아니며, 따라서 우리 문학 예술―우리 문학잡지들―도 결코 자유로울 수가 없는 것이다. 오늘날 대한민국의 문학상의 심사위원들―김현, 김윤식, 김우창, 이문열, 황석영, 유종호 등의 경우에서처럼―은 대부분이 표절의 대가들이며, 그들이 수여하는 문학상은 표절한 자의 입장에서 어떻게 더 잘 표절했는가에 따라서 수여된다고 해도 과언이 아니다. 구효서, 신경숙, 윤대녕, 장정일, 이인화, 권지예 등이 바로 그 주역들이며, 한국문예지의 산증인들인 셈이다. 대한민국의 문학잡지들은 무목표, 무책임, 무의지로 일관하고 있으면서도, 그 반대 방향에서, 요컨대 문화권력만을 가진 괴물들이라고 하지 않을 수가 없는 것이다.

　가장 '민족적'인 것이 '세계적'인 문학이라는 기치 아래 창간된 『창작과비평』은 그러나 창작과 비평이 무엇인지도 모르며, 오히려, 거꾸로, 민족주의의 폐쇄성 속으로 움츠러들고 있는 것처럼 보인다. 오늘날 세계화의 도도한 물결에 반하여 'FTA'에 반대하는 편집자의 주장이 머리글로 실리고 있는 것이 바로 그렇고, 진정으로 '교육이란 무엇인가'라는 본질적인 질문은 아예 생략해버린 채, 「전교조, 우리 교육의 대안세력인가」(하승수, 『창작과비평』, 2006년 겨울호)라는 '도전인터뷰'를 통해서 교육시장개방과 교원평가제에 반대하는 장혜옥 전교조위원장의 주장만을 여과없이 전달하고 있는 것이 바로 그렇다. 하지만 싱가포르는 교육시장을 개방하고 해외의 명문대학교들을 유치한 결과, 연간 교육부문에서 5조 원의 흑자를 내고 있지만, 세계 11대 경제대국을 자랑하고 있는 우리 대한민국은 교육시장을 개방하지 않은 결과, 연간 교육부문에서 7조 원의 무역적자를 내고 있다. 중국, 호주, 일본, 뉴질랜드 등의 다른 나라들도 모두들 다같이 교육시장을 개방하고 빛보다 더 빠른 속도로 교육혁명을 진행 중인 실정임을 감안한다면, 우리 대한민국의 폐쇄성은 우리 한국인들의 미래의 희망을 가로막는 암적인 종양으로 자라나고 있다고 하지 않을 수가 없다. 백낙청, 염무웅, 김종철, 최원식, 강만길 등의 편집위원들로부터 백영서, 이일영, 이장욱, 나희덕 등의 젊은 세대들로 그 수평적인 세대교체만이 있었을 뿐, 『창작과비평』의 자기 혁신과 변모는 그 어디에서도 찾아 볼 수가 없었다. '창작'이란 독창성과 개성의 산물이어야 하며, '비평'이란 언제, 어느 때라도 '아버지 살해'가 가능한 전가의 보도이지 않으면 안 된다. 세계적인 대사상가와 대예술가의 생산, 즉 천재생산의 교수법과 교육제도를 연출해 내지 못한다면, 『창작과비평』은 속칭 제3세계의 문화적 풍토병에 젖어서, 동물적인 문화권력만을 생산해 내게 된다. 아니, 이미, 진작부터 '창비'와 '민족문학 진영'의 그 어중이떠중이들은 마치, 대한민국이라는 국가 전체를 그들의 전리품처럼 여기고, 사상과 예술의 차원에서 그 어떠한 희망의 새싹도 모조리 다 갉아먹고 있는 것인지도 모른다. 이 점은 『문학과사회』도 마찬가지이다. 정과리, 성민엽, 홍정선, 권오룡 등의 편집위원들로부터 김동식, 김태환, 박혜경, 이광호, 우찬제, 최성실 등으로 그 수평적인 세대교체만이 있었을 뿐, 『문학과사회』의 자기 혁신과 변모는 또한 그 어디에서도 찾아볼 수가 없었다. 따라서 『문학과사회』의 2006년 겨울호의 머리글에서조차도 오늘날의 인문학과 한국문학의 위기가 우리 학자들과 우리 문인들에게 있다는 사실을 뼈 아프게 반성하지 못하고, 정보 사회와 시장경제체제 아래서의 인문학과 한국문학의 위기의 원인들을 찾고 있는 것이다. 그들은 너무나도 뻔뻔스럽고 파렴치한 책임전가의 행태 속에서, 오늘날의 인문학과 한국문학의 위기가 우리 학자들과 우리 문인들에게 있다는 사실을 뼈 아프게 반성하지 못하고, 정보 사회와 시장경제체제 아래에서의 그 원인들을 찾고 있는 것이다. 그들은 결코 자기 자신들이 세계적인 대사상가(대비평가)인가라고 묻지도 않고 있고, 또 그들의 잡지는 과연 대한민국을 대표할 수 있는 세계적인 잡지인가를 묻지도 않고 있다. 논문의 조작과 표절도 정보 사회와 시장경제 탓이고, 인문학과 한국문학의 위기도 정보 사회와 시장경제 탓이다. 그러니까 그들은 그 무목표, 무의지, 무책임 속에서 정과리가 김현을 향해서 '불세출의 대형비평가'라고 찬양했던 것처럼, 타인(서양인)의 말과 사유에 대한 노예적인 복종 태도와 글 베끼기로 일관하고 있는 김치수와 김주연의 문학비평을 그토록 찬양하고, 그들의 문학비평에서 오늘날의 인문학의 위기를 극복할 수 있는 대안을 모색해 보는 추태를 연출해 내고 있는 것이다. 「인문학적 비평의 두 열림―김치수와 김주연 비평의 현재성」(『문학과사회』, 2006년 겨울호)이라는 이광호의 글이 바로 그것이다. 김치수의 '생태주의 인문학'과 김주연의 '초월성의 문학'은 오늘날의 인문학의 위기를 극복할 수 있는 주제이기는커녕, 이제는 그 주제조차도 진부해 버린 낡디 낡은 서양이라는 타자의 베끼기에 지나지 않는다. '스승은 진리이며 진리는 신성하다'라는 '제3세계의 문화적 풍토병'과 '비평의 만장일치제도'가 만연하고 있는 가운데, 이광호는 문학비평을 문학비평 이전의 '근친상간'의 추태로 더럽혀 놓고 있다고 해도 과언이 아니다.

아아, 너무나도 근친상간적이고, 너무나도 논문의 조작과 표절이 만연되어 있는 한국문학비평이여! 우리 대한민국의 문예지는 이처럼 신문학의 대두 이후, 단 한 번도 자기 혁신과 변모를 제대로 이행한 적이 없는 것이다.

오늘날 한국사회에서의 문예지는 수도 없이 늘어났지만, 그러나 그 잡지들의 질적 수준은 4~50년 전보다도 더 크게 위축되고, 오히려, 거꾸로 퇴행만을 거듭하고 있는 것처럼도 보인다. 첫 번째는 정보사회에서 영상매체의 등장으로 인하여 문학의 주변화가 심화되고 있기 때문이기도 하고, 두 번째는 시대의 변화에 따른 변모가 아닌, 잡지편집자들의 책임감과 사명감의 부재 때문이기도 하다. 하지만, 나는 지금 이 자리에서 정보 사회에서의 문학의 주변화 현상을 말하고 싶지는 않다. 오늘날 한국사회에서의 문예지의 자기 혁신과 그 변모가 이루어지지 않고 있는 까닭은 대부분의 주요 잡지의 편집자들이 '문학비평'이 무엇인지도 제대로 인식하지 못하고 있기 때문이다. 그들은 김태환의 「문학, 비평, 이론」(『문학과사회』, 2006년 겨울호)이라는 글에서처럼 '문학비평이란 무엇인가'라는 본질적인 질문을 생략한 채, 문학비평이란 "문학작품에 의존하는 이차적이고 파생적인 글쓰기"라고, 대부분의 통속적인 고정관념을 되풀이 되뇌이면서, 최고급의 인식의 제전을 펼쳐야만 하는 자기 자신들의 책임감과 사명감을 망각하고 있는 것이다. 비평이란 모든 학문의 예비학이며, 비평이 없으면 어떠한 학문도 그 존재의 근거를 마련할 수가 없다. 학문이란 진리를 탐구하는 것이며, 그리고 그 진리 탐구를 통하여 우리 인간들의 지상낙원과 최고급의 문화를 연출해 내는 것이다. 문학비평이란 지상낙원과 최고급의 문화를 연출해 내기 위한 최고급의 실천수단—모든 학문과 예술은 하나의 실천수단이지, 목적 그 자체가 될 수는 없다—이지, 문학작품에 종속된 이차적이고 파생적인 글쓰기가 아니다. 비평가는 독창적으로 사유하고 판단하는 최초의 명명자이지 않으면 안 되고, 그의 최초의 진리는 그것이 공산주의이든, 자본주의이든, 낙천주의이든, 염세주의이든지 간에, 그의 사상의 신전으로 이어지지 않으면 안 된다. 오늘날 대한민국의 인문학의 위기와 한국문학의 위기는 김현, 김윤식, 유종호, 백낙청, 김치수, 김주연, 정과리의 뒤를 이어서 나타난 김태환과도 같은 얼치기 비평가와 그 패거리들에 의해서 이루어지고 있는 것이지, 지난 15년 동안, 대한민국의 인문과학의 역사상 최초로, 낙천주의 사상과 이론을 정립하고자 최선의 노력을 다해 왔던 나와도 같은 사람들에 의해서 이루어지고 있는 것은 아니다.

 김현과 정과리의 문학비평도 기생적인 글쓰기이며, 잡설비평에 지나지 않는다. 이광호와 김태환의 문학비평 역시도 기생적인 글쓰기이며, 잡설비평에 지나지 않는다. 또한 백낙청과 염무웅의 문학비평도 기생적인 글쓰기이며, 잡설비평에 지나지 않는다. 임규찬과 이일영의 문학비평 역시도 기생적인 글쓰기이며, 잡설비평에 지나지 않는다. 왜냐하면 그들은 모두가 다같이 자기 자신의 말과 사유를 지니지 못하고, 타인의 말과 사유만을 듣고 있다가 그들의 모순점을 지적하며 자기 자신들의 즉흥적인 의견만을 개진하는 한없이 나태하고 게으르며 무식한 비평가들에 지나지 않고 있기 때문이다. 그들은 언제, 어느 때나 자기 자신들의 두 발로 서지 못하고, 또한 언제, 어느 때나 서양이라는 숙주가 필요한 기생식물들에 지나지 않는다. 김동식, 김태환, 박혜경, 이광호, 우찬제, 류보선, 김형중, 백영서, 이일영 등, 요즈음 대부분의 젊은 비평가들은 임규찬이 「비판의 윤리성과 최근의 비평」(『창작과 비평』, 2006년 겨울호)에서 지적한 대로, '이론의 죽음'을 외치며, 오히려 텍스트의 특수성과 그 미시분석에만 매달리고 있는 것처럼도 보인다. 그러나 그들은 그 순간에도 프랑스의 철학자인 데리다의 말에 놀아나고 있는 것인지도 모른다. 데리다는 언어의 기원이나 인간존재의 기원, 너무나도 분명한 사상이나 개념, 그리고 형이상학이나 기독교적인 유일신도 인정하기를 거부했지만, 그러나 그는 그 반대 방향에서, '흔적', '차연', '해체'라는 '무적의 개념기계'들을 통하여 현대철학의 선구자가 되어갔던 것이다. 그러니까 데리다가 해체하고자 했던 것은 서양의 형이상학과 인문주의이었던 것이지, 그의 사상과 이론이 아니었던 것이다. 데리다는 모든 '이론의 죽음'을 말하면서도 자기 자신의 새로운 이론을 세웠던 것이지만, 김동식, 김태환, 박혜경, 이광호, 우찬제, 류보선, 김형중, 백영서, 이일영 등은 자기 자신들의 역사 철학적인 문맥을 이해하지도 못한 채, 이론의 죽음을 선언하고, 그리고 어떠한 나침판이나 지도도 없이, 문학비평이라는 거대한 설산의 정복 운동에 나서는 우를 범하고 있는 것인지도 모른다. 신문학의 대두 이후, 이 21세기까지, 한국문학비평은 그 어떠한 자기 혁신과 변모도 제대로 이루어내지 못했다고 하지 않을 수가 없다.

『문학과사회』 2006년 겨울호의 「환상의 심층 – 2000년대 젊은 시인들을 둘러싼 논쟁」(오형엽)의 글이나 『창작과비평』 2006년 겨울호의 「우리 문학의 현장에서 진로를 묻다」(좌담, 김영희, 김영찬, 박형준, 이장욱)라는 글은 권혁웅이나 이장욱이 주창했던 쟁점들, 예컨대 '미래파'와 '다른 서정'과 관련된 쟁점들을 살펴보는 글이라고 할 수가 있다. 비록, 그것이 미완이고 도로아미타불의 수고로 그칠 가능성이 농후해졌지만, 그러나 그 논쟁은 한국문학비평사상, 가장 뜨겁고 생산적인 논쟁의 가능성을 열었다는 점에서 그 시사하는 바가 크다고 하지 않을 수가 없다. 시란 무엇이며, 문학비평이란 무엇인가? 주체란 무엇이고 타자란 무엇인가? 의식이란 무엇이며 무의식이란 무엇인가? 리얼리즘과 모더니즘과 포스트모더니즘은 무엇이며, 현대사회의 성격을 어떻게 규정할 것인가? 미시담론과 거시담론은 무엇이며, 사상과 이론은 무엇인가? 서정시란 무엇이며, 또 다른 서정이란 무엇인가? 권혁웅과 이장욱이 주창했던 쟁점들은 이러한 의문들과 그 미정형의 개념들이 동면기의 뱀들처럼 또아리를 틀고 있었지만, 그러나 그 논쟁들은 지극히 애석하게도 그 어느 것 하나 제대로 규명된 것이 없는 것처럼 보인다. 그 이유는 첫 번째로 권혁웅이나 이장욱이 주창했던 쟁점들이, 문자매체에서 영상매체로, 그리고 산업사회에서 정보사회로의 사회적 성격과 그 매체의 변모에 따른 피상적인 주장이었던 것이기 때문이고, 그 두 번째로는 권혁웅이나 이장욱에게 비판을 가했던 논자들이 모두가 다같이 사상과 이론 앞에서 그만큼 무지했기 때문이다. 제3세계의 문화적 풍토병과 비평의 만장일치제도는 우리 비평가들을 가장 확실하게 무력화시키고, 그 어떤 사상과 이론도 정립할 수가 없게 만들고 있는 것이다. 기생적인 글쓰기와 잡설비평은 이처럼 생산적인 논쟁마저도 도로아미타불의 수고로 만들어버리고, 이 대한민국의 문학잡지마저도 어떠한 자기 혁신과 변모도 불가능하게 만들고 있는 것이다.

만일, 그렇다면 문학잡지에 있어서의 창간 이념과 목표란 무엇을 말하고 있는 것일까? 창간 이념은 그 잡지가 분명한 역사 철학적인 토대 위에서 그 첫걸음을 내딛었다는 것을 뜻하고, 창간 목표는 그 잡지가 구체적인 실천을 통해서, 그것이 고급문화이든, 전인류의 행복한 삶이든, 그 어떤 사명을 완수하겠다는 것을 뜻한다. 우리『애지』의 창간 이념은 '지혜사랑'이며, 그리고 우리『애지』의 창간 목표는 우리 한국인들을 '사상가와 예술가의 민족', 즉 '고급문화인'으로 육성해 내는 것이다. 따라서 이처럼 분명한 창간 이념과 목표가 있기 때문에, 지난 7년 동안 그처럼 '독서중심의 글쓰기 교육'과 '교육시장의 개방'을 주창하고, 또, 그리고, 그 대상이 어떤 인물이 되었든지 간에, 그 대상에 대한 최소한의 예의도 없이, 그토록 잔인하고, 가장 날카롭게 비판을 할 수가 있었던 것인지도 모른다. 우리『애지』는 그 비판철학을 다음과 같이 표명한 바도 있고, 대한민국의 역사상 최초로, 사상과 이론의 차원에서 가장 화려하고 찬란하게 인식의 혁명—문학잡지의 자기 혁신과 변모를 꾀하면서—을 꿈꾸고 있다고 하지 않을 수가 없다.

이 세상의 모든 것이 변하고 세계의 종말이 온다고 하더라도 자기 자신과 자기 자신의 사상만은 영원하기를 바라는 것은 모든 지식인들의 한결같은 꿈이다. 사상이란 고귀한 명예이며, 삶의 완성이며, 보다 완전한 인간의 표지이다. '논쟁의 문화'가 활성화되면 '비평하기보다는 기꺼이 찬양을 하세요, 출세의 월계관은 우리의 손 안에 있습니다'라는 우리 중진 비평가들의 전근대적인 사고방식을, '좀 더 과감하고 야심만만하게, 도전적인 주제비평으로 우리들을 공격해 보세요! 마르크스, 프로이트, 니체, 쇼펜하우어, 데리다, 푸코 등, 세계적인 대사상가들이 언제, 어느 때 논쟁을 사양해본 적이 있었던가요?'라고 바꾸어 놓게 될 것이다. 우리 한국인들은 이제부터라도 좀 더 강렬하고 파란 불꽃이 튀어오르는 논쟁의 무대에서, 제일급의 비평의 정신을 연마하고, 더욱더 크고 넓은 세계로 나아가, 세계적인 사상의 무대를 석권해 나가지 않으면 안 된다. 비평의 대상이 된 분들은 이 점을 진심으로 이해를 하여 주시고, 언제든지 '반론'을 보내 주시기를 바랍니다.

— '논쟁문화의 장 편집자 주'에서

교육에 대하여

  1998년 10월 9일, 한글날 아침에 나는 《중앙일보》를 펼쳐보다가 또하나의 신선한 충격과 감동을 받지 않을 수가 없었다. 파스퇴르 유업의 창업자이자 민족사관고등학교의 설립자인 최명재 이사장이 직접 쓴 '교사초빙 광고 문안'이 바로 그것이었는데, 왜냐하면 나에게는 그 광고 문안이 서울대학교의 어떤 학자의 글보다도 더욱 더 진정성을 담고 있었기 때문이다. 이때의 진정성이란 한국의 교육 제도의 문제점을 제대로 알고, 그 문제점을 해결하기 위해서 살신성인의 자세가 담겨 있다는 것을 말한다. 미국 사립명문고를 거쳐서 IVY LEAGUE 대학을 졸업하신 분은 특별 우대를 하고 무조건 공립학교 교사의 1.5배 수준의 급여를 지불하겠다는 의지 표명도 그렇지만, 최명재 이사장은 한국 사회의 교육 목표와 위대한 천재 생산의 방법을 너무나도 잘 알고 있는 것 같았다. 미국의 사립명문고와 IVY LEAGUE 출신을 우대하겠다는 것은 다소 사대주의적인 위험성이 담겨 있는 것이기는 하지만, 우리가 우리 자녀들의 교육을 전적으로 그르쳐 놓고 있는 한, 그것은 어쩔 수 없는 고육지

책임을 인정하지 않을 수가 없었다. 민족사관고등학교의 교사의 자격이 이 나라의 수많은 석학들을 배제하고 해외에서 수업을 받은 자들을 우대하겠다는 의지 자체가 한국 사회의 교육 제도와 교사의 수준 자체를 전면적으로 무시하고 인정하지 않고 있는 것이라고 하지 않을 수가 없었다.

> 민족주체성 교육으로 내일의 밝은 조국을!!!
> 출세하기 위한 공부를 하지 말고
> 학문을 위한 공부를 하자
> 출세를 위한 진로를 택하지 말고
> 소질과 적성에 맞는 진로를 택하라
> 이것이 진정 나의 행복이고 내일의 밝은 조국이다
> ― 민족사관고등학교 「校訓」 전문

민족사관고등학교의 이러한 「校訓」은 서구 사회에서는 이미 진부하고 더 이상 거론할 필요조차도 없는 말이기는 하지만, 한국 사회에서는 도대체가 전혀 실현 가능성이 없는 헛된 구호에 그칠 공산이 크다고 해도 과언이 아니다. 민족의 주체성 교육으로 미래의 조국을 건설하자는 데에는 어느 누구도 아무런 이의를 제기하지는 못한다. 또한 저마다의 소질과 적성에 맞는 진로를 선택해서 학문 연구와 진리를 탐구하고 새로운 미래의 인간형을 창출해 내자는 데에는 어느 누구도 아무런 이의를 제기하지는 못한다. 하지만 민족사관고등학교의 최명재 이사장이 이처럼 훌륭하게 모범을 보이고 있는 데도, 어느 학자 한 사람, 어느 교육부 관리 한 사람이 그것을 공식적으로 옹호하고 지원해 주는 사람이 없는 실정인 것이다. 외국어고등학교가 어떻고, 과학고등학교가 어떻고, 제8학군이 어떻고, 혹은 고액 과외비의 부담이 어떻고 간에, 오로지 세계에서 900등씩이나 하는 국립 서울대학교를 가기 위해서 날이면 날마다 야단법석들인 것이다. 한국 사회의 학부모들이나 고급관리나 상류 계급의 인사들은 민족사관고등학교의 「校訓」 따위는 언제든지 무시하고 짓밟아 버릴 수 있는 대담한 배짱과 웅대하고 씩씩한 기상을 지녔다. 출세를 위해서는 언제, 어느 때나 상아탑의 궁극적인 목표인 학문 연구와 진리 탐구를 무시하고 짓밟아 버릴 수도 있는 사람들이 우리 한국인들인 것이다. 서구의 사상과 이론만 있으면 새로운 사건과 현상들을 얼마든지 설명할 수가 있고, 경제적인 IMF와 정신의 IMF 사태를 맞이하여서도 언제나 즐겁고 행복한 우리 한국인들인 것이다. 이처럼 학문과 출세, 혹은 진리와 허위를 구분하지 못하는 한국 사회에서 최명재 이사장의 교육 사업은 위대한 천재들을 생산하기는커녕, 수많은 견제와 흑색선전의 논리 속에서 진정으로 고사할 위험성이 더 크다고 하지 않을 수가 없다. 하지만 나는 최명재 이사장의 '민족주체성 교육'이란 목표에 전적인 지지와 찬성을 보내며, 그의 동키호테식의 용기와 과감한 투쟁 정신에 찬사를 보낸다. 모든 교육은 이민족의 백만 두뇌를 무력화시키기 위한 싸움의 무대이며, 이러한 앎의 투쟁에서의 패배는 그 민족의 존재의 근거를 위태롭게 한다. 남북분단의 현실과 단군 이래의 최대의 國亂이라는 IMF 사태를 맞이하고 있으면서도, 언제, 어느 때까지 출세를 위한 교육만을 가르치고, 우리 한국인들의 미래의 백만 두뇌를 자진해서 무력화시킬 것이란 말인가!

우리는 소련 연방이 해체되고 동구권이 몰락해 가던 호시절을 세계 11대 교역국가라는 과대망상에 젖어서 호화사치와 퇴폐적인 향락으로 아무런 반성이나 성찰도 없이 다 탕진해 버렸다. 동·서독이 통일이 되어도 아무런 충격이나 감동을 받지 못했고, 베트남이 통일이 되어도 또한, 아무런 충격이나 감동을 받지 못했다. 이 지구상에 유일하게 분단된 조국을 자랑스럽게 여기며, 미국의 핵무기는 세계 평화이고, 한국의 핵무기 생산은 세계 평화를 위협한다는 미국의 논리에 굴복하여 '한반도의 비핵화 선언'을 세계 만방에 선포하지 않을 수가 없었다. 날이면 날마다 사색당파와도 같은 정쟁을 일삼고, 음주운전과 쓰레기 불법 투기를 일삼고, 세상의 모든 신들을 다 불러들여 입시지옥의 모든 해프닝을 다 연출해 냈다. 한국 사회에서는 정치도 삼류가 되어버린지도 오래되었고, 경제도 삼류가 되어버린지도 오래되었다. 또한 한국 사회에서는 학문도 삼류가 되어버린지도 오래되었고, 예술도 삼류가 되어버린지도 오래되었다. 단군 이래의 최대의 國亂을 맞이하게 되었는데도, 해외의 자산을 매각해서 국내로 송금하기보다는 달러를 매입하고 해외로 재산을 빼돌리기에 여념이 없었던 것이 한국 사회의 재벌들의 행태가 아니었던가? 재벌들의 은행 부채는 국민들의 혈세로 충당되고 그들이 해외로 빼돌린 100억 달러 이상은 여전히 사적인 소유가 되고 있지 않던가? 자본주의 사회에서의 재벌들은 전제군주와도 같은 권력을 소유하고 있는 자들이며, 그들의 교육 수준과 행동 양식을 살펴본다면, 이미 한국인이라는 존재 자체가 이 지구상에서 소멸되어가는 것이 인간이라는 종의 건강과 지구촌의 정화 사업에 더욱더 유익하고 보탬이 될는지도 모른다.

부패란 도덕적으로는 이성의 치명적인 혼돈 상태를 말하며, 의학적으로는 육체의 썩어들어감을 의미한다. 이성의 치명적인 혼돈 상태나 육체의 썩어들어감은 동일한 현상의 양면일 뿐이다. 한국 사회는 이미, 부패가 만연되어 가고 있는 사회이며, 더욱더 유감스러운 것은 어느 누구도 그 병명을 심각하게 받아들이지 않고 있고, 어떠한 치유 방법도 쓸모가 없게 되었다는 데 있는지도 모른다. 가령, 예컨대, 한국 사회에서는 국립 서울대학교를 가기 위한 입시전쟁만이 있지, 진정으로 미래의 백만 두뇌(천재)들을 생산해낼 수 있는 교과 과정이 개편될 기미를 보이질 않고 있다. 또한 김대중 정권의 국민의 정부는 마치, 고등학교장 추천제가 입시지옥을 해결하는 데 최선의 방법이라는 것만을 역설하고 있지, 교육 개혁의 주체는 없고 교육 개혁의 대상만이 있는 한국 사회의 근본적인 문제점은 전혀 건드리지도 못하고 있다. 이러한 실정인데도 불구하고 이해찬 교육부 장관은 서울대 총장까지 물러나게 한 고액 과외 사건의 진상과 그 명단을 공개하지 않고 있는 기만적인 행태를 되풀이하고 있다. 왜, 무엇 때문에, 서울대학교 총장이 물러나고, 전 한국 펜클럽협회 회장이자 전낙원 회장의 누나인 전숙희 여사가 눈물로 반성한 그 사건의 관계자들의 명단을 공개하지 못하고 있는 것인가? 아무래도 정치권과 학계와 교육부와 학부모들이 한신학원장의 고등사기술의 使嗾者이고 그 범죄 행위를 은폐시키고 있다는 생각을 지울 수가 없다.

 이제부터라도 하루바삐 중 고등학교 교과 과목을 대폭 축소하고 철학과 문학을 집중적으로 가르치지 않는 한, 한국 사회의 미래의 운명은 그 어떤 것도 기대를 할 수가 없다. 호머나 셰익스피어나 괴테 같은 대 서사시인들을 배출해 내지 못한 민족은 삼류 민족에 불과하다는 말도 있지만, 한국의 교육 제도는 이제부터라도 주입식 교육이 아닌 학생들의 창의성을 배양해낼 수 있는 최선의 방법을 연출해 내지 않으면 안 된다. 학생들 스스로가 그리스 로마 신화, 희랍 비극, 희랍 희극, 호머, 셰익스피어, 괴테, 발자크, 제임스 조이스, 토마스 만, 가브리엘 마르께스 같은 세계적인 대 작가들의 작품을 읽고, 그것이 니체, 쇼펜하우어, 마르크스 같은 대 철학자들에게 어떠한 영향을 주었고, 또한 그것이 어떠한 사상으로 정교하게 양식화되었는지 그 맥락을 더듬어 볼 수 있도록 가르치지 않으면 안 된다. 나는 김현, 유종호, 백낙청, 김윤식, 황동규, 황지우, 이성복, 김지하, 정과리 등, 서울대학교가 그토록 자랑해 마지 않는 모든 인사들을 한국문학사상 가장 혹독하고 무자비하게 비판을 한 바가 있지만, 내가 그들에게서 분노가 아닌 동정과 연민을 금할 수밖에 없었던 것은 그들이 한결같이 문학과 철학의 범주를 구분하지 못하는 것은 물론, 형이상학이나 문학 이론, 그리고 창작과 비평이 무엇인지도 모르고 있었기 때문이다. 그들은 모두가 한결같이 '너 자신을 알라'라는 말이 소크라테스의 말이라는 것은 알아도 그 말이 어떤 역사 철학적인 문맥에서 형성된 것인지를 모르고 있었고, '나는 생각한다, 고로 존재한다'라는 말이 데카르트의 말이라는 것은 알아도 그것이 어떤 역사 철학적인 문맥에서 형성된 것인지를 모르고 있었다. 철학은 우리 인간들의 사유의 진폭을 넓혀주고, 문학은 우리 인간들의 상상력을 무한대로 넓혀준다. 이러한 철학과 문학의 변증법을 통하여 우리 인간들의 삶의 질을 향상시키고 새로운 미래의 인간형을 창출해낼 수가 있는 것이다. 한국문학의 현실은 이처럼 교육제도가 잘못되어 있기 때문에, 철학의 부재 현상, 주제의식의 빈곤, 독창적인 비평방법론의 부재 현상 등이 나타나고 있다고 해도 과언이 아니다. 단적인 예로, 한국 사회에서는 서울대학교가 대한민국 최고의 대학교라는 찬사만이 통용되고 있는 실정이지, 그토록 유명한 서울대학교가 세계적으로 900등에 불과한 삼류 대학교라는 사실은 전혀 보지 못하도록 은폐하고 있는 실정인 것이다. 왜, 서울대학교는 서울대학교를 세계 제일의 대학으로 육성한다든가, 세계 10위권의 대학으로 진입시킨다든가 하는 구체적인 목표와 방향 설정을 하지 못하고 있는 것일까? 이 문제는 교육 개혁의 주체는 없고 교육 개혁의 대상만이 있다는 나의 진단과 너무나도 정확하게 일치하고 있는 문제일 수밖에 없다. 한국 사회에서는 대학 사회가 학문 연구와 진리 탐구의 무대가 아닌, 사기꾼들의 화려한 사교의 무대가 되어버린지도 오래되었다. 기초 과학의 튼튼한 밑바탕이 없는 경제 성적표(IMF 사태)가 그러한 것처럼, 타인의 말과 타인의 사유 앞에서 노예적인 복종 태도만을 지녀온 한국 사회는 러시아의 철학자 라키토프의 말처럼, '적응모화'의 한 예에 불과할 뿐이며, 만성적인 최후의 고통을 당할 운명에 지나지 않는다.

『시와 반시』의 소중한 지면은 진실을 말하는 자리이며, 이제는 그럴 때도 되었다고 생각한다. 나에게 김현 문학비평의 저열함과 천박함을 가르쳐 주고 김현을 비판할 수 있도록 간접적으로 교사해 준 인물이 유종호였다. 그때 나는 갓 문단에 나온 신인으로서 오직, 김현의 문학비평에 심취해 있을 때였지만, 유종호는 나를 만날 때마다 세 시간씩, 네 시간씩 입에 침이 마르도록 김현의 문학비평을 헐뜯고 '문지' 동인들의 정치적인 섹트주의를 비판했다. 「변두리 형식의 주류화」, 「시와 토착어 지향」, 「시인과 모국어」 등, 한국 사회에서는 매우 뛰어난 글들을 쓴 영문학자이자 중진비평가인 유종호의 그런 모습은 제법 나를 심각하고도 당황하게 만들 수밖에 없었다. 생각하다 못해 "제가 관여하고 있는 『현대시세계』에 지면을 드릴 터이니, 선생님께서 '김현론'을 한 번 써주시고 한국문학의 논쟁사에 새로운 획을 그어 주시는 게 어떻겠어요?"라고 제안을 했지만, "내가 이제와서 왜 그런 쓸데없는 글을 쓰고 공연히 시비거리를 만들 필요가 있겠는가"라고, 단호하게 거절을 하실 뿐이었다. 사석에서는 입에 침이 마르도록 비평이 아닌 험담을 일삼아도 되지만, 비평가의 본연의 임무인 공개된 논쟁의 무대에서는 덕담을 해야된다는 사실을 나는 유종호에게서 배웠고, 이러한 기만적인 스승들의 태도에 환멸을 느끼지 않을 수가 없었다. 나는 어쨌든 유종호를 통해서 김현 문학비평의 저열함과 천박함을 깨달을 수가 있었고, 김현이 아닌 한국문학비평을 정복하기 위해서 엄청나게 많은 공부를 하지 않을 수가 없었다. 하루에 열 시간씩, 열두 시간씩, 밥 먹는 시간과 화장실 가는 시간까지도 아까워 하면서, 그리스 신화와 그리스 문학, 셰익스피어, 괴테, 소크라테스, 플라톤, 쇼펜하우어, 니체 등에 이르기까지, 이 지상에서 가장 위대했던 스승들의 가르침을 받고자 최선의 노력을 다했던 것이다.

나는 대한민국 최고의 비평가였던 김현에게 『행복의 깊이』에서 "세계는 나의 범죄의 표상이다, 고로 행복하다"와 "나는 신성모독을 범한다, 고로 존재한다"라는 두 개의 명제를 통하여 선전포고를 한 바가 있었고, 『한국문학 비평의 혁명』에서는 한국인 최초로 사상과 이념의 차원에서 낙천주의를 양식화시키면서, 김현에게 진정으로 문학비평가의 사명이 무엇인가를 가르쳐 줄 수가 있었다. 김현은 열 번, 백 번, 다시 태어난다고 하더라도 문학과 철학이 동전의 양면이라는 사실을 깨닫지 못할 것이다. 이제 나는 승자의 미소와 그 여유를 지닐 수가 있게 되었다. 가짜 대형비평가여, 가짜 불세출의 비평가여, 이제 제발 손바닥으로 하늘을 가리려고 하다가 정신의 IMF 현상만을 초래한 그대의 죄를 뉘우치고 진심으로 참회하기를 바란다. 그대가 세운 '문지학교'가 학문 연구와 진리 탐구의 자장이기는커녕, 이인성이나 홍정선이 같은 모리배들의 사색당쟁의 무대가 되고 있다는 사실을 두 눈을 똑바로 뜨고 직시해 주기를 바란다. 나는 김현, 유종호, 백낙청, 김윤식 등, 이 땅의 중진 비평가들에게 최소한도의 경의를 표하지도 않고 있고, 어떠한 예의도 지킬 의사가 없다.

 내가 김현을 정면으로 비판하고 여러 선생님들과 친구들에게 배은망덕한 놈이라는 꼬리표를 달게 되었지만, 유종호는 나를 만날 때마다 잘했다는 은밀한 격려만이 있었지, 천애의 외톨이가 되어버린 나를 도와주지는 않았다. 이것이 한국적 지식인들의 당당한 태도이며 참모습인 것이다. 유종호와 김치수가 이화여자대학교에서 수여하고 있는 문학상을 심사하면서, 한 해는 유종호의 사람을, 또 한 해는 김치수의 사람을 그야말로 공평하게 돌아가면서 수상하는 모범을 보여주고 있다. 팔봉문학상이나 대산문학상은 그야말로 중진비평가들의 이전투구의 무대이자 화려한 쇼의 무대이다. 거기에는 작품의 질 따위도 문제가 되지를 않고 있고, 문학상의 수상 조건—창작 년도 제한 규정—따위도 문제가 되지를 않는다. 유종호가 심사를 하면 김우창이 상을 받고, 김우창이 심사를 하면 유종호가 상을 받는다. 김병익이 심사를 하면 김치수가 상을 받고, 김치수가 심사를 하면 김병익이 상을 받는다. 그들은 마치, 자기들이 세계적인 대 작가나 대 비평가가 된 것처럼 화려한 쇼의 무대를 연출해 내고 있는 것이다. 이러한 중진비평가들이 학문보다는 잿밥에 더 관심이 많은 홍정선이에게 여러 상들을 안겨주고 정신적 괴물인 사이비 비평을 낳게 한다.

홍정선의 「허망한 언어와 의미 있는 언어」(『문학과 사회』, 1998, 여름호)는 김현 문학비평의 걸작품—홍정선이 김현 문학비평만을 맹목적으로 추종하고 있다는 점에서—일는지도 모른다. 홍정선의 「허망한 언어와 의미 있는 언어」는 '비평의 상식과 교양'이라는 잣대로 정끝별, 윤지관, 강형철, 신철하를 무자비하게 비판한 글이기는 하지만, 그것은 비평의 ABC도 모르는 자의 후안무치함만이 드러나고 있을 뿐, 전혀 생산적인 논쟁이 되지를 못하고 있었다. 비평의 상식과 교양은 어떠한 역사 철학적인 문맥에서 구사되고 있는 것이며, 홍정선은 그처럼 함부로 비평의 칼날을 들이댈 만큼 자기 문학이론을 정립하고 있는 것일까? 김현의 모든 문학비평이 이렇다 할 이론적 성과 없이 화려한 수사와 횡설수설로만 일관하고 있듯이, 홍정선의 문학비평 역시도 장님이 코끼리 다리 만지는 식의 맹목적인 비평, 다시 말하자면, 횡설수설의 비평일 뿐이다. 자기 자신이 어떠한 역사 철학적인 문맥과 사상적인 토대 위에서 비평을 하고 있는지는 전혀 성찰해 보지도 않은 채, 시구 하나, 토씨 하나만을 문제삼는 '제3세계의 문화적 풍토병'이 홍정선의 비평의 전모라면, 이 땅의 위대한(?) 선배 비평가들에게는 언제나 비평하기보다는 기꺼이 찬양하는 '비평의 만장일치 제도'가 그의 비평의 물질적인 토대라고 하지 않을 수가 없다. 성질이 사납고 못된 아버지에게 이유 없이 뭇매를 맞고도 그 아버지에게만 의존해야 되는 어린 아이처럼, 언제나 스승들의 자비롭고 친절한 손길만을 기다려야 하는 홍정선이 불쌍할 뿐이다. 이처럼 못난 제자가 그가 속한 집단에 반하는 인사들, 즉, 홍정선이가 보기에는 만만하다고 생각되는 비평가들에게는 전가의 보도처럼 무시무시한 집단테러를 자행하고 있는 것이다. 논쟁이란 자기보다 나은 제일급의 스승들을 상대로 하지 않으면 안 되고, 어떻게 해서든지 그 스승들을 단칼에 베어버리지 않으면 안 된다. 이것이 최고급의 인식의 제전(생산적인 논쟁)의 전모이며, 자기 자신만의 독창적인 사상(이론)을 정립할 수가 있는 최선의 방법인 것이다. 이미, 나는 한국문학사 속에서 하나의 훌륭한 모형을 제시해준 바가 있다.

만일, 누가 자기보다 못한 것만을 내려다 보고 자기 학문에 도취해 있다면, 그로 하여금 역사를 더듬어 올라가 눈을 더 크게 뜨고 모든 것들을 다시 바라볼 수 있도록 하지 않으면 안 된다. 그는 이러한 역사 속에서 자기가 그들의 발밑에도 미치지 못할 사람들을 몇 천 명이라도 발견하게 될 것이며, 따라서 저절로 고개가 숙여질 것이다. 니체가 기존의 서사시/ 서정시의 이분법을 전복하면서 아폴로 유형(서사시)과 디오니소스 유형(서정시)의 시인들을 새롭게 정립한『비극의 탄생』을 읽어보고, 시와 예술은 의지의 한결같은 야비한 주장으로부터 해방시켜준다는 쇼펜하우어의 염세주의를 다시 한 번 생각해 보라! 나는 진정으로 학문 자체를 위해서 살아왔지, 사소한 명성이나 명예를 눈앞의 이익으로 추구하지는 않았다. 아무도 이해할 수 없고 동의할 수 없는 나의 사고방식은 그러나 철저하게 학문 자체를 위해서 짜여진 사고방식일 뿐이다. 새로움의 추구는 모든 가치를 전복시키는 것이며, 그 추구자에게는 신성모독자가 얻을 수밖에 없는 최고의 형벌이 주어질 수밖에 없는 것이다. 남보다 더 가난하고, 더 고통스럽고, 더욱더 진지하게 사색하고 글을 쓸 수밖에 없었다는 것―, 그러나 이것은 나의 영광이지, 어느 누구의 영광도 아니다. 다수로부터 벗어나려는 노력 없이는 현대 민주주의 사회의 만인 평등이라는 사상의 늪을 헤쳐나갈 수가 없는 것이다. 새로운 것, 독창적인 것, 고귀한 것은 진정으로 위대한 천재들에 의해서 창조되는 것이지, 비천하고 평민적인 민중들에 의해서 창조될 수 있는 것이 아니다. 홍정선이와도 같은 우매한 학자들, 혹은 어중이떠중이들에게는 옛날이나 지금이나 다 마찬가지로 몹시도 천박하고 나쁜 취향의 냄새가 코를 찌른다.

쇼펜하우어는 다음과 같이 위대한 천재를 예찬한 바가 있다.

> 위대한 정신을 가지고 있는 사람이 겸손함까지 가지고 있다면 사람들은 이를 좋게 생각하겠지만, 유감스럽게도 천재의 겸손함이란 개념은 나무로 된 쇠, 차가운 불, 뜨거운 눈雪과 같은 형용의 모순이다. 왜냐하면 겸손한 천재가 있다면 그는 타인의 사상, 의견, 견해 그 밖에 무수한 타인의 태도, 행동에 대하여 자기 자신의 것 이상의 우위성을 인정하게 될 것이며, 그렇게 되면 자신의 사상으로 타인의 사상을 지배하려고 하지 못하고 언제나 자신의 사상을 억압하여 타인의 사상 지배하에 두지 않으면 안 되기 때문이다. 그러나 그렇게 되면, 그는 아무 것도 할 수 없는 무능한 사람이 되거나 다른 범인들도 할 수 있는 평범한 작품을 만들어 내는 데에 그칠 것이다. 결국 겸손한 천재는 결코 천재 구실을 할 수가 없는 것이다. 위대한 것, 고귀한 것, 비범한 것을 창조하기 위해서는 동시대인의 방법과 사상과 견해를 무시하고 동시대인들이 비난하는 것에 구애받지 말고 창작에 힘써야 할 것이며, 그들이 칭찬하고 좋아하는 것에 오히려 경멸하는 태도를 취해야 하는 것이다. 이같이 동시대인에 대한 불손함과 오만함이 없이는 위대한 인물이 있을 수 없다.

하지만 대한민국의 대학제도는 출세의 도구에 불과하며, 학문을 위해 정진하는 고귀한 학자는커녕, 직업적으로 학문을 하고 명예와 명성을 위해 학문의 양심을 팔아먹는 사이비 학자들만을 대량

생산해 내고 있는 실정이다. 일주일 동안 적어도 2~3일간을 길바닥에 깔아버리고도 아무런 양심의 가책이 없는 서울 거주의 지방대학의 학자들, 밑빠진 TV 토론이나 생산성이라고는 전혀 없는 세미나에 참석하기를 더 좋아하는 학자들, 지혜롭고 총명한 학생들의 날카롭고 예리한 질문들에는 고압적이며 신경질적인 반응으로 얼버무리고, 생사여탈권을 움켜쥐고 있는 노스승의 말동무나 자가용 운전기사가 되기를 더 좋아하는 학자들, 술 마시고 여행다니고 온갖 호사취미를 즐기면서도 학문을 위해 정진하려는 동료들은 어떻게 해서든지 끌어내어 타락시키기를 더 좋아하는 학자들, 전 근대적인 대학입시제도에는 비분강개하면서도 엄청난 거액을 받으면서 대학입학 수험생들을 위한 참고서를 제작하기를 더 좋아하는 학자들, 대학의 제도와 언론과 학회의 연줄과 조직을 더욱더 중요시하며, 연구실과 집만을 오고가는 공부벌레를 비웃고 있는 학자들, 세계적으로 권위 있고 최상급의 대학제도에 안주해 있기보다는 자기 자신만의 독자적인 학문과 사상을 정립하기 위해 위험하고 어렵고 힘들지만, 그러나 의연하게 걸어나갔던 쇼펜하우어나 니체를 비웃으면서 그들의 이론이나 제멋대로 베껴먹는 우리 학자님들, 구시대적인 악습과 병폐에 젖어서 진정한 학자들이 나타나지 못하도록 다종다양한 생사여탈권들을 더욱더 움켜잡고서, 다른 한편, 찬란한 유산이 될 수 있는 명예와 명성, 혹은 학계, 정계, 재계, 문화계의 온갖 연줄을 과시해 보이고 있는 우리 학자님들―. 어떻게 한국 사회가 '제3세계의 문화적 풍토병'에 걸려 있는 것이 우연일 수가 있겠으며, 또한 어떻게 '비평의 만장일치제도'가 우연일 수가 있겠는가!

　김현, 유종호, 백낙청, 김윤식 등, 이 땅의 중진비평가들에게는 매우 미안하고 안 된 일이지만, 한국 사회의 미래를 위하여 나는 그들의 참 모습을 적나라하게 밝히지 않을 수가 없었다. 서구의 선진국에서는 각 대학교마다 외국인 교수 채용 비율이 30%에 가깝지만, 한국의 국립대학교에서는 외국인 교수 채용 자체가 불법으로 되어 있는 것은 물론, 몇몇 사립 명문대학교에서도 거의 전무한 실정이라고 하지 않을 수가 없다. 영국의 옥스포드 대학교에서는 모교 출신 교수 비율이 20%에 불과하지만, 서울대학교나 그 밖의 사립대학교에서는 모교 출신이 100%에 가까운 실정이라고 하지 않을 수가 없다. 이처럼 저질적이고 야만적인 제도를 자랑하는 한국사회에서 진정으로 국제 경쟁력을 가진 학자는 과연 몇 명이나 될까? 영문학, 독문학, 불문학, 정치학, 경제학, 역사학 등, 그 모든 학문 분야에서 단 한 명의 학자도 없다는 것이 나의 판단이며, 이처럼 학문과 학문이 교류되지 않고 정체되어 있는 사회에서는 모든 교육이 출세를 위한 도구로 변질되고 있다고 해도 과언이 아니다. 한국 사회는 이제부터라도 하루빨리 위대한 천재들을 생산해 내기 위한 최선의 교육제도를 연출해 내지 않으면 안 된다. 이러한 최선의 교육 제도를 위해서는 중 고등학교 교과 과목을 대폭 축소하고, 문학과 철학(자연과학 분야에서는 문학과 철학 이외에도 물리, 수학, 화학 등)을 집중적으로 가르치지 않으면 안 되고, 대학 입시제도를 대학 당국의 자율권에 맡겨 특화시키지 않으면 안 된다. 대학당국은 학문 연구와 진리 탐구보다는 화려한 사교술에 더 관심을 보이고 있는 학자들을 과감하게 퇴출시키지 않으면 안 되고, 20대 중반에서 30대 초반까지, 자기 자신이 평생 탐구할 수 있는 주제를 지닌 천재들을 대량 육성해 내지 않으면 안 된다. 서울대학교는 세계대학 순위를 사실 그대로 솔직하게 인정하고 앞으로 세계적으로 상위권 진입 목표를 밝히지 않으면 안 되고, 좀 더 과감하게 구조 조정을 통하여 두세 개의 단과대학만을 특성화시키고, 나머지는 지방대학이나 다른 대학에 그 권위를 대폭 이양해야 될 것이다. 모든 교육의 목표는 인류의 역사상, 가장 위대한 천재들을 생산해 내는 것이고, 독창적인 사상과 이념으로 새로운 미래의 인간형을 창출하고 이 세계를 지배하는 일이라고 해도 틀림이 없다. 우리가 제3세계의 문화적 풍토병과 비평의 만장일치 제도를 하루바삐 극복해 내기 위해서는 동시대인들에 대한 불손함과 오만함으로 가득 찬 천재들을 대량 생산해 내지 않으면 안 되고, 니체나 쇼펜하우어가 그러했던 것처럼, 대학 사회에 안주하기 보다는 진정으로 학문을 위해서 그곳을 과감하게 뛰쳐나갈 수 있는 학자들을 배출해 내지 않으면 안 된다.

나는 진정으로 학문을 사랑하는 사람이긴 하지만, 어느 외국인 학자가 나에게 묻는다면 이렇게 대답할 수밖에 없을 것 같다.

"한국에는 삼천리 금수강산의 정기를 받아서 예로부터 대 학자들이 많이 나온다지요?" "네, 그러믄요, 국문학자 김교수도 아첨꾼이고, 영문학자 박교수도 아첨꾼이지요. 불문학자 이교수도, 독문학자 정교수도 다들 제일급의 아첨꾼들이지요. 동방예의지국이라는 말답게 상하의 위계 질서가 분명한 제일급의 아첨꾼들이 많이 나오지요. 서울대학교가 세계 대학 순위는 900등에 불과하지만, 그것은 분명히 잘못된 편견 때문이지요. 왜냐하면 우열의 등급 따위는 예의의 등급보다는 아주 비인간적이기 때문이죠! 아첨꾼의 최정상, 세계 최고 수준의 학자들을 그들은 이해하지 못하기 때문이지요. 그 차이는 문화의 차이가 아닌 예의 대 야만성의 차이에 불과하죠!"

독서에 대하여

나는 '어느 철학자의 행복'이라는 글을 『현대시학』에 연재를 하고 있으며, 그 글은 매우 야심만만하고 도전적인 글이라고 해도 과언이 아니다. 거기에는 나의 인생관과 세계관이 담겨 있으며, 한 사람의 철학자로서 그 모든 것이 담겨 있다고 할 수가 있다. 따라서 그 글들은 너무나도 진지하고 주제비평적인 글들이지, 문화시평적인 글들이 아니다. 이 글을 읽고 불만이 있는 사람들은 그 글을 참고하여 주었으면 하고, 그리고 나의 글에 대한 불만은 험담으로 하지 말고, 정정당당하게 비판적인 글들로 해주었으면 한다. 글로 쓴 것을 가지고 입으로서 험담을 하는 사람들은 진정으로 책을 사랑하지 않는 사람들에 불과하며, '논쟁의 문화'가 무엇인지도 알지 못하는 사람들에 불과하다. 한국 사회는 '논쟁의 문화'가 활성화되어 있지 않은 사회이며, 판단의 어릿광대들이 험담을 일삼고 있는 사회에 지나지 않는다. '어느 철학자의 행복'의 제1장이 「독서에 대하여」라는 글인데, 나는 거기서 잡다하게 이 책, 저 책을 읽지 말고 자기 자신의 생각을 짜낸 사람들의 책—이른바 고전들을—을 읽으라고 역설한 바도 있고, 새로운 책에 대한 경계심을 갖고 자기 마음에 드는 책을 수십 번씩, 혹은 수백 번씩 되풀이 읽으라고 역설한 바도 있다. 뿐만 아니라, 때때로 산책을 통해서 타인의 생각과 나의 생각을 비교하고 자기 자신만의 사상을 완성하라고 역설한 바도 있다. 독서의 궁극적인 목적은 자기 자신의 사상을 완성하는 데 있는 것이지, 타인의 말과 타인의 사유 앞에서 노예적인 복종 태도를 지니는 데 있는 것이 아니다. 이제 우리 한국인들은 영국의 셰익스피어, 이탈리아의 단테, 그리스의 호머, 독일의 괴테처럼, 말하고, 읽고, 쓰는 법을 배우지 않으면 안 된다. 모든 것을 다 말하고 있으면서도 아무 것도 말하지 못하고 있는 우리 한국인들, 수많은 책들을 다 읽고 있으면서도 아무 것도 읽지 못하고 있는 우리 한국인들, 부지런히 쓰고, 또 쓰고 있으면서도 아무 것도 쓰지 못하고 있는 우리 한국인들, 이제 우리 한국인들은 문화 이전의 야만의 상태에서 벗어나 어느 누구도, 시간도, 우연도 폐위시킬 수 없는 대작가들을 배출해 내지 않으면 안 된다. 대작가들은 영원불멸의 삶을 살아가는 황제이며, 우리 인간들의 보편적이고도 객관적인 전범(人神)들이라고 하지 않을 수가 없다.

  하지만 우리 한국인들에게 고급문화인의 삶은 너무나도 요원하고, 문화 이전의 야만 상태의 삶은 너무나도 가깝다. 또한 우리 한국인들에게 대작가들의 출현은 너무나도 요원하고, 문맹 상태 속의 어릿광대들의 삶은 너무나도 가깝다. 독서를 사랑하는 민족은 사색하는 민족이지만, 독서를 사랑하지 않는 민족은 사색하지 않는 민족에 불과하다. 독서를 사랑하는 민족은 고급문화인이 될 수가 있지만, 독서를 사랑하지 않는 민족은 그럴 수가 없다. 어떻게 독서를 사랑하지 않는 민족이 사색하는 민족이 될 수가 있으며, 또한 어떻게 사색하지 않는 민족이 고급문화인이 되어갈 수가 있겠는가? 독서를 사랑하지 않는 민족, 즉 책읽기를 좋아하지 않고 사색하기를 싫어하는 민족의 운명은 풍전등화 속의 민족의 운명과도 같다. 미국인, 영국인, 프랑스인, 독일인, 그리고 이웃 나라 일본인들이 고급문화인이 된 것은 그들이 독서를 통하여 새로운 지식을 받아들이고, 자기 자신들만의 사상을 완성했기 때문이다. 고급문화란 이러한 사상의 외피에 지나지 않으며, 따라서 대 사상가나 대 작가들을 배출해 내지 못한 사회는 위대한 지도자들을 잃어버리고 끊임없이 표류하고 있는 사회에 지나지 않는다. 길거리에 담배꽁초를 마구 버리고도 아무런 양심의 가책도 없는 사회, 국세청의 징세권을 이용하여 정치자금을 조성하고 선거에서 유리한 국면을 조성하기 위하여 적대적인 국가에 총격을 요청하는 사회, 초, 중, 고등학교의 공교육이 마비되고 사교육비가 더 많이 드는 사회, 문학과 철학을 가르치는 것을 싫어하고 주입식 교육만을 가르치기를 더 좋아하는 사회, 음주운전이나 뇌물공여를 발본색원하지 않고 공공연히 그것을 방임하고 있는 듯한 사회, 각종 인허가권을 움켜쥐고 부정축재만을 일삼고 있는 사회—. 요컨대 한국 사회에서는 술을 마시고 음주운전을 일삼아야 법조인들의 음성수입이 생기고, 교통신호등을 자주 위반해야 교통경찰관들의 부조리와 상납고리가 유지된다. 인허가권이 담당공무원들의 절대적인 권한으로서 보장되어야 부수입이 생기고, 돈이 많이 드는 선거를 치러야 정치인들의 부정축재의 여지가 생긴다. 이승만, 윤보선, 박정희 대통령의 운명과 비참한 말로를 생각해 보고, 전두환, 노태우, 김영삼 대통령의 운명과 비참한 말로를 생각해 보라! 그들이 한결같이 사소한 이익 앞에서 눈이 멀고 전체를 돌보지 않았기 때문에 한국 사회는 이처럼 부정부패가 만연되었다고 해도 과언이 아니다. 과연 이처럼 부정부패가 만연되고 썩은 사회가 진정으로 미래의 희망이 있는 사회일 수가 있는 것인가? 선진국들의 부정부패의 척결과 그 국민들의 맑고 투명한 '기초생활질서'의 수준을 보면 한국 사회도 얼마든지 그럴 수가 있겠지만, 나는 우리 한국인들에게 어떠한 기대도 걸고 싶지가 않다. 진정으로 독서를 사랑하는 민족은 그들의 후손들에게 악을 가르치거나 부정축재를 하라고 가르치지는 않는다. 또한 진정으로 독서를 사랑하는 민족은 그들의 후손들에게 공동체 사회의 이익보다는 사소한 개인의 이익만을 쫓아가라고 가르치지는 않는다. 이러한 공동체 사회를 위한 선이 없을 때, 그 민족은 부정부패의 길로 들어서게 되고, 몰락과 쇠퇴의 길을 걸어가게 된다. 나는 우리 한국의 대학생들에게 진정으로 위대한 고전을 많이 읽고, 또 많이 읽기를 권하고 싶다. 그리고 그 '독서의 힘'을 통하여 국민의식 개혁의 주체자들이 되어 온갖 사악하고 더러운 짓들을 말끔히 씻어주기를 기대하고 싶다. 독서를 사랑하지 않는 민족이 기초생활질서를 지키지 않게 되고, 기초생활질서를 지키지 않는 민족이 그 사회를 파멸시키게 된다. 한국의 대학생들이여, 남북통일 문제나 천민자본주의, 그리고 IMF 사태 아래서의 실업자 문제를 따져보는 것도 좋지만, 그대들이 밑으로부터의 부정부패 추방운동을 벌이고, 그래도 그 고리의 사슬이 끊어지지 않으면 어떠한 물리적인 힘—군대나 경찰이나 사법당국의 조직에 맞먹는 거대한 물리적인 힘—마저도 행사할 줄을 알아야 한다. 교통신호등 지키기, 쓰레기 불법투기와 음주운전 단속, 인허가 문제와 환경 파괴, 불량식품과 향락산업 추방운동, 독서운동과 공부 안 하는 선생 추방운동 등—. 이러한 기초생활질서 확립 운동은 남북통일 문제나 천민자본주의, 그리고 IMF 사태 아래서의 실업자 문제만큼 가시적인 성과가 적고 힘이 들지라도, 그러나 그 어떤 운동보다도 더 중요하고 근본적인 문제라는 점을 잊어서는 안 된다. 아아, 한국의 대학생들이여, 이제 공허한 관념이나 구호보다는 작은 것부터 실천하고, 모든 분야에 걸쳐서 아름답고 살기 좋은 금수강산을 만들기 위한 투쟁에 나서지 않으면 안 된다. 기초생활질서를 지키지 않는 민족은 독서를 사랑하지 않는 민족이며, 독서를 사랑하지 않는 민족은 소멸해 가는 민족에 지나지 않는다.

우리 한국문단도 독서를 사랑하지 않는 사회에 불과하며, 온갖 부정부패가 만연하고 있는 사회에 불과하다. 나는 1997년 5월 29일, 서울예술전문대학 신문에 「문학상의 홍수 속에서」라는 글을 쓴 적이 있다.

《서울예대 학보》의 '각종 문학상에 대한 진단'이라는 원고 청탁을 받고 무척이나 망설이지 않을 수가 없었다. 가능하면 따뜻하고 부드러운 목소리로 무한한 애정과 사랑이 담긴 글을 쓰고도 싶었지만, 오늘날 한국문학은 세계적인 후진성을 자랑하고만 있는 것처럼 보였기 때문이다. 간혹, 그러한 후진성을 지적하는 비평가들이 없었던 것은 아니지만, 그들의 목소리는 이렇다 할 반향을 지니지 못한 채, 전혀 개선될 기미가 없는 것처럼 보인다. 내가 한국문학에 기대를 하고 있는 것은 호머의 『일리어드』, 『오딧세우스』, 괴테의 『파우스트』, 톨스토이의 『전쟁과 평화』, 제임스 조이스의 『율리시즈』, 토마스 만의 『마의 산』과도 같은 대 서사시가 아니라, 카프카의 『변신』, 가브리엘 마르께스의 『백년 동안의 고독』, 헤밍웨이의 『바다와 노인』 등과도 같이 소박하고 단아하면서도 무한한 깊이가 있는 그런 글들이라고 해도 과언이 아니다.

한국문학의 일천한 역사나 작가들의 역량을 생각해볼 때, 장중하고 울림이 큰 대 서사시는 모르지만, 소박하고 단아한 작품을 기대한다고 해서 크게 잘못된 생각은 아닐 것이다. '이상문학상', '현대문학상' '대산문학상' '동인문학상' '소월문학상' '소천문학상' '팔봉문학상' '이산문학상' '만해문학상' '김수영 문학상' '정지용 문학상' '편운문학상' 등, 이 땅의 크고 작은 문학상들은 해마다 엄청나게 쏟아지고 있지만, 진정한 문학성을 기대하기에는 턱없이 부족하고 거리가 먼 것들일 뿐이다. 컴퓨터, 영화, 만화, TV 등의 영상 매체에 의해서 '문학의 죽음'이 회자되고 있는 실정이기는 하지만, 차라리 문학상의 홍수 속에서 문학 작품이 질식되고 떠밀려 가고 있는 것이나 아닌지 모르겠다. 진정한 문학 작품과는 턱없이 부족하고 거리가 먼 작품들에 이미 제정되어 있는 상이니까, 해마다 연례행사처럼 어쩔 수 없이 주어지고 있는 것이나 아닌지 모르겠다. 세계적인 수준과는 거리가 먼 작품들에 최고의 명예와 찬사가 주어지고 있는 현상이 바로 그것이라고 하지 않을 수가 없다. 산업, 혹은 과학 분야에서 한국의 수준이 대미 5%, 대일 11% 수준에 불과하다면 문학 부문이라고 해서 크게 다를 것이 없다는 생각도 다 든다.

나는 문학상의 홍수 속에서 문학 작품이 질식해 가고 있는 현상을 '제3세계의 문화적 풍토병'과 '비평의 만장일치 제도'라는 두 가지 현상으로서 설명해 보고자 한다. 최근에 각종 문학상을 휩쓸고 있는 이순원, 윤대녕, 신경숙과도 같은 왜소한 작가들은 상이 필요한 것이 아니라 주마가편走馬加鞭의 채찍이 더 필요한 작가들이라고 해도 틀림이 없다. 그들은 염세주의가 어떤 역사철학적인 문맥에서 탄생하고 성장해 왔는지도 모르면서 염세주의를 팔아서 명예와 명성을 얻고 있는 것인지도 모른다. 그들의 작품에는 쇼펜하우어의 염세주의와 니체의 건강한 염세주의에 대한 이해를 생략한 채, 모든 것이 우울하고 쓸쓸하고 이 세상의 어떠한 삶도 의미가 없다라는 식의 공허한 넋두리만이 나오고 있는 실정이며, 쓸데없는 말장난과 사기를 세련된 현대성이라고 착각을 하고 있는 것인지도 모른다. 이 세상에 태어나지 않는 것이 최선이며 곧바로 죽어버리는 것이 차선이라면 염세주의의 실천 철학의 주체자가 되어야 하는 것이지, 수준 미달의 문학 작품으로서 명예와 명성을 얻고 치부를 해서는 안 된다.

이순원, 윤대녕, 신경숙에 대한 나의 비판은 정당하다. 왜냐하면 그들은 모든 문학상을 독식하고 있는 작가로서 그것에 걸맞는 사상과 이념으로 무장되어 있지 못하기 때문이다. 괴테의 『파우스트』, 호머의 『일리어드』, 『오딧세우스』, 제임스 조이스의 『율리시즈』, 톨스토이의 『전쟁과 평화』, 사르트르의 『구토』, 가브리엘 마르께스의 『백년 동안의 고독』, 카프카의 『변신』, 헤밍웨이의 『바다와 노인』 등, 문화적 선진국에서는 새로운 사건과 사물에 이름을 부여하고 그것을 하나의 거대한 사상 체계로서 완성한 대작가에게 문학상이 주어지지, 자기 자신의 병명—아무런 명명의 힘도 없는 자의 제3세계적인 문화적 풍토병—도 모르는 군소 작가에게 문학상이 주어지지는 않기 때문이다. 따라서 그들에게 왜 그처럼 중요한 문학상이 주어지는 것인가라는 문제와 마주해 보면, 그 문학상이 갖고 있는 상업주의라는 함정 이외에도 그들의 작품을 선정해낸 이 땅의 심사위원급들의 문학적 수준을 의심하지 않을 수가 없는 것이다. 김우창, 유종호, 김치수, 김주연, 백낙청 등은 그들에 대한 명망과 찬양에도 불구하고 어떠한 문학 이론을 정립해낸 바가 없다. 또한 그들은 그 문학적인 후진성을 인식하고 있었는지는 모르지만, '한국문학의 이론적 정립은 어떻게 할 것인가'라는 화두를 가져보거나 던져본 적도 없다.

'소천문학상'이 두 심사위원의 영향력 행사에 따라 해마다 윤번제로 정실에 의해서 주어진 지도 오래되었고, '대산문학상—문학평론 부문'이 해당기간 동안 출간된 평론집이라는 규정이 있는데도 불구하고, 10년, 20년

전에 쓴 글들을 모은 대가급들(?)의 비평 선집이나 전집들에게만 주어진 지도 오래되었다. '소월문학상' '현대문학상' '동인문학상' '팔봉문학상' 등에 대한 심사위원들의 추문이 공공연하게 떠돌아 다닌지도 오래되었고, 수상 후보 작가들의 선물 공세의 로비가 소문이 난 지도 오래되었다. 참으로 하늘을 우러러 부끄럽기 짝이 없는 행태들이기는 하지만, 진정한 명예와 명성의 반대편에서 눈앞의 사소한 이익만을 쫓아가고 있는 그들의 동물적인 본능에 감히 찬사를 보내지 않을 수가 없다. 어떠한 명명의 힘도 없고 어떠한 문학 이론(사상이나 이념)도 생산해 내지 못한 이 땅의 심사위원급들의 안목이 이러한 수준이니, 주마가편의 채찍을 받아야 할 군소 작가들이 모든 문학상을 휩쓸어 가고 있는 것은 너무나도 당연하다고 하지 않을 수가 없다. 한국문학의 수준을 두고 세계적인 수준과 비교하거나 대작가들과 그들을 비교하는 것조차도 진정으로 문학을 사랑하고 문학을 위해서 살아가고 있는 한 사람의 비평가로서는 너무나도 부끄럽고 염치가 없다. 제3세계의 문화적 풍토병이 번성하고 있는 한, 옛날에는 한 권의 책을 후세에 남기기 위해 문학상이 주어졌다라는 말이 부끄러울 뿐이다. 한국의 문학상은 제3세계의 문화적 풍토병의 관성에 의해서 조건 반사적으로 주어지고 있을 뿐이다.

동서양을 막론하고 이 세상에는 두 부류의 문인이 존재한다. 진정한 문인과 사이비 문인이 바로 그것이다. 진정한 문인은 명예와 명성이 무엇인지 알고 수천 년을 찍어 누르듯이 그의 붉디 붉은 피로써 글을 쓰지만, 사이비 문인은 명예와 명성이 무엇인지도 모르고, 바람이 불면 사라져 갈 모래 사막 위에다가 헛된 망상의 글을 쓴다. 진정한 문인은 자기 자신의 문학 작품 속에다가 거대한 사상의 신전을 짓지만, 사이비 문인은 대학 사회, 언론, ○○문학상, ○○문화재단, 21세기 준비위원회 등과도 같은 대 제도 속에다가 자기 자신의 신전을 짓게 된다. 사이비 문인들은 진정한 문인이 나타나지 못하도록 그들을 중상모략하고 비방하고 온갖 박해를 다하게 되고, 무엇보다도 '스승은 진리이고 진리는 신성하다'라는 불문율을 사랑하게 된다. 따라서 대부분의 젊은 문인들은 '아니다'와 '그렇지 않다'라는 말을 하지 못하게 되고 비평하기보다는 기꺼이 찬양하게 된다. 지식인의 사명이 동시대를 비판하고 동시대를 비판함으로써 그 시대에 기여하는 것이라면, 한국문학의 역사는 어떠한 지식인도 배출해낸 바가 없는 것이다. 한국의 문학상이 비평의 만장일치제도 속에서 타락해 버린 지도 오래되었지만, 어떠한 문인도 그 타락한 문학상을 정정당당하게 거절한 바도 없는 것이다.

비평의 만장일치제도에 안주하면서 중진이나 원로를 모시기만 하면 되는 편한 사회, 한국문학의 고질적인 병폐와 그 제도에는 눈을 감게 만들고 좋은 상, 좋은 심사위원의 자리나 지키고 있는 중진이나 원로들, 20~30대에 낡디 낡은 염세주의를 팔아서 온갖 명성과 명예를 얻고 가만히 앉아 있어도 중진이나 원로가 되고 있는 편한 사회, 염세주의의 역사 철학적인 문맥을 모르면서도 벌보다는 상을 주는 사회, 출판사의 상업주의의 위력 앞에서는 어떠한 굴종도 마다하지 않는 사회, 고전주의, 낭만주의, 현실주의, 구조주의, 탈구조주의는 언제나 제멋대로 베껴와도 되는 편한 사회, 4·19 세대, 한글 세대, 유신 세대, 광주 세대, 신세대라는 괴상한 용어로 헤게모니 싸움이나 벌이고 있는 사회—. 내가 알고 있는 한 문학이론을 주체적으로 생산하지 못하는 사회는 이민족에 의해서 지배를 받고 있는 노예의 사회에 지나지 않는다. 또 내가 알고 있는 한 문학상의 홍수 속에서 문학 작품이 질식해 가고 있는 한국 사회는 어떠한 대작가도, 학자도, 예술가도 배출해낸 바가 없다. 오직 있는 것이라고는 세계적인 수준과는 무관하면서도 매일같이 엄청난 상들만이 주어지고 있을 뿐인 것이다. 한국문학이여, 문학을 출세의 도구로 삼지 말고, 오직 문학만을 위해서 정진해 나가기를 바란다. 오오 한국문학이여! 대 서사시를 낳지 못한 민족은 삼류 민족이라는 사실도 명심하여주기를 바란다.

독서의 궁극적인 목적은 자기 자신의 사상을 완성하는 데 있는 것이지, 타인의 말과 타인의 사유 앞에서 노예적인 복종 태도를 지니는 데 있는 것이 아니다. 타인의 말과 타인의 사유 앞에서 노예적인 복종 태도를 지닌 독서는 죽어 있는 독서이며, 타인의 말과 타인의 사유를 새롭게 변용시킨 독서는 창조적인 독서이다. 하지만 타인의 말과 타인의 사유를 뛰어 넘어서서 자기 자신만의 사상을 완성시킨다는 것이 그렇게 쉬운 일이 아니다. 수천 년, 혹은 수백 년 동안 모든 인류의 심금을 울린 위대한 고전들을 수없이 되풀이 읽고 또 읽어야 하는 까닭이 바로 여기에 있는 것이다. 아무런 명명의 힘도 없고 어떠한 사상도 정립한 바가 없는 우리 한국인들은 아직도 독서의 방법과 그 목적을 깨닫지 못하고 있는 야만인들에 불과하다. 아무런 명명의 힘도 없다는 것은 제3세계의 문화적 풍토병을 말하고, 스승은 진리이고 진리는 신성하다라는 불문율은 비평의 만장일치제도를 말한다. 우리 한국인들은 명명의 힘을 기르기보다는 그 힘을 무력화시키기 위해서 책을 읽고, 날카롭고 예리한 비평의 칼날을 지니기보다는 기꺼이 찬양하기 위해서 책을 읽는다. 제3세계의 문화적 풍토병과 비평의 만장일치제도의 폐해 속에서, 우리 중진비평가들이 다음과 같이 외치고 있는 것인지도 모른다. "절대로 노스승에게 '아니다', '그렇지 않다'라고 말 대답을 하지 말고 비평하기보다는 기꺼이 찬양하세요! 문학상, 혹은 출세의 월계관은 우리들의 손 안에 있습니다"라고ㅡ. 나는 우리 중진비평가들이 우리 한국인들에게 마지막으로 봉사를 할 수 있는 길은 뼈를

깎는 듯한 참회와 속죄를 통해서 그들의 수준과 서구의 사상가들과의 수준의 차이점과 한계를 밝히고, 역사의 무대에서 조용히, 말없이 사라져 가는 것이라고 생각한다. 이 길만이 제3세계의 문화적 풍토병과 비평의 만장일치제도를 양성화시키고, 철두철미하게 앎의 투쟁에서 패배하여 정신의 IMF 사태를 초래한 그대들의 죄를 용서받는 길이라고 생각한다.

유종호 : 서울대학교 영문과 졸업, 뉴욕주립대 석사, 서강대학교 박사(영문), 『세계의 문학』 편집위원, 연세대 석좌 교수,
김우창 : 서울대학교 영문과 졸업, 미국 코넬대학 M.A. 미국 하버드 대학 Ph. D.『세계의 문학』 편집위원, 고려대 교수,
백낙청 : 미국 브라운 대 졸업, 하버드 대학 영문학 박사, 『창작과 비평』 편집위원, 서울대 교수
김치수 : 서울대학교 불문과 졸업, 프랑스 프로방스 대학 박사,『문학과지성』 편집위원, 이화여대 교수
김윤식 : 서울대학교 졸업, 서울대 국문과 교수
(내가 이 글을 책으로 묶어낼 때는 반드시 실명으로 거론할 것이다. 비평가가 비평의 대상을 익명으로 거론해야 된다는 사실처럼 불행한 일도 없다.)

우리 중진비평가들의 학력과 경력은 그야말로 하늘을 날고 있는 새들도 떨어뜨릴 수 있을 만큼 화려하고 찬란하다고 하지 않을 수가 없다. 그들은 한결같이 서울대학교를 졸업했거나 미국 브라운 대를 졸업했고, 하버드 대학교 박사와 뉴욕 주립대학교의 석사, 그리고 프랑스의 프로방스 대학교의 박사 학위를 지니고 있다. 그들

은 또한 한결같이 대한민국문학상을 비롯하여 모든 문학상을 수상했고, 서울대학교 교수이거나 사립 명문대학교의 교수로서 재직을 하고 있다. 뿐만 아니라 대한민국의 최고의 출판사의 편집위원들로 있으며, 모든 문학상의 심사위원으로서 그 명성을 떨치고 있다. 하지만 그들의 학력이나 경력은 외화내빈의 속 빈 강정일 뿐, 최고급의 백만 두뇌를 양성했거나 세계적인 대작가들을 배출해낸 흔적은 그 어디에도 없다. 그들은 유감스럽게도 창조적인 독서가 무엇인지도 모르고, 문학이론이나 사상이 무엇인지도 모른다. 지식인의 첫번째 사명이 창조적인 독서의 힘을 통하여 새로운 사건과 새로운 현상에 이름을 부여하고 그것을 거대한 사상 체계로 완성하는 것이라면 그들은 그들의 사명을 망각하고 '기초생활질서'를 어지럽힌 장본인들에 지나지 않는다. 서울대학교가 세계에서 900등씩이나 하는 현실에서 그들의 대학교수라는 지위가 어떻게 영광스러울 수가 있겠으며, 호머나 괴테나 셰익스피어나 니체나 쇼펜하우어와도 같은 대작가와 대사상가들이 나오지 않는 현실에서 그들의 문학비평 따위가 어떻게 그 빛을 발할 수가 있겠는가? 나는 우리 중진비평가들이 한국문단의 기초생활질서를 어지럽힌 장본인들이며, IMF 사태의 주범들이라고 하지 않을 수가 없다.

우리 중진비평가들, 그대들은 그대들 나름대로 열심히 공부를 하고 한국문학이란 불모지대를 개척한 공적도 있지만, 이제 그 공적은 사소한 것이 되어버렸고, 그대들의 한계와 죄만이 눈덩이처럼 불어나고 있다는 사실을 깨닫지 않으면 안 된다.

첫째: 그대들은 타인의 말과 타인의 사유 앞에서 노예적인 복종태도를 지니면서 아무런 명명의 힘도 지니지 못한 것이고,

둘째: 아무런 명명의 힘도 없고 어떠한 문학이론도 생산하지 못한 사이비 지식인이면서도 마치, 세계적인 대 사상가나 대 작가가 된 것처럼, 대학제도, 언론, 학회, 출판사, 각종 문학상의 심사위원을 수십 년 동안이나 독점하고 있는 것이고,

셋째: 가장 자유롭고 가장 개성적이어야 할 문인들의 사회를 문학과지성사, 창작과비평사, 민음사, 서울대 국문과 출신 등의 정당집단으로 만들어 비평하기보다는 기꺼이 찬양하는 '비평의 만장일치제도'를 양성화시킨 점이고,

넷째: 따라서 그대들은 그대들보다 뛰어난 제자나 위대한 천재(대작가)들을 양성하기보다는 대학제도, 언론, 학회, 출판사, 각종 문학상의 심사위원 등의 대제도를 더욱더 움켜쥐고 이 땅의 백만 두뇌를 철두철미하게 무력화시킨 점이고,

다섯째: 이제는 학자로서, 문학비평가로서의 새로운 것을 공부하고 새로운 사상이나 문학이론을 전개하기보다는 각종 문학상의 심사위원, 각종 세미나의 연사, 어느 단체의 맹주로서 참여하는 망국적인 활동만을 일삼고 있다는 점이다.

우리 중진비평가들, 그대들은 눈이 있으면 눈을 더 크게 뜨고 귀가 있으면 귀를 더욱더 활짝 열고 살펴보아라. 서울대학교와 사립 명문대학교에 동교출신이 아닌 교수가 몇 명이나 되고, 한국어를 한 마디도 사용하지 않고 자기 강의를 진행시킬 수 있는 외국문학의 교수들이 몇 명이나 되는지를―, 이러한 사이비 학자들 모두가 그대들의 제자들이 아니던가?

우리 중진비평가들, 그대들은 눈이 있으면 눈을 더 크게 뜨고 귀가 있으면 귀를 더욱더 활짝 열고 살펴보아라. 그대들이 權不十

年이란 말을 비웃으면서 30년 이상 장기 집권해 온 한국문단에 진정으로 국제경쟁력이 있는 문인들(시인, 작가, 비평가)이 과연 몇 명이나 되는지를—. 이것 역시도 모두가 그대들의 위대한 업적이 아니던가?

　우리 중진비평가들, 그대들은 눈이 있으면 눈을 더 크게 뜨고 귀가 있으면 귀를 더욱더 활짝 열고 살펴보아라. 그대들이 골드만, 바슐라르, 프로이트, 르네 지라르, 니체, 쇼펜하우어의 50%만 따라가는 학자가 되었어도 서울대학교의 세계대학순위는 100위권 안에는 들었을 것이고, 대한민국의 교육제도는 주입식 교육의 폐해를 일소하고 최소한도 백만 두뇌를 양성하기 위한 물적 토대는 마련되었을 것이라는 사실을—, 그토록 유명한 서울대학교가 세계에서 900등씩이나 하는 삼류 대학교가 된 것도 그대들의 위대한 업적이 아니던가?

　우리 한국인들에게 고급문화인의 삶은 너무나도 요원하고 문화 이전의 야만 상태의 삶은 너무나도 가깝다. 또한 우리 한국인들에게 대작가들의 출현은 너무나도 요원하고 문맹 상태 속의 어릿광대들의 삶은 너무나도 가깝다. 우리 중진비평가들은 독서의 방법도 모르고 독서의 궁극적인 목적도 모른다. 이제 우리 한국인들은 그들의 헛된 명성과 명예를 뛰어 넘어서서 진정한 독서의 힘을 기르지 않으면 안 된다. 독서만이 우리 한국인들의 무지를 일깨워 주고 독서만이 우리 한국인들의 발걸음을 가볍게 해준다. 독서만이 우리 한국인들에게 용기와 희망을 가져다 주고, 독서만이 어떤 미로와 함정—그것이 남북분단이든, IMF 사태이든지 간에—마저도 극복할 수 있게 해준다. 독서만이 날개 달린 천사의 옷을 입혀 줄 수가 있고, 독서만이 우리 인간들의 불완전한 한계를 극복하고 전지전능한 신이 되어주게 해준다. 아아, 무식하고 또 무식한 우리 한국인들이여, 이제는 제발 책을 읽는 방법부터 배워라! 아아, 무식하고 또 무식한 우리 한국인들이여, 최고급의 인식의 제전에서 왜 독창적인 사상만이 더욱더 빛날 수가 있는지를 생각해 보고, 또 생각해 보아라!

서사시의 주인공의 길
— 이성부의 시세계

프로이트는 우리 인간들을 사회적 존재라기보다는 생물학적 존재로 파악하고 사회적인 문제마저도 개인의 관점에서만 접근하였다. 그는 개인과 사회의 근본적 대립이라는 명제를 아무런 의심도 없이 받아들였으며, 사회적 환경마저도 인간에 의한 창조와 변혁의 문제로만 받아들이지 않았다. 이와는 정반대 방향에서, 인류의 역사상 가장 위대한 철학자 중의 한 사람인 마르크스는 우리 인간들을 생물학적 존재가 아닌 사회적 존재로 파악하고, 개개인의 심리적인 문제마저도 사회적인 관점에서만 접근하였다. 마르크스 역시도 개인과 사회의 근본적 대립이라는 명제를 아무런 의심도 없이 받아들였으며, 자유로운 개인의 삶보다는 모든 것을 유물사관의 입장에서 급진적인 변화와 혁명의 문제로만 받아들였다. 우리 인간들의 어떠한 행동도 사회적 행동이라는 말도 맞는 말이지만, 그 행동의 기준이 개인의 의사에 따라서 자유롭게 결정된다는 말도 맞는 말이다. 우리 인간들이 사회적 동물이 된 것은 호랑이나 곰처럼 단독자로서 살아가지 못하고 무리를 지어 살아갈 수밖에 없기 때문이며, 또한 우리 인간들이 개인의 자유를 강조하게 된 것은 공동체의 의지가 매우 획일적으로 작용하여 우리 인간들의 삶을 짓밟고 억압하고 있었기 때문이다. 공동체 사회의 구성원으로서의 우리 인간들에게는 도덕, 법, 제도, 질서, 예의범절 등이 더욱더 중요하고, 사적인 소원이나 욕망의 추구보다도 공동체 사회를 위한 위대한 업적이 더욱더 중요하다. 왜냐하면 그러한 것들이 무리를 지어서 살 수밖에 없는 우리 인간들의 안녕과 행복을 규정해 주고, 다른 동물들과의 처절한 생존경쟁에서 살아남을 수가 있게 해주고 있기 때문이다. 그러나 공동체 사회의 모든 것에 혐오감을 느끼고 온몸으로 항거하고자 하는 인간에게는 도덕, 법, 제도, 질서, 예의범절보다도 개인의 자유가 더욱더 소중하고, 공동체 사회를 위한 위대한 업적보다는 사적인 소원이나 욕망의 추구가 더욱더 소중하다.

하지만 프로이트와 마르크스의 오류를 떠나서 개인과 사회는 상호 대립적인 어떤 것이 아니며, 서로가 서로를 견제하면서도 상호간의 힘의 균형과 그 약점을 보완해 줄 수 있는 공생의 관계라고 하지 않을 수가 없다. 공동체 바깥에 있는 사람은 비참, 망명, 소외, 추방에 해당되는 사람이며 진정으로 평화와 행복이 없는 사람이다. 예로부터, 무리를 짓는 동물이 그 무리에서 떨어져나가 홀로 존재한다는 것이 가장 나쁜 최악의 형벌이었으며, 세인트 헬레나의 나폴레옹이나 비운의 주인공인 단종의 유배가 바로 그것이라고 하지 않을 수가 없다. 이와는 정반대 방향에서, 인간이 자유를 찾아 떠난다는 것은 모험을 한다는 것이며, 그는 그 모험을 통해서 아버지, 어머니, 스승, 형제들을 상징적으로 살해하지 않으면 안 된다. 그는 또한 도덕, 법, 제도, 질서, 예의범절보다도 새로운 가치를 창조하고, 위대한 서사시의 주인공처럼, 자유로운 개인의 초상이 되지 않으면 안 된다. 공동체 사회가 없으면 어떠한 자유로운 개인도 존재론적 기반을 마련할 수가 없고, 또한 자유로운 개인이 없으면 어떠한 사회도 그 전체주의적인 체제의 경직성을 갱신해 나갈 수가 없다. 개인과 사회, 자유주의와 사회주의—, 이 대립 갈등을 지양하고 그것을 종합하여 나아가는 것이 개인의 의사와 자유를 존중하면서도 사회적 동물로 살아갈 수밖에 없는 우리 인간들의 근본적인 과제라고 할 수가 있다. 자본주의는 그것이 사적인 탐욕과 이기주의의 형태로 진행되어 왔지만, 지나치게 개인의 자유를 강조해 온 점이 있으며, 사회주의는 만인의 절대 평등을 강조하면서도 개인의 자유를 지나치게 억압해 왔다고 해도 과언이 아니다.

한국 시문학사상, 가장 유니크하고 독특하게 '위대한 서사시의 주인공의 길'을 걸어가고 있는 이성부의 시들을 읽으면서 잠시 개인과 사회의 문제를 생각해 보지 않을 수가 없었다. 나에게 있어서 이성부 시인은 「이 볼펜으로」, 「숨은 벽 2」, 「좋은 일이야」 등에서처럼, 자유로운 개인주의자인 동시에, 「光州」, 「無等山」, 「공동산」 등에서처럼, 사회주의자를 지향해 나가고 있는 어떤 시인처럼만 생각된다.

우선 그의 초기 시인 「벼」를 살펴보기로 하자.

  벼는 서로 어우러져
  기대고 산다.
  햇살 따가와질수록
  깊이 익어 스스로를 아끼고
  이웃들에게 저를 맡긴다.

  서로가 서로의 몸을 묶어

더 튼튼해진 백성들을 보아라.
죄도 없이 죄지어서 더욱 불타는
마음들을 보아라. 벼가 춤출 때,
벼는 소리없이 떠나간다.

벼는 가을 하늘에도
서러운 눈 씻어 맑게 다스릴 줄 알고
바람 한 점에도
제 몸의 노여움을 덮는다.
저의 가슴도 더운 줄을 안다.

벼가 떠나가면서 바치는
이 넓디 넓은 사랑,
쓰러지고 쓰러지고 다시 일어서서 드리는
이 피묻은 그리움,
이 넉넉한 힘……

 이성부 시인은 제1연에서 "벼는 서로 어우러져/ 기대고 산다/ 햇살 따가와질수록/ 깊이 익어 스스로를 아끼고/ 이웃들에게 저를 맡긴다"에서처럼, '벼'에 대한 서정적 묘사를 통하여 그것을 공동체의 연대 의식으로 자연스럽게 승화시키고, 제2연에서는 "서로가 서로의 몸을 묶어/ 더 튼튼해진 백성들을 보아라/ 죄도 없이 죄지어서 더욱 불타는/ 마음들을 보아라. 벼가 춤출 때/ 벼는 소리없이 떠나간다"에서처럼, 죄도 없이 죄 지어서 더욱 불타는 '벼'의 마음을 통해서 이타적인 사랑을 실천하고 있는 자의 그것을 노래한다. 죄도 없이 죄 지어서 더욱 불탄다는 것은 "서로가 서로의 몸을 묶어/ 더 튼튼해진 백성들을 보아라"는 시구에서처럼, 공동체 사회를 위해 살아가는 사람들의 연대 의식을 뜻하고, "벼가 춤출 때/ 벼는 소리 없이 떠나간다"는 것은 자아를 망각한 존재의 무근거 상태로서 모든 것을 희생할 줄 아는 자의 이타적인 사랑을 뜻한다. 제3연에서는 "벼는 가을 하늘에도/ 서러운 눈 씻어 맑게 다스릴 줄 알고/ 바람 한 점에도/ 제 몸의 노여움을 덮는다/ 저의 가슴도 더운 줄을 안다"라고, 더러운 몸과 마음을 정결하게 씻어 나가고 있는 자의 자기 고행의 삶을 노래하고, 제4연에서는 "벼가 떠나가며 바치는/ 이 넓디 넓은 사랑/ 쓰러지고 쓰러지고 다시 일어서서 드리는/ 이 피묻은 그리움/ 이 넉넉한 힘"에서처럼, 살신성인의 아름다움이 백절불굴의 용기와 인내, 그리고 이타적인 사랑으로 이어지면서, 조국과 민족과 인류와 공동체 사회의 미래의 운명이 결정될 수밖에 없는 비극의 주인공의 삶을 찬양한다. 위대한 비극의 주인공, 아니, 위대한 서사시의 주인공은 개인의 자유를 위해서는 자기 자신의 존재론적 근거(공동체 사회)마저도 부정하고, 살신성인의 이타적인 사랑을 위해서는 자기 자신의 생명마저도 희생할 줄을 안다. 「벼」의 제1연과 제2연은 "서로가 서로의 몸을 묶어/ 더 튼튼해진 백성들을 보아라"에서처럼, 이성부의 공동체 의지에 맞닿아 있고, 제3연과 제4연은 "벼가 떠나가며 바치는 이 넓디 넓은 사랑"에서처럼, 이성부의 삶에의 의지(개인의 자유)에 맞닿아 있다.

 이성부 시인의 시적 도정은 "이 볼펜으로" "한 점 붉디 붉은 시의 응결을 찍는다"(「이 볼펜으로」)는 시구에서처럼, 개인의 자유에서 출발하여 "너무 넉넉한 팔로 광주를 그 품에"(「無等山」) 안고 있다라는 공동체 의지에 다다르고, 다른 한편, 그 공동체 의지에서 출발하여 또다시 개인의 자유에 다다른다. 이성부 시인의 시세계는 원형적이면서도 순환적이고, 개인과 사회의 대립 관계를 넘어서서 하나의 경이처럼 펼쳐지게 된다.

> 산에 빠져서 외롭게 된
> 그대를 보면
> 마치 그물에 갇힌 한마리 고기 같애
> 스스로 몸을 던져 자유를 움켜쥐고
> 스스로 몸을 던져 자유의 그물에 갇힌
> 그대 외로운 발버둥
> 아름답게 빛나는 노래
> 나에게도 아주 잘 보이지
>
> 산에 갇히는 것 좋은 일이야
> 사랑하는 사람에게 빠져서
> 갇히는 것은 더더욱 좋은 일이야
> 평등의 넉넉한 들판이거나
> 고즈넉한 산비탈 저 위에서
> 나를 꼼꼼히 돌아보는 일
> 좋은 일이야
> 갇혀서 외로운 것 좋은 일이야
> ―「좋은 일이야」 전문

시인은 산에 빠져 산을 사랑하게 된 것을 "스스로 몸을 던져 자유를 움켜" 쥔 것이라고 말하고, 다른 한편, 그것을 "스스로 몸을 던져 자유의 그물에 갇힌" 것이라고 말한다. 산에 빠져 산을 사랑하게 된 것은 그의 자유이지만, 그 자유는 제멋대로의 방종이나 타락이 아닌, 자유의 이행이라는 책임이 따르게 된다. 자유의 책임은 의무도 아니고, 강요도 아니며, 자발적인 어떤 것이다. 그는 자유의 깃발을 나부끼며 자유의 고지 위에서 자기 자신을 꼼꼼히 되돌아보고 "평등의 넉넉한 들판"을 좀 더 객관적이고 분명하게 성찰해 본다. 진정으로 자유를 사랑할 줄 아는 자는 도덕, 법, 제도, 질서, 예의범절 등을 부정하고, 진정으로 공동체 사회를 사랑할 줄 아는 자는 자기 자신의 유한한 생명마저도 희생할 줄을 안다. 「좋은 일이야」라는 시는 스스로 몸을 던져 자유를 움켜쥐고 스스로 몸을 던져 자유의 그물에 갇힌 자의 행복을 노래하고 있다고 해도 틀림이 없다. 그는 자유의 그물에 갇힌 자의 행복을 노래하면서 좀 더 낮은 곳으로 낮은 곳으로 그의 발걸음을 옮기고 있는 것처럼 보인다. 그는 개인의 자유에 스스로의 책임을 부여하고 자발적인 사회성을 다져 넣는 것이다. 예컨대, 「바위타기 3」이라는 시가

> 움직이지 않는 것은 소리가 없다
> 소리가 없으므로
> 무겁고 깊다고 생각하는 것은 잘못이다
> 소리가 없으므로 우리 귀를 맑게 씻어준다고
> 생각하는 것 역시 잘못이다
> 무겁고 깊은 것은 반드시 소리를 낸다
> 큰바위 가슴팍에 매달려서
> 귀 기울이거라
> 한숨 돌려 땀 닦고

퍼런 하늘 서럽게 쳐다보고

고요히 그 살결에 머리를 묻어라

그리고 들어라

움직이지 않는 것에 소리가 있다

무겁고 깊은 곳에 흐느낌이 있다

소리없는 소리, 소리를 죽이는 소리

날마다 새롭게 태어나는 소리

큰 바위 가슴 벅차게 울리는 그 소리

나를 밀어올리고

나를 솟구치게 하는 그 소리

꽃잎처럼 떨어져간 그대들 소리

소리가 없으므로

다 끝났다고 생각하는 것은 잘못이다

그것이 평화라고 하는 것은

더더욱 잘못이다

에서처럼, 자유의 고지 위에서 깊고 깊은 심연을 성찰하고 자유주의 자로서의 자발적인 책임을 부여하고 있는 시라면, 「光州」라는 시는

한 나라가 다시 살고 다시

어두워지는 까닭은

나 때문이다. 아직도 내 속에 머물고 있는

光州여, 성급한 목소리로 너무 말해서

바짝 말라 찌들어지고

몇 달만에 와 보면 볼에 살이 찐,

> 부었는지 아름다와졌는지 혹은 깊이 병들었는지
> 아무것도 알 수 없는 고향, 만나면 쩔쩔매는
> 고향, 겁에 질린 마음을 가지고도
> 뒤돌아 큰소리로 외치는 노예, 넘치는 오기
> 한 사람이, 구름 하나가 나를 불러
> 왼종일 기차를 타고 내려오게 하는 곳
> 기대와 무너짐, 용기와 패배,
> 잠, 무서운 잠만 살아있는 곳, 오 光州여

에서처럼, 자유주의자로서의 그의 자발적인 책임에 사회성을 다져 넣고, 위대한 사회주의자의 길—마르크스나 레닌주의가 아닌 소박하고 본질적인 사회주의자의 길—을 노래하고 있는 시라고 해도 틀림이 없다.

높고 높은 고지는 하늘과 맞닿아 있는 성소聖所를 뜻하고, 또한 높고 높은 고지는 그 주체자의 자아 완성과 존재론적 성숙을 완결시켜주는 성소를 뜻한다. 그는 항상 자신감에 차 있게 되고, 언제나 백절불굴의 용기와 인내와 이타적인 사랑으로 가득 차 있게 된다. 이성부 시인은 자유의 고지 위에 올라서서 하늘의 제왕인 독수리처럼, 깊고 깊은 심연을 바라다 보고, 그 심연의 사회적 모순에 눈을 돌리게 된다. 깊고 깊은 심연을 바라다보는 시인의 눈동자는 백만 촉광의 불빛으로 빛나는 눈동자이며, 그는 더없이 섬세한 감수성과 지적인 민감성을 가지고 눈에 보이지 않는 심연을 바라다 보며 "무겁고 깊은 곳의 흐느낌" 소리를 듣는다. "움직이지 않는 것", 즉, 안과 밖을 다 같이 바라다 보고 있는 것이 그렇고, "큰바위 가슴팍에 매달려서/ 귀 기울이거나/ 한숨 돌려 땀 닦고/ 퍼런 하늘 서럽게 쳐다보고/ 고요히 그 살결에 머리를 묻어라/ 그리고 들어라/ 움직이지 않는 것에 소리가 있다"라는 시구가 그렇다. 그는 자유의 그물에 갇혀서 자유의 책임—바위타기—을 이행하고, 그 자유의 책임을 통해서 대부분의 사람들이 "평화"라고 생각하는 인식적 오류를 전복시키며 "꽃잎처럼 떨어져 나간 그대들의 소리"를 듣는다. 그는 아무런 표정이나 움직임도 없는 바위 속의 내장을 뚫고 들어가 그들의 한 맺힌 서러움을 읽어내고 그 주체자들과 하나가 되고 있는 것이다.

한 맺힌 서러움의 자리는 깊고 깊은 심연의 자리이며, 그 주체자들의 자아완성과 존재론적 성숙은커녕, 공공연한 억압과 불평등과 배신만이 마치, 음지식물처럼, 꽃 피어나는 자리이다. 또한 한 맺힌 서러움의 자리는 이성부의 「공동산」이나 「無等山」, 「고향」이라는 시들이 그러한 것처럼, 「光州」라는 사회 역사적인 자리이며, "꽃잎처럼 떨어져 나간 그대들의 소리"가 완강한 침묵—"소리가 없으므로/ 다 끝났다고 생각하는 것은 잘못이다/ 그것이 평화라고 하는 것은 더더욱 잘못이다"—속에 아직도 들려오고 있는 자리이다. 신라와 당나라의 연합군에 의하여 깊고 깊은 패배를 맛본 곳, 넓고 넓은 옥토와 함께 수많은 인재를 배출해 냈으면서도 일제에 의한 수탈과 가혹한 탄압의 대상이 되어야만 했던 곳, 또, 그리고, 일제가 제2차 세계대전에서 패배하여 물러간 뒤에도 자유당의 부패한 독재정권과 박정희, 전두환, 노태우로 이어지는 군사독재 정권에 의해서 공공연한 억압과 불평등과 배신만이 자라났던 곳—, 시인에게 있어서 광주—이성부 시인은 「전라도」, 「백제행」의 연작시와 함께 고향에 대한 애착을 지닌 시인이다—는 원죄의 공간이며, 또한 사랑할 수밖에 없는 고향이기도 한 것이다. 그는 때때로 「光州」로 내려가지 않을 수가 없는데, 그것은 "한 나라가 다시 살고/ 다시 어두워지는 까닭은" '나'에 의해서 비롯되고 있기 때문이다. 또한 그는 "아무 것도 알 수 없는 고향, 만나면 쩔쩔매는/ 고향"에서 울부짖지 않을 수가 없는데, 그것은 "무서운 잠만이 살아 있는 곳"이기 때문이다. 그에게 있어서 「光州」는 "무너짐"과 "패배"—원죄—만이 있는 곳이기도 하고, 다른 한편, "기대"와 용기—고향, 혹은 빛고을 光州에 대한 희망—가 자라나고 있는 곳이기도 하다. 그러나 시인은 깊고 깊은 심연으로 내려가 한 맺힌 서러움만을 노래하지도 않고, 염세주의적인 체념이나 절망만을 되풀이 노래하지도 않는다. 그는 무너짐과 패배만이 있는 곳에 기대와 용기를 가져다 주기도 하고, 다른 한편 "무서운 잠만이 살아 있는 곳"에 가서 참다운 메시아의 예언처럼 구원의 말씀을 선사하여 주기도 한다. "한나라가 다시 살고 다시/ 어두워지는 까닭은/ 나 때문이다"라는 외침은 위대한 서사시의 주인공으로서의 외침이며, 그 공동체 사회를 구원할 수 있는 자의 외침이기도 하다. 그는 「좋은 일이야」라는 시를 통해서 자유의 고지를 점령하고, 그 자유의 고지 위에서 깊고 깊은 심연을 성찰한다. 이러한 성찰의 결과, 자유, 평등, 사랑이라는 사회주의자의 이상을 생각해 내고, 사회주의의 이상에 비추어 공공연한 억압과 불평등과 배신만이 있는 사회적 현실에 눈을 돌리게 된다. 그는 「바위타기」를 통해서 구원의 말씀을 터득하고, 빛고을 「光州」로, 혹은 깊고 깊은 심연으로 내려가게 된다.

    찬바람 벌판 어둠 끝에서
    혼자 걸어오시던 이.
    한 마리 학처럼 목이 길게

느릿느릿 걸어오시던 이.

그 큰 두 팔로
이 고장 사람들의 슬픔을 껴안으며
이 고장 사람들의
희망을 어루만지던 이.

넓은 가슴으로 어깨로
이 고장 사람들과 함께 승리했던 이.
저 들판 적시는 영산강만큼이나
넘치는 사랑 그 안에 담고 있던 이.

오늘은 근심걱정 다 마감하고
훌훌 손 털고
다시 그 벌판 혼자서 걸어가시네
빈山 뒤에 두고 가시네
— 「빈山 뒤에 두고」 전문

 인간 중심주의적인 입장에서 인간이 없는 세계는 존재하지 않는 것처럼, 국가, 종교, 정당, 군대, 직장, 가정 등의 여러 하위 범주표들을 자랑하고 있는 사회와 그 구성원인 개인은 결코 분리할 수가 없다. E. H 카아의 말대로, 우리 인간들이 태어나자마자 사회는 우리 인간들에게 작용하기 시작하고, 우리 인간들은 그 사회적인 작용에 따라서 자기 자신의 정체성을 부여받게 된다. 언어도 사회적 획득물이며, 가장 찬란한 인식의 소산인 국가, 종교, 정당, 군대, 직장, 가정 등도 사회적 획득물이고, 시대, 인종, 역사, 재산, 이념과 사상 등도 마찬가지라고 하지 않을 수가 없다. 인간이 아무리 우수한 두뇌와 사고의 능력을 지녔다고 하더라도 국가나 사회적 형태로 결속하지 못한다면, 생존경쟁이라는 삶의 자장에서 다른 동물들에게 패배할 수밖에 없고, 따라서 적자생존이라는 말이 시사해 주고 있듯이, 자연도태될 수밖에 없게 되어 있다(반경환, 「앎에의 의지」, 1996년 『현대시학』 5-6월호 참조). 강한 자는 흩어지려고 하지만 약한 자는 뭉치려고 한다. 공동체의 의지는 무리를 지으려는 의지이며, 상호원조―그것이 가난한 자의 결속을 위한 단체이든, 이념과 사상을 전파하기 위한 단체이든, 전국경제인 연합회와도 같은 자본가 계급을 위한 단체이든 간에―에의 의지이다. 모든 종교가 인간의 나약함을 참고 견디고 또 그것을 극복하게 해주고 있듯이, 무리를 형성한다는 것은 약한 자가 강한 자를 상대하는 하나의 투쟁방식이며, 자기보존본능과 종족보존본능을 위한 가장 최선의 방법인 것이다. 그것은 백전불패의 승리의 전략이며, 나약함, 의기소침, 불안, 공포, 불가항력적인 장애물을 돌파하기 위한 전략인 것이다. 이 세상에서 가장 나약한 동물인 우리 인간들은 이처럼 공동체의 의지에 의해서 신(만물의 영장)이 되었다고 해도 과언이 아니다.

하지만 공동체 사회가 자유, 평등, 사랑만으로 유지되고 있는 것도 아니고, 지상낙원이라는 유토피아적인 이상형으로 구성되어 있는 것도 아니다. 무리를 짓는 동물들에게는 그 무리를 위해서라도 위대한 지도자들을 필요로 하고, 수많은 악마와 사탄들이 우글거리는 지옥을 돌파하기 위해서라도 백절불굴의 용기와 인내, 그리고 이타적인 사랑으로 무장되어 있는 위대한 지도자들을 필요로 한다. 그 위대한 지도자가 모세나 오딧세우스나 부처나 예수와도 같은 서사시의 주인공들이며, 이성부 시인은 「빈山 뒤에 두고」에서 그

서사시의 주인공을 노래하고 있다고 하지 않을 수가 없다. "찬바람 벌판 어둠 끝에서/ 혼자 걸어오시던 이/ 한 마리 학처럼 목이 길게/ 느릿느릿 걸어오시던 이"도 위대한 서사시의 주인공에 해당되고, "그 큰 두 팔로/ 이 고장 사람들의 슬픔을 껴안으며/ 이 고장 사람들의/ 희망을 어루만지던 이"도 위대한 서사시의 주인공에 해당된다. "넓은 가슴으로 어깨로/ 이 고장 사람들과 함께 승리했던 이/ 저 들판 적시는 영산강만큼이나/ 넘치는 사랑 그 안에 담고 있던 이"도 위대한 서사시의 주인공에 해당되고, "오늘은 근심걱정 다 마감하고/ 훌훌 손 털고/ 다시 그 벌판 혼자서 걸어가시네/ 빈山 뒤에 두고 가시"는 이도 위대한 서사시의 주인공에 해당된다. 「빈山 뒤에 두고」라는 서사시의 주인공은 이성부 시인의 이상적인 초상이며, 우리 인간들의 미래의 초상이기도 하다. 이성부의 사적인 꿈(자유주의자로서의 꿈)이 공적인 꿈—사회주의자로서의 꿈—으로 승화된 형태이기도 하고, 바로 그 꿈에 의해서 공공연한 억압과 불평등과 배신만이 자라나고 있는 공동체 사회가 정화되고, 우리 인간들의 지상낙원의 세계가 열리고 있는 것인지도 모른다.

> 이제 비로소 길이다
> 가야 할 곳이 어디쯤인지
> 벅찬 가슴들 열어 당도해야 할 먼 그곳이
> 어디쯤인지 잘 보이는 길이다
> 이제 비로소 시작이다
> 가로막는 벼랑과 비바람에서도
> 물러설 수 없었던 우리
> 가도 가도 끝없는 가시덤불 헤치며

찢겨지고 피흘렸던 우리

이리저리 헤매다가 떠돌다가

우리 힘으로 다시 찾은 우리

이제 비로소 길이다

가는 길 힘겨워 우리 허파 헉헉거려도

가쁜 숨 몰아쉬며 잠시 쳐다보는 우리 하늘

서럽도록 푸른 자유

마음이 먼저 날아가서 산넘어 축지법!

이제 비로소 시작이다

이제부터가 큰 사랑 만나러 가는 길이다

더 어려운 바위 벼랑과 비바람 맞을지라도

더 안 보이는 안개에 묻힐지라도

우리가 어찌 우리를 그만 둘 수 있겠는가

우리 앞이 모두 길인 것을……

─「우리 앞이 모두 길이다」 전문

  이성부 시인의 35년의 시적 도정 위에는 『이성부 시집』, 『우리들의 양식』, 『백제행』, 『전야』, 『빈山 뒤에 두고』, 『야간산행』이라는 별들이 그 아름다운 별빛을 뿜어대고 있다. 이러한 별들이 모두 아름답다는 것은 그 아름다움에 값할 만큼의 시인의 진정성과 피와 땀과 고뇌가 배어 있기 때문일 것이다. 그는 언어의 연금술사로서 우리들의 말과 전통적인 가락을 다듬고, 김수영 이후, 정한의 세계를 뚫고 들어가 무한한 용기와 희망을 가져다 주며, "서럽도록 푸른 자유"를 위해서 인간이라는 존재의 껍질을 벗어버리고 신출 귀묘한 "축지법"을 연출해 내고 있는 것인지도 모른다.

오오, 위대한 서사시의 주인공의 길이여, 공동체 사회의 행복이여!

서정시인은 개인적 감정의 주관적 표현을 통해서 한 개인의 내밀한 세계를 묘사하고, 그 세계를 달콤하고 부드러운 암시성의 분위기로 채색시켜 놓는다. 서정시의 화자는 독특한 '나'이며, 고백과 독백의 언어를 전달하는 주체자가 된다. 서정시인은 인간 정서의 표현이라는 근복적인 욕망을 만족시켜주는 시인이며, 그 아름다운 형식을 통해서 우리 인간들의 영혼을 정화시켜주는 시인이다. 서사시인은 보편적이고 객관적인 언어를 통해서 장중한 문체와 깊이 있는 이야기를 통해서 국가, 민족, 또는 인류의 운명과 직결될 수 있는 위대한 영웅의 세계를 창조해 놓는다. 서사시는 한 민족적 집단이 위대한 지도자의 인도 아래 외부의 적을 물리치고 국가를 형성하던 시기의 이야기이며, 그리스의 『일리어드』와 『오딧세우스』, 이스라엘의 『출애굽기』, 프랑스의 『롤랑의 노래』, 독일의 『니벨룽겐의 노래』, 인도의 『마하바라타』 등이 그것에 해당된다. 서사시의 주인공은 국가와 민족, 혹은 인류의 영웅이며, 우리 인간들의 미래의 인간이기도 하다. 서사시는 웅대한 사건과 함께, 그 사건이 벌어지는 무대배경도 광대하고, 그 주인공은 출신성분이나 타고난 능력도 대단히 뛰어나고 비범하며, 그의 영웅적인 행위는 인간의 차원을 넘어서서 신적인 차원으로까지 수직 상승하게 된다. 서사시가 비록, 허구이며, 가상의 노래일는지는 모르지만, 인류의 역사상 서사시를 창조하지 못한 민족은 이민족의 지배를 받고 있는 노예의 민족이며, 역사의 무대에서 사라져 가야 할 삼류 민족이라는 사실도 우리 한국인들은 명심하여 주기를 바란다. 이성부 시인은 엄밀하게 말해서

서정시인이지, 서사시인이 아니다. 그러나 그가 「전야」에서 장중하고 울림이 큰 서사시를 시도한 바도 있고, 그의 시세계가 하나의 서사적인 구조를 지니고 있다는 의미에서 '서사시의 주인공의 길'이라는 주제로 그의 발자취를 조명해본 것이다.

  이 점을 독자 여러분들은 양해하여 주기를 바란다.

帝王의 모습으로
— 박남철의 시세계

너희들 중에 그 누구가 웃으면서 동시에 높아 질 수 있겠는가?
가장 높은 산에 오르는 자는 장난 비극이나 정말 비극을 넘어서 모두 웃는 것이다.
냉담하고 조소적이고 난폭하고—지혜는 우리더러 그렇게 되라고 한다. 지혜는 여자로서,
항상 투사만을 사랑하는 것이다.
너희는 내게 말한다. "삶은 견디기 힘들다"고. 하지만 그렇지 않다면 너희가 무엇 때문에 아침에는 긍지를 갖고 저녁에는 체념을 해야 되겠느냐?
— 니체, 『짜라투스트라는 이렇게 말했다』에서

박남철은 그의 첫 시집 『地上의 人間』을 통하여 "진실과 현실 사이에 시는 존재하는가"라는 매우 의미심장한 질문을 던진 바가 있었다. 진실과 현실 사이에 시는 존재하는가라는 질문이 매우 의미심장하다는 것은 그 질문이 시의 존재론적 기반을 관통하면서, 한 걸음 더 나아가, 시인의 삶의 자세가 어떠해야 되는 것인가라는 문

제에까지 맞닿아 있기 때문이다. 박낙철 시인의 질문은 단 하나의 해답이 주어질 수 없는 질문이며, 바로 그렇기 때문에, 일순간의 外道도 허용되지 않고 있는 일생 일대의 탐구적인 주제가 되고 있는 질문이라고 하지 않을 수가 없다. 모든 시인이나 예술가들이 이 세상에 나아갈 때, 과감하게 전투적인 정신으로 첫 걸음을 내딛어야 하듯이, 그것은 그의 출정식 날의 話頭이고, 위대한 시인으로서의 숙명적인 주제이기도 한 것이다. 다소 논리적인 비약이 되는지도 모르지만, 그의 질문은 질문이 아니라 하나의 주제로서 수직 상승하면서 그의 시세계에 다양성과 통일성을 마련해 주기도 한다. 첫 시집 『地上의 人間』(문학과 지성사, 1984), 두 번째 시집 『반시대적 고찰』(한겨레출판사, 1988), 세 번째 시집 『용의 모습으로』(청하, 1990), 네 번째 시집 『러시아집 稗說』(청하, 1991), 그리고 다섯 번째 시집 『자본에 살어리랏다』(창작과비평사, 1997)에 이르기까지 그의 주제는 더욱더 심화되고 다양하게 변주되고 있다고 해도 과언이 아니다.

먼저 박남철 시인의 「詩人의 집, 뒤」를 살펴보기로 하자.

새벽에 잠들어 오후에 깨는
나는 詩라는 이름의 病 앓는 사람
오래간만에 하늘이 내려 준 축복에 행복하게 잠들 수 있었다

꿈 속에 어느 눈 덮인 山莊에서 舊約을 읽고 있노라니
에이프런을 두른 하얀 소녀가
양고기를 튀겨
들고 나왔다

자, 드세요… 세요… 요… 오

배가 고파 잠을 깨니,
앞집 지붕은 그대로 허연대
하숙집 마당은 싹 치워져 콘크리이트 바닥이 드러나 있었다

담배를 사려고 대문을 나서니 골목이 홍해처럼 갈라졌다

……………………………

역시, 너무 詩的인 것은, 거부당하는 이 생활의 공간이여

먼산의 눈이 아름답고
敵이 아닌 猶太人이 위대한 것

都市의 눈은 백해 무익하다는
도시공학도의 말이
생각났다
—「詩人의 집, 뒤 – 진실과 현실 사이에 詩는 존재하는가」 전문

  진실과 현실 사이에 시는 존재하는가라는 질문 속에 아름답게 묘사된「詩人의 집, 뒤」를 산문적으로 풀어보면 이렇게 설명을 할 수가 있을 것 같다. 밤새 눈이 하얗게 내렸고, 나는 오래간만에 하늘이 내려 준 축복 속에서 행복하게 잠을 잘 수가 있었다; 나는 詩라는 이름의 病을 앓는 사람이며, 그 꿈 속에서 舊約을 읽고 있노라니, 에이프런을 두른 하얀 소녀가 양고기를 튀겨 들고 나왔다;

하지만 배가 고파서 잠을 깨어보니 앞집 지붕은 그대로 허연데, 하숙집 마당은 싹 치워져 콘크리이트 바닥이 드러나 있었다; 뿐만 아니라, 담배를 사려고 대문을 나서니 골목이 홍해처럼—하나님의 이적처럼—갈라져 있었다: 따라서 시인은 역시, 너무 詩的인 것은 거부당하는 생활 공간을 탄식하게 되고, "먼산의 눈이 아름답고/ 敵이 아닌 猶太人이 위대"하다는 사실과 함께, "都市의 눈은 백해무익하다는/ 도시공학도의 말"을 떠올리게 된다. 「詩人의 집, 뒤는 진실과 현실의 대립 사이에서 진실(시)이 배척되고 현실이 승리한다는 사실을 깨달아 가고 있는 시이며, 이상한 역설 같지만, 그 깨달음을 통해서 한국시문학사상, 가장 아름다운 시의 탄생을 보여주고 있는 시라고 하지 않을 수가 없다. 새로운 신인의 뛰어난 감수성과 자유분방한 상상력, 그리고 지적인 민감성으로 무장되어 있는 위트와 극적인 구조—꿈과 현실, 혹은 진실과 현실 사이의 반전—가 돋보이는 시라고 하지 않을 수가 없다.

그렇다면, 과연, 오늘날 진실과 현실 사이에 시는 존재하는가? 사이버 공간에서의 가상 섹스의 시대가 열리고, 유전자 공학에 의한 복제 양의 탄생과 함께, 전지전능한 인공지능의 시대가 현실화되어 가고 있는 오늘날, 그러나 아직도 박남철 시인의 질문은 해명되지를 않고 있고, 그 질문에 대한 해명은 여전히 요원한 과제인 것처럼도 보인다. 더럽고 추하고 속된 현실은 시인의 옷깃을 붙잡고 늘어지면서 진실 따위는 아무런 효용 가치도 없다고 말한다. 하지만 더없이 고귀하고 순결한 시인의 영혼은 현실의 손길을 뿌리치면서, 이 세상의 실존적 근거가 되어주고 있는 물질적인 유혹마저도 뿌리쳐 버린다. 시인은 철저하게 고독하고 더욱더 가난해야 하지만, 자본주의 사회의 어중이떠중이들은 이 세상의 모든 사교 무대를 풍미하면서 우리 시인들의 고독을 경멸해야 하고, 더욱더 권력의 지렛대인 돈에 대한 욕망을 버리지 말아야 한다. 시인은 고독하고 또 고독하게 살아감으로써 최고급의 인간들—호머, 아이스퀼로스, 괴테, 셰익스피어, 보들레르, 랭보, 이상, 김수영 등—과도 사귈 수가 있고, 또한 더욱더 가난하게 살아감으로써 무소유의 기쁨을 향유할 수가 있다. 위대한 자본주의 사회의 어중이떠중이들은 더욱더 많은 사람들과 사귀면서 자기 자신을 잃어버리고, 또한 더욱더 많은 돈을 소유함으로써 그만큼 마음이 가난해지는 것을 느끼지 않으면 안 된다. 진실과 현실 사이의 이 대립이 근본적인 대립이며, 시인과 일상 생활인들과의 메꿀 수 없는 간극이 된다. 이 간극을 섣불리 메우려고 드는 자는 천박한 변증법의 신봉자이거나 중용의 미덕을 내세운 절충주의자, 아니, 더욱더 나쁘게 말한다면, 저 교활하고 간사한 타협론자에 지나지 않는다. 일찍이 김수영과 니체가 역설한 바가 있듯이, 시와 예술의 영역에서는 어떠한 도피처나 타협이 허용되지를 않는다. 그가 만일, 참된 시인이라면, 저 머나먼 유토피아 때문에 천 길의 벼랑 끝을 기어 올라가야만 하고, 더 이상 물러설 수 없는 심연의 깊이 때문에 아찔한 현기증을 느끼지 않으면 안 된다. 그가 만일, 참된 시인이라면, 진정으로 무서운 것은 더 이상, 현실과의 어떠한 타협의 여지도 없다는 점일 것이다.

> 내 앞발에 박힌
> 이 깊숙한 가시를
>
> 핥다가 나는 이따금
> 부릅뜬 눈을 들어, 핥

야 이 개새애끼들아

　　　내 머리, 오 이 구름같은 불

　　　내 머리 내 이 머리에 온통 뒤덮인
　　　이 저주받은 이 성난 갈기, 핥

　　　야 이 개애자식들아아아
　　　　―「獅子 - 모교의 교정」 전문

　　미셸 푸코식으로 말하자면 권력은 억압의 도구일 뿐만이 아니라 생산의 도구이기도 한 것이다. 권력은 학교, 군대, 공장, 병원 등의 제도적 장치를 통하여 우리 인간들을 억압하고 통제하며, 전면적인 관리 체계를 생산해낸다. 이러한 전면적인 관리 체계는 학생, 군인, 노동자, 환자는 물론, 심지어는 교사, 장교, 공장장, 의사 등도 상호 감시되고 관리되는 메카니즘을 창출해낼 뿐이다. 그 결과, 현대 사회의 전면적인 관리 체계는 합리주의적인 야만을 낳았으며, '이성의 기술화', 혹은 '기술의 사회화'를 통해서 우리 인간의 자유와 창의성을 억압하고 말살시켰다고 하지 않을 수가 없다. 권력이 우리 인간들을 위해서 봉사하는 것이 아니라, 우리 인간들이 권력을 위해서 봉사를 하고 있는 것이다. 지배 이데올로기는 물리적인 힘의 반대 반향에서, 권력이 행사되고 있는 자장이며, 전면적인 관리 체계는 그 이데올로기에 따라서 조직되고 변모되지 않을 수가 없게 된다. 박남철 시인이「獅子」라는 시를 통해서 전면적으로 비판하고 부정하고 있는 것이 바로 그 지배 이데올로기라고 할 수가 있는 것이다.
　　왜, 시인의 발에는 깊숙이 가시가 박혀 있는 것이며, 왜, 또한 시인은 두 눈을 부릅뜨고 엄청난 분노를 나타내 보이고 있는 것일까? 왜, 시인은 그의 상처를 핥다 말고 "야 이 개애새끼들아"하고 욕을 하고 있는 것이며, 왜, 또한 시인은 "저주"받았다는 생각에 사로잡혀서 "내 머리, 오 이 구름같은 불"에서처럼, "성난 갈기"를 곧추 세우고 있는 것일까? 그것은 두말할 필요조차도 없이 전면적인 관리 체계, 혹은 문화적 함정(지배 이데올로기의 함정)에 빠진 것에 대한 분노이며, 정당방어 차원에서의 조건반사적인 대응의 몸짓이라고 할 수밖에 없다. 박남철 시인의 「박수부대」를 살펴보면, 초, 중, 고등학교, 대학, 그리고 열혈 청년들의 집단인 군대에 이르기까지, 20여 년 동안 '박수'치는 법만을 배웠다는 사실이 아주 날카롭게 나타나 있다. 주체성도 없고 독창성도 없는 문화적 함정(지배 이데올로기의 함정)에 빠져서 '박수부대'의 일원으로서 살아가야 하는 자의 비애가 이처럼 분노하는 사자의 공격성으로 나타나고 있는 것이다. 백수의 왕인 사자에게 날개 아닌 족쇄를 채워주고 있는 자는 누구이며, 시적인 진실을 쫓아서 帝王의 모습으로 행복하게 살아가려는 시인에게, 또한 날개 아닌 족쇄를 채워주고 있는 자는 누구인가?

　이제 시인에게는 스승과 부모 형제도 필요가 없고, 사제나 친구도 필요가 없다. 또한 시인에게는 예언지나 의사도 필요가 없고, 어떠한 감언이설이나 화해의 제스처도 필요가 없다. 신성모독적인 입장에서, 득죄의 수련을 쌓고 있는 「맏아들의 기도」나 "나 이 호로자식 같은 놈은 문둥이 엄마가 원망스러워 매일 밤 울고 울고/ 故 클레오파트라女王의 젖가슴을 그리워한다"는 「제목이 없는 大字報」를 생각해 보더라도, 그에게 오직 필요한 것은 온몸의 땀과 피와 불굴의 용기일 뿐이다. 박남철의 「獅子」는 유토피아로 향한 열망과 심연에의 두려움이 다 같이 겹쳐져 있다. 분노는 현실의 멱살을 움켜쥔 채 광기로 나타나고, 두려움은 천 길의 벼랑 끝에 매달려서 추락에의 공포로 나타난다. 진실된 자, 정직한 자는 시대 정신의 체현자가 아니라 영원한 투사이다. 그는 반 시대적으로 이 세상을 살아가고 미래의 비전을 끌어내린다. 그는 현실의 압력 속에서 질식해 가지만, 죽음의 끝에서 불멸의 시인으로 되살아난다. 시를 창조하는 자는 신도 아니고, 인간도 아니고, 언제나 청춘인 것이다. 박남철의 시는 영원한 젊음을 유지하고 있고, 이 세상의 모든 사람들의 '애송시'로 수직 상승하게 된다. 진실되지 못한 자, 정직하지 못한 자에게는 그의 방법적인 비판과 부정 정신이 치명적인 독이 되겠지만, 사자나 독수리처럼, 帝王의 모습으로 살아가고 있는 자에게는 천세불변의 교훈이 될 것이다.

초, 중, 고등학교와 대학은 물론, 열혈 청년들의 집단인 군대 생활을 통하여, 오직 20여 년 동안 박수치는 법만을 배웠다는 「박수부대」, 사랑하는 여인과의 정사를 꿈꾸었던 「情事, 79年」, 아내와의 「이혼」, 20세기 말의 핏빛 일몰이 보인다는 「자본에 살어리랏다」, 어느덧 술래 차원으로만 전락한 삶의 비애를 노래하고 있는 「못 찾겠다 꾀꼬리」, 부모 형제지간의 불화를 노래하고 있는 「우리 집, 아니 남의 집 얘기」, 광주의 역사적 비극을 노래한 「세월이여, 시간이여, 역사여, 광주여」, 구 시대의 독자놈들을 길들이고 있는 「독자놈들 길들이기」, 한국 사회에 만연되어 있는 일인에 대한 만인의 폭력을 희화화한 「권투」, 지나치게 인습적이고 획일화되어 있는 종교와 윤리를 풍자한 「맏아들의 기도」, 자기 위악적인 삶을 드러내고 있는 「天報之」, 외세와 분단의 현실을 노래하고 있는 「해미르」, 세대 교체가 안 된 현실을 안타까워하면서도 노망든 늙은이들—정객들, 기업주들, 할아버지들, 아버지들—의 행태를 야유하고 풍자한 「광인일지」 등, 그의 분노의 원인은 단순하지도 않고, 그만큼 다종 다양한 원인과 배경을 지니고 있는 것처럼 보인다. 진실과 현실 사이의 대립이 화해할 수 없는 양극단인 것처럼, 그의 분노의 파장은 자기 자신의 실존적 근거를 뿌리째 뽑아버리면서, 정치, 경제, 사회, 문화의 외적 구조물들을 허물어버린다. 예컨대, 초기 시인

저 저 저 저 저, 으쩌
저런 늙은 놈 좀 보게

오입이 안 될 나이니까 이젠 원 별
소리도 다 하나 봐

쩌 쩌 쩌 쩌 쩌, 더 쳐라, 원 별
별 X지 껌 씹는 소릴 다 하네

라는, 「광인일지」를 살펴보고, 또한 최근의 시인

다들 어디에 숨어 있니 사랑들아
빌딩나무 뒤에 숨어서들 웃고 있니
자본과 이자꽃 뒤에 숨어 있니

못 찾겠다 꾀꼬리 꾀꼬리 개꼬리
사십년 가까이 오직 술래만을 했더니

라는, 「못 찾겠다 꾀꼬리」를 살펴보라. "오입이 안 될 나이니까" "별

X지 껌 씹는 소리"를 다 하는 늙은이들을 대할 때에도 그의 분노는 나타나고, "자본과 이자꽃 뒤에 숨어" 있는 자들을 찾아서 40여 년 동안 "오직 술래만을" 하고 있는 불공정한 현실을 대할 때에도 그의 분노는 나타난다. 분노는 이성적 사유의 소산이 아닌, 비 이성적인 감정의 소산이다. 이러한 전면적이고도 총체적인 비판과 부정 정신이 그의 형태 파괴의 요체가 되어주면서, 그만큼 대단한 충격과 반향을 불러 일으키게 된다. 광기는 분노의 감정이 정교하고 세련되게 양식화된 것이며, 뛰어난 시인은 광기가 있다는 것만으로도 존경의 대상이 된다. 그의 광기는 사회적인 모순과 새로운 사실을 깨달았을 때 나타나는 것이고, 그에게서 광기를 제거한다는 것은 그의 뛰어난 천재성과 함께, 리얼리티, 혹은 모더니티를 제거하는 일이 될는지도 모른다. 한국 사회의 도덕군자나 보수주의자들은 낡은 것을 숭배하고 새로운 것을 배척하겠지만, 모든 전위주의자들은 기존의 도덕 가치와 인습과 문화와 전통까지도 모조리 뒤흔들어 버린다. 한국 사회는 서구의 전위주의까지도 대학 제도의 심장부에서 매우 합리적으로 베껴먹고 있으면서도, 새로운 것과 독창적인 사유를 전개하는 진정한 전위주의자들을 무한히 탄압하고 배척하고 있는 이중의 과오를 범하고 있다. 한국 사회는 가짜 전위주의자들의 부흥집회 장소이며, 양심의 가책을 느끼지 않아도 되는 편한 사회일 뿐이다.

박남철의 시는 「詩人의 집, 뒤」의 전통적인 서정시에서부터, 패러디 아닌, 메타적인 형태를 띤 비평시들, 그리고 띄어쓰기를 무시한 「제목이 없는 大字報」 등의 반 서정시에 이르기까지, 그 모든 형식들이 다양하게 나타나고 있다. 조소, 조롱, 냉소, 야유도 벼랑 끝에 몰린 자의 감정의 소산이며, 속어, 비어, 사투리, 욕설까지도 벼랑 끝에 몰린 자의 감정의 소산이다. 띄어쓰기를 무시한 줄글이나 거꾸로 된 활자도 그렇고, 제목만 있고 내용이 없는 시들도 그렇다. 그 분노의 감정의 이면에는 전통적인 서정시의 따뜻한 애정이 깃들어 있는 것이기는 하지만, 그렇다고 해서 그의 시들이 메마르고, 음산하며, 살벌한 감정들로만 점철되어 있는 것은 아니다.

    명태야……
    명태야……

    아니, 병태야……

    반항을 하려거든 똑바로 해라……
    왜 애꿎은 나를 보고 자꾸 그러지이……

    니 친구 동태보고 그러든지, 아니면
    니 작은 황태보고 그러든지……
    (북어보고 그러든지)

    병태야아,
    병태야아,

    네 이, 생떼야아……
    (네 이, 대가리에 피도 채 안 마른 놈아……)
    ―「명태에게」 전문

    박남철 시인이 바라보는 '명태'는 반항도 한 번 제대로 못한 '병태'(병신)이면서도, 애꿎은 시인에게만 항변을 하고 있는 명태일 수밖에 없다. '애꿎은' 죄가 없이 괴롭힘을 당하는 것을 말하고, '자꾸'라는 말은 그 빈도수가 여러번 되풀이 되었다는 것을 말한다. 이 난데없는 봉변 속에서도 시인은 자기 자신의 기지를 발휘하여 '명태'의 천태만상을 여러 각도에서 아주 우스꽝스럽게 희화화시켜 놓는다. 반항도 한 번 제대로 못하는 명태는 '병태'가 되고, 그 반항의 번지수를 제대로 찾지 못한 명태에게 시인은 "니 친구 동태보고 그러든지, 아니면/ 니 작은 황태보고 그러든지"라고, 매우 익살스럽게 놀려댄다. 뿐만 아니라, 괄호 속의 "북어보고 그러든지"라고, 저절로 솟아나오는 웃음을 참지 못하면서도, "병태야야/ 병태야아"라고 부르고, 한 걸음 더 나아가, "네 이, 생떼야아……"라고, 아주 엄하게 꾸짖기까지도 한다. 명태는 대가리에 피도 안 마른 놈, 즉, 사물의 이치도 제대로 알지 못하는 철부지─현대 사회의 익명화된 어중이떠중이들─에 지나지 않는다. 그의 기지는 사물을 사물답게 제대로 볼 줄 아는 직관의 힘에서 나오며, 그것의 구체적인 표현은 희극의 기법인 교묘한 말놀이에서 얻어진다. 말놀이는 단순한 말놀이가 아니라 세계와 대상, 타인과 자기 자신, 역사와 인간의 정신을 꿰뚫어 볼 줄 아는 직관의 힘의 결정체라고 하지 않을 수가 없다.

  언어 영역의 확대는 세계 영역의 확대이다. 언어가 없으면 인간의 의식이 확대되지 못하고, 인간의 문화와 역사와 전통도 소멸된다. 시인은 언어의 사제이며, 언어의 마술사이다. 태초에 말씀이 있었고, 그로부터 세계가 창조되었다. 성부, 성자, 성령의 삼위일체라는 낡은 도식은 이제 조건 없이 언어(성령)의 질서 속에 통합되지 않으면 안 된다. 박남철의 시에는 이러한 펀Pun 효과 이외에도, "부아아아앙"하고, 의성어를 효과적으로 활용한 「여름의 입김」, 서양음악과 국악, 혹은 클래식과 대중음악을 넘나들면서도 "덩덕!// 허잇!// 두르륵……// 허잇!// 덩덕!"하고, 음악적 효과를 활용한「줄타기」, 고대가사를 차용한「자본에 살어리랏다」, 산울림의 효과를 활용한 "飛鶴山 飛鶴山 飛鶴山"의 「飛鶴山」, "자, 드세요… 세요… 요… 오"나 "왜 애꿎은 나를 보고 자꾸 그러지이"의 대화체, 혹은 구어체의 활용 등을 통해서, 그의 풍자와 해학의 공간을 무한히 다양하고 풍요롭게 변주시켜 나간다. 조소, 조롱, 냉소, 야유, 속어, 비어, 사투리, 욕설, 띄어쓰기를 무시한 줄글, 거꾸로 된 활자, 제목만 있고 내용이 없는 시, 펀 효과, 의성어의 활용, 음악적 효과, 고대가사의 차용, 산울림의 효과, 대화체와 구어체의 활용 등은 박남철 시인의 풍자와 해학의 공간의 내용과 형식을 동시에 아우른다. 박남철의 시세계가 무한히 다양하고 풍요롭다는 것은 그의 시세계가 단순한 역사 의식이나 도덕 의식으로 경직되어 있지도 않다는 것을 뜻하고, 또한 그의 시세계가 과격한 실험 정신과 형태 파괴를 통하여 메마르고 건조하지만은 않다는 것을 뜻한다. 분노도 시를 질식시키고, 광기도 시를 질식시킨다. 그는 그 분노와 광기를 풍자와 해학으로 부드럽고 넉넉하게 완화시키면서, 모든 것을 다 끌어 안으면서도 언제나 의연한 帝王처럼, 극적인 서사 구조를 전개하여 나간다. 따라서 그의 시에는 유모어가 있고, 기지가 있고, 그리고 역사 의식과 시대 정신을 갖고 있는 이야기가 있다. 즉, 세목의 진실성 이외에도 전형적인 상황에서 전형적으로 살아가고 있는 구체적인 인물의 리얼리티(혹은 모더니티)가 있다고 하지 않을 수가 없다. 帝王은 용기, 지혜, 성실성 등의 삼박자를 다 갖춘 시인을 말한다.

도서출판『푸른숲』의 청탁 있어

'젊은 북녘 시인에게'
편지 쓴다.

젊은 북녘 시인 동무,

그런데 젊은 북녘 시인 동무······

이렇게 적어놓고 봐도 '젊은 북녘 시인 동무'의 얼굴이 떠오르지 않는다. 북녘 산하도 떠오르지 않는다······ 일선에 계신 국군 장병, 떠오르는 것은 다만 북한 지도와 '동무는 반동이야요!' 하는 어릴 때의 어떤 목소리들 뿐이다. 일선에 계신 국군 장병 아저씨께,

아아, 어릴 때의 장난꾸러기들 소리 뿐이다.

"동무는 반동이야! 날래 걸으라우, 이 종간나쌔끼!"
― 「젊은 북녘 시인에게」 전문

대부분의 시인들이 "사랑하는 북한 시인이여"라고 하면서 인문주의를 강조할 때조차도, 시인은 "일선에 계신 국군 장병 아저씨"라고 쓰고, 또한 그대들이 "민족 통일의 그날이 오면 어쩌구 저쩌구"를 쓸 때조차도, 시인은 "젊은 북녘 시인 동무의 얼굴이 떠오르지 않는다"라고 쓴다. 그러면서도 이 평범한 사실 속에다가 가짜 인문주의와 반공 이데올로기에 침윤되어 있는 우리들―나와 그대들―의 허위의식을 날카롭게 벗겨 놓는다. "동무는 반동이야! 날래 걸으라우, 이 종간나쌔끼!"의 다양한 울림의 열린 결말이 바로 그것이다. 그것은 반공 이데올로기에 젖어 있는 시인의 말이기도 하고,

사회주의 이데올로기에 길든 젊은 북녘 시인의 말이기도 하며, 제3의 관점에서, 서로 간의 이데올로기에 젖어 있는 의식을 다 같이 비판하고 있는 말이기도 하다. "사랑하는 북한 시인이여"라는 노래나 "민족통일의 그날이 오면 어쩌구 저쩌구"의 노래보다도 열 번, 백 번 "젊은 북녘 시인 동무의 얼굴이 떠오르지 않는다"는 시인의 말이 그만큼 더 진솔하고 더욱더 감동적인 것이다. 박남철의 풍자와 해학의 정신은 좌, 우의 이데올로기의 대립을 고발하면서도, 그 대립의 무모함을 유머러스한 웃음 속에 하나의 날카로운 비수처럼 숨겨놓고 있는 것이다.

시인의 언어는 세계 영역의 확대이며, 그의 형태 파괴는 자기와 세계의 파괴이지 않으면 안 된다. 그의 시에는 언어와 세계가 분리되어 있지도 않고, 전위적인 실험시와 그의 생활이 분리되어 있지도 않다. 온몸으로, 온몸으로의 미학이 이성복과 황지우의 지적이면서도 그만큼 인위적인 세계를 뛰어 넘어서서, 한국 현대 시인의 帝王의 자리로 올라서게 하고 있다고 하지 않을 수가 없다. "진실과 현실 사이에 시는 존재하는가?" 그 절대 불변의 진리(진실)를 염두에 두면서, 박남철 시인이 그의 아내로부터 받은 '훈장'을 살펴보지 않을 수가 없다.

 "그래요……나는 현실도피 하고 있어요……"
 "그건 박남철씨의 자기기만이지 박남철씨의 본질이 아니에요! 박남철씨는 현실과 싸우거나 현실을 이겨나가는 사람이지 적당히 현실과 타협하는 그런 사람이 아니란 말이에욧!"
 나는 어어어…… 하며 눈물이 왈칵 나올 듯해서 얼른 뭐라고 대답을 하지 못했다.

그리고 어떻게어떻게 전화를 끊고 한참 뒤에서야 아내는 내가 '자기 집'과도 크게 싸우고 있음을 또 까먹어버렸구나 생각하다가, 그래, 복수심으로 비춰져서는 안되지…… 생각하다가는, 작은처남으로부터 들은, 아내가 작은 처남에게 했다는 이야기를 떠올리고는 그만 꺼이꺼이 울어버렸다.

"진정한 예술가다. 내가 그동안 못 도와 준 게 한이다."
— 「이혼 – 아내로부터의 훈장」 부분

박남철 시인은 일찍이 니체와 김수영 시인으로부터 엄격한 자기 추구와 자기 도야의 자세를 배웠다고 생각된다. 하지만 용기, 지혜, 성실성 등의 삼박자를 다 갖춘 시인이 '아내로부터 받은 훈장'이 '이혼'이라면, 아마도 여러분들은 동키호테를 연상하게 되는지도 모른다. 여기에 기사도 정신에 투철하지 못한 17세기 식의 동키호테, 아니, 20세기 말의 동키호테가 있다. 이 현대판 동키호테는 용기, 지혜, 성실성 등의 삼박자를 다 갖추고 있지도 않고, 현실과의 어떠한 타협도 거절할 수 있는 플라톤적인 이데아로 무장되어 있지도 않다. 또한 그는 세계 정신과 절대 정신을 변증법적으로 지양한 헤겔의 낙관주의도 신봉하지를 않고 있고, 비록, 불가능한 상상 속의 일이라고 할지라도 라이프니츠의 '예정조화설'조차도 인정하지를 않고 있다. 따라서 시인은 발목 깊숙이 "자본주의의 정화조"(「목련에 대하여」)에 빠져서, 저 기사도 정신에 투철한 동키호테의 길을 버리고, 너무나도 교활하고 간사한 사기꾼처럼, 현실과의 타협을 시도했는지도 모른다. "그래요…… 나는 현실도피하고 있어요"라는 시인의 말이 그렇고, "그건 박남철씨의 자기 기만이지 박남철씨의 본질이 아니에요! 박남철씨는 현실과 싸우거나 현실을 이겨나가는 사람이지 적당히 현실과 타협하는 그런 사람이 아니란 말이에욧!"라는 아내의 말이 그렇다. 그의 「이혼」은 현실로부터의 패배의 소산이며, 진실로부터의 도피의 소산이라고 할 수밖에 없다. 그는 시인이기를 거부하고 자본주의 사회의 어중이떠중이들이 되기를 선언했던 셈이지만, 그러나 그 비겁한 도피마저도 그의 시인됨의 멍에를 해방시켜 주지는 못했던 것 같다. 시인은 현실을 도피해서도 안 되고, 현실과 적당히 타협해서도 안 되며, 어쨌든 현실과 싸워 이겨나가지 않으면 안 된다. 아내의 이 말은 그가 아내에게 되풀이 가르쳐 주었던 말이기도 하지만, 그가 현실로부터의 도피를 시도하고자 할 때, 다시 그 말이 비수처럼 되돌아와 그의 가슴에 꽂혔던 것이다. 이른바 부메랑 효과인 셈이다. "나는 어어어…… 하며 눈물이 왈칵 나올 듯해서 얼른 뭐라고 대답을 하지 못했다"라는 것은 자승자박의 의미가 담겨 있는 말이며, '시인'이라는 함정에 완전히 사로잡혀 있다는 것을 뜻한다. 시인의 눈물은 현실 도피와 반성이 담겨 있는 눈물이며, 그 위기를 기회로 다시 활용하겠다는 의지가 담겨 있는 눈물임을 뜻한다. 만일, 그렇지 않다면, 아내와 자식은 물론, 엄격한 자기 추구와 자기 도야를 내팽개쳐 버리고, 너무나도 교활하고 간사한 사기꾼의 길을 걸어가려는 자가 무엇 때문에 "꺼이꺼이 울어버려야" 한단 말인가? 아내로부터의 훈장은 '이혼'이 아닌, 시인의 영광임을 뜻하고, 또한 그것은 부정적인 의미에서가 아닌, 기사도 정신에 투철한 동키호테의 영광임을 뜻한다.

박남철 시인의 엄격한 자기 추구와 자기 도야는 이미 한국 문단에서 정평이 나 있다. 그는 그 용기, 지혜, 성실성의 이름으로 "둥"(「망월」)이라는 울림 하나 때문에 다시 시를 쓰기도 하고, "이"와 "은"의 토씨 하나의 차이 때문에 「묵상」이란 시를 다시 쓰기도 한다. 뿐만 아니라 「첫경험」의 솔직함을 비롯해서, 자기 자신의 나쁜 타성을 뜯어 고치겠다는 「눈보라 속의 벌」과 하늘 기둥을 떠받치고 있는 헤라클레스, 혹은 아틀란타의 노역을 미화시킨 「시인」을 또 다시, 쓰기도 한다. 이처럼 엄격한 자기 추구와 자기 도야의 자세가 그의 모든 시들에는 아름답게 각인되어 있다고 하지 않을 수가 없다. 삶 자체가 시 같아지고 시 자체가 삶과도 같아진다. 앎과 행동을 일치시킬 수 있는 자만이 시인이 될 자격이 있다. 박남철 시인에게는 시가 모든 가치판단의 기준이며, 세계 해석의 열쇠인 것이다. 진실과 현실 사이에 시는 존재하는가? 그렇다. 시는 진실과 현실 사이의 그 대립과 긴장 속에서만 존재한다.

　마지막으로 박남철 시인의 「새벽, 북한강가에서」라는 시를 살펴보지 않을 수가 없다.

　　아 옛날이여허
　　아 옛날이여허어

　　그리하여 그대 혹시 마음의 눈까지 보인다면
　　내 이 홀로 추는 춤까지 한번 보아라

　　나는 이제 흘러가는 강물 위에 명멸하는 장급 여관의 불빛처럼, 바라보며 춤을 추거늘,

　　이젠 내 곁을 떠나간 아쉬운 그대기에
　　마음속의 그대를 못 잊어 그려본다

　　훌쩍, 훌쩍 홀로 휘저으며 큰 강을 건너고 있는 이 나의 헤엄을.

모든 시인들은 깊고 깊은 사색을 통하여 대담한 관점을 지니지 않으면 안 되고, 이해하는 자만이 가치판단을 할 수가 있듯이, 냉혹하고 예리한 분석력을 지니지 않으면 안 된다. 또한 너무나도 어렵고 위험한 시적 모험을 떠나지 않으면 안 되고, 최악의 기상 조건 속에서도 정신의 히말라야를 정복하지 않으면 안 된다. 帝王의 모습으로, 帝王의 모습으로…….

너희들 중에 그 누가 홀로 춤을 추면서 동시에 가장 큰 강을 건너갈 수가 있겠는가?

가장 큰 강을 건너가는 자는 장난 비극이나 정말 비극을 넘어서, 시인이라는 이름의 훈장을 달고 모두가 춤을 추는 것이다.

고독하고, 우아하고, 아름답고―, 시인은 진실로 우리더러 그렇게 되라고 한다. 지혜는 여자로서 항상 시인만을 사랑한다. 너희들은 내게 말한다. "삶은 견디기 힘들다"고. 만일, 그렇지 않다면, 어찌 시인이 이처럼 홀로 춤을 추면서―"아 옛날이여허/ 아 옛날이여허"라고, 노래를 부르면서―, 고독하고, 우아하고, 아름답게 큰 강을 건너갈 수가 있겠는가!

유유히, 유유히―, 단 한 순간도 멈출 수 없는 몸짓으로―.

고령화 사회

 인생 90의 고령화 사회는 인류의 역사상 가장 기만적이며, 너무나도 뻔뻔스럽고 파렴치한 반자연적인 사회라고 할 수가 있다. 기껏해야 3~40년을 일하고 5~60년을 공짜로 살아간다는 것, 생식의 권리와 먹고 살 권리를 다 잃어버린 산 송장들이 지구상의 모든 자원들(복지비용)을 다 낭비한다는 것은 도저히 있을 수가 없는 일들이다. 빨리 죽는 것은 愛國하는 일이며, 모든 자식들을 다 孝子로 만드는 일이고, 단 하나뿐인 지구를 더욱더 아름답고 푸르게 가꾸는 일이다.
 아아, 너무나도 부도덕하고 너무나도 대재앙적인 고령화 사회를 우리 인간들은 어떻게 극복해야 된다는 것일까?
 아아, 육십이 가까운 나이로 자기가 자기 자신의 발등을 찍고 고발해야만 하는 이 참담한 심정을 우리 한국인들은 어떻게 이해해야만 하는 것일까?

비판, 비판, 그리고 또 비판 2

초판 1쇄 발행 2012년 9월 8일

지은이 반경환
펴낸이 반송림
편집디자인 김지호
펴낸곳 도서출판 지혜 | 계간시전문지 애지
주소 300-812 대전광역시 동구 삼성 1동 273-6
전화 042-625-1140
팩스 042-627-1140
홈페이지 www.ejiweb.com
이메일 ejisarang@hanmail.net

ISBN : 978-89-97386-29-1 04810
ISBN : 978-89-97386-27-7 04810 (set)
값 : 13,000원

* 잘못된 책은 바꾸어 드립니다.
* 저자와의 협의에 의해 인지를 생략합니다.